中共广东历史问题研究

（第二辑）

中共广东省委党史研究室
广东中共党史学会 编著

光明日报出版社

图书在版编目（CIP）数据

中共广东历史问题研究. 第二辑 / 中共广东省委党史研究室，广东中共党史学会编著 . -- 北京：光明日报出版社，2022. 3

ISBN 978 - 7 - 5194 - 6556 - 8

Ⅰ. ①中… Ⅱ. ①中… ②广… Ⅲ. ①中国共产党—党史—研究—广东 Ⅳ. ①D235. 65

中国版本图书馆 CIP 数据核字（2022）第 140024 号

中共广东历史问题研究. 第二辑

ZHONGGONG GUANGDONG LISHI WENTI YANJIU. DIERJI

编　著：中共广东省委党史研究室　广东中共党史学会

责任编辑：房　蓉　　　　责任校对：贾文梅

封面设计：中联华文　　　　责任印制：曹　净

出版发行：光明日报出版社

地　　址：北京市西城区永安路 106 号，100050

电　　话：010 - 63169890（咨询），010 - 63131930（邮购）

传　　真：010 - 63131930

网　　址：http：//book. gmw. cn

E - mail：gmrbcbs@ gmw. cn

法律顾问：北京市兰台律师事务所龚柳方律师

印　　刷：三河市华东印刷有限公司

装　　订：三河市华东印刷有限公司

本书如有破损、缺页、装订错误，请与本社联系调换，电话：010-63131930

开　　本：170mm×240mm

字　　数：449 千字　　　　印　　张：25

版　　次：2023 年 4 月第 1 版　　　　印　　次：2023 年 4 月第 1 次印刷

书　　号：ISBN 978 - 7 - 5194 - 6556 - 8

定　　价：99. 00 元

编　委　会

前　言

广东是中国大革命的策源地和改革开放的先行地，在中国共产党团结带领中国人民进行革命、建设和改革的伟大历程中，留下了值得书写和研究的历史篇章。广东地方党史研究任重道远。2016年，为了进一步构建“大党史”工作格局，发挥高校党史研究学者在地方党史研究中的作用，中共广东省委党史研究室、广东中共党史学会与广东省哲学社会科学规划领导小组办公室协商一致，决定面向全省高校设立广东省哲学社会科学规划党史特别委托项目。自该项目实施以来，涌现出一批具有较高质量的学术成果，促进了广东地方党史的深化研究。为了集中展现这些学术成果，进一步促进学术交流，现以“中共广东历史问题研究”为题，将部分研究成果选编成册，分辑陆续出版。

目　录
CONTENTS

党的十六大以来广东政治体制改革实践研究

2002年党的十六大以来，市场经济的深入发展、社会结构的日益分化、人民民主意识的充分觉醒，以及部分党政官员中存在的腐败现象，使得推进政治体制改革的任务越来越迫切。因此，中央领导多次指出政治体制改革的必要性和紧迫性，要求进一步深入、稳妥地推进政治体制改革。广东以解放思想铸魂，以排头兵的责任感审视自我，在风起云涌的时代大潮中锐意前行、攻坚，在政治体制等关键和重要领域进行的改革和探索，为中国特色社会主义建设贡献了宝贵的经验。

一、绪论

（一）研究背景和意义

政治体制改革作为全面深化改革的重要组成部分，必须在坚持中国特色社会主义基本政治制度不变的前提下，随着时代的变迁和经济社会的发展而不断深化，与经济体制改革相配套，与人民政治参与积极性不断提高相适应。习近平在中国共产党第十九次全国代表大会上指出，“要长期坚持、不断发展我国社会主义民主政治，积极稳妥推进政治体制改革，推进社会主义民主政治制度化、规范化、程序化，保证人民依法通过各种途径和形式管理国家事务，管理经济文化事业，管理社会事务，巩固和发展生动活泼、安定团结的政治局面。”“要改进党的领导方式和执政方式，保证党领导人民有效治理国家；扩大人民有序政治参与，保证人民依法实行民主选举、民主协商、民主决策、民主管理、民主监督；维护国家法制统一、尊严、权威，加强人权法治保障，保证人民依法享有广泛权利和自由。巩固基层政权，完善基层民主制度，保障人民知情权、参与权、表达权、监督权。健全依法决策机制，构建决策科学、执行坚决、监督有力的权力运行机制。”① 当前，我国改革已经进入攻坚期和深水区。如何进

① 习近平在中国共产党第十九次全国代表大会上的报告［N］. 人民日报，2017-10-28.

一步深化政治体制改革，既充分发挥市场的决定性作用，又更好地发挥政府的作用，是我国面临的重大现实问题。为此，我们需要总结改革开放以来的政治体制改革经验，理解中国政治体制改革发生和发展的内在逻辑，探索未来继续推进政治体制改革的规律和有效路径。

一直以来，广东以解放思想铸魂，以排头兵的责任感审视自我，在风起云涌的时代大潮中锐意前行、攻坚，广东在政治体制等关键和重要领域进行的改革和探索，为中国特色社会主义建设贡献了宝贵的经验。回顾和研究十六大以来广东探索政治体制的这段历史，总结它的经验教训，对于广泛凝聚共识，明确将来我国政治体制改革的目标和方向，做出合乎中国现阶段政治、经济、文化等方面实际状况的政治体制改革的路径选择，具有重要的理论价值和实践意义。

另外，本课题最终成果材料将送呈广东省相关政府管理机构，为广东率先全面建成小康社会、进一步深化政治体制改革与实现国家治理体系的现代化提供经验借鉴和理论参考。

（二）研究现状评述

改革开放以来，政治体制改革研究一直是学界高度关注的热点话题。目前，国外学者对于中国政治体制改革的研究主要集中在中国政治体制改革的必要性、阻力、路径及前景等方面。在国外，大多数西方学者在承认改革开放以来中国在经济、社会和文化领域发生巨大变迁的同时，往往从西方民主政治理念和模式出发，强调中国“政治体制改革”的必要性和紧迫性。如美国学者傅士卓（Joseph Fewsmith）认为，中国政权的合法性不可能再依靠持续的经济增长，而是取决于在维持经济增长的同时必须满足各种社会需要，取决于正式程序规则和使民众形成正义感，因而政治体制改革就成为必然①。在中国政治体制改革成为必然的同时，国外学者认为中国的政治体制改革势必面对强大的阻力。一些西方学者认为，中国政治体制改革除了社会稳定、腐败等问题外，经济增长的困境、民族主义的反冲也是中国要进行政治体制改革的巨大阻力。至于中国政治体制改革的目标，大多数西方学者认为，政治体制的目的是扩大政治领域中个人的自由。如美国学者施乐伯（Robert A. Scalapino）的“权威多元主义论”（authoritarian pluralism）认为，中国政治体制的发展是一种从“强权威主义”向

---

① Fewsmith J. Generational Transition in China [J]. *The Washington Quarterly*, 2002, 25 (4).

“权威多元主义”的演变过程①。关于中国政治体制改革的路径，西方学者大多认为，随着中国自20世纪90年代以后经济转型的巨大成功，中国将通过和平、渐进的方式走向民主，即“和平、渐进的民主转型”。具体到中国政治体制改革的前景，西方学者主要有三种观点：一是民主转型。这种观点认为，中国将通过激进或渐进的方式进行自由主义的民主转型。二是不会发生重大的变化。尽管中国共产党面临着许多挑战，但是中国共产党成功地应对和适应了这些挑战，能够继续执政下去，因而中国的政治制度不会发生诸如崩溃或民主化等之类的重大变化。三是走向非自由主义的民主②。

近年来中国学术界对我国的政治体制改革问题也做了富有成效的探讨，产生了一系列重要的研究成果。其研究成果主要对我国政治体制改革的必要性、主要历程、成就、特点、经验、突破口、面临的挑战等诸多论题作了集中探讨。如周天勇认为，“政治体制改革的紧迫性，来自经济体制改革的先行和政治体制改革的滞后。滞后的政治体制改革影响着经济的发展”③；彭磊认为，中国政治体制改革存在着路径依赖性、文化阻碍、后发展特征和理论障碍等阻力④；李君如认为，中国在建设和发展政治文明的过程中，出现了三大值得重视的走势：“公民有序的政治参与，民主的制度化、法律化；通过党内民主来带动人民民主；中国共产党在宪法和法律的范围内活动，坚持依法治国、依宪治国”⑤；宋鲁郑认为，中国的政治体制改革是没有榜样的，中国可以借鉴，可以创新，但却不能模仿⑥；大多数学者认为，中国能够在中国共产党的领导下，由小改进而中改、大改，最终实现社会主义民主。

国内外理论界虽然在持论依据上存在一些差别，但在中国政治体制改革涉及的主要问题方面具有一定的共识。这些理论成果为进一步研究中国政治体制改革问题奠定了良好的基础。当然，需要指出的是，少数西方学者出于各种原因，要么无视中国民主政治发展的基本成果，要么机械地以西方民主政治模式

① 吴晓云，吕增奎．西方学者论改革开放以来中国政治的发展［J］．马克思主义与现实，2008（6）．

② 吴晓云，吕增奎．西方学者论改革开放以来中国政治的发展［J］．马克思主义与现实，2008（6）．

③ 李立华，陶维兵．近二十年来中国政治体制改革研究述评［J］．学习与实践，2012（6）．

④ 彭磊．中国政治体制改革之阻力结构分析［J］．理论与改革，2001（2）．

⑤ 李君如，谈中国政治体制改革的成果及其走势［J］．江海纵横，2008（5）．

⑥ 张维为．一本探索中国超越西方的好书——评《中国能赢——中国的制度模式何以优于西方》［J］．红旗文稿，2012（21）．

来检视、衡量中国“政改”的成就，其研究成果明显具有片面性和局限性。另外，国内大多数学者对我国政治体制改革问题的研究往往侧重于宏观、粗线条的研究，对一些地方性的政治体制探索经验，如广东探索政治体制的经验，缺乏全面、系统、深入的研究。而对一些地方性的政治体制探索经验研究的不足，妨碍了我们对政治体制改革中取得的成功经验和存在的一些问题进行全面的认识和客观、理性的评价。

（三）创新之处

1. 从国内外研究现状来看，关于“十六大以来广东政治体制改革实践的经验”往往零星见于相关报道，很少有著作和论文进行全面、系统、深入的研究，至于“十六大以来广东政治体制改革实践的经验”就更没有著作和论文进行全面、系统、深入的研究。本论文将首次对“十六大以来广东政治体制改革实践的经验”进行全方位系统的研究。

2. 本论文以马列主义、毛泽东思想和中国特色社会主义理论为指导，主要运用历史文献分析的方法分别从观念、制度安排、具体举措等方面，系统分析十六大以来广东探索政治体制的经验，并在此基础上探讨我国政治体制改革的原则、方向和目标。

（四）基本思路和研究方法

1. 基本思路

本论文首先系统地收集国内外有关“十六大以来广东政治体制改革实践的经验”的各种文献资料，在认真仔细地研读这些文献资料的基础上，梳理出研究的基本问题和基本思路，力图综合运用各种研究方法，分析和评价广东探索政治体制的历程、主要成就及基本经验，寻找政治体制改革与中国特色社会主义民主政治建设实践的结合点，为建设服务型政府和完善中国特色社会主义政治制度提供借鉴。

2. 研究方法

（1）理论研究方法。运用辩证唯物主义和历史唯物主义的方法，通过理论梳理和科学分析对政治体制改革理论进行知识学考古。

（2）历史文献分析方法。在大量收集原始档案文件、官方内部文件、媒体文献等各种丰富的文献资料基础上，对广东探索政治体制的经验材料进行甄选、分析和整理，以历史发展的逻辑顺序完整地认识广东探索政治体制的基本脉络。

（3）规范分析方法。从理论上论证广东作为中国改革开放的排头兵，其探索政治体制的必要性和可行性，探讨中国特色的政治体制改革的正确路径。

（五）相关概念

1. 体制

所谓体制就是国家、国家机关、企业、事业单位等的组织制度，如经济体制、政治体制、科技体制、教育体制等①。体制与制度、机制既有联系又有区别。从广义上讲，制度、体制和机制都属于制度范畴。制度决定体制内容并由体制表现出来，体制的形成和发展要受制度的制约。一种制度可以通过不同的体制表现出来。机制从属于制度，机制通过制度系统内部组成要素按照一定方式的相互作用实现其特定的功能。但三者的概念和外延是不一样的。制度有两种含义，一是指在一定历史条件下形成的政治、经济、文化等方面的体系；一是指要求大家共同遵守的办事规程或行动准则②。一个国家的社会制度，按照性质和范围总体又可分为根本制度、基本制度与具体制度三个层次。体制指的是有关组织形式的制度，限于上下之间有层级关系的国家机关、企业、事业单位。机制原本是自然科学领域中的一个重要概念，本意指机器的构造和工作原理。后来该概念被引入社会领域，泛指社会系统的内在结构、要素之间组合、联系、运作的方式和相互作用的机理。

2. 政治体制

西方学术界往往将政治体制与政治制度、政治体系、政治系统等概念混用，指社会的结构、文化、行为、态度、信仰、价值观念等。政治体制既包括政府的立法、司法和行政部门，也包括政党、利益集团和大众传播工具等非政府性的组织以及所有与政治有关的结构。在我国，“政治体制”这一概念是在 1982 年 9 月召开的中国共产党第十二次代表大会的政治报告中首次提出的，此后逐渐推广开来。学术界对“政治体制”概念的解释存在着分歧，有人认为，政治体制“是指一定社会历史条件下政治主体在特定的政治意识和政治文化指导下，运用政治设制对社会进行综合管理的方式。”③ 有人认为，政治体制即政体，是指政权的组织形式，是国家体制的表现形式。政治体制不仅受到国家政治性质的影响，而且受到本国的文化传统和习俗风情的影响，具有灵活可变、多样选择的特点。政治体制作为国家政权的组织方式（其中包含着怎样进行领导和管理的运行方式），都是由政治制度组成的，表现为一整套的关于政权组织方式、运行方式的政治制度体系④。有人认为，“政治体制是比政治制度更广泛的概

---

① 现代汉语词典（第 5 版）［M］. 北京：商务印书馆，2011：1343.

② 现代汉语词典（第 5 版）［M］. 北京：商务印书馆，2011：1756.

③ 政治体制改革辞典［M］. 北京：中国物资出版社，1988：114.

④ 许耀桐 . 当代中国的政治体制改革［J］. 中国浦东干部学院学报，2017（6）.

念，它涵盖国体、政体和具体政治规范，不仅包括政治制度，还包含政治权力行使的范围和方式，具体内涵包括社会的政治设置（国家、政党以及各种政治性的组织，它们各自的地位、作用及相互关系），各种政治规范（法律、法令和行政命令等），政治运行机制（政治管理方式和原则、决策程序和立法程序、政治信息的传递和沟通）。”① 有人认为，政治体制作为政治制度的具体表现仅包含国家管理形式、机构、设置、实际措施，而不包含国体。有人认为，政治体制主要包括政党、政权机关和其他政治组织的结构体系、职能划分及其运作方式，一般分为两个层面：一是国家权力结构体制，主要包括执政党的产生方式与执政方式，国家立法、行政、司法权限的划分及相互关系，国家基本的选举制度和决策模式等；二是政府行政管理体制，主要指政府机构的设置及其职能、政府的社会调控机制、国家人事制度等。这两个层面在政治体制中既紧密联系又有重要区别，前者为核心，后者是外围。② 也有人认为，政治体制就是政治的决策机制，它与政治制度、政体相比，内涵要深刻得多。政治体制包含了政治的基本方面：政治结构、政治功能、政治制度、政治过程和政治文化。从上面的定义可以看出，虽然关于政治体制的涵义有不同的表述，但大多数学者认为，政治制度是个广涵的概念，它既包括国体，也包括政体，而且还包含一系列更具体的政治行为规范。而政治体制则指具体的政治制度或政治制度中的那些具体政治规范，其形态是多样的，也是灵活多变的。

3. 政治体制改革

改革的定义是“把事物中旧的不合理的部分改成新的、能适应客观情况的。”③ 改革通常指改变旧制度、旧事物。它对旧有的生产关系、上层建筑做局部或根本性的调整。所谓“政治体制改革”，就是在坚持根本政治制度和基本政治制度不变的前提下，对各种具体政治制度，包括政治组织形式、国家结构形式、政府治理形式以及选举制度、人事制度、领导制度、公民权利保障制度等，进行调整和完善。迟福林认为，“政治体制改革就是按照基本制度的本性和要求，从根本上改变那些存在弊端的原有政治体制，使基本制度得以完善和发展。这就是说，政治体制改革的对象是作为社会主义基本制度的实现形式的体制，而不是社会主义基本政治体制本身；是存在弊端的、不适合社会主义基本政治制度本性和要求的政治体制，而不是所有政治体制。”④

---

① 中国大百科全书·政治学卷［M］. 北京：中国大百科全书出版社，1992：503.

② 大国策——通向大国之路的中国策［M］. 北京：人民出版社，2009：35.

③ 现代汉语词典（第5版）［M］. 北京：商务印书馆，2015：436.

④ 中华人民共和国政治体制史［M］. 北京：中共中央党校出版社，1998：70.

关于政治体制改革的概念，我国先后出现过政治制度改革和政治体制改革的不同提法。叶剑英在庆祝中华人民共和国成立三十周年大会上的讲话中指出："我们要在改革和完善社会主义经济制度的同时，改革和完善社会主义政治制度。①"同年，邓小平也指出："我们要在大幅度提高社会生产力的同时，改革和完善社会主义的经济制度和政治制度，发展高度的社会主义民主和完备的社会主义法制②"。1980年2月29日，他在中共十一届五中全会第三次会议上的讲话中指出："克服官僚主义，首先还是要着重研究体制的改革，但是工作方法不改也不行，更不能因为等体制改革就无所作为③"。此后，党和国家的重要文件上，都开始沿用"政治体制改革"的提法。

政治体制改革的目的是在党的领导下和社会主义制度下更好地发展社会生产力，充分发挥社会主义的优越性。在全面深化改革的大背景下，中国政治体制改革的总体目标就是实现国家治理体系和治理能力的现代化。我国政治体制改革不是要否定和颠覆社会主义基本政治制度，而是要在基本政治制度的总体框架下，对不适应经济社会发展的基本政治制度的某些环节进行补充、改进和完善。从本质上说，政治体制改革是中国特色社会主义基本政治制度的自我完善。政治体制改革的主要内容有：一是理顺党政关系；二是明确政府与市场、政府与社会的边界；三是改革政府工作机构；四是改革干部人事制度；五是建立社会协商对话制度；六是完善社会主义民主政治的若干制度；七是加强社会主义法治建设，等等。关于政治体制改革的评价标准，邓小平指出，评价一个国家的政治体制、政治结构和政策是否正确，关键看三条：第一是看国家的政局是否稳定；第二是看能否增进人民的团结，改善人民的生活；第三是看生产力能否得到持续发展④。

二、党的十六大以来广东对政治体制改革进行探索的背景和原因

（一）中央对广东的准确定位和殷切期望

广东毗邻香港、澳门，战略位置十分重要，是我国改革开放的前沿阵地。自1978年改革开放以来，广东在中央的大力支持下，在习仲勋、叶选平、李长春、张德江、汪洋、胡春华等一代又一代改革者的带领下，不断地解放思想，

① 叶剑英同志在新时期民主法制建设中的历史功绩［N］. 人民日报，2007-06-01.
② 邓小平文选（第2卷）［M］. 北京：人民出版社，1983：208.
③ 邓小平文选（第2卷）［M］. 北京：人民出版社，1983：282.
④ 邓小平文选（第3卷）［M］. 北京：人民出版社，1993：213.

大胆探索，勇于创新，创造了许多“全国第一”的佳绩，使广东的经济总量连续28年稳居全国第一位。广东的辉煌历史、经济实力和战略地位决定了广东必须在全国继续发挥先行者、试验田的作用。2002年党的十六大以来，市场经济的深入发展，社会结构的日益分化，人民民主意识的充分觉醒，以及部分党政官员中存在的腐败现象，使得推进政治体制改革的任务越来越迫切。因此，中央领导多次指出政治体制改革的必要性和紧迫性，要求进一步深入、稳妥地推进政治体制改革。十七大报告指出：“政治体制改革作为我国全面改革的重要组成部分，必须随着经济社会发展而不断深化，与人民政治参与积极性不断提高相适应。”十八大报告再次强调：“政治体制改革是我国全面改革的重要组成部分，必须继续积极稳妥推进政治体制改革，发展更加广泛、更加充分、更加健全的人民民主。”由于政治体制改革非常艰巨和复杂，牵一发而动全身，必须慎重、积极稳妥地推进。这样，先行先试的任务无疑就落在广东的身上。因为广东推进政治体制改革的条件远较其他省份和地区好，所以，中央一直对广东寄予厚望。2009年两会期间，胡锦涛总书记在参加广东团审议时，特别要求广东要争当实践科学发展观的排头兵，不断推进各项改革，率先构建充满活力、富有效率、更加开放、有利于科学发展的体制机制①。2012年末习近平总书记在视察广东时也提出期望：广东要努力成为发展中国特色社会主义的排头兵、深化改革开放的先行地、探索科学发展的试验区，为率先全面建成小康社会、率先基本实现社会主义现代化而奋斗②。2017年4月4日，习近平总书记再次对广东工作作出重要批示，在充分肯定广东各项工作的同时，希望广东坚持党的领导、坚持中国特色社会主义、坚持新发展理念、坚持改革开放，为全国推进供给侧结构性改革、实施创新驱动发展战略、构建开放型经济新体制提供支撑，努力在全面建成小康社会、加快建设社会主义现代化国家新征程上走在前列③。这些期望和指示一方面表明中央对广东的信任和支持，另一方面也要求广东继续担当起先行先试的责任。广东作为全国的排头兵和中国改革的试验田，应该义不容辞地担当起深化政治体制改革的重任，努力在实践科学发展观上闯出一条新路径，为全国性的政治体制改革提供更多宝贵经验。

（二）广东内在的发展需要

改革开放以来，率先启动以市场为取向的经济体制改革，使广东经济一直

---

① 胡锦涛参加广东团审议：立足新起点形成新优势［N］. 南方日报，2009-03-08.

② 广东统计局局长谈唯GDP论：没有GDP一定不幸福［N］. 经济参考报，2013-04-04.

③ 习近平总书记对广东工作作出重要批示［N］. 南方日报，2017-04-12.

保持持续高速的发展，广东多项经济指标一直位居全国前列，成为中国经济第一大省。2016年广东地区生产总值达到7.95万亿元，占全国的10.7%，人均GDP突破了1.1万美元，接近高收入国家标准。但是，随着经济的快速发展，广东经济结构的种种弊端也逐渐显露出来，区域发展不协调、环境资源压力加剧、社会分配不公、贫富差距拉大、群体性事件频发、权力集中、行政权力过大、行政审批事项过多、权力运行监督不到位、贪污腐败等现象依然存在。发展中面临的一系列难题，迫切需要广东推动经济发展方式的转变，加快社会转型升级。而广东实现社会转型升级和解决发展难题的唯一途径就是继续深化经济体制改革和政治体制改革。只有通过深化改革，才能充分发挥市场在资源配置中的决定性作用，理顺政府与社会、政府与市场、政府与企业以及政府内部的各种关系，逐步解决发展中的突出矛盾和问题。而深化改革重点在于政治体制改革，因为"我们所有的改革最终能不能成功，还是决定于政治体制的改革。"政治体制改革同经济体制改革互为关联，相互依赖、相互配合。"只搞经济体制改革，不搞政治体制改革，经济体制改革也搞不通，因为首先遇到人了障碍。"① "不改革政治体制，就不能保障经济体制改革的成果，不能使经济体制改革继续前进，就会阻碍生产力的发展。"② 深化政治体制改革是深化经济体制改革、巩固改革成果的需要。

再者，政治体制改革本身是广东全面改革和现代化建设的重要组成部分，缺少政治体制改革，广东全面改革和现代化建设是不完整的。广东虽然经过多年的政治体制改革，取得了一些成就，但权力过分集中且得不到有效监督和制约的传统政治体制弊端仍然没有得到根本解决，导致政治权力对经济非正常的干预，滋生权钱交易、权色交易等腐败行为，严重损害了公权力和人民民主权利，影响人民对党和政府的信任。所以，十六大以来，广东按照中央的部署，通过深化政治体制改革来完善党的领导方式和执政方式，提高党的执政能力，推进社会主义民主政治制度化、规范化、程序化，使人民更好地行使当家作主的权利，是发展社会主义民主政治、充分发挥中国特色社会主义政治制度优越性的必然要求。

（三）改革开放以来广东在政治体制改革方面的丰富实践，为进一步深化政治体制改革打下了良好基础

广东作为改革开放的先行地和试验区，一直以来坚持解放思想、实事求是

---

① 邓小平文选（第3卷）［M］. 北京：人民出版社，1993：164.

② 邓小平文选（第3卷）［M］. 北京：人民出版社，1993：176.

的原则，发扬敢为天下先的精神，勇于自我革新，在实践中敢闯敢干，不仅在经济领域，率先探索社会主义市场经济发展模式，为全国的改革杀出了一条血路；而且在政治领域，敢于开风气之先，开创了多个“全国第一”，为后续的政治体制改革积累了不少成功经验。在基层民主制度建设方面，早在1987年11月，六届全国人大常委会审议通过《中华人民共和国村民委员会组织法（试行）》，其颁布实施后，广东省于1988年6月就发布了《关于认真贯彻执行〈中华人民共和国村民委员会组织法〉的意见》并进行了第一次村级民主试点。1990年，广东省民政厅在原宝安县坪山镇开展村民自治示范活动，推动原宝安村民自治示范县活动，创建了广东省第一个村民自治示范县，直选率达40%；后来，1993年、1996年，两区又进行了第二次和第三次村委会选举，其直选率分别达到65%和90%①。在试点取得成功的基础上，1998年6月广东省委下发14号文件《关于理顺我省农村基层管理体制的通知》，决定撤销全省的农村管理区办事处，依照《村民委员会组织法（试行）》设立村民委员会，在全省农村统一实行村民自治，实现了村干部“任命制”向“票选制”的转变。在干部人事制度改革方面，深圳蛇口早在20世纪80年代初就率先探索民主选举干部，废除干部职务终身制的改革；广州市白云区于20世纪80年代中在全省率先进行干部能上能下的探索。1997年后，广东逐步在全省全面推广公开选拔、竞争上岗，并探索了干部选用过程中的适度分权的新形式。把干部选任制度改革与推进党内民主建设结合起来，并使之制度化，如建立省委讨论决定干部的票决制等。在行政审批制度改革方面，广东也是全国启动最早的省份。1997年初，深圳率先在全国开展行政审批制度的专项改革试点；1998年初，深圳市全面实施第一轮行政审批制度改革。1999年，广东省全面启动行政审批制度改革，对政府及有关部门原有行政审批事项进行清理和规范，经过近一年的努力，省政府于2000年7月颁发了《关于省人民政府审批制度改革及各部门审批核准事项清理审核有关问题的通知》，标志着改革取得了初步成果。据统计，省政府有关部门原有审批核准事项1972项，改革后减少了767项，减幅达39%。在健全、完善人民代表大会制度和政治协商制度方面，为支持和保证人民通过人民代表大会行使国家权力，1998年广东人大建立了人大代表和政协委员向省高层领导直接进言的“直通快车”制度，并在全国引起广泛关注，纷纷借鉴。2000年，广东人大代表对政府部门工作的大胆质询轰动全国，引起强烈社会反响。它标

① 潘利红，杨小霞．改革开放以来广东农村基层管理体制的改革与创新［EB/OL］．中评网，2007-07-09.

志着人大“已告别只举举手的时代”，创造了一个“广东人大现象”的概念。为加强对公共权力的监督，广东充分利用人大立法，改革和完善对政府预算监督制度，通过“预算会议”，改革人大对政府预算的监督。2001 年，广东省人大通过了《广东省预算审批监督条例》，完善人大对政府工作监督的制度。所有这些大胆探索和有益经验，为广东继续深化政治体制改革创造了良好条件。

三、广东政治体制改革的重要实践

党的十六大以来，广东省继续充当全国改革的排头兵，勇敢承担起了“探索科学发展模式试验区、深化改革先行区”的历史重任，大刀阔斧地推进政治体制改革，积极寻求体制与机制的新突破，亮点纷呈，成效显著。

（一）以反腐倡廉建设作为政治体制改革的突破口，积极稳妥地推进反腐倡廉制度建设

“反对腐败、建设廉洁政治，是党一贯坚持的鲜明政治立场。”党的十六大，特别是党的十八大以来，中央一直保持惩治腐败的高压态势，在深化政治体制改革过程中高度重视反腐倡廉建设，不断加大反腐倡廉工作力度，扎实推进惩治和预防腐败体系建设。广东省委、省政府按照中央的精神和决策部署，牢牢把握加强党的执政能力建设、先进性和纯洁性建设这条主线，认真落实全面从严治党要求，以反腐倡廉建设作为政治体制改革的突破口，着眼于反腐倡廉制度的建设与完善，通过改革现行政治体制存在的弊端来遏制腐败。

早在 2005 年，广东省委、省政府就提出，2007 年初步建起具有广东特色的惩治和预防腐败体系基本框架，到 2020 年建成完善的惩防体系。“在构筑具有广东特色惩防体系的过程中，省委坚持把党风廉政建设责任制作为‘龙头工程’来抓，下发了贯彻实施中央关于实行党风廉政建设责任制规定的意见，颁布实施《广东省党风廉政建设第一责任人述责暂行办法》，在全国率先开展述责活动，组织对各市党政领导班子落实党风廉政建设责任制情况的监督检查。”“省纪委还出台了《关于进一步加强和规范办案工作的意见》《关于进一步加强和改进领导干部监督工作的意见》《关于坚持改革创新推进反腐倡廉制度建设的意见》等制度，提前一年建成具有广东特色的开放、动态、创新的惩防体系基本框架。”① 这个惩防体系的框架包括体系建设组织保障机制、科学发展服务保障机制、反腐倡廉教育引领机制、基础制度建设执行机制、权力运行监控机制、重大领域深层改革机制、群众利益维护保障机制、腐败案件查处惩戒机制等八

---

① 广东因公出国减少 1 成 6 万余干部报告家属情况 [EB/OL]. 腾讯新闻网，2012-01-18.

大支撑机制。在体系建设组织保障机制方面，广东省委、省政府把反腐倡廉建设纳入经济社会发展总体规划，融入业务工作，列入领导干部考核评价范围，不断健全完善省级领导带队检查、任务台账管理、形势研判和分析评估三项保障制度，推进“以目标倒逼进度、时间倒逼程序、社会倒逼部门、下级倒逼上级、督查倒逼落实”的“倒逼抓落实”机制。在科学发展服务保障机制方面，广东省将经济发展方式转变、《珠江三角洲地区改革发展规划纲要》和建设现代产业体系、提高自主创新能力等重大政策措施的贯彻情况，作为惩防体系监督检查的重要内容。出台《广东省市厅级领导班子和领导干部落实科学发展观评价指标体系及考核办法（试行）》，运用科学发展考核体系和评价标准，从工作效能、实绩、民主测评和群众满意度等方面对党政领导班子和领导干部进行考核评价，考核评价意见和结果作为领导班子调整和干部任用、奖惩、培训的重要依据。在反腐倡廉教育引领机制方面，举办县处级以上党政主要领导干部党纪政纪法纪教育培训班，率先组织首届地级以上市纪委书记、组织部部长、公安局局长、法院院长、检察院检察长“五长”班和“权力集中部门、资金密集领域领导干部廉政培训”班，由省委、省人大、省政府、省纪委主要领导同志授课。在基础制度建设执行机制方面，出台一系列重大制度和重要规章，开展规范和监督县（市）委书记用人行为试点工作。建立省及各地级以上市财务核算信息集中监管系统和实时在线财政预算监督系统，推进省市县部门预算信息公开，每年在省政府门户网站及时公开省财政年度预算、决算报告，接受社会监督。推进行政审批制度改革，不断向县级下放和委托管理事项，向重点企业提供直通车服务。推进建立公共资源交易中心，实行全省工程公开招投标。在权力运行监控机制方面，重点加强对“一把手”监督，组织各级领导干部在民主生活会上对照《廉政准则》进行检查、整改。开展县委权力公开透明运行试点工作，实行地方党委委员、纪委委员开展党内询问和质询、提出罢免或撤换要求制度，实行党务公开。开展“一年一巡视、一年一评议、一年一谈话”，组织对58个县市区进行了巡视。在重大领域深层改革机制方面，积极开展对治理工程建设领域突出问题、厉行节约转变作风、实行党政领导干部问责和落实《国有企业领导人员廉洁从业若干规定》专项督办工作，围绕工业用地出让、工程建设招投标、税收廉政风险点、政府绩效评估与管理、国有企业领导人员薪酬改革和农村党风廉政建设等8个重要领域和关键环节开展专题研究，积极推进“二次创新”试点。建立预防腐败信息共享和预警机制，率先启动建设“广东省预防腐败信息系统”，科技反腐运行网络不断完善。在群众利益维护保障机制方面，推广“阳光用药”电子监察系统，对药品实行“阳光采购”。在全国率先实现多媒体全天候受理群众咨询投诉的模式，受理各种群众咨询投诉。在腐败案件查处惩戒机制方面，建成省市县三级网上信访举报统一平台，制定处理实名举报暂行办法，严格实名举报的办理程序，完善信息反馈、奖励举报有功人员和保护举报人规定。①

党的十八大以来，广东正风反腐呈现新的变化：省委、省政府认真贯彻落实习近平总书记深入推进党风廉政建设和反腐败斗争、把权力关进制度笼子里的要求和党中央的一系列重大决策部署，把反腐倡廉工作摆在突出位置，以零容忍的态度惩治腐败，以改革精神强化反腐败体制机制创新和制度保障，对反腐败斗争逐步形成压倒性态势，腐败现象滋生蔓延的势头得到有效遏制。五年来，广东依法依规管党治党的力度不断加大：从2013年出台《贯彻落实〈十八届中央政治局关于改进工作作风、密切联系群众的八项规定〉实施办法》《关于重申严禁公款大吃大喝的若干规定》，确保中央八项规定在广东“落地生根”，到2014年07月出台《关于贯彻落实中央〈建立健全惩治和预防腐败体系2013—2017年工作规划〉实施办法》，部署全省今后5年惩治和预防腐败工作；从2013年省政府公布《广东省法治政府建设指标体系（试行）》，对政府依法行政工作进行量化，到2014年推动出台《广东省预防腐败条例（草案）》，规范国家工作人员的行为操守，明确预防腐败工作的责任和机制；从2015年省纪委、省委组织部、省监察厅和省国资委联合下发《关于促进国有企业领导人员廉洁从业禁止违规兼职的通知》，对国有企业领导人员兼职问题作出全面规范，列出“十条负面清单”，到出台《中共广东省委关于加强纪律建设 推进全面从严治党的意见》和《广东省委巡视工作实施办法》，强化对遵守党的政治纪律和政治规矩情况的监督检查，突出对“一把手”监督和巡视全覆盖，使监督执纪问责成为常态。所有这些说明具有广东特色的惩治和预防腐败体系日益完善。五年来，广东省委、省政府坚持标本兼治的原则，不断完善和健全各项惩治和预防腐败的制度，规范权力运行，深化各项改革，从源头防治腐败，着力构建不敢腐、不能腐、不想腐的体制机制，坚定不移把反腐倡廉建设引向深入。

（二）探索公推公选等新的干部竞争性选拔任用方式，扩大党内民主

“公推公选是公开推荐、公开选拔党政领导干部的一种干部任用制度。它是采取个人自荐、群众推荐和组织推荐相结合的方式，通过考核、笔试、面试、演讲、答辩等程序公开选拔党政领导干部候选人选，再依法举行选举或任命的

① 黄力．广东省提前一年建成惩防体系建设基本框架［N］．中国纪检监察报，2012-02-06.

一种干部选拔任用方式。”与传统的官员选拔任用模式相比，“公推公选”打破了干部任用过程中的暗箱操作，通过不同途径引入民意因素和竞争机制，以实现公开、公正和公平的目的。“公推公选”是近年来我国基层党组织选举实践中出现的一种创新模式，它强调开放式选举、直接选举和差额选举，它实现了党内选举由确认性选举向竞争性选举的转变，改变了干部选拔的任命制，并抑制了以往干部任命制带来的一系列问题，保障了党员基本权利，扩大了党内民主。

“公推公选”并非一个新生事物，在个别基层地方，二十世纪八九十年代就出现了带有公选性质的试验。当然，那只是星星之火，且持续性差，好做法未能坚持。2000 年 3 月，中组部印发了公选干部考试大纲（试行），首次对公选考试进行了规范。当年全国组织部长会议要求，要逐步提高公选干部的人数占新提拔的同级领导干部总数的比例。2002 年 7 月，中共中央正式发布《党政领导干部选拔任用工作条例》，提出公开选拔是干部任用方式之一。党的十六大后，为进一步发扬党内民主、增强党的活力，落实中共党员和群众对于干部选拔任用的知情权、参与权、选择权和监督权，各地基本形成了公开选拔与其他选拔方式并存的干部选拔路径。江苏、湖南、广东、吉林、贵州相继推出“公推公选”“公推直选”“公推差选”“差额直选”“双推一选”“公推竞岗”等不同的选拔方式。干部公选的范围不断扩大，层级不断提高。从企业领导到党政领导，从副职到正职，从部门领导到党政主要领导，逐次展开。供公选的职位，从县处级直到正厅级的越来越多。

2008 年 8 月 1 日广东省委组织部发出《广东省省市联合公开选拔 100 名年轻干部公告》，在全国范围公开选拔 100 名年轻的厅处级干部。在这次公选百名厅处级领导干部过程中，广东首创“万人选百官”的“大评委制”，确保“阳光公选”，在全国引起极大关注。2009 年 4 月下旬至 6 月，广东省委组织部会同省人事厅在全省范围内公开选拔 150 名优秀村（含社区）党组织书记担任乡镇（含街道）领导干部。此次招录选拔，是广东省首次为全体“村官”打开制度化的上升通道。2009 年 5 月 15 日，深圳市第一个“公推直选”并差额选举的机关党委书记在深圳市民政局诞生。“公推直选”采用党组推荐、联名推荐、自荐和党员直接选举的方式选举机关党委委员、书记、副书记、纪委书记。深圳市成为全国唯一一个在机关全面实施“公推直选”的城市。在公推公选的试点探索和实践中，广东有许多开全国先河的创新之举，它不仅表现为首创“万人选百官”的“大评委制”，而且表现为首次为党外干部设“专门通道”。（一是按指标推荐无党派干部，按照规定程序竞争，择优产生候选人；二是民主协商任职名单，提前征询党外人士意见；三是党外人士有效行使选择监督权。)① 广东的公推公选展现了党内民主新风。

广东对干部人事制度的积极改革和探索，不仅完善了选拔干部的方式，提高了选拔质量，而且促进了竞争选拔干部工作的经常化、制度化、规范化，真正为优秀人才脱颖而出搭建了公平竞争的平台。

竞争选拔是选贤任能的有效途径，也最为干部群众所认可。应该承认，公推公选作为党内建设中具有标志性的创新成果之一，在拓宽选人视野，打破论资排辈和地域、体制限制，促进优秀人才脱颖而出等方面发挥了积极作用。但从一些地方的实践来看，目前的“公推公选”，仍然只能说是干部制度改革有限的探索与尝试，难免存在这样那样的问题。事实上，公推公选“在民主推荐实践中的确出现了一些问题”。如参加民主推荐人员存在投“利益票”“感情票”“跟风票”等现象，部分地方、单位的党组织被推荐票“绑架”，过分看重票数，简单以票取人，一些领导干部因怕丢票，不敢担当，当老好人，甚至出现拉票贿选问题。“凡提必竞”、简单以分取人、动辄面向全国选拔、“干得好不如考得好”，导致“考试导向”冲击“干事导向”，甚至出现“考试专业户”等。对一些干部的破格提拔，存在“拼爹”现象，将“破格”变“出格”，选拔工作不透明，暗箱操作，影响了选人用人的公信度。

鉴于这种情况，十八大以后，公选干部渐渐降温。为深化干部选拔任用和考核评价制度改革，建立科学有效的选人用人机制，解决“唯票、唯分、唯GDP、唯年龄”取人问题。2014 年 1 月修订的《党政领导干部选拔任用工作条例》，对“公开选拔和竞争上岗”做出更多限制性规定。其中就提出，公开选拔县处级以下领导干部，一般不跨省进行。没再提“不拘一格”，而更多倡导“基层导向”。在新的干部任用环节中，增设了“动议”作为选拔干部的初始环节，具体工作由组织部门承担，“民主推荐”退为第二环节。在新的干部任用思路中，“好干部”是必须坚持的标准。

广东省根据新的中央精神和深化干部选拔任用和考核评价制度改革的要求，一方面，针对公推公选中暴露出的“唯票、唯分、唯 GDP、唯年龄”取人问题，及时予以纠正，深入整治拉票贿选、跑官要官、买官卖官等不正之风，率先向“裸官”开刀，不仅限制提拔、堵住“裸官”升迁，而且对“裸官”的任职全部予以调整。另一方面，改进竞争性选拔干部办法，完善优秀年轻干部培养选

---

① 透视广东“双百”领导干部人才计划：让能够科学发展的人上［N］. 光明日报，2008-11-24.

拔机制，以信念坚定、为民服务、勤政务实、敢于担当、清正廉洁为标准，选拔一批靠得住、有本事、想干事、能干事、干成事的干部到领导岗位上来，切实提高选人用人的公信度。①

（三）加强人大立法和监督，完善政治协商制度

广东省作为改革开放的前沿阵地，进行了大量的先行性、实验性立法，党的十六大以来继续发挥“立法试验田”的作用。2013 年 8 月，我国首部预防腐败地方法规在广东省汕头市的实施，就是一场反腐立法的“探路”。在地方试点的基础上，《广东省预防腐败条例（草案）》于 2014 年 10 月 22 日正式向社会公开征求意见。草案明确裸官不得担任领导职务。拟提任领导干部的，应如实报告个人房产、投资、债务、配偶子女从业等情况，并在一定范围内公开。不按要求报告的，不予提任。广东省率先展开预防腐败立法工作，是要把“党的纪律性规定”转化为地方“法律制度性安排”，意味着未来对防范“裸官提拔”和“带病提拔”等问题的约束力不只来自党内规定，还外加法律依据，这对反腐制度建设具有正面意义，也是将反腐工作从“治标”引向“治本”的重要一步。再者，2014 年 5 月 29 日广东省第十二届人民代表大会常务委员会第九次会议已通过并公布《广东省行政许可监督管理条例》。这是全国首部行政审批管理监督方面的地方性法规，因被视为把权力关进“笼子”的重要法规而备受关注。还有，《广东省实施珠江三角洲地区改革发展规划纲要保障条例》《广东省自主创新促进条例》等立法都具有地方特色，很有前瞻性。

在推进立法科学化民主化方面，广东也进行了大胆的探索，并积累了宝贵的经验。早在 1999 年 9 月 9 日，广东省人大常委会就《广东省建设工程招标投标管理条例（草案）》举行了全国首次立法听证会；半年后，这一极富民主精神的立法听证程序写入《中华人民共和国立法法》。2013 年 7 月广东省人大常委会再出新举，在全国首次针对立法论证、立法公开、立法听证和立法咨询专家、立法评估等方面的工作，公布《立法论证工作规定》《立法公开工作规定》《立法听证规则》《立法咨询专家工作规定》和《立法评估工作规定（试行）》五项规定。这五项规定让公众在立法中有更多话语权，把立项前论证扩展为立法全过程论证，将立法公开扩大到了立法信息公开、立法规划和立法计划公开征求意见、法规草案公开征求意见等方面，赋予公众提出举行听证会建议的权利，拓展了立法的咨询方式，更加全面地保障专家对立法的参与，明确提出要

① 钱昊平，吴诗航．公选“降温”“破格”从严、更重基层……中央用人新思路［N］．南方周末，2014-08-01.

建立表决前评估制度。这五项规定有助于从制度和程序上进一步保障立法的科学性和民主性。

为履行监督职能，加强“一府两院”的监督，广东省人大常委会先后制定和实施了各级人大常委会监督条例、执法检查工作规定、评议工作规定、实施个案监督工作规定等地方性法规，使各项监督工作规范化和经常化。另外，广东省人大通过创新监督工作方式进一步加强对领导干部的监督、对人财物管理和使用的监督、对权力行使的监督。2001 年，广东省人大通过了《广东省预算审批监督条例》，完善人大对政府工作监督的制度。在这一基础上，2004 年广东通过省人大财经委与省财政厅联网，共享“国库集中支付系统”，使人大对政府花钱实行在线监督。（注：广东省预算支出联网监督系统可归纳为“四个拓展”：一是从“两点一线”向全面覆盖拓展。从一般公共预算“一本账”逐步扩大到国有资本经营预算资金、政府性基金预算资金和社保基金预算资金等“四本账”，实现了全口径预算全联网，预算执行全跟踪。二是从全面知情向全面监督拓展。三是从泛泛监督向重点监督拓展。四是从随机监督向规范监督拓展。）在线联网监督是人大对政府财政监督的一把利剑。广东省及各地市人大常委会经过多年的努力，已初步建立起具有广东特色的在线预算监督系统，为广东省预算审查监督能力建设打下了良好基础。

探索代表大会闭会期间充分发挥代表作用的有效途径和形式。在联系代表、发挥代表作用方面，广东探索和建立了快速办理代表重要建议和代表反映民意的“直通快车”制度、“省人大代表活动日”制度、“代表热线”活动等。1998 年广东就建立了直接听取人民代表和政协委员意见的“直通车”制度。① 党的十六大以来，广东省人民代表大会常委会还根据代表的要求和实际的需要，多次安排了代表与省人大常委会、“一府两院”及其有关部门领导同志的约见等活动，使“直通快车”保持畅通和快速、高效运作。另外，开展“省人大代表活动日”“代表热线”、专题视察等活动，组织代表围绕广东省改革、发展、稳定的重大问题和人民群众普遍关心的热点问题，深入基层，深入群众，广泛了解社情民意，认真倾听和反映人民群众的意见和建议。为进一步密切与人民群众联系，广东省人大常委会建立了主任会议成员联系代表、代表联系群众的“双联系”工作制度，并为此配套开展代表履职支撑保障体系建设，确保中央和省委的决策部署以及“双联系”制度更好地落地，畅通代表反映人民群众意见的

① 广东省人民代表大会常务委员会工作报告［R］. 广州：广东省第十届人民代表大会第一次会议，2003.

渠道。2016 年广东省人大常委会再次放出了“大招”，启动了“代表密切联系群众、反映群众意见‘一键通’平台”，这是继在线交流平台、大数据服务平台相继建成使用之后，又一个保障代表履职更便捷有效的信息化平台，让代表可以“一机在手全天在线”，随时随地反映群众的意见建议，直达政府有关部门。此外，广东还加强了代表培训工作。通过各项代表工作，代表们增强了光荣感、责任感，进一步发挥了代表参与管理国家和社会事务的作用。

健全和完善政治协商制度。中国共产党领导的多党合作和政治协商制度是中国特色的政党制度，具有巨大的优越性和强大的生命力。可在实际操作中，一些地方由于没有科学规范的程序设计，政治协商常常容易流于主观和随意，想协商就协商、不想协商就不协商，协商归协商、决策归决策。这种种表现，在客观上削弱了政治协商的作用，甚至使政治协商在一些人的观感中沦为一种可有可无的形式。为了规范政治协商工作，提高政治协商实效，推进社会主义民主政治建设，广东省按照党的十六大、十七大的精神，不断推进政治协商工作走向制度化、规范化、程序化。

早在 2003 年，广东即形成了一个沿袭至今的惯例，民主党派负责人偕同省主要领导下乡调研。广东以省政协名义聘请台胞侨胞作为特聘委员，在全国还是首例。2008 年 12 月，省政协开全国先河，聘请 10 位台湾同胞和 10 位海外侨胞为特聘委员。广东省政协这一“先行先试”的探索，是进一步推进我国社会主义民主政治建设的重要举措，为广大侨胞和台胞意愿、利益诉求、汇聚侨胞智慧搭建了一个新平台。2009 年 9 月广州市出台了全国第一个政治协商规程，有评论指出，这标志着政治协商走向制度实践。2010 年 5 月，在广州试行的基础上，全国首部省级政治协商规程《中共广东省委政治协商规程（试行）》颁布实施；2011 年 8 月，在总结试行经验的基础上，规程正式出台。《中共广东省委政治协商规程》的出台，使政治协商局面得到了根本改观，从此广东实现从“关心协商”到“必须协商”，从“可以协商”到“程序协商”，从“软办法”转变为“硬约束”的转变，体现了广东推进政治协商实践的巨大政治勇气和坚强决心。请辞“花瓶委员”、首创即席发言、官员督办提案、颁布政协规程、特聘台侨委员等一系列制度创新，让政治协商涌现生机勃勃的“广东现象”。①

党的十八大以来，广东继续积极探索，不断推进协商民主建设的创新实践。2013 年，省委办公厅、省政府办公厅联合下发《关于进一步加强我省人民政协提案办理工作的意见》，将提案办理工作纳入科学发展观实绩考核及单位绩效考

① 制度自信与理论探索催生“广东政协现象”[N]. 南方日报，2011-12-20.

核体系，为政协提案办理提供了重要制度保障。2016 年，省政协利用“互联网+”开展网络议政，开通“委员之家”网络互动平台移动版，设置“给力提案室”和“议政参考”等栏目，新设“公众交流互动”专区，开启政协委员“掌上履职”新时代；增强议题设置能力，相继推出“精准扶贫”“农村留守儿童”“出租车改革”“校园安全”等热点话题，发动全省各级政协委员和社会公众积极发帖、跟帖，参与讨论，扩大政协协商参与面和开放性；成立提案工作研究会，加强提案工作理论和实践研究，制定出台提案办理协商办法，进一步规范提案提出和办理工作，提高提案质量和办理实效；完善政协大会发言选题、遴选和成果转化机制，改进政协常委会发言方式，更生动真实地反映委员的真知灼见，引导形成畅所欲言、各抒己见的民主氛围。① 2017 年 9 月，广东成立省政协研究咨询委员会，大大提升了政协议政建言的质量水平。

（四）加快推进大部制改革，切实转变政府职能

大部制即大部门体制，就是在政府的部门设置中，将那些职能相近的部门、业务范围趋同的事项相对集中，由一个部门统一管理，最大限度地避免政府职能交叉、政出多门、多头管理，从而提高行政效率，降低行政成本。党的十七大报告特别指出，要“加大机构整合力度，探索实行职能有机统一的大部门体制，健全部门间协调配合机制。精简和规范各类议事协调机构及其办事机构，减少行政层次，降低行政成本，着力解决机构重叠、职责交叉、政出多门问题”。十七大报告提出“大部制”改革的思路，是对我国行政管理体制改革在新的历史条件下适应市场经济发展的一个新举措。它可以化解政府部门中存在的机构重叠、职责交叉、政出多门的矛盾以及权限冲突，有助于减少和规范行政审批，简化公务手续和环节，提高政策执行效能，也是国际上市场化程度比较高的国家普遍实行的一种政府管理模式。党的十八大报告再次明确提到，要“深化行政审批制度改革，继续简政放权，推动政府职能向创造良好发展环境、提供优质公共服务、维护社会公平正义转变。稳步推进大部门制改革，健全部门职责体系……推进事业单位分类改革”。按照中央的要求，广东省将深圳、顺德等地列入创新行政管理体制先行先试地区，试行并稳步推进大部门制改革。广东在探索适应本地实际情况的大部制改革中逐渐形成了深圳的“行政权三分”（行政决策、执行、监督分开）模式和顺德的“党政联动”模式。

深圳的“行政权三分”模式。早在 2003 年，深圳就在全国率先进行了“大

① 薛江华，赖南辉．广东政协这一年：开启委员“掌上履职”新时代［EB/OL］．金羊网，2017-01-17.

部制”改革的探索，建立起了大交通、大文化、大城管、大经济的格局。然而，当时所设想的决策权、执行权、监督权互相制约又相互协调的机制，一直以来并未能实行。2008 年 2 月 27 日，中国共产党第十七届中央委员会第二次全体会议通过《关于深化行政管理体制改革的意见》，要求“按照精简统一效能的原则和决策权、执行权、监督权既相互制约又相互协调的要求，紧紧围绕职能转变和理顺职责关系，进一步优化政府组织结构，规范机构设置，探索实行职能有机统一的大部门体制，完善行政运行机制”，明确“决策权、执行权、监督权既相互制约又相互协调”的行政三分为大部制的有机组成部分。国务院通过和批准的《珠江三角洲地区改革发展规划纲要（2008—2020 年）》和《深圳市综合配套改革总体方案》，支持深圳“按照决策权、执行权、监督权既相互制约又相互协调的要求，在政府机构设置中率先探索实行职能有机统一的大部门体制，条件成熟时在珠江三角洲地区及全省推行”。①

深圳政府部门设置打破现有的局、办模式，按照“行政三分”即政府决策权、执行权、监督权既相互制约又相互协调的要求，完善行政运行机制。市政府实行委、局、办并行，各机构统称工作部门，根据职能定位区分：主要承担制定政策、规划、标准等职能，并监督执行的大部门称为“委”；主要承担执行和监管职能的机构称为“局”；主要协助市长办理专门事项，不具有独立行使行政管理职能的机构称为“办”。一部分主要承担执行和监管职能的局，由主要承担制定政策、规划、标准等职能的委归口联系。

深圳改革最大的看点之一，是首次出现了承担决策权的“委员会”这一政府部门架构，对不同职能部门领域进行了分拆、合并。设立的 7 个委员会包括：发展和改革委员会、科技工贸和信息化委员会、财政委员会、规划与国土资源委员会、交通运输管理委员会、卫生和人口计划生育委员会、人居环境委员会。② 深圳市政府紧紧围绕“退出、转型、精简”三个基本要求，以职能转变为核心，着力理顺部门职责关系，明确部门责任，合理确定部门间的职责权限和边界，建立健全部门间协调配合机制，着力解决政府部门间存在的多头管理、交叉扯皮等问题。

顺德的“党政联动”模式。2009 年，顺德推行的大部制改革，力度之大、创新之多，为改革 30 多年来少见。按照广东省委、省政府正式批复，顺德在维持目前建制不变的前提下，除党委、纪检、监察、法院、检察院系统及需要全

① 瓮洪洪．深圳行政三分模式解析［J］．中国法律，2009（4）．
② 彭澎．广东大部制改革：比较与思考［J］．探索，2010（2）．

市统一协调管理的事务外，其他所有经济、社会、文化等方面的事务，顺德均能行使地级市管理权限。和各地“行政大部制”改革不同，顺德改制直指除人大、政协之外的党政工群全套系统：工会、共青团、妇联、工商联、残联等群团组织，以及由广东省、佛山市垂直管理的工商、地税、质监、药监、公安、国土、规划、社保、气象局9个部门，一并纳入机构整合范围，原来的41个机构，被一次性精简到16个，其中政府部门由29个调整为10个，机构精简近2/3；设置党委机构6个，全部与政府机构合署办公。

“同是大部制，深圳着眼于政府自身机构改革层面，而顺德则在党政机构职能重叠方面进行尝试和探索。”“顺德在延续和发展‘一个中心，四位一体’领导体制的基础上，实施部门首长负责制基础上的联席会议决策管理体制，党委、政府、人大、政协权力部门的行政首长，通过一个党政联席会议，对相关事务进行决策。”“此次顺德区在县镇层面实行党政合一制度，属技术制度上的改革，为社会主义民主政治制度化、规范化、程序化建设，提供了一个意义深远的样本。”①

结合“大部制”改革，广东省继续推进新一轮行政审批制度改革。广东的行政审批制度改革一直走在全国前列。深圳、佛山等市早在1997年已开始试点改革行政审批制度。省本级层面改革也在两年后开始，于2000年、2002年、2004年、2009年进行了4轮行政审批事项清理，累计取消1800余项，调整400余项。自2012年8月国务院批准广东在深化行政审批制度改革方面先行先试，广东于当年年底前公布了3批省级行政事项审批改革目录，出台了改革方案及行政审批事项目录管理办法，《广东省行政许可监督管理条例》亦于2015年1月1日起施行。

2014年1月，省委十一届三次全会通过《中共广东省委贯彻落实〈中共中央关于全面深化改革若干重大问题的决定〉的意见》。《意见》强调，要深化行政审批制度改革。最大限度地减少政府对微观事务的管理，市场机制能有效调节的经济活动一律取消审批，基层政府管理更为便利有效的审批事项一律下放。继续精简行政审批事项，到2018年减少50%以上。优化审批流程，压减前置审批环节，建立“办事工作日”和“告知承诺”机制，研究制定省行政审批标准化实施办法，建立统一的行政审批信息管理服务平台，向社会公布实施行政审批办事指南和业务手册。

2015年初，全面公布省政府各部门权责清单和职能调整目录，作为政府部

---

① 罗文胜．顺德改制 党政联动 机构精简2/3［N］．21世纪经济报道，2009-09-18.

门履职尽责的“总账本”。紧接着，《广东省企业投资项目实行清单管理的意见（试行）》公布，广东成为国家批准的首个企业投资项目清单管理试点省份，而企业投资项目准入负面清单、行政审批清单、政府监管清单三份清单也同时公布。同年，全省还启动了全面推广行政审批标准化的工作。

在行政审批制度改革方面，仅2016年就取消170项省市县三级实施的行政审批事项，向国务院审改办建议取消中央指定地方实施的行政审批事项73项。在加快推进行政审批标准化方面，目前，已完成省级1173项和市级10017项行政许可事项标准的编制工作，行政审批事项标准录入模块与省网上办事大厅事项目录管理系统的融合对接等信息化基础工作也基本完成。①

广东推进以简政放权为核心的行政审批制度改革，大大推动政府职能的转变，激发市场活力和社会创造力，为经济社会发展“松绑”，最大限度地释放了改革红利。

（五）发展基层民主政治，探索基层新的治理模式

党的十六大报告指出：“扩大基层民主，是发展社会主义民主的基础性工作。”② 2004年，中共中央、国务院下发的《关于健全和完善村务公开和民主管理制度的意见》又提出了，进一步健全村务公开制度，保障农民的知情权；进一步规范民主决策机制，保障农民群众的决策权；进一步完善民主管理制度，保障农民群众的参与权；进一步强化村务管理的监督制约机制，保障农民群众的监督权。至此，保障亿万农民的选举权、知情权、决策权、参与权和监督权成为村民自治工作的重心。党的十七大报告第一次把“基层群众自治制度”列为中国特色社会主义的四大政治制度之一，这表明“基层群众自治制度”在我国社会主义民主政治发展中的地位得到了进一步的提升。2008年10月，党的十七届三中全会通过了《中共中央关于推进农村改革发展若干重大问题的决定》，指出：发展农村基层民主，以扩大有序参与、推进信息公开、健全议事协商、强化权力监督为重点，加强基层政权建设，扩大村民自治范围，保障农民享有更多更切实的民主权利。十八大报告进一步确定了完善基层民主制度要以扩大有序参与、推进信息公开、加强议事协商、强化权力监督为重点，拓宽范围和途径，丰富内容和形式，这些都是保障人民切实享有民主权利的重要举措。

为贯彻党的十六大以来的中央精神，健全基层民主制度，发展基层民主，

① 深化行政审批制度改革 广东省直610个事项进驻省统一申办受理平台［N］．南方日报，2017-04-19.

② 江泽民文选（第3卷）［M］．北京：人民出版社，2006：554.

保障人民享有更多更切实的民主权利，多年来，广东省积极推进村民自治和居民自治，村委会和社区居委会普遍建立起以“四个民主”（民主选举、民主决策、民主管理、民主监督）为主要内容的村（居）民自治制度，逐步使城乡居民走上了自我管理、自我教育和自我服务的发展轨道。目前，广东省城乡居民自治呈现了新的生机和活力，村民自治的整体水平已进入全国前列。

在村民自治方面，值得一提的是广东的创新之举：一是借鉴国际经验，在村委换届选举中推行选举观察员制度。在2005年第三届村委换届选举中，广东在国内率先推行选举观察员制度。在本届选举中，省委、省政府首次增加了自主竞选的规定，村民也可以竞选村干部。同时，首次在省、市、县三级实行选举观察员制度，这在全国属首创。全省按村委会总数10%的比例下派观察员到村进行观察，省、市、县分别按10%、30%、60%的比例完成观察任务。通过选举观察员的现场观察和监督，较好地维护了选举秩序，促使各地严格依法依规召开选举大会。① 二是实施“四民主工作法”，探索基层民主新途径。发端自惠州市龙门县的“四民主工作法”提供了这样一种途径：村“两委”和村民均有权提出议题，议题提出后，必须征求村民意见并形成议案，召开村民代表大会、党代表会议或村民会议完善议案，再由村民海议，最后组织公决，只有在获得80%以上的签名后才能获通过。民主提事、民主议事、民主理事、民主监事的“四民主工作法”，有力遏止了过去基层事务由村干部说了算的现象，村里大事由少数人说了算的情况少了，实现了村里的事情“村民提”“村民定”“村民办”“村民管”。2007年，“四民主工作法”开始在惠州全市推广，并于2010年1月被写进广东省委贯彻十七届四中全会精神的实施意见，在全省推广。

制度环境和制度基础的缺失，是影响村级民主治理的主要障碍。为此，广东根据形势的发展，不断建立和完善村民自治制度。1998年为了规范村民委员会的选举工作，保障村民依法行使民主权利，广东省制定了《广东省村民委员会选举办法》。2010年12月1日广东省第十一届人民代表大会常务委员会第二十二次会议对其进行了第二次修订完善，对村委会选举的细节进行了诸多调整：设定秘密写票处，村委会中要确保有一名妇女，委托投票必须是近亲属、村民可提议罢免村主任等，对村委会选举工作进一步规范，使其更有针对性和可操作性。另外，为加强农村基层民主建设，保障村民对村务的民主决策、民主管理、民主监督，推进村民自治，根据《中华人民共和国村民委员会组织法》及有关法律、法规的规定，结合本省实际，广东省于2001年制定了《广东省村务

① 广东全国首创选举观察员制度［N］. 信息时报，2006-01-05.

公开条例》。针对近年来广东基层农村职务犯罪呈上升趋势这一特点，广东省于2014年11月对该条例进行了重新修订。修订后的该条例强化了农村基层惩防体系建设，列明16种必须公开的村务事项，以遏制农村基层腐败，严防“小官大贪”。该条例还对“应当公开村务事项”的时间和相关人员的责任都作了详细规定。修订后的该条例加重了不公开村务的责任。

为充分发挥村民代表和社会组织作用，强化两委建设，健全村务选务公开制度，减少权力寻租机会，2014年，根据省委书记胡春华的指示，广东省制订了《广东省村务监督委员会工作细则（试行）》，修改完善了广东省党务村（居）务公开栏统一模板样式，下发《关于乡镇（街道）政府和职能部门与村（居）委会双向考核试点工作方案》，开展“健全基层党组织领导的基层群众自治机制”改革试点，出台《加强基层综合服务管理平台的指导意见》，为加强广东省基层治理工作奠定了制度基础和政策基础。

在社区居民自治方面，广东省通过修改完善《社区居民自治章程》《社区居民代表大会制度》《居务公开制度》等一系列规章制度，理顺了政府与社区的关系，明确了社区居民委员会的职责，为社区居民委员会发挥自治功能提供了制度保障。2008年5月广东省在社区居民委员会换届选举中首次建立了换届选举工作责任制，成立由各市、县（市、区）、乡镇（街道）党委（党工委）书记任组长的换届选举工作领导小组，并抽调纪检、组织、宣传、人大、民政、公安、农业、共青团、妇联等单位人员组成换届选举工作领导小组办公室，具体组织、指导本地区换届选举工作，有效地保证了换届选举工作的顺利完成。这是对社区选举制度的创新。在民主管理形式上，广东深圳创造了“盐田模式”。2005年，深圳市盐田区以“一会（合）两站”模式，将社区工作站从社区居委会中分离出来，社区工作站人员由政府雇员组成，行政关系隶属于街道办事处，主要承担政府交办的工作。与此同时，成立社区服务专项资金，规定政府按照购买服务项目的方式，为新型社区居委会开展社区服务提供平台。

“盐田模式”是一种全新的社区治理模式，在这一社区治理结构中，政府部门、居民组织、服务机构都积极参与到社区治理之中，大大提高了社区居民委员会自治能力。

广东通过完善村（居）民自治制度，健全基层民主机制，拓宽民主形式和内容，创新基层治理模式，依法保障了人民群众的知情权、参与权、选择权和监督权，充分调动了基层群众依法参与民主实践的积极性。

四、党的十六大以来广东政治体制改革的重要成就

总的来讲，党的十六大以来，广东紧紧围绕提高科学执政、民主执政、依法执政水平深化党的建设制度改革，围绕坚持党的领导、人民当家作主、依法治国有机统一深化政治体制改革。

（一）推进法治政府、廉洁政府和服务型政府建设

推进法治政府、廉洁政府和服务型政府建设是党的十六大以来广东进行政治体制改革实践探索的重要成就，它使政府逐步实现从全能政府向有限政府，从管制政府向法治政府、廉洁政府和服务型政府转变。法治政府的核心是依法行政。建设法治政府，就是要提高政府立法的质量，完善依法行政的制度。健全科学民主依法决策机制，建立决策后评估和纠错制度。严格依照法定权限和程序履行职责，确保法律、行政法规有效执行。深化政务公开，推进行政权力行使依据、过程、结果公开。建立健全各项监督制度，让人民监督权力。强化行政问责，严格责任追究。

改革开放以来，尤其是2004年国务院《全面推进依法行政实施纲要》颁布实施以来，广东省委、省政府紧紧围绕改革发展稳定大局，坚持把推进依法行政、加快法治政府建设作为依法治省的重中之重来抓，突出重点、分步实施、整体推进，成效显著，创造了很多新鲜经验。

在省级层面的制度设计上，广东省出台的《法治广东建设五年规划（2011—2015年）》《广东省法治政府建设“十二五”规划》等，构建了整体框架和基础。2012年，广东省依法行政工作领导小组成立，随后推动出台了《广东省法治政府建设指标体系（试行）》和《广东省依法行政考评办法》。目前，广东省在行政执法责任制、重大行政决策听证、政府信息公开、行政许可监督、行政首长问责、行政效能监察、行政过错责任追究等方面的30多项制度已经建立并全面实施。按照《广东省行政机关规范性文件管理规定》，广东省全面推行行政机关规范性文件统一规范、统一审查、统一发布制度。此外，按照党的十八大提出的到2020年“法治政府基本建成”的目标，广东省着力推进政府职能转变和行政体制机制创新，制定各级地方政府及其工作部门权责清单，依法公开权力运行流程，全面公布行政审批目录清单，优化和规范审批流程。并且，通过深化行政执法体制改革，进一步理顺行政执法关系，建立健全权责明确、行为规范、监督有效、保障有力的行政执法体制。①

---

① 广东依法治省的重中之重：加快法治政府建设［N］. 南方日报，2014-10-20.

目前，广东省扎实推进依法行政，加快法治政府、廉洁政府和服务型政府建设，取得明显成效。广东省政府在2016年《政府工作报告》中对十二五期间政府自身建设成就是这样总结的：五年来，我们始终把建设人民满意政府作为努力方向，不断加强法治政府、廉洁政府和服务型政府建设。坚持向人大及其常委会报告工作，向人民政协通报情况，主动自觉接受监督。共办理省人大代表建议3621件、省政协提案3162件。提请省人大常委会审议地方性法规草案47项、制定修改政府规章65项。坚持依法行政，完善政府决策规则和程序，深入推进政务公开。全面推行行政执法责任制，改进和加强行政复议，完善政府法律顾问制度。认真落实中央八项规定精神和国务院“约法三章”要求，扎实开展党的群众路线教育实践活动和“三严三实”专题教育，从严从实整治“四风”和庸懒散奢、不作为、乱作为等突出问题。清理规范省级议事协调机构。省直党政机关和参公单位“三公”经费财政拨款总支出连续5年“零增长”。公务用车制度改革基本完成。监察工作扎实有效，审计全覆盖和职业化建设有力推进，廉政建设进一步加强。

（二）民主制度和民主机制不断健全完善

政治体制改革的重要目标就是要通过制度的完善和机制的健全，进一步将人民民主权利落到实处，保障人民管理国家、经济、文化、社会事务的权利。人民代表大会制度、中国共产党领导的多党合作和政治协商制度、基层民主自治制度，作为公民有序政治参与的制度保障和制度载体，为人民民主提供了有效的保障。然而随着社会经济的发展，这些制度也需要不断完善，充分发挥其优越性。

人民代表大会制度是我国人民当家作主的根本途径和最高实现形式。一直以来，广东省委积极支持省人大及其常委会充分发挥国家权力机关作用，依法行使立法、监督、决定、任免等职权，加强对“一府两院”的监督，完善人大代表联系群众制度。为适应我省全面深化改革和法治广东建设的需要，省人大及其常委会依法行使职权，在科学立法和民主立法方面，近年来，先后制定《广东省信访条例》，规范信访秩序，完善信访工作机制；制定《广东省行政许可监督管理条例》，规范行政许可的设定、适用和实施程序，促进政府转变职能；制定《商事登记条例》，激发社会的创业活力；制定《社会力量参与救灾促进条例》，构建社会联动参与机制；制定《禁毒条例》《特种设备安全条例》《电梯使用安全条例》《食品生产加工小作坊和食品摊贩管理条例》，加强社会领域安全监管；制定《城乡生活垃圾处理条例》《林木林地权属争议调解处理条例》，维护城乡环境和群众权益；制定《华侨权益保护条例》，维护侨胞合法权益；制定《中国（广东）自由贸易试验区条例》，营造国际化市场化法治化营商环境；制定《促进科技成果转化条例》，推动落实创新驱动发展战略；制定《西江水系水质保护条例》，保护水质安全；修订《广东省企业集体合同条例》，促进建立和谐稳定的劳动关系，维护职工和企业的合法权益；修改《人口与计划生育条例》，落实提倡一对夫妇生育两个孩子政策。对现行有效的214项地方性法规进行全面清理，使立法主动适应改革发展需要。省人大及其常委会在立法时，还不断完善立法机制。注重发挥人大代表、政府有关部门、地方立法基地及高校联盟、专家学者、社会公众在法规起草、征求意见、论证、表决前评估等工作中的作用；探索第三方起草法规草案工作；组建地方立法社会参与和评估中心，制定第三方立法后评估报告的处理办法，委托其开展立法后评估，对审议通过的法规实施效果进行监督，促进法规的进一步完善和有效实施。在立法能力建设上，组建省立法研究所，设立立法学博士后创新实践基地，与中山大学联合创办立法学术期刊《地方立法研究》，召开粤港澳三地立法学专家立法交流研讨会，建立法学专家到人大工作机构挂职锻炼制度，培养储备立法人才。①

在深化对“一府两院”工作的监督方面，近年来，主要侧重于政府预算监督、基本民生实施情况的监督、对环境保护工作的监督和对司法工作的监督。在政府预算监督上，开展对计划预算的审查监督、经济运行情况调研，听取和审议计划、预算执行情况报告和审计工作报告，审查批准决算、预算调整方案和地方政府债务限额。开展专项提前介入年度预算编制工作的监督，推动教育、卫生相关专项资金的落实。全面加强财政预算支出联网监督工作，建立健全工作制度，通过召开现场交流会、举办培训班等方式，推动联网监督工作向市县延伸。加强对财政专项资金支出绩效的监督，开展战略性新兴产业发展专项资金、基础教育创强奖补专项资金支出绩效情况专题调研，听取和审议农村危房改造专项资金管理使用情况的报告，并就资金使用效果开展第三方绩效评估。②在基本民生实施情况的监督上，采取交叉检查的方式，组织省人大代表监督广东省底线民生保障资金落实情况，并听取和审议专项工作报告，推动底线民生

① 广东省人民代表大会常务委员会工作报告［R］. 广州：广东省第十二届人民代表大会第三次会议，2015；广东省人民代表大会常务委员会工作报告［R］. 广州：广东省第十二届人民代表大会第四次会议，2016；广东省人民代表大会常务委员会工作报告［R］. 广州：广东省第十二届人民代表大会第五次会议，2017.

② 广东省人民代表大会常务委员会工作报告［R］. 广州：广东省第十二届人民代表大会第四次会议，2016.

保障目标如期实现。2015 年人大报告 在对环境保护工作的监督上，听取和审议农村垃圾管理工作情况的报告并开展专题询问，组织人大代表交叉检查农村垃圾管理工作，组织开展农村垃圾管理情况第三方评估。听取和审议重点跨市域河流污染整治工作情况的报告，开展自然保护区建设工作情况专题调研，专项进行跨市域河流污染整治河长制实施情况调研，制定加强河长制实施情况监督办法，开展城中村污水治理专题调研并作出决议，促进生态文明建设。①

在对司法工作的监督上，开展“两院”完善司法责任制改革情况专题调研，听取和审议改革完善公安机关受案立案制度情况、省法院关于环境资源审判工作情况、省检察院关于检察机关提起公益诉讼试点工作情况的报告，促进依法执法、公正司法。②

在全力保障代表依法履职方面，建立“两个联系”制度和召开代表密切联系人民群众工作座谈会，促进代表更好地联系群众；大力推进全省各级人大代表密切联系群众的工作平台和制度建设，拓展基层人大代表依法履职途径；建立代表建议交办签收、送达、答复、反馈台账和代表建议办理工作联络员制度，有序推进公开代表建议工作，对代表建议质量和办理工作质量开展第三方评估，着力提高代表建议的质量和建议办理质量；开展代表约见国家机关负责人活动，推动代表反映问题的解决。

推进协商民主广泛多层制度化发展。党的十六大以来，广东省充分发挥人民政协作为协商民主重要渠道和专门协商机构的作用，不断拓展协商内容、丰富协商形式、增加协商密度，围绕经济社会发展规划、政府的重大工作部署、重大政策出台、重要社会民生问题等认真开展民主协商，不断提高人民政协协商民主制度化、规范化、程序化水平，增强民主协商实效。党政主要领导督办政协重点提案制度，各民主党派、工商联组织和无党派组织向党委提出建议制度，广东特色的新型智库制度，政协委员直接向党政主要领导反映重要意见建议的“直通车”制度，政协委员推荐制度，政协委员联络群众制度日益完善，以专题协商、对口协商、界别协商和提案办理协商四种形式的政协协商民主实践全面铺开，政协委员参政议政能力大大增强。“政协委员在广东不再是一个单纯的荣誉式职位。一方面，政协自己的参政议政约束力在强化。对那些身为政协委员却不履行政治协商职责的人，政协组织的领导公开加以批评，甚至要求

① 广东省人民代表大会常务委员会工作报告［R］. 广州：广东省第十二届人民代表大会第五次会议，2017.

② 广东省人民代表大会常务委员会工作报告［R］. 广州：广东省第十二届人民代表大会第五次会议，2017.

开除那些从来不参加政协参政议政活动的委员。另一方面，政协委员参政议政不再流于形式化的视察。政协中的民主党派成员实际地参政议政，既与执政党领导一同考察，参与议政、参与决策，也独立进行调查研究，提出富有创意的施政意见。”①

健全基层民主机制，构建基层治理新体系。广东省通过制定或修改完善《广东省村民委员会选举办法》《广东省村务公开条例》《广东省村务监督委员会工作细则（试行）》《社区居民自治章程》《社区居民代表大会制度》《居务公开制度》等一系列规章制度，进一步落实了群众的民主权利，规范了基层组织活动，促进了基层组织透明运行，提高了基层治理水平，加强了基层党风廉政建设。2011—2015 年，以“组织健全工作有力、村（居）务公开全面真实、民主决策科学规范、民主管理扎实有序、民主监督切实有效、社会和谐群众满意”为创建标准，全省各地深入开展了五批村（居）务公开民主管理示范创建活动。经过 5 年创建，全省村（社区）创建达标率达到 79.09%。截至 2016 年 5 月，全省 19726 个行政村中，已经设立村务监督委员会 19724 个，基本达到全覆盖；全省共选举（推选）产生村务监督委员会成员 7.03 万名，其中党员 3.2 万名。建立省、市、县三级财政保障村务监督委员会运作机制，2015 年省财政拨付 9216 万元，补贴欠发达地区 10632 个贫困村的 31896 名村务监督委员会成员；2016 年省财政拨付 16597 万元，补贴欠发达地区全部 16764 个农村的 50292 名村务监督委员会成员。村务监督委员会的参与和监督，转变了村干部工作作风，确保了民主决策公开、公正，畅通了民主监督的渠道，提高了基层群众的满意度。2015 年，省民政厅受理涉村务公开的信访量为 30 批 114 人次，同比下降了 69.7%。推进村务公开栏的升级改造，2015 年省民政厅、省委组织部联合下发了《关于加强全省农村（社区）党务村（居）务公开栏规范化建设工作的通知》，督促开展全省农村（社区）党务村（居）务公开栏升级改造，共有 22590 个村（社区）完成了规范化建设，占比 86.4%。推进农村产权流转管理服务平台建设，去年，省委、省政府出台《关于加快推进农村产权流转管理服务平台建设的意见》，全省共建成县级平台 128 个、镇级平台 1397 个，县镇两级覆盖率分别为 96%、97%，有 18 个地市已经基本完成县镇两级平台全覆盖；共完成集体资产公开交易 19.7 万宗，交易金额 1466 亿元。推进农村财务监管平台建设，去年底，珠三角地区已完成农村财务监管平台建设任务，粤东西北地区 12

① 任剑涛. 30 年改革：广东试验的中国意义［J］. 中山大学学报（社会科学版），2008（4）.

个地市所辖乡镇86%以上已建成农村财务管理监管平台并投入运行。力争今年年底前全省乡镇级和县（区）实现农村财务监管平台全覆盖并投入运行。①

（三）行政体制改革取得重要进展，初步建立起适应社会主义市场经济发展的行政体制

党的十六大以来，广东在大部制改革、行政审批制度改革、商事制度改革、权责清单编制、政府职能转变和机构改革、行政管理方式创新等方面，进行大胆实践，不断攻克体制机制上的顽瘴痼疾和利益固化的藩篱，取得了阶段性成果。一是转变政府职能。党的十六大明确提出，政府职能主要是经济调节、市场监管、社会管理和公共服务。党的十八大以来，中国行政体制改革更是紧紧扭住政府职能转变这个“牛鼻子”，以简政放权为突破口，加快转变政府职能，使市场在资源配置中起决定性作用和更好发挥政府作用，切实推动政府职能向创造良好发展环境、提供优质公共服务、维护社会公平正义转变。广东新一轮的政治体制改革根据市场经济体制的要求，重新界定政府的职能，大胆借鉴中国香港、新加坡的经验，实行大部制和行政“三分开”，并以深圳、顺德为试点，先行先试，随后，各市纷纷效仿，重新设置政府机构。广东省佛山市顺德区大部门体制改革摆脱了以往简单着眼于“精兵简政”的思维模式，真正实现了政府部门关系的理顺和职能的转变。通过职能同类项合并，解决责任、权力重叠问题，顺德和深圳的大部制改革在相当程度上找到了破解这一问题的方法。顺德大部制改革后，大大改善了以往党政机构职能重叠的问题，形成了职能配置科学合理、机构设置综合精干、权责明确的党政组织架构，建立起大规划、大经济、大建设、大监管、大文化、大保障的大部门体制格局。② 二是优化政府组织结构。转变政府职能必须深化机构改革，优化政府组织结构。优化职能配置，理顺部门职责关系，完善运行机制，这是优化政府组织结构的重要内容。合理调整机构设置，优化人员结构，既要解决有些部门机构臃肿、人浮于事的问题，又要解决有些部门因职能加强而出现的编制过少、人员不足问题，做到职能与机构相匹配，任务与人员编制相匹配。在大部制改革中，广东的深圳和顺德，实现了政府部门整体性的变革重构。深圳在大部门体制改革前原有46个政府机构，改革后设置31个，减少15个机构，机构精简幅度达到了1/3；顺德的大部门体制改革将原来的41个党政机构减少为16个，其机构精简幅度将近

① 五抓五促 全面提升我省村务公开水平［EB/OL］. 广东省民政厅，2016-07-06.

② 广东行政体制改革最新动向：全省试点“大部制”［EB/OL］. 广东省社会工作委员会，2012-07-10.

2/3。更重要的是，深圳和顺德的大部门体制改革，都形成和落实了决策权、执行权、监督权既相互制约又相互协调的权力结构和运行机制。① 三是创新政府管理方式。党的十六大以来，广东省政府在推进政治体制改革进程中不断创新行政管理方式，简化行政程序，调整管理流程，使行政管理方式向更加科学化、人性化、简便化、效能化转变。为了方便群众办事，广东省各地加强了直接面向基层和群众的“窗口”机构的建设和管理，学习推广南海的经验，大力推行电子政务、“网上问政”“网上行政”，推行“一站式服务”和“一个窗口对外”，实现政务服务向规范有序、公开透明、便民高效转变。深圳、顺德等地大力整合行政资源，推进公共服务“系统集成”，从多头服务转向集中服务。顺德区将原来分散在各部门的23个服务点的事务集中到行政服务中心，实行一个地点集中办公，群众办事再不用东奔西走挨个“跑部门”，房地产租赁审批从原来的15个工作日缩短为1个工作日，宅基地审批从24个工作日缩短为10个工作日。企业和群众对此普遍感到满意和欢迎。云浮市行政体制改革注重既节省时间又节约成本，云安县将23个服务窗口集中到社区服务中心办公，为企业提供一站式服务。珠海通过建立行政服务中心，提供“一站式”行政审批窗口服务，实现由“分散审批”向“集中审批”转变，群众和企业办事由原来的满城跑变为“一站办结”。汕头市濠江区将政府各部门实施的行政许可项目、行政审批项目及相关收费项目全部进入政务服务平台办理，优化服务流程，实现多部门并联审批。各地在改革中还充分利用现代网络科技，试行预约服务、网上预审、网上年检、网上申报和审批代码证等服务，尽可能减少企业和市民的往来次数，大大节约了行政成本和企业、群众的办事成本。②

近2年，广东省政府把落实中央总体设计和从实际出发先行先试结合起来，牵牢行政体制改革“牛鼻子”，发挥经济体制改革牵引作用，改革的深度力度进一步增强。全面推行省市县三级政府部门权责清单制度，新取消省级行政审批事项122项，清理规范省政府部门行政审批中介服务126项，行政审批标准化加快实施，相对集中行政许可权试点改革扎实推进。深化商事制度改革，全面实行企业“五证合一、一照一码”和个体工商户“两证整合”登记制度改革，新增各类市场主体161.58万户、注册资本金7.19万亿元，分别增长16.5%和39.6%。“一门式一网式”政府服务模式改革全面推开，全省行政审批事项网上全流程办理率达76.7%，省网上办事大厅覆盖至镇街。率先出台市场监管条例，

① 许耀桐．行政体制改革：十年十成果［J］．瞭望，2012（45）．
② 黄挺．广东行政体制改革的新突破［N］．南方日报，2013-03-04.

推行“双随机一公开”监管，事中事后监管体系建设不断加强。率先建立包括准入负面清单、行政审批清单和政府监管清单在内的企业投资项目清单管理制度，实施备案的项目占企业全部投资项目的比例达90%。①

广东各级政府通过不断深化政治体制改革，使原有的政出多门、职责交叉、推诿扯皮、责权脱节等问题得到有效解决，各地行政成本和群众、企业办事成本大幅降低，初步构建起“小政府、大社会”服务型政府雏形。

五、广东政治体制改革的主要经验

党的十六大以来，广东政治体制改革不仅取得了显著成效，而且在实践中积累了宝贵经验，主要表现为：

（一）加强党的领导，充分发挥党在政治体制改革中总揽全局、协调各方的领导核心作用

深化和推进政治体制改革，必须坚持中国共产党的领导，充分发挥党在政治体制改革中总揽全局、协调各方的领导核心作用。因为党是中国特色社会主义事业的领导核心，中国政治体制改革能否顺利推进和最后取得成功，关键在于中国共产党。政治体制改革要稳步地向前推进，并取得实际成效，没有中央和国务院的坚强领导，没有省委、省政府统一的规划和部署，没有各级党政部门自上而下的强力推动，是不可想象的。我国政治体制改革尤其是政府机构设置和职能调整，涉及国家经济、政治、文化和社会生活的各个方面，涉及中央与地方、政府与社会、政府与企业、整体利益与局部利益等一系列重要关系，必须放到中国经济社会发展的大局中统筹谋划，服从并服务于促进经济社会发展的需要，做到与完善社会主义市场经济体制进程相适应，与建设社会主义民主政治、完善国家治理体系相协调。因此，所有政治体制改革都要在中央统一领导下，在各级党政部门精心组织下，统筹部署，整体协调推进。

另一方面，要通过深化政治体制改革，不断促进党的自身建设，加强和改善党的领导。加强党的建设是政治体制改革的重要内容。政治体制改革直接涉及党和国家的权力体系和领导体制，涉及政治权力的合理配置与运用，必须把政治体制改革与党的建设紧密结合起来，以党内民主带动社会民主，通过改进党的领导方式和执政方式，保证人民通过人民代表大会行使国家权力和依法治国，通过党内监督体系建设，促进建立更加完善的政府权力运行机制和监督体

① 广东省政府工作报告［R］. 广州：广东省第十二届人民代表大会第四次会议，2016；广东省政府工作报告［R］. 广州：广东省第十二届人民代表大会第五次会议，2017.

系。要把政治体制改革与加强和改善党的领导统一起来。“政治体制改革不是要削弱而是要加强和改善党的领导，不是要抛弃而是要有利于巩固党的领导。在坚持正确政治方向的前提下，政治体制改革要更加注重改进党的领导方式和执政方式，保证党领导人民有效治理国家；更加注重健全民主制度、丰富民主形式，保证人民依法实行民主选举、民主决策、民主管理、民主监督；更加注重发挥法治在国家治理和社会管理中的重要作用，维护国家法制统一、尊严、权威，保证人民依法享有广泛权利和自由。”① 顺德在大部制改革中，将一些职能相近的党委及政府部门进行合并，合署办公，按照决策相对集中、执行专业、监督独立的思路，重组党政权力结构，确立了扁平化、高效率的党政联动的运作模式，打破了部门界限，有利于快速地执行党政的重大决策，加强党的领导。

（二）健全和完善社会主义政治制度，保障人民当家作主的权利

中国政治体制改革的目标是为了更好地健全和完善社会主义政治制度，更加充分地发挥人民代表大会制度、中国共产党领导的多党合作和政治协商制度、民族区域自治制度以及基层群众自治制度等社会主义政治制度的优越性。一个国家实行何种政治制度，与这个国家的具体国情和历史文化条件密切相关，中国现在实行的社会主义政治制度已经被实践证明是适应我国国情的、行之有效的政治制度。之所以需要改革，是因为它在具体实践过程中受到不完全适应现实需要的体制、机制的束缚，无法充分发挥其优势。所以，中国的政治体制改革必须坚持走中国特色的道路，坚持发展和完善社会主义政治制度这个目标不动摇。如果无视中国的历史与现实，照搬西方政治体制模式，只会将中国的政治体制改革引向错误的方向和目标。

深化政治体制改革，要以保证人民当家作主为根本。“全心全意为人民服务是中国共产党和中国政府的根本宗旨，一切为了人民、一切依靠人民，是推进各项改革的根本出发点和动力所在。推进行政体制改革始终以人民为中心，坚持为了人民、服务人民、依靠人民，着眼于适应推进经济和社会发展，不断提高人民群众物质文化生活水平，促进人的全面发展；坚持尊重人民群众的主体地位，维护人民群众的各项权益；充分体现广大人民群众的利益和诉求，使全体人民共享改革发展成果。从行政体制改革的动力机制看，高度重视发挥人民群众的积极性、主动性和参与性，增强社会经济活力和创造力。实践证明，中国行政改革只有符合人民利益，反映人民呼声，紧紧依靠人民，建设人民满意

① 积极稳妥推进政治体制改革［N］. 南方日报，2012-12-05.

的政府，才能得到广大人民群众的真心拥护和有力支持。"① 人民代表大会制度是人民当家作主的根本途径和最高实现形式，是人民当家作主的最好的组织形式和最有力的制度保证。真正保证人民当家作主，就是要充分发挥人民代表大会及其常务委员会的立法和对"一府两院"的监督作用，落实常委会组成人员联系人大代表、人大代表联系群众制度，发挥代表了解民情、反映民意、集中民智方面的独特作用。广东政治体制改革的一个重要经验就是始终牢牢抓住人民当家作主这一根本，通过完善立法制度体系，改进立法方式方法，提高人大工作队伍专业化职业化水平，强化对"一府两院"依法履职的监督，加强和改进人大代表工作，采取多种方式引导更多的代表提出高质量的议案、建议，来保障人民当家作主权利的落实，让人民群众得到更多的改革实惠。

（三）从实际出发，渐进式推进改革

"我国处在社会主义初级阶段，推进政治体制改革和民主政治建设所必需的社会经济文化发展水平和公民的文化素质，总体上尚比较落后，发展很不平衡，改革的成本过高，公民的参政议政能力和社会自治能力还普遍不高，特别是传统的权力过分集中的政治体制仍具有强大的运行惯性。这些决定了政治体制改革和民主政治建设必然要经历一个长期努力、逐步积累的渐进过程。"② 并且，政治体制改革是一项复杂的系统工程，涉及政党建设、政权建设、民主建设、廉政建设和经济建设等诸多领域，牵一发而动全身。所以，推进政治体制改革，不可能毕其功于一役，要有长远规划和总体部署。各地要根据中央的改革精神和总体部署，结合各级行政管理和地域特点、经济社会发展水平、市场发育程度、人力资源状况，制定具体的政治体制改革方案，使改革更符合当地的实际情况，不可搞"一刀切"。

在改革的路径上，为减少改革的风险，积累改革的经验，一般选择不同类型的地方先进行试点，在合适时机进行推广，然后通过"以点带面"方式寻求改革突破。2009 年 5 月，《深圳综合配套改革试验总体方案》获国务院正式批复。其所涉及的数项改革中，行政管理体制改革被列为首位。国家要求深圳"在重点领域和关键环节先行先试"，为全国改革发挥试点和带动作用。的确，从深圳市的大部制改革历程看，其许多做法具有探索意义，许多经验具有借鉴意义，可以说，深圳的大部制改革正在为全国行政管理体制改革探路。大部制

---

① 魏礼群．中国行政体制改革的历程和经验［J］．全球化，2017（5）．

② 余明．改革开放以来中国政治体制改革成就和基本经验［J］．北京电力高等专科学校学报，2009（2）．

改革通过职能的集中统一，减少对社会经济生活的微观干预。改变过去“各管一段，各管一块”的思想观念，把原来一些部门之间的外部协调变成内部职责分工，减少部门之间推诿扯皮，提高行政效能，率先构建符合现代化大城市特点的政府管理架构，为全国城市政府改革提供示范，为国家下一步行政管理体制改革探索路子。① 同样，顺德作为全国率先进行改革开放的县级区域，顺德一直以来都肩负着先行先试、对全省乃至全国县级行政管理体制改革提供示范的重任。2009 年 9 月顺德区的大部制改革得到了广东省委、省政府的大力支持，在获得地级市管理权限后，进行了大刀阔斧的改革。2010 年 11 月 25 日，广东省委办公厅、省政府办公厅印发《关于推广顺德经验在全省部分县（市、区）深化行政管理体制改革的指导意见》，在全省范围内推广顺德经验。这被认为是对顺德大部制改革的肯定。顺德此次大部制改革在全国开了先河，对中国今后县区域改革具有重要示范作用和标本意义。

（四）以转变政府职能为核心，建设服务型政府

“政府职能是行政管理的基本问题，是政府一切活动的逻辑与现实起点。政府权力来自法定的政府职能，政府所有其他要素都是由职能派生出来的。职能定位正确与否，是政府能不能正确行使权力，发挥相应作用的关键。”行政管理体制和机构改革以转变政府职能为核心，就是抓住了治本之策。这既是改革的主题，又是改革的总体要求。要通过改革，把不该由政府管理的事项转移出去，把该由政府管理的事项切实管好，从制度上更好地发挥市场在资源配置中的基础性作用。无论是机构调整整合，还是部门职责界定，都要有利于政府全面履行职能，切实解决缺位、错位、越位和权责脱节、职能交叉、推诿扯皮、效率低下等突出问题，推动科学发展，促进社会和谐，更好地实现好、维护好、发展好人民群众的根本利益。检验行政管理体制和机构改革的成效，既要看政府机构调整是否科学合理，更要看政府职能是否真正转变到经济调节、市场监管、社会管理、公共服务上来了。② 党的十八大明确提出，当前我国政治体制改革的重点，就是深化行政审批制度改革，继续简政放权，推动政府职能向创造良好发展环境、提供优质公共服务、维护社会公平正义转变，进而“建设职能科学、结构优化、廉洁高效、人民满意的服务型政府”。“简政放权，化繁为简，是建设现代化政府的必由之路。实施有效监管是政府治理现代化的重要标志。只有把不该由政府管理的事项转移出去，才能从制度上保障市场在资源配置中发挥

① 深圳大部制改革“小政府大社会”雏形已现［N］. 南方都市报，2016-01-11.

② 高小平. 行政管理体制改革的关键是转变政府职能［N］. 人民日报，2008-02-27.

决定性作用。同时，政府也才能有更大的力量履行好创造良好发展环境、维护社会公平正义，以及宏观调控、市场监管、社会管理和公共服务的职能，更好建设创新型政府、法治型政府和服务型政府。”① 综观广东省的政治体制改革，无论是深圳的几次行政体制改革，还是顺德大部制改革，其核心内容都是转变政府职能，使政府运作更符合市场经济的宏观管理和公共服务的角色定位。政治体制改革的实践证明，只有采取有效措施，切实转变政府职能，使政府权力得以规范，回归公共服务本位，改革才会扎扎实实地向前迈进，从管制型政府向服务型政府的转变才会成功，否则，即使在精简机构、裁减人员方面做再大的努力，最后也会出现反弹，从而陷入“精简—膨胀—再精简—再膨胀”的怪圈。

（五）制度先行，不断完善相关法律法规

推进政治体制改革，必须让法律制度先行，因为法律制度具有规范性、明确性、连续性、公正性、稳定性、强制性等特点。制定和修改完善相关法律法规，可以在政治体制改革实践中有效避免改革的随意性，增强改革的合法性和权威性，减少改革阻力，提高改革措施的参与性和透明度。改革中通过建章立法可以明确不同政府机构和部门的专属职责，明确哪些事情由哪些部门管理，分清主次责任；按照人权、事权、财权相统一的原则，为地方各级政府履行职责设置必要的权利、相应的责任及与其相匹配的机构，以清晰定位政府职能，有效解决政府职能越位、缺位问题和职责交叉、权责脱节、争权诿责等现象。一直以来，广东省在政治体制改革实践中就非常注重立法和制度建设，例如，为建起具有广东特色的惩治和预防腐败体系，制定了《广东省市厅级领导班子和领导干部落实科学发展观评价指标体系及考核办法（试行）》《贯彻落实〈十八届中央政治局关于改进工作作风、密切联系群众的八项规定〉实施办法》《关于重申严禁公款大吃大喝的若干规定》《关于贯彻落实中央〈建立健全惩治和预防腐败体系2013—2017年工作规划〉实施办法》《广东省法治政府建设指标体系（试行）》《中共广东省委关于加强纪律建设 推进全面从严治党的意见》和《广东省委巡视工作实施办法》；为规范政治协商工作，提高政治协商实效，出台了全国首部省级政治协商规程《中共广东省委政治协商规程（试行）》；为扩大基层民主，充分保障基层民众的民主权利，制定了《广东省村民委员会选举办法》《广东省村务公开条例》，修改完善了《社区居民自治章程》《社区居民代表大会制度》和《居务公开制度》；为深化行政审批制度改革，制定了

① 魏礼群．提高政府治理水平的十大举措［J］．行政管理改革，2015（8）．

《广东省"十二五"时期深化行政审批制度改革先行先试方案》《广东省行政审批事项目录管理办法》《广东省行政审批标准化管理办法》《政府向社会转移职能工作方案》《广东省企业投资项目实行清单管理的意见（试行）》《广东省行政许可监督管理条例》等一系列法律制度。所有这些法律制度，为广东省各项政治体制改革的顺利进行提供制度保障。广东省正是运用法治思维和方式不断破解改革难题，通过法律制度的形式巩固政治体制改革成果。

（六）立足国情，适当借鉴国际经验

他山之石，可以攻玉。充分学习、借鉴国外优秀的国家治理理念和改革经验，有助于把握国际上行政管理改革的新动向，更好地推进我国的政治体制改革。例如，广东省在借鉴国际经验的基础上，在全国率先引入村委会选举观察员制度。在大部制改革方面，无论是深圳的大部制改革还是顺德的大部制改革，都是在借鉴国外相关领域机构设置经验基础上，根据本地的实际情况提出大部制改革的可能路径。在2009年开始的大部制改革中，深圳率先在全国进行大交通体制改革，组建市交委，确立"一城一交"大交通管理体制。"这一改革的经验是研究完美国、新加坡等发达国家交通体系及相关法规后得出的，成为交通大部制改革的基调。"① 顺德的大部制改革正是借鉴了中国香港和新加坡的经验，将政府职能分为政务管理、经济调节与市场监管、社会管理与公共服务三大类型，建立起大保障、大规划、大经济、大建设、大监管、大文化等大工作格局。事实上，自20世纪70年代以来，英美发达国家率先开启了以政府部门归并与精简为特点的大部制改革。随着新公共管理浪潮的兴起，法德等西欧发达国家、东欧及拉美等体制转轨国家、日本新加坡等东亚国家也相继开展了各有特色的大部制改革。这些国家在大部制改革中实施了一些具有共性的基本做法，主要有：设立推动改革的专门机构和咨询机构，精心制定改革方案；撤并政府部级部门，拓展职能，建立"超级部"；合理配置部门的决策、执行和监督功能；加强大部门之间的相互协调和部门内部的整合；等等。为了保证大部制改革的顺利进行，这些国家在承接职能、精简机构、理顺体制、加强监督、立法保障、技术支撑等多个方面，根据各自国情，采取了系列配套措施。一些国家的大部制改革取得了显著成效，增强了政府的行政效率和服务能力，解决了一些突出的矛盾和问题，推动了经济社会发展，积累了宝贵的经验。大部门体制已成为各国行政改革的重要发展方向，其做法和经验值得我国政府机构改革

① 深圳大部制改革"小政府大社会"雏形已现［N］. 南方都市报，2016-01-11.

借鉴。①

参考文献

文献著作类

[1] 邓小平文选（第2卷）[M]. 北京，人民出版社，1983.

[2] 邓小平文选（第3卷）[M]. 北京，人民出版社，1993.

[3] 江泽民文选 [M]. 北京：人民出版社，2006.

[4] 胡锦涛. 高举中国特色社会主义伟大旗帜 为夺取全面建设小康社会新胜利而奋斗 [M]. 北京：人民出版社，2012.

[5] 中国大百科全书·政治学卷 [M]. 北京：中国大百科全书出版社，1992.

[6] 现代汉语词典（第5版）[M]. 北京：商务印书馆，2011.

[7] 大国策——通向大国之路的中国策 [M]. 北京：人民出版社，2009.

[8] 中华人民共和国政治体制史 [M]. 北京：中共中央党校出版社，1998.

[9] 政治体制改革辞典 [M]. 北京：中国物资出版社，1988.

[10] 广东省人民代表大会常务委员会工作报告 [R]. 广州：广东省第十二届人民代表大会第三次会议，2015；广东省人民代表大会常务委员会工作报告 [R]. 广州：广东省第十二届人民代表大会第四次会议，2016；广东省人民代表大会常务委员会工作报告 [R]. 广州：广东省第十二届人民代表大会第五次会议，2017.

[11] 广东省政府工作报告 [R]. 广州：广东省第十二届人民代表大会第四次会议，2016；广东省政府工作报告 [R]. 广州：广东省第十二届人民代表大会第五次会议，2017. [12] 何增科. 中国政治体制改革研究 [M]. 北京：中央编译出版社，2008.

[13] 俞可平. 治理与善治 [M]. 北京：社会科学文献出版社，2000.

报纸类

[1] 十八大报告——坚定不移沿着中国特色社会主义道路前进为全面建成小康社会而奋斗 [N]. 人民日报，2012-11-18.

[2] 习近平在中国共产党第十九次全国代表大会上的报告 [N]. 人民日报，2017-10-28.

① 朱昔群. 从国际经验看中国大部制改革方向 [J]. 决策参考，2013（2）.

[3] 叶剑英同志在新时期民主法制建设中的历史功绩 [N]. 人民日报, 2007-06-01.

[4] 胡锦涛参加广东团审议：立足新起点形成新优势 [N]. 南方日报, 2009-03-08.

[5] 广东统计局局长谈唯 GDP 论：没有 GDP 一定不幸福[N].经济参考报, 2013-04-04.

[6] 习近平总书记对广东工作作出重要批示 [N]. 南方日报, 2017-04-12.

[7] 黄力．广东省提前一年建成惩防体系建设基本框架 [N]. 中国纪检监察报, 2012-02-06.

[8] 透视广东“双百”领导干部人才计划：让能够科学发展的人上 [N]. 光明日报, 2008-11-24.

[9] 钱昊平, 吴诗航．公选“降温”“破格”从严、更重基层……中央用人新思路 [N]. 南方周末, 2014-08-01.

[10] 制度自信与理论探索催生“广东政协现象”[N]. 南方日报, 2011-12-20.

[11] 黄挺．广东行政体制改革的新突破 [N]. 南方日报, 2013-03-04.

[12] 积极稳妥推进政治体制改革 [N]. 南方日报, 2012-12-05.

[13] 深圳大部制改革“小政府大社会”雏形已现 [N]. 南方都市报, 2016-01-11.

[14] 高小平．行政管理体制改革的关键是转变政府职能 [N]. 人民日报, 2008-02-27.

[15] 苏永通．“最大胆”的“大部制”改革：顺德试水党政合署 [N]. 南方周末, 2009-11-27.

[16] 罗文胜．顺德改制 党政联动 机构精简 2/3 [N]. 21 世纪经济报道, 2009-09-18.

[17] 深化行政审批制度改革 广东省直 610 个事项进驻省统一申办受理平台 [N]. 南方日报, 2017-04-19.

[18] 广东全国首创选举观察员制度 [N]. 信息时报, 2006-01-05.

[19] 广东依法治省的重中之重：加快法治政府建设 [N]. 南方日报, 2014-10-20.

期刊论文类

［1］吴晓云，吕增奎．西方学者论改革开放以来中国政治的发展［J］．马克思主义与现实，2008（6）．

［2］李立华，陶维兵．近二十年来中国政治体制改革研究述评［J］．学习与实践，2012（6）．

［3］彭磊．中国政治体制改革之阻力结构分析［J］．理论与改革，2001（2）．

［4］李君如．谈中国政治体制改革的成果及其走势［J］．江海纵横，2008（5）．

［5］张维为．一本探索中国超越西方的好书——评《中国能赢——中国的制度模式何以优于西方》［J］．红旗文稿，2012（21）．

［6］许耀桐．当代中国的政治体制改革［J］．中国浦东干部学院学报，2017（6）．

［7］瓮洪洪．深圳行政三分模式解析［J］．中国法律，2009（4）．

［8］彭澎．广东大部制改革：比较与思考［J］．探索，2010（2）．

［9］许耀桐．行政体制改革：十年十成果［J］．瞭望，2012（45）．

［10］魏礼群．中国行政体制改革的历程和经验［J］．全球化，2017（5）．

［11］余明．改革开放以来中国政治体制改革成就和基本经验［J］．北京电力高等专科学校学报，2009（2）．

［12］魏礼群．提高政府治理水平的十大举措［J］．行政管理改革，2015（8）．

［13］朱昔群．从国际经验看中国大部制改革方向［J］．决策参考，2013（2）．

［14］任剑涛．30年改革：广东试验的中国意义［J］．中山大学学报（社会科学版），2008（4）．

［15］赵希宏．30年中国政治体制改革的历程与经验［J］．理论研究，2008（3）．

［16］周光辉，殷冬水．政治民主化：当代中国的实践和经验———改革开放三十年中国民主化的进展、影响及经验［J］．天津社会科学，2010（1）．

［17］王立峰．大部门制度改革背景下的行政三分制改革实践——以深圳综合配套改革为视角［J］．“中国特色社会主义行政管理体制”研讨会暨中国行政管理学会第20届年会论文集［J］．2010（10）．

［18］孙卫华．中国政治体制改革的难点透视［J］．前沿，2011（18）．

[19] 宋鲁郑．政治体制改革：中国没有榜样 [J]．中国党政干部论坛，2012 (4)．

网站类

[1] 潘利红，杨小霞．改革开放以来广东农村基层管理体制的改革与创新 [EB/OL]．金羊网．

[2] 广东因公出国减少1成 6万余干部报告家属情况 [EB/OL]．腾讯新闻网．

[3] 薛江华，赖南辉．广东政协这一年：开启委员“掌上履职”新时代广东因公出国减少1成6万余干部报告家属情况 [EB/OL]．金羊网．

[4] 五抓五促 全面提升我省村务公开水平 [EB/OL]．广东省民政厅．

[5] 广东行政体制改革最新动向：全省试点“大部制” [EB/OL]．广东省社会工作委员会．

外文类

[1]〔美〕彼得斯．政府未来的治理模式 [M]．北京：中国人民大学出版社，2001．

[2]〔美〕登哈特．新公共服务——服务，而不是掌舵 [M]．北京：中国人民大学出版社，2010．

项目负责人：沈海军，汕头大学马克思主义学院书记，教授
成　　员：张丰清　刘元根　徐大兵　沈忆勇　罗诗钿　许艳民　魏海南
执　　笔：沈海军

党的十六大以来广东行政体制改革实践研究

广东省委、省政府在领导地方行政体制改革实践中，一方面紧跟党和国家精神要求，积极贯彻执行党和国家行政体制改革工作部署和要求，另一方面因地制宜寻找党和国家工作部署在广东经济社会发展形势中的立足点和结合部，运用创新思维推进党和国家工作部署在广东行政体制改革实践中得到积极贯彻执行，打造地方行政体制改革品牌。十六大以来的广东行政体制改革，是中国地方行政体制改革的典范，也是中国共产党行政体制改革思想和政策的实践执行。

一、绪论

（一）研究背景和意义

辩证唯物主义认为，经济基础决定上层建筑，上层建筑对经济基础有反作用。一个国家经济体制的变革必然引起政治体制、文化体制等的变革，并在其反作用下产生促进发展或阻滞效应。20 世纪 90 年代苏联解体的历史也警示我们，上层建筑的变革不可过急过快，否则将造成不可挽回的后果。中国成功从计划经济走向社会主义市场经济的成功经验之一，就是发挥行政体制改革的“行政吸纳”① 作用，以解决民生问题为中心，科学处理体制转型过程的改革、发展、稳定关系，为中国特色社会主义建设发展保驾护航。广东是中国改革开放的前沿地、建设社会主义市场经济的排头兵。十六大以来，在党和国家的高度关注和广东经济社会发展的内在需求下，广东省委、省政府紧跟党和国家关于行政体制改革精神要求，结合广东经济社会发展形势和任务，锐意推动行政体制改革，为广东经济社会发展注入活力，也为其他兄弟省区市行政体制改革提供了借鉴，是地方推进行政体制改革的典范。从党史、党建视角梳理党的十六大以来广东行政体制改革历程，透视其特点，总结其经验，对丰富人们对广

---

① 王婷．行政体制改革的中国语境与中国命题［J］．江海学刊，2015（3）．

东改革开放历史乃至中国改革开放史的认识，提高今后广东乃至全国行政体制改革科学化水平均有积极意义。

1. 有助于丰富人们对广东改革开放历史的认识

改革开放是中国特色社会主义最鲜明的特点。行政体制改革是连接中国经济体制改革和政治体制改革的“耦合部”，是中国体制改革和对外开放不可忽视的部分。广东作为中国改革的先行地和试验田，也是中国行政体制改革的排头兵。广东行政体制改革不仅是广东改革开放史的组成部分，也是中国行政体制改革的地方实践先行先试缩影。透过广东行政体制改革一隅，对丰富广东改革开放史和中国行政体制改革史的现象认识和理性分析，均具有重要意义。

2. 有助于提高今后广东行政体制改革科学化水平

党的十八届三中全会提出要全面深化改革，向全党全社会发出了改革不能止步的号角。这是中国共产党领导社会发展和制度建设的根本经验，也是广东继续保持发展优势的内在要求。广东行政体制改革已走过了近 40 年的历史。党的十六大到十七大的十年间的改革具有的确定性、实践性、制度化特点，使其对当前广东行政体制改革具有更重要的借鉴意义。回顾历史，总结经验，发挥以史资政的作用，是课题研究的实践价值。

（二）研究现状综述

十六大以来广东行政体制改革属于地方行政体制改革范畴，国外学者关注较少。国内学者主要从公共管理的视角出发，对十六大以来广东行政体制改革进行分析并提出对策建议。

1. 关于十六大以来广东行政体制改革的个案研究

中央党校第 15 期中青二班四支部广东汕头调研组对广东汕头深化行政体制改革的做法和经验启示做了梳理和分析（2016）①。徐兰兰等从法治化视角对广东省濠江行政体制改革历程及其反应的当前中国行政体制改革面临的问题做了回顾和分析（2015）②。戴昌桥对广东佛山大部制改革面临的问题和对策进行了探讨（2016）③。张瑞对广东省顺德区行政管理体制改革的主要做法、创新点等

① 中央党校第 15 期中青二班四支部广东汕头调研组［EB/OL］. 中国法学网，2016-01-06.

② 徐兰兰，等．法治化背景下我国地方行政体制改革的推进之路——以广东省濠江改革为例［J］. 中国法律评论，2015（4）.

③ 戴昌桥．佛山大部制改革问题及其破解对策［J］. 岭南学刊，2016（1）.

做了分析（2010）①。彭澎对 2009 年广东大部制改革中出现的“深圳模式”“广州模式”和“顺德模式”的特点、问题和走向做了总结分析（2009）②。周林生对 2008 年以来广东行政体制改革的历程和趋势做了梳理分析③。也有学者对广东不同领域行政体制改革问题做了探讨。

2. 媒体和政府文件对广东行政体制改革实践的报道和披露

广东行政体制改革做法和案例剖析频见于《南方日报》《羊城晚报》等媒体和政府文件中。如 2004 年 11 月，《南方日报》报道了广东法治政治建设做法④；2008 年 10 月，《南方日报》报道了广东产权制度改革做法，⑤ 2012 年 11 月，《南方日报》报道了广东佛山行政体制改革主要做法⑥，等等。广东省人民政府第 169 号文件公布了 2012 年行政审批制度改革事项目录（第一批）。广东改革智库发布了《2014 年广东省深化行政体制改革研究报告》《2015 广东省全面深化改革蓝皮书》。《广东省“十二五”时期深化行政审批制度改革先行先试方案》中提出，到 2015 年，力争将广东打造为全国行政审批项目最少、行政效率最高、行政成本最低、行政过程最透明的先行区。

3. 对广东省行政体制改革的建议

戴昌桥对广东深化行政体制改革的着力点做了分析（2014）⑦。张占斌对广东行政体制改革的亮点、成效、经验与策略进行了归纳（2012）⑧。黄挺提出 2008 年以来的广东的改革是以行政体制改革为重点的综合配套改革（2012）⑨。谭艳娟等提出，加强政府绩效管理是广东全面深化改革的关键一步（2014）。⑩ 戴昌桥、熊枫提出，广东行政体制改革要把建立“小政府、大社会、活市场”作为主攻方向、把“转变政府职能”作为重点、把“破除思想和利益阻力”作为主攻难点、把“行政审批制度改革”作为突破口（2016）。⑪ 黄挺提出，2013

① 张瑞．行政管理体制改革的新尝试——关于广东省顺德区行政管理体制改革的调研与思考［J］．中国特色社会主义，2010（6）．

② 彭澎．广东大部制改革：比较与思考［J］．探索，2010（2）．

③ 周林生．广东改革开放大博览［M］．广州：广东教育出版社，2008：8.

④ 段功伟．广东：构建现代法治政府，扩大市县管理权限［N］．南方日报，2004-11-03.

⑤ 朱卫平．产权改革夯实市场经济制度基础［N］．南方日报，2008-10-10.

⑥ 雷辉．行政体制改革重塑广东体制优势［N］．南方日报，2012-11-11.

⑦ 戴昌桥．广东深化行政体制改革的着力点［J］．中国行政管理，2014（6）．

⑧ 张占斌．先行探索科学发展的体制机制保障——新发展阶段广东行政体制改革创新研究［J］．经济体制改革，2012（4）．

⑨ 黄挺．广东要继续深化行政体制改革［EB/OL］．新浪网，2012-11-26.

⑩ 谭艳娟．广东深改：政府绩效管理是关键一步［J］．广东经济，2014（3）．

⑪ 戴昌桥，熊枫．深化广东行政体制改革的有效路径探析［J］．行政与法，2015（12）．

年广东行政体制改革在构建"小政府、大社会"格局、建设廉洁高效型政府、建设服务型政府三方面有了新突破（2013）①。许耀桐以广东顺德为个案，阐明了行政治理模式对县域经济社会发展的意义（2012）②。广东改革智库提出 2014 年广东省行政体制改革为全国提供了可推广的样本，建议建立健全对接中央改革的响应机制、重点推进事中事后的监管，将改革路径纳入法治的轨道中来。

与此同时，学界关于中国行政体制改革问题的内涵和范畴、历程、任务，以及当前中国行政体制改革的形势、思路和对策等问题的研究，拓展了课题研究视野、启发了研究思路。2018 年中山大学出版社出版的《广东行政管理体制改革 40 年》（陈天祥）、《海外华侨华人与广东改革开放 40 年》（张小欣等），以及 2017 年南方出版传媒和广东经济出版社出版的《建设服务型政府》（魏礼群），为课题成果付梓前的修改完善提供了参考。

（三）研究思路和方法

课题研究从中共党史学视角出发，以政治与行政学、管理学和社会学研究理论为基础，以十六大以来党中央和中共广东省委关于行政体制改革的精神和政策为指导，以十六大以来中国行政体制改革实践为背景关照，从广义行政体制改革概念出发，从搜集历史文献，尤其是党的领导人和中共广东省委关于广东行政体制改革的重要思想和言论出发，以十六大以来广东行政体制改革的实践为支撑，坚持理论与实践相统一、历史与现实相统一的原则，力求对十六大以来广东行政体制改革为什么、改革过程、怎么改、效果评价和未来走向等问题做较深入分析。

1. 调查研究法：主要用于对十六大以来广东行政体制改革试点地点和单位的访谈、调研。

2. 文献研究法：主要用于对党的十六大以来党的领导人和中共广东省委关于行政体制改革的重要思想和论述，以此为线索展开对党的十六大以来广东行政体制改革历程的回顾和分析、评价。

3. 比较研究法：主要用于十六大以来广东省行政体制改革和其他省份的比较，以及深圳、广州、顺德的行政体制改革之间的比较。

（四）研究的重点难点及可能的创新之处

1. 研究重点

课题研究的重点是广东行政体制改革的基本历程、特点、经验及启示分析。

---

① 黄挺．以行政体制创新带动经济社会发展突破［N］．南方日报，2012-11-11.

② 许耀桐．中国地方行政体制改革走向：对广东顺德的分析［J］．第一资源，2010（1）.

梳理历程是为了厘清广东行政体制改革的发展脉络，知其然知其所以然，为评估其特点、经验及启示奠定基础。剖析特点和总结经验既是对广东行政体制改革的评价和评估，也是发掘其借鉴和启示价值的基础。最后将实践经验上升为基本理论，彰显其资政的启示价值。

2. 研究重点

课题研究重点是广东行政体制改革的内部逻辑体系，这是科学梳理广东行政体制改革历史脉络的前提，也是客观评估其特点、经验及启示的基础。其主要涉及三个问题：一是行政体制改革理论与中国建设社会主义市场经济体制下行政体制改革内涵的关系；二是中国行政体制改革范畴、逻辑与广东经济社会发展实践需求中的行政体制改革范畴、逻辑的关系；三是广东行政体制改革实践与党和国家行政体制改革方针政策的关系。

3. 可能的创新之处

（1）研究内容：课题在梳理党的十六大以来广东行政体制改革历程的基础上，进一步剖析其特点、成效和经验等问题，拓展了学界现有研究内容。

（2）研究思路：课题研究从中共党史学视角出发，以政治与行政学、管理学和社会学研究理论为基础，从中国语境下的行政体制改革概念出发开展研究，创新了研究思路。

（3）研究主旨：课题以丰富人们对广东行政体制改革历史乃至广东改革开放历史的认识、全面展示中共广东省委带领人民群众锐意创新精神，体现中国共产党人改革魄力和信心为主旨，力求做到政治价值与学术价值的统一。

二、党的十六大以来广东行政体制改革实践的背景

辩证唯物主义认为，行政是国家的组织活动，是经济社会发展在国家上层建筑的能动反映。换言之，经济体制的改革和发展必然在行政体制改革的范畴、途径、动力等方面得到反映。十六大以来广东的行政体制改革实践，就是在中国共产党行政体制改革思想指导下，在建设社会主义市场经济体制、全面建设小康社会目标指引下扎实推进的。

（一）党的十六大以来广东行政体制改革的思想和政策渊源

思想理论是行动的先导，方针政策是行动的指南。十六大以来的广东行政体制改革，是中国地方行政体制改革的典范，也是中国共产党行政体制改革思想和政策的实践执行。在现代民主政治下，它源于马克思主义国家学说和政党学说，显现在对国家行政机构和权力运行的思考中。

1. 马克思主义经典作家的原则构想

行政体制改革是以马克思主义为指导建立的无产阶级政权在建设廉价、高效、为民的政府思想的重要组成部分。早在马克思主义经典著作《黑格尔法哲学批判》对德国的资本主义和封建主义体制的抨击中，在《法兰西内战》《家庭、私有制和国家起源》等关于国家权力的来源、价值、运行、监督等问题的分析中，就渗透着马克思、恩格斯对行政宗旨、权力结构、机构设置等问题原则性但又内涵丰富的思考。这些思考为社会主义国家行政体制改革奠定了思想基础。

列宁在领导建设苏联社会主义国家政权的过程中，发展了马克思、恩格斯的行政体制改革思想。列宁曾敏锐地提出，“国家的职能不仅限于阶级压迫方面，它必须同时履行社会公共事务的管理职能，强调国家的阶级压迫职能的同时并不否认国家的社会管理职能”①。在此基础上，列宁发展了马克思主义行政体制改革思想，提出了要使“劳动在经济上获得解放”的观点，从根本上廓清了行政体制改革与经济体制改革的关系。同时，列宁还针对数量过多的委员会，“认为120个委员会当中，只有16个是必要的，其他的统统可以精简”,② 涉及了精简机构、提高行政效率的问题。在这些思想指导下，列宁领导苏联开创了建国初期科学、高效的行政体制的良好局面。

2. 中国共产党人的不懈探索

中国共产党成立后，在马克思列宁主义的指导下，在领导土地革命和抗日战争过程中，逐渐探索建立了适应战时环境的根据地行政体制。新中国成立前后，中国共产党从建设人民民主专政的社会主义政权的政治要求出发，在《论人民民主专政》《中国人民政治协商会议共同纲领》等文献中对新中国行政体制架构做了阐述。从新中国成立到改革开放前，中国共产党从建立和巩固新生民主政权的战略高度出发，对中国行政体制建设提出了很多有益构想。如周恩来同志在1949年党中央召开的统战工作会议上强调：“现在进入和平时期，又建立了政权……党政有联系，也有区别。党的方针、政策要组织实施，必须通过政府，党组织保证贯彻”③。毛泽东同志在《论十大关系》中提到“我建议党政

① 夏炎．马克思主义国家学说中国化的再认识——对马克思主义国家学说中国化的反思［J］．延谊党校学报，2011（4）．

② 中国社会科学院苏联东欧研究所本书编写组．东欧政治体制及其改革［M］．北京：求实出版社，1987：37．

③ 陈至立．中国共产党建设史［M］．上海：上海人民出版社，1991：652．

机构进行大精简，砍掉它三分之二”①。刘少奇同志在党的八大报告中提出“我们目前在国家工作中的迫切任务之一，是着手系统地制定比较完备的法律，健全我们国家的法制”，特别是在公检法机关要建立“分工负责和互相制约的制度”的要求等。这些思想虽然散见于党的领导人的会议讲话、报告中，零散且不系统，但已涉及中国行政体制建设要坚持民主集中制、议行合一等基本原则，也涉及行政体制改革中的党政分开、精简机构、提高效率等基本问题，以及坚持法制等主要问题，是新中国成立初期党关于行政体制改革的宝贵思考，也为广东省委省政府逐步认识、探索行政体制改革奠定了思想基础。

改革开放后，随着实事求是思想路线的重新确立和社会主义市场经济体制的建立和发展，党中央关于行政体制改革的认识越来越深入。1984 年党的十二届三中全会通过的《中共中央关于经济体制改革的决定》提出“正确发挥政府机构管理经济的职能”的要求，为行政体制改革服务经济体制改革奠定了基础。邓小平在党的十三大报告中关于“政治体制改革”问题中曾明确表示，中国“具体的领导制度、组织形式和工作方式上，存在着一些重大缺陷，主要表现为权力过分集中，官僚主义严重，封建主义影响远未肃清”②，并提出要实行党政分开，要下放权力，放开基层的自主权，避免权力过于集中，要改革政府工作机构，要改革干部人事制度，要建设社会主义协商制度，要加强社会主义法治建设，强调社会主义民主与社会主义法制协调推进等思想要点。这实际上提出了“在经济体制转型的背景下，中国政治体制改革首先解决的是行政体制改革的问题”这一重要命题，标志着中国共产党行政体制改革思想的初步成熟，也为广东等中国最早一批改革开放前沿地探索行政体制改革奠定了思想理论基础。

党的十四大重点分析了建立中国特色社会主义市场经济体制背景下的行政体制改革问题，有针对性地分析了行政与经济的关系，行政体制改革应当主要着眼于“机构改革和精兵简政”和“人事劳动制度改革”等问题，初步厘清了建立中国特色社会主义市场经济体制背景下中国行政体制改革的内涵和外延。以此为基础，党的十四届三中全会通过的《中共中央关于建立社会主义市场经济体制若干问题的决定》具体列举了党领导下的行政体制改革内容。至此，“中国行政体制改革作为政治体制改革的一部分，要服务于经济体制改革”的命题基本形成，为创新地方行政体制改革发展、减轻地方市场经济发展阻碍提供了

---

① 毛泽东．毛泽东文集（第 7 卷）[M]．北京：人民出版社，1991：34.

② 人民网．中国共产党历次全国代表大会数据库：沿着有中国特色的社会主义道路前进 [EB/OL]．人民网，2012-08-28.

政策和制度参照。

此后，中国共产党又根据经济社会发展形势和对行政体制改革理论认识的深入，在党的十五大以来确立了“法治”原则，在十六大以来确立了“科学发展”和“以人为本”的价值取向，为中国行政体制改革的科学发展提供了原则参考和价值基础。

3. 党的十八大以来的新要求

十八大以来，党中央的“四个全面”战略布局明确将“全面深化改革”界定为中国特色社会主义继续发展的动力。行政体制改革在继续发展中国特色社会主义市场经济体制背景下的地位和作用再次被高度重视。党的十八届二中全会明确提出，“行政体制改革是推动上层建筑适应经济基础的必然要求，要深入推进政企分开、政资分开、政事分开、政社分开，健全部门职责体系，建设职能科学、结构优化、廉洁高效、人民满意的服务型政府”。[①] 十八届三中全会以来，在积极发挥“市场在资源配置中的决定作用”思想指引下，党多次强调要科学处理政府与市场的关系，正确发挥政府的宏观调控作用，积极推进体制机制革新。

党的十九大召开之前的“7·26”讲话中，习近平总书记着重指出，要“继续统筹推进‘五位一体’总体布局、协调推进‘四个全面’战略布局……我们坚定不移全面深化改革，推动改革呈现全面发力、多点突破、纵深推进的崭新局面。”在党的十九大上，习近平总书记对行政体制改革工作方向和重点内容提出了要求。十九大报告提出：“深化机构和行政体制改革。统筹考虑各类机构设置，科学配置党政部门及内设机构权力、明确职责。统筹使用各类编制资源，形成科学合理的管理体制，完善国家机构组织法。转变政府职能，深化简政放权，创新监管方式，增强政府公信力和执行力，建设人民满意的服务型政府。赋予省级及以下政府更多自主权。在省市县对职能相近的党政机关探索合并设立或合署办公。深化事业单位改革，强化公益属性，推进政事分开、事企分开、管办分离。”党的十九届四中全会通过的《中共中央关于坚持和完善中国特色社会主义制度、推进国家治理体系和治理能力现代化若干重大问题的决定》，从推进国家治理体系和治理能力现代化的全局出发，再次明确，要“坚持和完善中国特色社会主义行政体制，构建职责明确、依法行政的政府治理体系。国家行政管理承担着按照党和国家决策部署推动经济社会发展、管理社会事务、服务人民群众的重大职责。必须坚持一切行政机关为人民服务、对人民负责、受人

① 习近平．党的十八届二中全会讲话［EB/OL］．人民网，2013-03-01.

民监督，创新行政方式，提高行政效能，建设人民满意的服务型政府。完善国家行政体制，优化政府职责体系，优化政府组织结构，健全充分发挥中央和地方两个积极性体制机制。”为今后中国和广东行政体制改革工作做出了方向指引和工作要求。

（二）党的十六大以来广东行政体制改革的理论基础

行政体制改革是个复杂的理论和实践问题。从理论基础上看，其源自20世纪70年代以来国际上相继出现的以新公共管理运动、公共选择理论和治理理论为代表的政府行政改革理论。主要内容和措施有三：一是优化政府职能；二是公共服务的市场化和社会化；三是分散政府管理职能，缩小政府行政范围；四是引入现代化管理技术，建立一个“市场化”“企业化”政府。① 一般而言，行政体制改革包括行政权力结构变革、行政组织结构调整、行政管理制度以及行政手段方式创新等。但各国由于行政体制建设形势和本国政治、历史、文化等特点，均要走适合本国特点的行政体制改革之路。如“美联邦政府行政体制改革贯穿着整个20世纪，围绕维护市场机制、弥补市场缺陷的基础性工作而不断深化”②，注重行政与政治、经济体制的发展完善相契合。在后发型现代化和改革开放以来中国从计划经济体制向社会主义市场经济体制转型的背景下，中国的行政体制改革是科学处理转型过程中的改革—发展—稳定关系的重要方法，呈现出明显的多重面相、多重动力和多重目标特点。

中国行政体制改革具有“行政吸纳政治”③ 的特点。在从计划经济向市场经济转型的过程中，如何既能有效激发市场经济体制下个体的能动性，又避免政治体制的快速变革引发的社会震动，是一个复杂问题。中国的经验是通过行政体制改革及时吸纳经济转轨过程中出现的体制矛盾，使中国的经济体制转型在渐进式变革中完成。因此，转型期的中国行政体制改革“既需要着力解决政府行政的权力约束与权威发展，又需要时刻关注政府效率与公平的动态平衡，既需要建设有效政府，更需要建设责任政府，同时还需要通过政府结构的调整与功能的重塑来巩固政治秩序、强化管理和优化服务。涉及执政党与国家政府、中央与地方、国家与社会、政府与公民等多重关系，涉及权力与权利关系以及

① 魏礼群．建设服务型政府——中国行政体制改革40年［M］．广州：广东经济出版社，2017：3.

② 王谷．美国行政体制改革对中国的借鉴和启示［C］．武汉：湖北省行政管理学会年会，2007.

③ 王婷．行政体制改革的中国语境与中国命题［J］．江海学刊，2015（2）.

权力与资本关系的调整”①。

因此，在对象和内容上，中国的行政体制改革不仅涉及政府机构自身机构和管理技术的变革，更时刻与权力结构改革及简政放权、社会资源与要素的公平配置、培育社会组织等息息相关，有时，甚至就是后者本身。在改革的动力上，党和国家、地方完善社会主义市场经济体制的政策是首要动力和压力，破解地方经济社会发展面临的体制矛盾和障碍是现实要求，民众民主权利意识的培育和社会组织的成长是重要条件。在目标上，改革开放以来中国行政体制改革的目标逐渐从建设全能型的责任政府向服务型的治理政府转变。一些社会主义市场经济体制建立得比较早、发展得比较快、条件比较成熟的地区的行政体制改革更是如此。

（三）党的十六大以来广东行政体制改革的实践基础

中国的行政体制改革以改革开放为界。之前以建立适应计划经济体制的行政体制改革为重点，之后以建立适应社会主义市场经济体制的行政体制改革为核心。前者建立了适应社会主义发展的行政体制基本框架，也为改革开放后中国行政体制改革埋下了伏笔。党的十六大以来的行政体制改革，就是在改革社会主义建设初期形成的行政体制的基础上，经过改革开放初期迂回探索、逐步尝试的情况下，将党和国家行政体制改革政策和广东经济社会发展要求相结合的产物。

1. 社会主义建设时期中国和广东行政体制改革

新中国成立后，党对行政体制改革问题有过一些有益思考，并付诸实践。总体而言，从新中国成立到文化大革命之前，在党的领导下，中国大概进行了五次行政体制改革，分别是 1951 年的精兵简政，1954 年开始并持续一年多的精兵简政，1956 年开始持续四年的调整中央与地方权限的改革，1960 年代的“精简加集中”体制改革和二十世纪六七十年代对中央和地方权限的多次调整。新中国成立初期的行政体制改革初步取得了一定成效，但也有教训。总体而言，构建了与社会主义国家和计划经济体制相适应的行政体制，同时也警醒我们，行政体制作为国家上层建筑的组成部分，必须与生产力发展水平相适应，不能超越经济社会发展水平及客观条件。同时，这一时期构建的计划经济体制相应的行政体制也为改革开放后中国大刀阔斧开展行政体制改革埋下了伏笔。广东的行政体制建设形势亦如此。

① 金太军．行政体制改革的中国特色［J］．行政管理改革，2012（10）．

2. 改革开放初期广东行政体制改革

改革开放后，伴随建立健全社会主义市场经济体制的形势，行政体制改革势在必行。党和国家对行政体制改革的总要求是，按照建设和发展中国特色社会主义的总目标，根据解放和发展生产力、上层建筑适应经济基础的根本要求，坚持不懈推进行政体制改革。自改革开放至党的十六大，行政体制改革的核心目标是两点，一是冲破高度集中的计划经济体制模式（1978—1992），二是探索建立适应社会主义市场经济的行政体制（1993—2012）。这其中既包含着不破不立的辩证思维，又体现着对推进体制改革和加强对外开放国策的兼顾思考。广东是中国实施改革开放政策的前沿地、建设社会主义市场经济体制的排头兵，是党和国家行政体制改革政策的积极践行者，也是地方行政体制改革的积极践行者。在1978—2012这二十多年间，广东紧跟党和国家政策要求，紧抓改革开放先行先试政策机遇，大胆创新，锐意进取，积极创建适应社会主义市场经济体制的行政体制。

在改革开放之初，广东就抓住1979年7月中央正式下发的《中共中央、国务院批转广东省委、福建省委关于对外经济活动实行特殊政策和灵活措施的两个报告》（中发〔1979〕50号）文件给予广东省的特殊政策、灵活措施以及一定程度的地方自主权力的政策机会，在省委书记习仲勋的领导下，围绕“对外更加开放、对内更加放宽和对下更加放权”主题，在全国范围内率先对计划经济体制下的全能型政府和总体支配式的管理模式进行改革。一是根据发展对外经济活动对市场主体的要求，放松对微观经济领域的直接管理和控制，改革企业经营管理体制，扩大企业的自主权；在农村放松对农村农副产品生产、经营和流通的管制，调动人民积极性；在政府内向地方各级政府和部门下放自筹基建，扩大地方对大部分商品的定价权限和管理权等。通过这些改革措施，有力激发了城市、农村和政府的干事创业积极性，为推进广东对外经济发展创造了活力。1980年，广东省又根据国家于1980年先后颁布的《关于实行“划分收支、分级包干”财政管理体制的暂行规定》和《国务院关于地方实行财政包干办法的决定》中关于广东省实行“划分收支、定额上缴”和“递增包干”的财政管理办法要求，印发了《关于财政体制试行收支挂钩增收分成实施办法》，在全国率先打破统收统支的财政体制，在此基础上，逐渐建立省对市（地）、市（地）对县、县对镇（乡）层层包干的财政管理体制，进一步激发劳动积极性，解放生产力。同时，在1982—1985年和1986—1989年，广东进行了两次机构改革，以党政分开和政企分开为切入点，改革行政机构的权责体系，精简机构和队伍。

这些改革虽然未触及优化政府职能、公共服务的市场化和社会化等行政体制改革的一般性内容，探索中的简政放权和机构缩减也具有迂回的特点，但无疑正式拉开了广东行政体制改革的大幕。在社会主义经济体制改革大潮和广东行政体制改革的双重加持下，为广东发展外向型经济提供了政策环境，大大加快了改革开放之初广东的经济发展。以“侨乡经济”和广东深圳的发展为例，1981 年，祖籍广东澄海的谢国民先生经营的国泰正大集团在深圳取得了“001”号中外合资企业营业执照，这不仅是深圳，也是广东和全国最早的侨商和外商投资项目，是我国经济体制改革成效的重要体现。1982 年，正大集团又相继在珠海、汕头领取了“001 号”外商营业执照。根据 1985 年深圳市外资部门制定的《投资项目导向》，“仅 1985 年，深圳市新批准的‘三资企业’项目就有 282 项，其中协议合资经营的 192 项，合作经营的 73 项，独资经营 17 项。到 1985 年底，深圳市全市累计建立‘三资企业’1726 家，协议引进外资 33.52 亿元，工业项目引进外资所占比重达 65%。到 1991 年，深圳全市登记注册的‘三资企业’944 家，注册外资金额 5.28 亿美元，占注册外资金额的 78.4%。全年批准高新技术项目 83 项，占批准总数的 9.5%。到 1991 年，到深圳投资的国家和地区由 1984 年的 19 个增加到 27 个”。①

3. “南方谈话”后广东行政体制改革

1991 年邓小平同志发表的南方谈话，是中国坚定改革开放的宣言书。广东作为中国改革的先行地和试验田，领风气之先，立变革之前。1992 年党的十四大提出建立社会主义市场经济体制之后的十年间，广东行政体制改革在党和国家的政策支持以及广东发展对外经济的内在需要下，从之前的迂回探索、在体制内寻求灵活变通的阶段进入以建立社会主义市场经济体制为目标，以政经互动的综合改革为主要内容的体制转轨和制度创新阶段。②

这一时期广东省行政体制改革的亮点做法有二：一是以产权制度改革和企业去行政化为主线进一步推动政企分开，实质是改变计划经济体制下经济发展是行政权力的附属品，国有企业是政府的“提线木偶”的状态，探索建立现代企业制度，倒逼企业适应社会主义市场经济发展。其中，产权制度改革是中国特色社会主义市场经济建设中具有基础性的重要问题。1993 年，广东顺德率先在全国范围内启动产权制度改革，探索创建“产权明晰、责任明确、贴身经营、

① 深圳市地方志编纂委员会．深圳市志 改革开放卷［M］．北京：方志出版社，2014：167.

② 肖滨，等．为中国政治转型探路：广东政治发展 30 年［M］．广州：广东人民出版社，2008：5.

利益共享、风险共担”的企业发展模式①。顺德试点经验在广东省推广后，1994 年，广东省人民政府批转了广东省体改委、经委《关于加快建立现代企业制度的意见》。《意见》以 1993 年出台的《中华人民共和国公司法》为依托，又从广东企业产权制度改革实际出发，为广东省企业的产权制度改革提供了有针对性的制度参照。与此同时，深圳作为改革开放的窗口，在企业去行政化方面走在了全省乃至全国的前列，这是广东人敢为人先精神的体现，更是特区深圳发展的内在要求。早在 1994 年，深圳就开始在企业进行全面去行政化改革，要求党政机关与所办经济实体彻底脱钩，并且以后不得开办企业，彻底切断与企业之间的行政隶属关系。这一方面缩小了行政权力寻租的机会和空间，另一方面也提升了企业的市场化水平，对提高企业自主性、活力和效率，推动社会主义市场经济运行具有重要意义。四年之后，根据党和国家去行政化改革政策要求，广东省出台了《中共广东省委办公厅、广东省人民政府办公厅关于党政机关与所办经济实体和管理的直属企业脱钩的通知》，企业去行政化改革在全省范围内铺开。与此同时，广东省撤销了无线电管理委员会及其办公室、信息化领导小组办公室、农业办公室、农业厅、乡镇企业管理局等部门，将其必要保留的行政管理职能划归相应机构；将对外经济贸易委员会更名为对外经济贸易合作厅，建设委员会更名为建设厅；将大部分省直行业主管部门和行政性公司转为经济实体或服务实体。为广东建立适应社会主义市场经济体制的行政体制改革消解了政府机构框架障碍，是改革开放以来广东行政体制改革迈出的一大步。

其次就是探索机构改革和行政审批制度改革，探索推动政府职能转型，为进一步提升企业自主运行空间，发挥市场规律作用创造条件。一般而言，推动政府职能转型是国际行政体制改革理论的一个基本内容。但各国行政体制建设的历史和实际不同，在推动政府职能转型中要解决的主要问题和先后次序也有差别。在服务计划经济向社会主义市场经济转轨、建立与社会主义市场经济体制相适应的行政体制的过程中，中国行政体制改革的实践逻辑是，在推进企业产权制度改革和去行政化的基础上，继续推进政府机构精简和行政审批制度改革。其实质是通过简政放权，将行政对经济发展的管控从微观调配转到宏观调控上来，科学发挥市场规律作用。党的十四大之后的十年间，广东在 1992—1994 年和 2000 年分别进行了两轮机构精简。在 1992—1994 年间，广东地方政

---

① 肖滨，等. 以“治权改革”创新地方治理模式——2009 年以来顺德综合改革的理论分析［J］. 公共行政评论，2013（4）.

府的市场监管职能提升，监管机构数量攀升。如这一时期广东省建设委员会、广东省电子机械工业厅、广东省计划委员会等机构的职能调整，均是逐渐弱化其行政审批职能，强调其对宏观调控的指导职能。广东省工商行政管理局、广东省贸易委员会、广东省物价局等机构的职能调整，也逐渐从对具体企业和个别产品的监管向维护市场秩序、监督市场主体交易活动、协调商品流通活动等有利于社会主义市场经济体制环境建设方面转变。“政府的经济管理职能大幅度减少，市场监管方面的职能得到了较大的强化”，初步呈现出政府职能转型的苗头。其中1992年以顺德为试点的综合性体制改革，被誉为“中国大部制改革的萌芽”，被《人民日报》誉为改革路上的“第二次创业”。

行政审批制度改革是这一时期的又一主要内容。在1997年深圳市的行政审批制度改革，其改革速度之快和幅度之大，令人惊叹，被认为是开创了中国内地行政审批制度改革的先河。① 1999年2月，深圳市根据改革实践经验，颁布了《深圳市审批制度改革若干规定》，为广东乃至全国的行政审批制度改革提供了经验。2000年7月，广东省政府颁发的《关于省人民政府审批制度改革及各部门审批核准事项清理审批有关问题的通知》，将深圳经验再次总结提升，并向广州、珠海、佛山等广东主要经济发展城市推广。《通知》一方面推动了广东行政体制改革实践，另一方面也为全国省级行政体制改革提供了借鉴，其颁发时间甚至早于国务院行政审批制度改革工作领导小组的成立。广东行政体制改革堪称领全国行政体制改革之先。在随后的1999年和2001年广东全省范围的行政审批制度改革中，每一轮改革都使原有行政审批事项大幅度减少。如1999年广东省开展的第一轮行政审批制度改革中，“广东省政府原有的1972项审批核准事项减少至1205项，减幅达39%。其中，原有审批事项1392项，改革后减少了876项（部分改为核准制），减幅达63%”。② 在2001年的行政审批制度改革中，在取消一大批行政审批事项的同时还进行了省级管理权限下放。“如2001年，广东省政府向广州市下放管理权限41项，部分下放了3项，2002年，省政府向深圳市下放了67项管理权限，部分下放了5项。”③

改革开放以来，广东GDP总量连年国内第一，且总量大大领先其他省份，美的和格兰仕这样“执市场之牛耳”的家电品牌也成长起来。2005年广东GDP赶超“亚洲四小龙”，这不能不说是广东经济发展的奇迹。有学者研究认为：

① 陈天祥，何萃芸．从机构改革历程透视地方政府职能转变的轨迹——基于广东省1983-2014年的实证分析［J］．理论与改革，2016（1）．

② 张思平．体制转轨：广东90年代的改革［M］．广州：广东人民出版社，2003：126．

③ 段功伟．广东：构建现代法治政府，扩大市县管理权限［N］．南方日报，2004-11-03．

“广东经济发展的成就是社会主义市场经济体制结下的硕果。”① 从计划经济向社会主义市场经济转型的视角来看，社会主义市场经济体制也是行政体制改革的结果。这是广东行政体制改革的一条基本经验，也激励着广东在改革开放后继续推进行政体制改革。世纪之交，中国成功加入世贸组织。毗临港澳的广东拥有优越的地缘条件、优势的经济基础和优先的体制条件，大力发展“外向型经济”成为全体广东人的共识。外向型经济意味着在经济发展思路、制度体制环境等方面都要进一步健全社会主义市场经济体制，更加强调市场的主体作用和主观能动性。在中国从以行政指令配置资源为主要特点的计划经济体制向市场在资源配置中发挥主要作用甚至是决定作用的社会主义市场经济体制转型过程中，满足“外向型”经济的发展要求也就意味着必须推进行政体制改革，从而对21世纪广东行政体制改革提出了现实要求。

三、党的十六大以来广东行政体制改革实践历程

党的十六大以来，广东行政体制改革在党和国家的领导和支持下，在广东省委、省政府的推动组织下，继续沿着“探索建立适应社会主义市场经济的行政体制”的总体要求，立足广东经济社会发展形势和改革开放以来广东行政体制改革实践基础及经验，强调针对性和可行性，扎实推进。

（一）十六大以来：建立“我省适应社会主义市场经济体制要求的行政管理体制”②

经过改革开放十多年的发展，到2002年“中国已经初步建立了社会主义市场经济体制”③，党的十六大明确提出“行政体制改革”问题，明确政府“经济调节、市场监管、社会管理和公共服务”的职能。党的十六届三中全会在《中共中央关于完善社会主义市场经济体制若干问题的决定》中明确提出，“必须加快推进改革，进一步解放和发展生产力……转变政府经济管理职能。深化行政审批制度改革，切实把政府经济管理职能转到主要为市场主体服务和创造良好发展环境上来”，④ 点明了行政体制改革的方向和主要着力点。广东从发展外向型经济面临的实际情况出发，抓住转变政府职能这个关键点和行政审批体制改

---

① 朱卫平．产权改革夯实市场经济制度基础［N］．南方日报，2008-10-01.

② 国务院关于取消第一批行政审批项目的决定［EB/OL］．中国政府网，2002-11-01.

③ 江泽民．全面建设小康社会，开创中国特色社会主义事业新局面［N］．人民日报，2012-11-18.

④ 中共中央关于完善社会主义市场经济体制若干问题的决定［N］．人民日报，2013-10-22.

革这个“牛鼻子”，探索建设“我省适应社会主义市场经济体制要求的行政管理体制”。

1. 分析发展思路，形成改革氛围

经过多年的锐意探索，广东行政体制改革不负众望，批建了一批改革试点，形成了一套思路。世纪之交，广东“社会主义市场经济体制初步建立”①，为广东经济社会创新发展创造了体制条件，但也面临诸如经济结构不合理，就业矛盾突出，资源环境压力增大，以人为本发展理念欠缺等问题。这是十六大以来广东经济发展的现实问题，也是改革开放以来广东经济社会发展常年积弊的老问题。“历史是最好的教科书”，发展的问题还要用发展的办法解决。党的十六大召开后，广东省委、省政府认真学习党中央精神，对广东经济社会发展形势进行了分析，勾勒出广东经济发展与行政体制改革的逻辑框架图。

首先，广东省委、省政府明确了要继续发展的思路和方向，彰显了广东锐意进取的魄力和气概。在2002年初召开的省委第九次党代会上，时任广东省委书记的李长春同志指出，“大发展、小困难，小发展、大困难，不发展、更困难”是广东经济社会发展的历史经验。在九届二次全会、四次全会上，省委书记张德江又明确要求，全省党员干部要“紧紧抓住发展这一执政兴国的第一要务”，坚持扩大内需和对外开放，充分利用“两种资源”和“两个市场”。② 根据广东省位于祖国大陆最南端，毗邻港澳的地缘优势和2001年中国成功加入世贸的契机，省委、省政府在2002年和2003年均把继续“发挥外向型经济优势”作为年度经济工作要点。如前所述，当历史走到2000年，中国的改革开放已经走过了20个左右的年头。在这20年左右的时间里，中国共产党和中国政府大刀阔斧开展改革开放，先后在沿海、沿边和沿江都实行了改革开放政策。广东发展外向型经济的政策红利和先发优势正在边界递减。1997年亚洲金融危机之后，中国大陆虽未受波及，但其中体现的经济全球化下的区域连带风险，政府在金融等领域监管作用的教训，以及泰国等国家迫在眉睫的经济恢复压力，也为中国发展外向型经济的地区形成了间接经验和压力氛围。同时，党的十五大和九届全国人大一次会议的战略部署和江泽民同志提出的广东省要“增创新优势，更上一层楼”“率先基本实现现代化”的要求，对广东发展是一种鞭策，也是一种期望。在传统的地缘优势、情缘优势下，广东唯有积极转变政府职能，

① 李长春．以“三个代表”重要思想为指导加快率先基本实现社会主义现代化——在中国共产党广东省第九次代表大会上的报告［N］．羊城晚报，2002-05-31.

② 省委九届二次全会昨举行 张德江发表重要讲话［EB/OL］．南方网，2002-12-25.

深挖体制环境优势，才能在国内社会主义市场经济发展大潮中保有优势，也才能在全球化形势下长期保有立足之地。

其次，建立"我省适应社会主义市场经济体制要求的行政管理体制"①。综合省委、省政府的分析研判，广东省社会主义市场经济发展的关键在于能不能继续发展好外向型经济。彼时的中国还是一个改革开放初见成效的中国，中国的对外开放，主要是基于人力、土地等优势进行的外资招商和合作。中国是合作中的积极需求方。因此，是否拥有优势合作条件，能否招来优势企业，能否发展好外向型经济，能否发展好社会主义市场经济，是环环相扣的。是否具有劳动力优势、土地优势等良好的政策环境，是"优势合作条件"的主要内容。在中国经济体制转轨和发展"外向型经济"的语境下，所谓良好的政策环境，对广东而言，就要进一步转换政府职能为重点，以政府职能优化和行政审批体制改革为关键，发挥政府的宏观调控职能和市场的资源配置作用，提升效率和效能。一句话，建立"我省适应社会主义市场经济体制要求的行政管理体制"②，既是广东省委、省政府的使命，更是责任。

2. 紧跟中央改革步伐，积极转化政府经济管理职能

邓小平同志在1980年8月31日中央政治局扩大会议上作的《党和国家领导制度的改革》的讲话中，曾痛批各级领导机关，都管了很多不该管、管不好、管不了的事，市各级领导机关深陷具体事务不能自拔。从服务建立建设社会主义市场经济和发展外向型经济的需求出发，十六大后广东行政体制改革的第一步，就是要将政府从原本不该管也管不好的微观经济管理事务中抽身出来，积极转化政府经济管理职能，以储备时间和精力履行好服务和监管职能。在经济体制转轨语境下转化政府经济管理职能，第一步是抽身和剥离，第二步是转化和运行。在党的十六大到十七大之间，主要是将政府从微观经济管理职能中抽身和剥离出来。

所谓"抽身和剥离"，在改革开放之初到党的十六大之前，可以理解为主要指以党政分开、政企分开为线索，以提高国有企业活力和建立现代企业制度为主要内容的改革，目标是改革计划经济体制。党的十六大以来的"抽身和剥离"是在社会主义市场经济体制已初步建立基础上，继续发展社会主义市场经济的改革和完善，核心是转变政府的经济管理职能。对于发展"外向型"经济的广东更是如此。广东省的"抽身和剥离"是以2000年印发的《广东省人民政府机

① 国务院关于取消第一批行政审批项目的决定［EB/OL］. 中国政府网，2002-11-01.
② 国务院关于取消第一批行政审批项目的决定［EB/OL］. 中国政府网，2002-11-01.

构改革方案》及其通知文件为指导，以调整改革省发展计划委员会（改组后为“发展和改革委员会”）、经济贸易委员会、对外贸易经济合作厅等经济管理类机构的职能为抓手进行的。

省发展计划委员会的前身是“计划委员会”，于2000年4月18日根据中共广东省委、广东省人民政府《关于印发〈广东省人民政府机构改革方案〉的通知》改组更名成立。在2000年的改组中，除了“化出”职能和“划入”职能变化之外，在新增6条职能中，明确体现了广东经济体制从“计划”向“市场”的转变趋势。① 但正如机构名和职能所示，“计划”职能仍在，政府对微观经济的干预虽然有所减弱，但仍有留存。2003年，根据广东省人民政府印发的《广东省人民政府机构改革方案》，将“发展计划委员会”改组成立“发展和改革委员会”，简称“发改委”。在广东省人民政府于2004年1月17日印发的《广东省发展和改革委员会职能配置内设机构和人员编制规定的通知》中，明确界定“发改委”为“宏观调控部门”；在职能调整中的“转变的职能”中，明确写入“1. 加快推进投融资体制改革；2. 加强宏观调控中的总体指导和综合协调，切实减少微观管理事务；3. 切实减少行政审批和对经济活动的直接干预，强化研究拟订发展战略、规划和宏观政策的职责，对经济活动实施有效的管理”。② 至此，广东计划经济体制下的主要机构产物改革完成，广东省政府在从微观经济管理中“抽身”上迈出了一大步。这为广东社会主义市场经济体制的继续建设创造了条件，同时也显现出广东的行政体制改革进入了职能转变与金融等体制改革的阶段，是广东行政体制改革的新趋向。

省经济贸易委员会、对外贸易经济合作厅的成立（改革）是广东发展社会主义市场经济和外向型经济的产物。其中，经济贸易委员会（挂省国防科学技术工业办公室牌子，与省信息产业厅合署办公）是原经济委员会和贸易委员会合并的产物，与广东省发展和改革委员会同时诞生。经济贸易委员会的职能定位是“国民经济运行的综合经济部门”。具体而言，一是将原经济委员会和贸易委员会承担的对微观经济的管控职能，如指导国有企业改革和管理职能，各种安全生产综合管理、反倾销、反补贴和产业损害调查的职能以及重要工业品、原材料进出口计划组织实施、组织实施电子工业即电子信息产品制造业的职能等，转交给相关部门，二是主要负责各种产业政策方针的研究、制定，研究、

① 印发广东省发展计划委员会职能配置、内设机构和人员编制规定的通知［EB/OL］. 广东省人民政府办公厅，2000-04-18.

② 印发广东省发展和改革委员会职能配置内设机构和人员编制规定的通知［EB/OL］. 广东省人民政府办公厅，2004-04-17.

提出国内贸易发展战略和发展规划，拟订规范市场运行、流通秩序和打破市场垄断、地区封锁的政策等。① 对外经济贸易合作厅与之前的设置相比，一是对外经济贸易合作厅与广东省人民政府口岸办公室“两块牌子，一套人马”，合署办公；二是被定位为“主管对外贸易经济合作和口岸工作”的部门。其职能的变化主要是“将进出口经营资格核准职能由核准制改为登记制；将核准外商投资项目的合同、章程及其变更的职能，调整为核准外商投资项目的合同、章程及法律特别规定的重大变更（增资减资、转股、合并）；加强外经贸的宏观管理，分析进出口商品供求状况，整顿和规范外贸流通秩序，深化外经贸、口岸体制改革，促进统一、开放、竞争、有序的现代市场体系的建立和完善”等。

经过对发展和改革委员会、经济贸易委员会、对外贸易经济合作厅等经济管理类机构的改革，广东省政府实现了从微观管理经济活动到宏观调控经济发展的转变，完成了政府职能转变。

3. 强化行政审批体制改革，提高服务效能

行政审批体制是计划经济体制行政统管经济的制度产物，体现了行政对微观经济的把控。在社会主义市场经济体制下，要积极发挥市场规律对资源的配置作用，就必然要求改革行政审批体制。这不仅是政府的行政权力从微观经济和社会运行中抽身出来，转变政府职能的内在要求，也有助于减少公权力寻租空间，创造更加高效廉洁的体制环境。

在党的十六大前，广东省深圳市已在行政体制改革方面有过大胆尝试，积累了经验，并向广东省一些城市推广，为1999年和2001年的全省行政体制改革提供实践经验。2002年党的十六大和十六届三中全会召开后，广东省再乘改革东风，一方面紧跟中央步伐，及时转发党和国家关于行政体制改革相关文件要求，另一方面，根据广东行政体制改革实践基础和经济社会发展要求，继续深化行政审批体制改革。

自2003年开始，以广东省人民政府办公厅名义向地级以上市人民政府，各县（市、区）人民政府，省政府各部门、各直属机构印发省年度行政体制改革工作方案，是国内较早的地方行政体制改革制度化发展的省份。② 在党的十六大至十七大之间，广东省人民政府共制定印发了《广东省2003年行政审批制度改革工作方案》《广东省2005年行政审批制度改革工作方案》《广东省2006年行

① 印发广东省经济贸易委员会职能配置内设机构和人员编制规定的通知［EB/OL］. 广东省人民政府办公厅，2004-04-17.

② 根据对《浙江省人民政府公报》《山东政报》《江西政报》等电子资料查阅，2003年国内大部分省区市还没有通盘制定年度行政体制改革工作方案。

政审批制度改革工作方案》三套年度方案。每套方案均明确规定该年度广东行政体制改革的目标、工作重点和措施，体现了广东行政体制改革的制度化、规范化发展倾向，也为其他地区的行政体制改革实践提供了借鉴。

2004 年，广东省在前两轮行政体制改革的基础上，开始了第三轮行政审批体制改革。这轮行政审批体制改革在前两轮改革的基础上，主要是对授权审批权限和事项进行清理和审核，再一次体现了广东行政审批体制改革的力度。主要覆盖对依据地方法规、省制定规章和省政府工作部门规范性文件设定的行政审批事项，对依据国家法律、行政法规、国务院部门规章及规范性文件设定的行政审批事项，以及根据国务院决定下放的行政审批事项的清理和审核，据统计，共“清理和审核的行政审批事项共 254 项，涉及省直单位 43 个”。①

在审核和清理行政审批事项，激发市场活力的同时，广东还从高效服务经济社会发展的实际要求出发，探索“一站式”政务服务。广东行政体制改革体现了减加结合，有取消有整合的实践创新。具体而言，就是以便民服务为价值导引，将相关职能部门的行政审批业务和权限部门集中一个平台，提高为民审批的工作效率，为社会主义市场经济发展助力，主要涉及行政审批业务梳理、部门整合以及平台建设三项工作，对改革地方的业务梳理、部门整合能力和平台建设能力均有要求。2002 年，广东佛山、南海和顺德先后成了行政服务中心，作为线下“一站式”政府服务平台，为民众提供“一站式”“一条龙”的行政审批服务。经过一段时间的尝试，2005 年佛山全市五区全部建成行政服务中心。中山、肇庆等行政服务中心也陆续建成。中山市的特色是建设覆盖全市的行政服务在线平台，实行网上行政审批，使为民服务更加高效，同时缩小了行政审批权力寻租空间，具有廉政建设的附加效应，进一步提高了政府公信力。肇庆市的行政服务中心旨在建设一个集“优化资本投资软环境，加强清政廉政建设，转变机关作风，改革行政审批制度，强化‘收支两条线’工作和对行政审批事务实施综合协调管理”② 的平台。平台建成后，肇庆市行政便民、利民效率大大提高，公共服务水平大大增强，被认为“是与北京、大连模式并列的三种‘一站式’电子政务建设模式之一。”

4. 积极推行电子政务，提高行政效率

电子政务是运用现代信息技术对政府组织机构和工作流程再造的产物，对

---

① 广东省人民政府第三轮行政审批事项调整目录（第一批）［J］. 广东省人民政府公报，2004（19）.

② 陈天祥，等. 广东行政管理体制改革 40 年［M］. 广州：中山大学出版社，2018：179.

提高政府工作效率、提供规范透明的管理服务具有重要意义。党的十六大报告也明确提出，要“进一步转变政府职能，改进管理方式，推行电子政务，提高行政效率，降低行政成本，形成行为规范、运转协调、公正透明、廉洁高效的行政管理体制”。党的十六大召开后，广东省委、省政府在行政审批体制改革和“一站式”服务平台建设的基础上，将电子政务与“一站式”服务相结合，扎实推进电子政务建设，让“一站式”服务从线下走到线上，效能更高，效果更好。

一是高度重视电子政务建设。省长卢瑞华同志曾多次强调，要加强电子政务建设，用电脑管住人脑，减少行政的随意性，记录行政办事过程，规范和监督各项政务工作，保证政府工作规范有序运行。① 二是较早建成电子政务政府信息平台。继北京电子政务政府信息平台开通后，广东省电子政务网络区域性平台于 2002 年 12 月 25 日正式开通，并依托该平台配套建设了广东省电子政务数字认证、网络检测、信息安全等，提高了广东电子政务基础设施建设水平。三是探索制定了《广东省信息化发展纲要（2005—2020 年）》。2005 年 3 月 15 日，广东省人民政府召开省政府常务会议，原则通过了《广东省信息化发展纲要（2005—2020 年）》，并以中共广东省委、广东省人民政府名义联合下发。《纲要》提出，预计到 2010 年，广东建成信息产业强省；到 2020 年，全省实现产业信息化，建成“数字广东”。《纲要》中的一些目标后期虽根据实际情况做了调整，但无疑对一段时期里广东电子政务的发展起了积极推动作用，“十一五”期间广东电子政务建设的“规范和纲领性指导文件”——《广东电子政务“十一五”规划》，就是以此为基础制定的。

在省委、省政府领导的思想推动和制度指引下，深圳市的全国第一个电子监察试点系统在 2005 年 1 月 1 日正式运行。这个系统由软件核心、视频监控系统和行政许可外网三大部分组成，利用现代信息技术，将全市相关部门的软件系统连接，全程监督全市线上审批的所有项目和所有环节，行政服务效率和预防腐败作用得到大大提升。深圳市的尝试获得了党和国家的肯定。2005 年和 2006 年，中央有关部门先后在深圳召开全国性会议，推广深圳电子监察系统方案。在党和国家的关注、促进和广东省发展内在需求的自我激励下，广东省行政审批电子监察系统建设工作协调小组办公室于 2006 年成立，同年 6 月出台了全面建设电子监察系统的方案，广东省政府办公厅也转发了省信息产业厅、编办、发改委和监察厅《关于加快电子政务建设提高政府行政效能和公共服务能

① 李新星．广东电子政务政府系统全面信息化［J］．信息系统工程，2003（2）．

力的实施意见》，明确要求广东省省直部门和珠三角地级以上市要在2006年建成行政审批电子监察系统，珠三角以外的地级以上市要在2007年建成行政审批电子监察系统。广东省电子政务，尤其是电子监察系统建设，走在全国前列。

至党的十七大召开前，“广东省地级以上市政府机关，95%以上都已经建立了内部办公网，开展了办公自动化与业务信息化工作，以省政府门户网站（www. gd. gov. cn）为中心，广东省共建设了2300多个各级政府网站，设立了政务公开、网上办公和便民服务专栏；广东省还建立了广州、深圳、珠海、佛山、东莞、江门以及广州市天河区、佛山市南海区等‘一站式’电子政务网站；初步建立了广东省社会保障信息系统、企业信用信息网系统、交通安全信息共享系统等一批跨部门、跨地区的重大信息化项目”。① 政府部门的工作效率得到提升，群众的知情权和参与权得到落实，与市场经济体制相适应的行政审批体制初步建立。

（二）十七大以来：“建设服务政府、责任政府、法治政府和廉洁政府”②

2008年是中国改革开放30周年。中国经济社会发展在取得举世瞩目成绩的同时，也面临着行业、地区发展不平衡、资源和环境压力大等深层次问题。胡锦涛总书记在2003年首次提出“科学发展观”，并在党的十七大全面阐述“科学发展观”内涵，为破解中国经济社会发展难题提供了思想和理论指南。中共广东省委将党提出的“科学发展”理念与广东发展形势任务结合，根据和党的十七大关于加快行政管理体制改革、建设服务型政府的要求和十七届二中全会通过的《关于深化行政管理体制改革的意见》，以大部门体制改革、行政审批体制改革、建设富县强镇、财政资金竞争性分配、培育发展和规范社会组织等方面为突破口，凝聚改革共识，创新行政管理体制改革，着力推进建设服务政府、责任政府、法治政府和廉洁政府。

1. 强调解放思想，汇聚改革共识

没有解放思想就没有改革开放，也就没有今天的发展成就。改革开放三十年后，中国的体制转型中还有一些硬骨头要啃。解放思想是全面深化改革的前提。党的十七大后，广东省委书记汪洋多次强调解放思想问题，为推动广东行政体制改革奠定了思想基础。

在省委十届三次全会上，汪洋书记多次强调解放思想的重要性。汪洋同志

---

① 广东省电子政务“十一五”规划［EB/OL］. 江门市委党校网站，2006-08-03.

② 珠江三角洲地区改革发展规划纲要（2008-2020年）［EB/OL］. 人民网，2009-01-08.

提出："解放思想是破解科学发展难题的基础；打破束缚我们头脑的条条框框，是实现科学发展的前提……解放思想是发展中国特色社会主义的一大法宝，是广东改革发展的灵魂"①。汪洋回顾广东改革开放三十年发展成就，提出了"解放思想，清醒地认识问题，是解决问题的前提，是再创辉煌的前奏"的观点。在此基础上，汪洋同志提出，"全面深化改革开放要求我们必须继续先行先试，为发展中国特色社会主义做出新贡献"。在省十届二次、三次全会上，省委书记汪洋在分析广东发展形势和任务时又提出，广东要"争当实践科学发展观的排头兵"②，要以信息化为引领，抢占未来经济社会发展制高点，着力打造"数字广东"。这些思想观点和工作目标、任务，为广东大力推行政体制改革奠定了思想和理论氛围。

2. 试点大部制改革，创新行政管理体制改革

所谓"大部制"改革，简而言之，是指围绕转变政府职能和理顺部门职责关系，将相同或相近的职能由一个部门承担。大部门体制是大部门体系和机制的有机统一，采取决策权、执行权、监督权既相互制约又相互协调的运行机制，是政府组织架构调整与政府运行机制再造的统一。因而，大部制改革天然的具有改革行政权力体制，理顺部门职责关系，使政府机构改革跳出"精简—膨胀"的逻辑怪圈和提升行政效率、建设廉洁廉价的服务型政府的多重价值。

中国的大部制改革是辩证吸收西方权力制衡理论和学习借鉴政府治理实践的产物。广东是中国最早敢于"吃螃蟹"的地区。最早在 2003 年，广东深圳曾尝试借鉴英国和中国香港的做法，运用功能分权原理对行政事务权力分开，建立决策、职权和监督权相互制约、相互协调的运行机制，在此基础上对行政机构职能进行再设，对机构设置再造。深圳的最早尝试虽未能实施，但仍对广东乃至全国推行大部制改革具有宝贵的"火种"意义。党的十七大报告明确提出要"探索实行职能有机统一的大部门体制改革"，加快行政管理体制改革，建设服务型政府。十七届二中全会通过《关于深化行政管理体制改革的意见》后，广东省率先在全国启动了大部制改革试点。其中广东顺德的党政联动模式、深圳的"决策与执行"分开模式等，在广东省乃至全国都具有典型示范意义。

顺德在广东行政体制改革中一直是先行者。在自 1992 年以来的机构改革中，顺德将原有的 56 个党政机关一举缩减为 29 个，并保持十年不变，③ 堪称改

① 汪洋在广东省委十届三次全会上的讲话 [EB/OL]. 深圳新闻网，2008-06-22.

② 省委十届二次全会召开 汪洋：争当实践科学发展观的排头兵 [EB/OL]. 南方网，2007-12-25.

③ 陈天祥，等. 广东行政体制改革 40 年 [M]. 广州：中山大学出版社，2008：75.

革奇迹。但随着顺德经济社会发展和2003年顺德并入佛山市成为市辖区后，由于中国行政体制内条块分割形成的“上下对口”设置需要，2009年顺德党政机构总数出现反弹，增加至41个。这是中国行政体制改革面临问题的一个缩影，也是大部制改革要直面的核心问题。基于以上思考和顺德多年来出色的改革成绩，2009年初，顺德被确定为“创新行政管理体制先行先试”地区，开始进行大部制改革。

顺德大部制改革延续了改革开放之初的党政思考逻辑，以“党政联动”为核心关键词，探索中国党群机关和政府机关职能重叠、相近机构的管理职能整合，按照党政部门联动思路建立大部制。通过整合，顺德将原有41个党政部门缩减为16个，其中党委部门6个，政府部门10个，党政合署办公机构6个。在这16个部门中，党政合署办公机构6个，分别为区纪委机关（区政务监察和审计局）、区委办公室（区政府办公室）、区委组织部（区机构编制委员会办公室）、区委宣传部（区文体旅游局）、区政法委（司法局）、统战部（民族宗教事务局、外事侨务局、侨联、工会、共青团、妇联、残联等）；经济调节和市场监管机构5个，社会管理和公共服务机构5个。在机构缩减的基础上，顺德对其权力运行机制进行改革，建立了决策权、执行权、监督权相互制约的运行机制。其中，决策权由党委、政府、人大、政协负责人和16个大部门的一把手组成的党政联席会议行使，执行权由局级部门下属机构、乡镇机构或者法定机构行使，监督权由纪委牵头整合监察局、审计局、信访局以及人大、社会力量行使。

顺德的“党政联动”改革模式，探索了中国行政体制改革一直需要直面但未能解决的问题，既保证了坚持党的领导地位，又满足了政府瘦身和服务社会主义市场经济体制功能的要求，具有非常重要的创新和示范意义。

2009年，中共广东省委办公厅、广东省人民政府办公厅联合颁布印发《关于深圳等地深化行政管理体制改革先行先试的意见》后，深圳市委、市政府于7月31日印发了中央编制委员会、广东省机构编制委员会批准的《深圳市人民政府机构改革方案》，深圳市大部制改革在多年的酝酿后正式启动。

深圳的大部制改革主要是以政府职能转变为核心，对政府机构和职能进行“退、转、减、合”，构建大部制。改革后，“深圳市政府部门由原来的46个减少到31个，大大低于中央规定的大城市40个左右的标准。根据‘三定’方案，深圳市减少内设、下设及派出机构151个。领导职数减少394名，其中局级减少56名，处级减少139名，科级减少199名。编制减少492名，其中公务员编制减少 356 名。”① 同时，深圳在转变政府职能和运行机制上下功夫，通过构建“委”“局”“办”三级管理机构的部门制，优化权力运行机制。其中“委”是指设置 7 个委员会，负责宏观决策和管理，承担制定政策、规划和标准等职能并监督执行；“局”是指设置的 18 个局，是“委”的归口联系机构，主要承担执行和监管职能；“办”是指设置 6 个办公室，主要是协助市场办理专门事项、不具有独立行政管理职能。同时形成由“委”和“局”双方部门有关负责人共同主持召开的不定期联席会议，形成相互协调、相互制约的工作机制。

除此之外，广州“统筹渐进”式大部制改革也有其亮点。广州大部制改革重点领域是在城市管理方面建立大城管体制，并为此组建了城市管理委员会，将市容环境卫生局的职责，城市管理综合执法局的城市管理的职责，市政园林局有关市政管理、燃气行业管理的职责，以及建设委员会有关城市管理、市容环境卫生的职责整合在一起。同时，将市政园林局的城市绿化、公园管理的职责整体划入林业和园林局，从而实现城市郊区绿地一体化建设②。

2010 年，广东在 29 个试点推广顺德大部制改革经验。各地根据实际锐意探索，形成了多种特色做法。2011 年 3 月上旬，中央机构编制委员会办公室原副主任、中央机构编制管理委员会会长黄文平先后考察深圳市福田区交通枢纽、佛山市顺德区行政服务中心后，提出“要认真总结大部制改革中的好经验好做法，以建设服务型政府为目标，以职能转变为核心，完善体制机制，为全国大部制改革提供更多经验”，这是对广东大部制改革工作的高度评价，也是对广东大部制改革提出的殷切期望，鞭策广东在行政体制改革上更上一层楼。

3. 培育社会组织，深化政府职能转变

行政体制改革的核心是转变政府职能。如果说精简机构、大部制改革是为政府内部职能的调整服务，那么积极培育社会组织，将政府职能向事业单位和社会组织的转化，就是进一步推动政府职能转变，建设服务型和责任性政府的本质要求。党的十七大期间，广东在这方面也进行了卓有成效的探索。

在政治行政学和管理学领域，社会组织的培育和发展是构建“小政府、大社会”的“有限政府”的前提。中国对社会组织在转变政府职能中作用的认识和推进有一个较长的过程。早在“南方谈话”之后，党和国家就认识到，要发挥社会组织在转变政府职能中的作用。1993 年发布的《关于建立社会主义市场经济体制若干问题的决定》，提出“政府经济管理部门要转变职能，专业经济部

① 深圳史志办公室．深圳改革开放纪事 1978-2009［M］．深圳：海天出版社，2009：595.

② 黄挺．广东行政体制改革的新突破［N］．南方日报，2013-03-04.

门要逐步减少”“要发挥行业协会、商会等组织的作用”。五年之后的1998年，国务院颁布的《社会团体登记管理条例》（修订）和《民办非企业单位登记管理暂行条例》中关于社会组织实行双重管理体制的规定，与同时期中共中央办公厅、国务院办公厅印发的《关于党政机关领导干部不兼任社会团体领导职务的通知》，是中国社会组织管理体制改革的重要标志。2004年党的十六届四中全会提出“社会建设”命题后，行业协会组织开始改革，直到2007年，所有社会组织真正步入实质性和全方位的改革阶段。①

广东省对社会组织的重视和培育大体经过了同样的历程。分水岭是在2000年。面对党和国家对广东经济社会发展寄予的厚望，省委、省政府对广东经济发展形势进行研判，通过培育社会组织来分担政府经济管理职能，使政府从微观经济事务管理中抽身，职能集中于政策制定和服务企业、市场。从根本上转变政府微观经济管理职能成为共识。之后，广东进入了培育社会组织、转移政府职能和管理社会组织的“三步走”阶段，目标直指转变政府微观经济管理职能。

第一步是培育社会组织。在中国经济体制改革的背景下，培育社会组织的关键是为社会组织的成立和发展建立体制环境，提供制度空间。党的十七大召开前夕，广东在积极认识社会组织在转变政府职能方面作用的情况下，积极探索解决社会组织的整顿、与政府机构的脱钩、改制、运行等问题，自2006年起，率先改变了行业协会等社会组织在登记时由“民政部门和业务主管单位”负责的双重领导体制，变为统一由民政部门负责行业协会的登记，在全国率先全面突破双重管理体制的束缚。这不但解决了社会组织在登记中可能面临因找不到业务主管部门而无法登记的现实问题，也是广东“政社分开”的重要体现，再一次体现了广东行政体制改革的决心。2012年7月1日起，广东省所有社会组织的业务主管单位均改为业务指导单位，社会组织可以直接到民政部门申请成立登记。便捷顺利的登记程序和经济社会发展的需求驱动力，使广东社会组织快速发展。以2012年1月1日起率先铺开社会组织登记改革的广州市为例，“公开资料显示，此项改革后至2012年6月底，广州登记注册社会团体组织总计4596个，全市新登记组织227个，同比增幅36%；而2005年至2011年，广州市社会组织年均增幅仅在6%左右”②。

第二步是转移政府职能。这也是广东在行政体制改革中重视社会组织作用

① 王栋. 政社分开：善制与善治的双重进路［J］. 行政论坛，2016（3）.
② 广州社会组织“松绑”一年数量增长36%［EB/OL］. 环球网，2013-04-17.

的体现。2011 年 7 月 1 日，中共广东省委、广东省人民政府发布的《关于加强社会建设的决定》，指出“鼓励各种社会组织参与公共服务；围绕城乡居民基本生活服务需求，引导社会组织提供多层、多样化的社会公益服务；推行政府向社会组织购买公益服务项目，支持社会组织为居民提供养老助残、慈善帮困、就业援助、教育培训、科技问题和法律咨询等服务”，拓展了社会组织承接政府转移职能的行业范围。后来发布的《关于加强社会组织管理的实施意见》和《关于深化社会组织体制改革工作方案》等文件，均强调要扶持社会组织发展，推动社会组织改革，促进社会组织的功能发挥。社会组织承接政府转移职能呼之欲出。2012 年 11 月 6 日，广东省机构编制委员会发布了《广东省机构编制委员会印发政府向社会转移职能工作方案的通知》，再次对政府职能转移内容和分类做了说明。2012 年 5 月 24 日，广东省人民政府办公厅《印发政府向社会组织购买服务暂行办法的通知》明确提出，“通过开展政府向社会组织购买服务，培育和发展社会组织，支持社会组织承接政府转移职能，进一步推进转变政府职能和提高行政效能，为加快转型升级、建设幸福广东做出贡献”，点明了社会组织在广东行政体制改革中的作用，也深化了政府向社会组织购买服务和社会组织承接政府职能的主旨，夯实了广东行政体制改革中推进社会组织发展的基础。①

第三步是管理社会组织，使之更好地承接政府转移的职能。标志性事件是 2008 年 9 月中共广东省委办公厅、广东省人民政府办公厅发布《关于发展和规范我省社会组织的意见》，将社会组织进行了分类，明确要求政府各部门将社会组织能够承担的 3 大类 17 项职能转移出去，强调建立政府购买服务制度。这标志着广东省政府职能转变正式从政府内部机构的职责调整向“向社会转移”转变。2009 年，广东省民政厅颁布了《广东省民政厅关于社会组织评估管理的暂行办法》（粤民民〔2009〕12 号），提出政府向社会组织转移职能的条件要求，如只有 3A② 级以上的社会组织才具有接受政府职能转移、政府购买服务和享受

① 陈天祥，等. 广东行政管理体制改革 40 年［M］. 广州：中山大学出版社，2018：30.

② 《广东省民政厅关于社会组织评估管理的暂行办法》第十八条：社会组织评估结果分为 5 个等级，依次为 5A 级（AAAAA）、4A 级（AAAA）、3A 级（AAA）、2A 级（AA）、1A 级（A）。A 级越高，表示社会组织总体水平越高。评估等级名称为“地域名+等级+社会组织类别”。第十九条：按照社会组织评估标准，评估满分为 1000 分。评估得分 950 分（不含本数，下同）以上，为 5A 级社会组织；评估得分 901～950 分，为 4A 级社会组织；评估得分 801～900 分，为 3A 级社会组织；评估得分 701～800 分，为 2A 级社会组织；评估得分 700 分以下，为 1A 级社会组织。具体评估标准由广东省民政厅另行制定。参考：《广东省民政厅关于社会组织评估管理的暂行办法》http：//www. gd. gov. cn/govpub/bmguifan/200904/t20090402_ 88863. htm

公益性捐赠税前扣除优惠政策，以及开展评比、达标、表彰活动的资格，标志着广东政府职能转移进入规范化阶段。

与此同时，广东积极推进事业单位的社会化，要求各级党政机关减少对事业单位的直接管理，打破部门所有制和条块分割，拓宽事业单位服务领域，使事业单位成为面向全社会提供服务的独立法人；鼓励集体、企业、个人和各种社会力量兴办事业单位；广东教育、科技、文化和卫生等领域的事业单位改革也纷纷开展并处于持续发展中，为政府职能转移提供了更好的条件。

4. 优化法治环境，建设法治政府

"社会主义市场经济是法治经济"① 法治建设不仅规范着市场主体的行为边界，也是经济发展的政策环境的重要载体。党的十七大以来广东法治建设主要体现在与大部制改革同时进行的综合执法体制改革和改革的法治化趋向上。

综合执法体制改革是针对专业执法体制带来的多头执法、重复执法和职责交叉问题而进行的跨部门跨领域执法体制，根本是为了提高执法效率，更好地为市场主体服务。早在1996年颁布的《中华人民共和国行政处罚法》中，就规定"国务院或者经国务院授权的省、自治区、直辖市人民政府可以决定一个行政机关行使有关行政机关的行政处罚权"，为各地探索综合执法奠定了司法基础。20世纪90年代中后期，广东深圳和佛山等地先行先试综合执法体制改革。其中深圳罗湖区在1998年10月设立的行政执法检查局，将负责城管、环卫、文化、计生、旅游、卫生和房屋租赁等执法任务进行综合的做法，在全国产生了积极影响。在1998年至2008年期间，先后有北京、上海、天津等多地来学习考察，也受到了《人民日报》等媒体的大量报道。党的十六大前后，根据2000年国务院下发的《关于继续做好相对集中行政处罚权试点工作的通知》，广东省申请将深圳、汕头、顺德、珠海、中山、揭阳、佛山和南海等8个城市作为综合执法试点并获批。2002年国务院办公厅转发中央编办《关于清理整顿行政执法队伍实行综合行政执法试点工作的意见》，广东作为全国综合行政执法试点，于2003—2005年开始分别探索海洋与渔业综合管理执法体制改革和交通领域综合执法改革。

在这一期间广东的探索成果，有学者根据其职能整合领域和机构设置来源，将其划分为"部门内整合职能，机构内部设置；部门间整合职能，机构外部设

① 刘忠．社会主义市场经济是法治经济［EB/OL］．中国共产党新闻网，2014-12-11.

置；部门间整合职能，机构内部设置和相对集中的行政处罚权综合执法模式”。[①] 这样就形成了多样的综合行政执法体制，为减少多头执法和重复执法，提高工作效率，提升法治环境做出了贡献。

党的十八大以来，广东继续探索将大部制改革和综合行政执法体制改革有机结合，将之作为促进城市发展转型和增创新优势的重要举措。针对有声音提出，要将综合执法与专业执法相结合，前者负责发生频率高、多头重复交叉的执法工作，后者主要负责专业性较强的执法工作，使执法体制更加科学，更能促进社会主义市场经济的发展，广东的执法体制改革还处于继续探索中。

改革的法治化趋向主要体现在广东濠江的试点改革中。如前所述，在行政体制改革，尤其是大部制改革中，因涉及对已有机构设置和职能的再造，涉及到的人员和工作复杂，需要顶层设计的支持。前文所述的顺德大部制改革的顶层支持来自《佛山市顺德区党政机构改革方案》获批，深圳市的大部制改革的顶层支持来自中共深圳市委、市人民政府印发的，中央机构编制委员会、广东机构编制委员会批准的《深圳市人民政府机构改革方案》。在 2011 年至 2014 年，汕头市濠江区在实践大部制改革和行政审批体制改革中，其顶层支持是通过地方人大立法实现的，体现了行政体制改革法治化思路，也是推进法治政府建设的体现。首先，根据党中央行政管理体制改革有关规定和广东省改革试点政策，濠江区委发布了《关于印发濠江区行政体制综合改革工作方案的通知》，汕头市印发了《汕头市濠江区行政体制综合改革财政管理体制调整方案》，为濠江区行政管理体制改革提供了制度依靠。其次，汕头市第十二届人大常委会通过《关于促进和保障濠江区行政体制综合改革的决定》，规定了以下内容：一是汕头市政府及工作部门必须最大限度向濠江区下放行政管理权，二是濠江区政府可行使的行政管理职权范围，三是强调任何单位和个人非经法定程序，不得

① 其中部门内整合职能，机构内部设置模式是指，以交通运输部门的综合执法为例，通过整合省、市、县交通部门及交通领域事业、企业单位的监督检查、行政处罚和行政强制等职能，在省、市、县交通行政机关内设立交通综合行政执法机构。部门间整合职能，机构外部设置的典型案例是城市管理领域的综合执法，即将城市管理领域的城市规划、建设、市容卫生等的监督检查、行政处罚、行政强制等职能从相关行政管理部门、执法队伍和事业单位中分离出来，进行整合，再组建城市管理综合行政执法机构。将国土资源部门、环境保护部门的监督检查、行政处罚、行政强制职能整合后，在省、市、县国土资源部门、环境保护部门内设立综合行政执法机构的做法，属于部门间整合职能和机构内部设置模式。相对集中的行政处罚权综合执法模式是指将其他部门的法定职责划归某一行政机关统一行使。参考：陈天祥，等．广东行政管理体制改革 40 年［M］．广州：中山大学出版社，2018：102.

干预、上收已下放到濠江区的行政管理权。① 这实质是通过地方人大立法保障行政体制改革方案与改革程序的规范化运行，一度被誉为“开创了中国政府间职责关系法定化的先河”②。

除此之外，广东多地的实践体现了改革法治化趋向。2011 年以来汕头陆续出台多部法规、规章，对经济社会发展领域的各方面进行规范和创设，如实施《汕头市行政程序规定》，对行政权力在程序上进行了系统性的规范，特别是对重大行政决策、行政执法、非行政许可类审批、特别行为、行政听证、行政公开等程序进行规范，再造行政流程，监督、约束和控制自由裁量权的行使，防止滥用自由裁量权，从而促进依法行政，从源头上减少人情办事、违纪违法审批等问题，有效促进行政法治建设。③

（三）十八大以来：“创新行政管理职能与方式，建设法治政府和服务型政府”④

十八大以来，在“两个一百年”奋斗目标的指引下，全面建成小康社会、全面深化改革、全面依法治国、全面从严治党战略布局成为关键。党的十八届三中全会制定《中共中央关于全面深化改革若干重大问题的决定》明确提出：“全面深化改革的总目标是完善和发展中国特色社会主义制度，推进国家治理体系和治理能力现代化”。广东省委、省政府认真学习贯彻会议精神，将广东行政体制改革形势任务与互联网+、大数据等技术结合，探索创新行政管理职能与方式，吹响了广东全面深化行政体制改革的号角。

1. 勇担发展重任，吹响新时期广东深化改革决定性号角

十八大以来是党带领全国人民全面建成小康社会的重要时期。党和国家对广东省的标杆形象和作用十分重视。2012 年底，习近平总书记视察广东，对广东省的发展提出了实现“三个定位、两个率先”的要求。广东省委书记胡春华同志高度重视党和国家对广东发展的要求和期待。在省委十一届二次、三次、四次、十二届党代会上多次强调要贯彻全面深化改革精神，“动员全省人民为把广东建设成为发展中国特色社会主义的排头兵、深化改革开放的先行地、探索

---

① 徐兰兰，等．法治化背景下我国地方行政体制改革的推进之路—以广东省濠江改革为例［J］．中国法律评论，2015（4）．

② 许琛．行政体制改革汕头立法“放权”［N］．羊城晚报，2011-07-08.

③ 中央党校第 15 期中青二班四支部广东汕头调研组［EB/OL］．中国法学网，2016-01-06.

④ 中共广东省委贯彻落实《中共中央关于全面深化改革若干重大问题的决定》的意见［EB/OL］．南方网，2014-01-20.

科学发展的试验区”①，并领导广东省委制定了《中共广东省委贯彻落实〈中共中央关于全面深化改革若干重大问题的决定〉的意见》，提出要争取“到2020年，我省要在重要领域和关键环节改革上取得决定性成果，完成三中全会<决定>提出的改革任务”②，行政体制改革是一项重要任务，核心是“创新行政管理职能与方式，建设法治政府和服务型政府”，涉及优化政府机构和职能设置、深化行政审批制度改革、深化投资体制改革、拓展与完善网上办事大厅、建立权责统一的行政执法体制、率先建立现代财政制度等六个方面。2014年1月12日，广东省第十一届委员会第三次全体会议通过了《广东深化改革决定》，诠释了广东坚决贯彻落实党的十八届三中全会通过的《中共中央关于全面深化改革若干重大问题的决定》，坚定不移全面深化改革，不断增创广东发展新优势，在全面深化改革中继续走在全国前列的信心和决心，为广东在新时期继续深化行政体制改革吹响号角。

2. 深化试点“一门式”改革，创新行政管理职能与方式

党的十六大以来，电子政务建设是中国行政体制改革的重要方面，核心是运用信息技术提高政府服务效率、降低行政成本。经过一段时间的探索，2015年，广东省在佛山市禅城区开展试点进行“一门式”服务。其做法可以概括为“三个一”：“一是‘一个界面、一窗服务’，整合24个部门专业系统形成综合服务窗口；二是‘一套标准、无差别审批’，将300多个事项做成标准化流程，制定前后台业务标准，压缩自由裁量空间；三是‘一个数据库、精准治理’，形成政府治理对象数据库，精准掌握服务需求，提高政府决策精准度，实现社会治理现代化。”③ 目前，广东已成立“一门式”政务改革专责工作小组，将推广至全省。

3. 瞄准“互联网+政务大数据”方向，提升社会治理和服务能力

随着信息技术发展和社会主义市场经济体制对转变政府职能、提升政府服务效率要求的提升，以大数据为主导的信息化浪潮成为全球范围内加速企业技术创新、推动政府职能转变、引领社会管理变革的利器。十八大以来，广东省委省政府瞄准“互联网+政务大数据”方向，是广东“十三五”期间行政体制改革的一大亮点。一是在省委第十一次党代会及各次会议上，省委书记多次强

① 中共广东省委十一届二次全会开幕 胡春华作工作报告［N］. 南方日报，2013-01-17.

② 广东启动全面深化改革目标：2020年要取得决定性成果［EB/OL］. 南方网，2014-01-13.

③ 广东十三五将深化行政改革 重点在政务大数据［N］. 世界经济报道，2015-11-11.

调全面深化改革、创新政府管理职能和方式的重要性，为广东运用“互联网+政务大数据”技术提升社会治理和服务能力奠定了思想基础。二是在2015至2016年间，广东省委领导印发的《中共广东省委贯彻落实〈中共中央关于全面深化改革若干重大问题的决定〉的意见》，强调了广东行政体制改革的重要性和紧迫性。三是广东省人民政府办公厅印发的《广东省促进大数据发展行动计划（2016-2020）》，明确了2018、2020年度建设目标，表明了广东发展“互联网+政务大数据”技术创新政府管理职能和方式的信心、决心。四是在2017年3月，广东省经济和信息化委员会指导召开了广东“互联网+政务”大数据研讨会等会议，邀请国家信息化专家咨询委员会、国家信息中心、中国信息协会领导及多名专家到会演讲，推动广东“互联网+政务大数据”行动计划实践。

除此之外，综合执法体制改革、财税体制改革、事业单位分类管理体制改革等也随着机构精简、权力下放、行政审批体制改革、大部制改革等逐步推进，形成了综合改革体系。2017年4月，习近平总书记对广东工作提出了“坚持党的领导、坚持中国特色社会主义、坚持新发展理念、坚持改革开放；为全国推进供给侧结构性改革、实施创新驱动发展战略、构建开放型经济新体制提供支撑；在全面建成小康社会、加快建设社会主义现代化国家新征程上走在前列”的要求，是“习近平总书记系列重要讲话精神和治国理政新理念新思想新战略在广东的具体化”①。在习近平总书记“四个坚持、三个支撑、两个走在前列”的鞭策下和广东省委、省政府的正确领导下，广东行政体制改革必将有更深的发展。

四、党的十六大以来广东行政体制改革实践的成效、特点、经验和启示

党的十六大以来，广东行政体制改革实践在党和国家关于行政体制改革思想理论创新和实践发展的大氛围、大背景下，在广东省委、省政府的锐意探索和不懈努力下，取得了一些成效，形成了自己的特点。一些做法和经验可以为兄弟省市行政体制改革的推进提供启示和参考。

（一）党的十六大以来广东行政体制改革的成效

党的十六大以来的15年间，中国的体制改革取得了很大进步，广东行政体制改革在这一大背景下也取得了一些阶段性成效。

1. 形成了浓厚的行政体制改革思想舆论氛围

“改革”是割肉，不扫除思想认识上的藩篱，长久、长效的改革无从谈起。

---

① 广东省第十二次党代会开幕 胡春华作报告[EB/OL]. 东莞阳光网，2017-05-23.

对于伴随着从计划经济体制向社会主义市场经济体制转型存在的中国行政体制改革而言，改革共识的汇聚和形成，是一个必要且关键的问题。党的十六大以来广东行政体制改革的大船，毫无疑问是从汇聚和形成改革共识起航的。

如果说1992年邓小平南方谈话带来了中国改革开放的春天，那么党的十六大以来广东省委、省政府对广东改革共识的宣传凝聚，就是21世纪以来广东行政体制的春雨，哺育着广东的行政体制改革之树茁壮成长。从省委第九次党代会上李长春书记“大发展、小困难，小发展、大困难，不发展，更困难”观点的提出，到九届二次全会、四次全会上张德江书记“坚持扩大内需和对外开放，两种资源、两个市场”“发展外向型经济”思路的形成，再到省委十届三次全会上，汪洋书记旗帜鲜明、发人深省的重申解放思想问题，提出“解放思想是破解科学发展难题的基础……是实现科学发展的前提，是广东改革发展的灵魂……解放思想，清醒地认识问题，是解决问题的前提，是再创辉煌的前奏”，再到2014年《广东深化改革决定》的发布，广东关于“要发展就要改革，要改革就要解放思想”的思想认识链条逐步形成。自此以后，广东的行政体制改革从改革开放初的“政治本位”① 走向“社会本位”“发展本位”。一系列的改革实践试点、做法和经验如雨后春笋竞相出现，为广东行政体制改革实践蓝图增添了活力，也为广东经济社会发展提供了体制空间。

2. 探索形成了广东行政体制改革实践体系

经过十六大以来的探索，广东行政体制改革实践在内容上覆盖思想宣传、理念创新、实践试点、电子政务、制度建设、机构发展等多个领域，在结构上涉及党、政府、社会多个层面，初步形成了广东行政体制改革实践体系。

从内容来看，广东行政体制改革实践包含思想宣传、理念创新、实践支撑和制度支持四方面内容。思想宣传是基础，没有清晰有力又持续的思想宣传，行政体制改革共识难以快速形成，行政体制改革实践不易高效开展；理念创新是方向，是旗帜，是广东勇于开拓创新、有实力、有担当、有能力引领中国地方行政体制改革发展的体现。实践试点和电子政务是硬支撑。在改革开放以来中国行政体制改革大潮中，广东的实践试点和电子政务建设占有一席之地，这是广东行政体制改革实践效果的一个主要方面，也是评价和验证广东行政体制改革实践效果的最主要基点。制度建设和机构发展是广东行政体制改革实践的主要条件。行政体制改革是复杂的理论问题和实践问题，制度建设的长效性、

① 20世纪70年代开始的中国改革开放，是以“拨乱反正”“平反”为突破口开始的。以此为背景的中国所有领域的改革，都带有政治本位的特点。

稳定性和组织建设是软支持，是广东行政体制改革制度化、规范化、常态化开展的重要条件。党的十六大以来，广东省委、省政府先后支持成立了广东体制改革委员会等机构，支持主办了广东“互联网+政务”大数据研讨会等，为广东行政体制改革的理论创新和实践发展提供支持。

从结构上看，广东行政体制改革可分为三个层面。一是广东省委在思想宣传、政策供给方面发挥的关键动力作用。新中国的历史表明，办好中国的事情，关键在党。广东行政体制改革实践的快速发展，广东省委在思想宣传、政策供给中发挥的重要作用十分关键。二是广东省政府在制度供给和政策执行中发挥的重要支撑作用。政策制定之后，执行是关键。党的十六大以来，广东省政府在省委的领导下，扎实推进，积极执行，使广东行政体制改革在实践中获得喜人效果。三是广东群众在呼唤改革、参与改革中发挥的推动作用。马克思主义唯物史观认为，人民是历史的创造者，广东的高校学术团体、社会民间组织对行政体制改革问题高度关注，广东市场主体和民众对行政体制改革热切期待，这都为广东行政体制改革提供了强大推动力。

3. 明确广东行政体制改革的阶段性目标

从马克思主义唯物史观认为，在人类社会从私有走向公有的过程中，国家、政府的政治性职能是逐渐递减又漫长的过程。因此，设定阶段性目标就显得十分必要。党的十六大以来，在党中央和国家层面，行政体制改革政策、理论不断创新的同时，各地方行政体制改革实践也如雨后春笋。其中，只有少数地方政府明确提出了阶段性目标，并以阶段性目标鞭策行政体制改革扎实推进。广东是其中之一。

广东行政体制改革阶段性目标的设定是一个渐进的过程。从其形成过程来看，党的十六大后，广东省委提出的“建立我省适应社会主义市场经济体制要求的行政管理体制”是其最初形成阶段，体现了广东省委对于广东行政体制建设原则的科学认识；十七大后，广东在《珠江三角洲地区改革发展规划纲要（2008—2020）》中提出的“建设服务政府、责任政府、法治政府和廉洁政府”，是广东对行政体制改革的目标和价值有了更加科学的认识；党的十八大后，胡春华书记在省委十一届二次全会上提出，“创新行政管理职能与方式，建设法治政府和服务型政府”标志着广东对行政体制改革认识的进一步深化；2014 年，在《中共广东省委贯彻落实〈中共中央关于全面深化改革若干重大问题的决定〉的意见》中提出，“争取到 2020 年，我省在重要领域和关键环节改革上取得决定性成果”，为广东在全面建成小康社会“冲刺”阶段的行政体制改革设立了目标。

4. 促进了广东经济社会发展

中国行政体制改革作为转型时期中国“行政吸纳政治”模式的重要出路，其改革的起点是服务经济社会发展，终点也必然回归服务经济社会发展。党的十六大以来，广东行政体制改革在以下方面对广东经济社会发展起了重要促进作用。

一是通过大幅度简政放权为社会主义市场经济发展提供空间。改革开放之初，无论从发展速度还是发展质量上，广东都属于欠发达省份，人均 GDP 低于全国平均水平。改革开放以来，随着广东全面改革开放的推进，广东经济社会快速发展，到 2007 年，广东省 GDP 和广东省财政总收入分别占全国 12.5%和15%左右，高于全国平均水平七成多，可谓“世界走一步，中国走三步，广东跨四步”①。总结其经验，“必须坚持改革开放，构建一个符合经济规律的现代市场经济体制”居于首位。在这一过程中，行政体制的作用不可忽略。尤其是党的十六大以来，随着“创新驱动发展成为核心战略”② 的观念在广东越来越深入人心，广东进一步简政放权，在服务大众创业、万众创业，打造粤港澳大湾区、建设科技产业创新中心等方面不遗余力。

二是借助建设电子政务平台，提高行政服务效率。起源于西方的公共管理学认为，作为技术层面变革的行政管理体制改革，首要解决的是工作效率与组织规模问题。这也是早期中国的行政体制改革总是围绕机构精简转“陀螺”的原因之一。随着对行政体制改革认识的深化和中国经济体制的建立发展，中国行政体制工作重点从精简机构向简政放权、提高效率综合推进，找到了体制转型时期中国行政体制改革的突破口。党的十六大以来，广东积极推进电子政务平台建设。2002 年 12 月 25 日广东在全国较早地正式开通广东电子政务平台，并依托该平台配套建设了广东省电子政务数字认证、网络监测、信息安全等体系。2005 年 3 月 15 日，广东省人民政府召开省政府常务会议原则通过了《广东省信息化发展纲要（2005—2020 年）》，提出到 2020 年，全省实现产业信息化，建成“数字广东”的建设目标，届时，广东行政效率将更高，更有助于高效市场经济发展。

① 1979—2007 年，世界各国（地区）GDP 年平均递增 3.1%，中国递增 9.7%，广东 13.8%。以世界增速为 1，则中国为 3.1，广东为 4.45，故谓之“世界走一步，中国走三步，广东跨四步”。转引自：翟锦云．历史的巨变与启示——广东改革开放三十年的巨大变化与启示［J］．广东经济，2008（12）．

② 广东：过去 30 年靠改革，未来 30 年靠创新［N］．中国青年报，2015-03-06．

（二）党的十六大以来广东行政体制改革的特点

将十六大以来广东行政体制改革实践，放在改革开放以来广东行政体制改革的纵向历史轴和中国行政体制改革实践的横向范围轴中，人们不难发现，十六大以来广东行政体制改革实践具有从政治与行政本位走向社会本位、从政策主导走向“制度+科技”主导，从行政体制改革单兵突进走向行政体制改革与其他领域改革协同发展的三大特点。

1. 从政治与行政本位走向社会本位

所谓政治与行政本位对比社会本位，实质是在行政体制改革过程中的主要推动力和实践者身份的差别。改革开放之初，由于体制转轨面临诸多藩篱，中国社会治理体系尚未培育，中国所有领域的改革都是在政治与行政本位的背景下开展的。这一模式的优势是方向明确、力量集中、统筹推进，因而更强调统筹性和大局观。其劣势是随着体制改革的全面深入推进，牵涉领域越来越广泛，涉及问题越来越多头，政治与社会本位在继续发挥其优势的同时，也会面临因“战线”过长而导致的人手不足、精力分散问题，难免顾此失彼，出现“政府失灵”。而社会治理体系的培育发展，能在一定程度上弥补政治与行政本位的上述劣势。党的十六大以来，广东行政体制改革在实践中走出了一条由政治与行政本位向社会本位发展的路子，为广东行政体制改革提供了强大力量源泉。

一是积极培育社会组织和治理体系，为广东行政体制改革走向社会本位奠定基础。党的十六大以来，广东积极支持广东省发展和改革委员会、广东省体制改革研究会等官方、民间组织机构建设，积极推进“互联网+政务”大数据研讨会等会议的举办，培育广东社会组织和治理体系，为广东行政体制改革走向社会本位奠定基础。

二是为社会组织和社会力量参与、推动广东行政体制改革提供契机。在广东行政体制改革中，广东省委、省政府曾多次表明，要“动员全省人民为把广东建设成为发展中国特色社会主义的排头兵、深化改革开放的先行地、探索科学发展的试验区”①，并多次举办会议、论坛邀请行政体制改革理论专家和对行政体制改革相关方面经验丰富的实践工作者、技术人员到会演讲，提出宝贵意见和建议，为社会组织和社会力量参与、推动广东行政体制改革提供契机。

2. 从政策主导走向“制度+科技”主导

政策凝聚了中国共产党治国理政的智慧，是中国共产党领导国家社会发展的重要方式之一。制度具有长期性、稳定性的特点，是保证政策效果得以彰显

---

① 中共广东省委十一届二次全会开幕 胡春华作工作报告［N］. 南方日报，2013-01-17.

的重要方法。科技作为政策和制度执行的辅助手段，在互联网时代，特指信息技术、大数据等在政策、制度执行中发挥的重要作用。党的十六大以来，广东行政体制改革实践在注重制定科学合理政策的同时，更加注重制度建设和科技作用的发挥，形成了用制度保障政策执行，用科技保障制度执行的思路。

一是重视制度建设。党的十六大以来，广东行政体制改革在积极贯彻执行党和国家行政体制改革精神要求和工作部署的同时，紧密结合广东行政体制改革实际情况，在党的十六大至十七大之间，连续制定了 2003 年、2005 年、2006 年广东省行政审批制度改革工作方案。十七大以来，先后制定了《广东省信息文化发展纲要（2005—2020 年）》和《广东电子政务“十一五”规划》等。党的十八大以来，又制定了《广东省促进大数据发展行动计划（2016—2020 年）》。这些制度为广东行政体制改革政策的实施提供了制度保障。

二是重视信息技术的作用，为制度实施保驾护航。信息技术是网络和大数据时代的核心要素，能否有效利用信息技术为人类服务，也是行政体制改革实践能否得以创新发展的重要体现。十六大以来，广东在电子政务平台、网络大数据建设等方面成效显著，用“电脑管住人脑，减少行政的随意性，记录行政办事过程，规范和监督各项政务工作，保证政府工作规范有序运行”① 的理念，得以真正体现。

3. 从单兵突进走向协同发展

体制改革是一个系统工程，中国行政体制改革作为政治体制改革与经济体制改革的最紧密结合处，也必然随着社会主义市场经济体制的逐步建立完善在深度和广度上逐步拓展，最终实现新时代中国特色社会主义政治体制、行政体制、文化体制与经济体制、社会体制的无缝对接。

党的十六大以来，广东省委、省政府紧紧抓住“发展”问题的牛鼻子，从发展“外向型经济”对广东经济体制改革的要求出发，有针对性地对行政体制、文化体制、国有企业管理体制、社会治理体制改革的重点问题、重点领域进行协同改革，如在广东省人民政府印发的《珠江三角洲地区改革发展规划纲要（2008—2020 年）》《广东省建设创新型广东行动纲要的通知》《广东省信息化发展纲要（2005—2020 年）》等政策文件中，在强化提高自主创新能力、加强自主创新环境建设、研发机构建设、体制机制创新等思路和要求中，无一不蕴含着行政体制改革与其他领域改革协同推进的基本要求。在深圳、佛山、顺德、广州、濠江探索大部制改革、党政联席体制改革、地方人大立法体制改革等实

---

① 李新星．广东电子政务政府系统全面信息化［J］．信息系统工程，2003（2）．

践中，也实际体现了将行政体制改革与其他领域改革协同推进的必要性。

（三）党的十六大以来广东行政体制改革实践的经验

毛泽东曾说："一切工作，如果仅仅提出任务而不注意实行时候的工作方法……那末，什么任务也是不能实现的。"① 纵观党的十六大以来广东行政体制改革实践的成效和特点，可以发现，广东行政体制改革实践在工作思路、品牌打造、实践创新和具体执行等方面取得了一些有益经验。

1. 科学认识凝聚改革共识与推动改革实践的辩证关系

任何改革对于既得体制来说都是一次割肉。进入深水区之后推进改革更要有"壮士断腕"的勇气。从清末的戊戌维新到20世纪70年代的经济体制改革，再到当前以简政放权为重要内容的行政体制改革，每一次改革莫不因人们，尤其是主要推动者对改革的积极认同、积极推进而成功，随着人们尤其是主要推动者对改革的冷眼旁观、消极阻滞而失败。同时，每一轮改革大潮都不同程度撬动了人们对原有体制的固有执念，为下一轮改革的破冰之旅昭示曙光。

回顾党的十六大以来广东行政体制改革的历程，不难发现，广东的行政体制改革是在思想解放、理论宣传与改革实践的链条中推进的。从省委第九次党代会上李长春书记"大发展、小困难，小发展、大困难，不发展，更困难"观点的提出，到九届二次全会、四次全会上张德江书记"坚持扩大内需和对外开放，两种资源、两个市场""发展外向型经济"思路的提出，再到省委十届三次会上，汪洋书记旗帜鲜明、发人深省的阐述解放思想问题，提出"解放思想是破解科学发展难题的基础……是实现科学发展的前提，是广东改革发展的灵魂……解放思想，清醒地认识问题，是解决问题的前提，是再创辉煌的前奏"等观点，再到2014年《广东深化改革决定》的发布，广东关于"发展—改革—解放思想"的思想认识链条逐步形成，与之相伴随，广东行政管理体制改革、大部制改革、电子政务平台建设、法治改革探索等领域的改革也逐步推进，二者相互促进，成就了今天广东行政管理体制改革的发展局面。

2. 紧跟中央与因地制宜相结合，打造地方行政体制改革品牌

广东行政体制改革作为中国地方行政体制改革的一个组成部分，天然地带有改革开放以来中国行政体制改革的共性特点。广东省委、省政府在领导地方行政体制改革实践中，一方面紧跟党和国家精神要求，积极贯彻执行党和国家行政体制改革工作部署和要求，另一方面因地制宜，寻找党和国家工作部署在广东经济社会发展形势中的立足点和结合部，运用创新思维推进党和国家工作

---

① 毛泽东选集（第1卷）[M]. 北京：人民出版社，1991：40.

部署在广东行政体制改革实践中得到积极贯彻执行，打造地方行政体制改革品牌。

党的十六大以来，广东根据党和国家关于推进行政体制改革提高行政效率、建设服务政府、责任政府、廉洁政府和法治政府等精神要求，结合广东经济发展形势和有利条件，积极推进试点改革和电子政务平台建设，制定颁布《广东电子政务“十一五”规划》《广东省信息化发展纲要（2005—2020年）》《关于深圳等地深化行政管理体制改革先行先试的意见》《汕头市濠江区行政体制综合改革财政管理体制调整方案》《中共广东省委贯彻落实〈中共中央关于全面深化改革若干重大问题的决定〉的意见》《广东省“十二五”时期深化行政审批制度改革先行先试方案》《广东省促进大数据发展行动计划（2016—2020年）》等多个政策文件，确立“数字广东”建设目标。在积极贯彻执行党和国家行政体制改革精神要求和工作部署的同时，初步打造了广东“锐意改革、积极进取、重视制度、探索法治方向、走向电子政务”的行政体制改革品牌。

3. 注重实践试点与理念创新协同推进

20世纪70年代开始的中国改革开放，在没有任何成功先例可供参考，没有系统理论可供指导的情况下，邓小平用“摸着石头过河”形象地鼓励人们在实践中探索、创新。21世纪以来的中国行政体制改革，同20世纪70年代中国最初的改革开放一样，需要人们既要注重实践，更要注重理念创新。

广东省委、省政府在领导地方行政体制改革中，一方面积极鼓励地方实践试点，注重在实践中推进广东行政体制改革，另一方面更加注重理念创新，用以指引实践探索。党的十六大以来，广东省委、省政府先后提出形成了“发展—改革—解放思想”理念、尝试了法治改革方向、制定了大数据发展行动计划、确立了“数字广东”建设目标等。这些新思路、新理念、新构想和新目标是广东行政体制改革在实践中逐步探索的阶段性成效，也是指引广东行政体制改革实践继续发展的方向。

4. 制度建设与组织机构建设相促进

政策和策略制定后，执行制度和组织机构建设就是最紧要的因素。尤其对地方行政体制改革这一复杂的理论和实践问题而言，更是如此。广东行政体制改革在实践中强调制度建设和组织机构建设相互促进，为保障广东行政体制改革政策和策略的贯彻实施提供了保障。

党的十六大以来，广东省委、省政府为领导广东行政体制改革更好更快开展，在及时转发党和国家有关政策文件的同时，根据广东行政体制改革实践形势，先后制定颁布《广东电子政务“十一五”规划》《广东省信息化发展纲要

（2005—2020年）》《关于深圳等地深化行政管理体制改革先行先试的意见》《汕头市濠江区行政体制综合改革财政管理体制调整方案》《中共广东省委贯彻落实〈中共中央关于全面深化改革若干重大问题的决定〉的意见》《广东省“十二五”时期深化行政审批制度改革先行先试方案》《广东省促进大数据发展行动计划（2016—2020年）》等制度，领导组建了广东省发展和改革委员会、广东省体制改革研究会等官方、民间组织机构建设，举办了“互联网+政务”大数据研讨会等会议，培育广东社会组织和治理体系。这些制度和组织机构建设为广东行政体制改革实践提供了有力的制度和机构保障。

（四）党的十六大以来广东行政体制改革实践的启示

党的十六大以来广东行政体制改革取得了一些成效，在实践、思路、方法上有着自己的特点。这是十六大以来广东省委、省政府领导广东改革工作的组成部分，也是国家行政体制改革在地方实践成效的体现。分析其科学工作思路和方法，总结经验启示，对广东在以后的改革工作及兄弟省市行政体制改革工作的开展中，具有一定借鉴意义。

1. 高度重视行政体制改革，为破解经济社会发展难题提供动力

在建设中国特色社会主义时期，随着经济体制转轨对政治体制改革的要求及党和国家对改革、发展、稳定大局的统筹规划，今日中国的行政体制改革已超越了单纯的“技术层面变革”，成为中国经济体制改革与政治体制改革及其他上层建筑变革最紧密的结合部，具有典型的“政治吸纳”特点和强烈的矛盾缓冲功能。因此，地方党委政府必须高度重视行政体制改革。锐意推进行政体制改革，就是在积极提高政府行政服务效率的同时，服务经济社会发展，为经济社会发展提供动力和空间。

2. 坚持两点论和重点论的统一，科学推动地方行政体制改革

马克思主义认为，在事物的发展变化中，既要看到事物的主要矛盾影响着事物的主要发展方向，又要看到事物的次要矛盾在一定条件下可转化为主要矛盾，影响事物的发展方向。只有科学运用“两点论”思维，准备把握事物发展规律，才能更好地运用规律，促进工作的开展。

在地方行政体制改革实践中，存在着以下三层次系统：一是由党和国家关于行政体制改革精神要求、工作部署与地方行政体制改革工作实践构成的第一层次系统；二是由地方行政体制改革工作重点与地方经济社会发展形势条件构成的第二层次系统。三是由行政体制改革工作实践与思想理论宣传构成的第三层次系统。在这三个系统中，分别存在着影响地方行政体制改革定位和走向、内容和重点、效率和效果的主要矛盾和次要矛盾。地方政府必须坚持两点论和

重点论的统一，在第一层次系统中，坚决贯彻执行党和国家的精神要求和工作部署，在此基础上创造性地开展地方行政体制改革工作，同时在实践中丰富和发展地方行政体制改革经验，指导地方行政体制改革更加科学有效地开展；在第二层次系统中，锐意推进地方行政体制改革，并将地方行政体制改革的阶段工作重点与地方经济社会发展形势、问题相结合，从中寻找突破口，相互促进；在第三层次系统中，强调改革实践的重要性，同时高度重视思想理论宣传的必要性，为破解地方行政体制改革思想藩篱，汇聚改革共识创造条件，最终使地方行政体制改革从政府推动走向社会促动。

3. 鼓励实践创新，创造性开展地方行政体制改革

地方行政体制改革是一项系统又具体的工程，实践性是其主要特点之一。坚持在实践中探索、在实践中创新是地方党委和政府领导行政体制改革工作最主要的使命。

要做到这一点，地方党委和政府既要有创新思维，更要有创新的勇气和能够包容创新失误的胆量。有了创新思维，地方行政体制改革实践就有了鲜活色彩，有了创新的勇气，地方行政体制改革就有了发展的可能，有了创新实践，地方行政体制改革就有了总结经验教训的来源，是地方行政体制改革质量获得提升的根本前提。在地方党委和政府鼓励、支持、包容的氛围下，地方行政体制改革必然能够获得更好发展。

五、习近平新时代中国特色社会主义思想指导下广东行政体制改革建议

在党的十九大上，习近平总书记在报告中从当前国内外形势变化和我国各项事业发展这一时代课题出发，从理论和实践结合上系统回答了新时代坚持和发展什么样的中国特色社会主义、怎样坚持和发展中国特色社会主义，形成了习近平新时代中国特色社会主义思想。这是我们党坚持以马克思列宁主义、毛泽东思想、邓小平理论、“三个代表”重要思想、科学发展观为指导，坚持解放思想、实事求是、与时俱进、求真务实，坚持辩证唯物主义和历史唯物主义，紧密结合新的时代条件和实践要求，以全新的视野深化对共产党执政规律、社会主义建设规律、人类社会发展规律的认识，进行艰辛理论探索，取得的重大理论创新成果，是新时代中国特色社会主义事业发展的指南。

习近平新时代中国特色社会主义思想内涵十分丰富，涉及新时代中国特色社会主义的总目标、总任务、总体布局、战略布局和发展方向、发展方式、发展动力、战略步骤、外部条件、政治保证等多个方面，核心是要解决新时代我国社会主要矛盾，即人民日益增长的美好生活需要和不平衡不充分的发展之间

的矛盾，总体布局是“五位一体”、战略布局是“四个全面”，明确全面深化改革总目标是完善和发展中国特色社会主义制度、推进国家治理体系和治理能力现代化。

行政体制改革是新时代中国特色社会主义民主政治建设的重要内容。党的十九大报告明确提出，要深化机构和行政体制改革。统筹考虑各类机构设置，科学配置党政部门及内设机构权力、明确职责。统筹使用各类编制资源，形成科学合理的管理体制，完善国家机构组织法。转变政府职能，深化简政放权，创新监管方式，增强政府公信力和执行力，建设人民满意的服务型政府。赋予省级及以下政府更多自主权。在省市县对职能相近的党政机关探索合并设立或合署办公。深化事业单位改革，强化公益属性，推进政事分开、事企分开、管办分离。

在习近平新时代中国特色社会主义思想指导下，在冲刺全面建成小康社会决胜阶段，广东行政体制改革必然以新的思想为指导，以新的思路决胜，以新的成绩回报，努力取得更大的成就！

（一）在努力解决人民日益增长的美好生活需要和不平衡不充分的发展之间的矛盾中寻找改革突破口，破解广东行政体制改革难题

广东是我国经济发达省份，是中国改革开放的前沿地和领头羊。2002 年，广东“社会主义市场经济体制初步建立”。经过十多年的发展，广东经济社会发展有了长足发展。根据 2017 年 1 月，国家统计局公布数据显示，广东 GDP 连续 28 年位居全国第一；2016 年广东 GDP 为 79512.05 亿人民币，换算成美元是 11578.8 亿美元，如果把广东当作一个独立的经济体，其世界排位约居第 15 位，大致与墨西哥相当，直逼老牌发达国家西班牙。①

然而，在解决了经济总量问题的同时，广东经济社会发展中也长期存在着较严重的发展“不平衡、不充分”的问题。一是区域发展不平衡不充分问题。主要体现为粤南发展又好又快，粤东西北发展进展慢、质量差。二是城市和农村发展不平衡，尤其是粤东西北的农村区域，人们的收入和生活条件仍比较低。三是物质文明和精神文明发展不平衡不充分问题。主要体现为重视经济发展，忽略精神文化建设。四是教育、交通等公共资源配置不平衡，主要体现在优势资源主要集中在粤南区域，粤东西北较少。这些“不平衡、不充分”问题是粤东西北发展滞后的体现，也是主要原因。借助行政体制改革实现资源优势合理配置，助力粤东西北和农村地区的发展及精神文明建设，是广东行政体制改革

---

① 广东 GDP 直逼老牌发达国家西班牙 全球可排第 15 位［EB/OL］. 腾讯网，2017-02-23.

实践需要解决的问题之一。

一是通过顶层制度设计，推动省内资源适当向粤东西北倾斜，首先要解决粤东西北基础设施建设问题，为解决区域发展不平衡问题奠定前提。二是充分发掘粤东西北地区人文、历史、旅游资源优势，在解决粤东西北基础设施建设问题基础上，借助行政体制改革中的简政放权、政退民进等工作思路和方法，积极吸引外地和民间资源、资本注入，发展粤东西北地域特色经济。三是结合“三农”问题，尤其是粤东西北“三农”问题的解决过程，探寻高效、精准的工作流程和工作办法，使行政体制改革本身也成为解决广东发展不平衡不充分的重要组成部分。

（二）以完善和发展中国特色社会主义制度、推进治理体系和治理能力现代化为目标，在新一轮对外开放战略中深化广东行政体制改革

在改革开放40多年的历程中，广东是领头羊，是标兵。在全面深化改革、提高对外开放水平的新一轮改革开放中，广东要继续扛起改革开放前沿地和先锋队的大旗，发挥其濒临南海、毗邻港澳的优势地理位置，在对接东盟、推进“一带一路”倡议和建设粤港澳大湾区等重要国家战略和区域合作发展中，乘势发展，为广东在新时代的腾飞助力。

纵观世界三大湾区建设获得成功的共性特点和我国改革开放30多年的成功经验，完善的制度建设、高效的服务型政府建设都是其先决条件。在新一轮改革开放中，积极完善和发展广东特色社会主义制度、推进广东治理体系和治理能力现代化，全面深化广东行政体制改革，建设高效廉洁的服务型政府，是关键一环。一要借鉴世界三大湾区建设成功经验，继续转变政府职能，深化简政放权，创新监管方式，科学发挥市场在资源配置中的决定作用，为社会主义市场经济体制的进一步发展完善创造条件。二是提高政府行政效率和公共服务能力，增强政府公信力和执行力，为粤港澳大湾区和“一带一路”倡议实施过程中相关机构、组织的高效建设奠定基础。三是强化广东行政体制法治化发展方向，为广东在新一轮改革开放中有效对接东盟和港澳发展创造法治前提。

（三）强调创新意识和创新思维，继续推进试点改革实践，探索赋予省级及以下政府更多自主权、党政机关合署办公和事业单位改革

党的十九大报告提出，要赋予省级及以下政府更多自主权，在省市县对职能相近的党政机关探索合并设立或合署办公，深化事业单位改革，强化公益属性，推进政事分开、事企分开、管办分离。这些思想涉及行政体制改革中的纵向权力结构和横向党政关系改革等重要问题，实质是要进一步激发地方发展的积极性和主动性，在继续施行改革开放国策的同时，坚持“四项基本原则”和

科学处理事业单位体制改革问题。这是新时代党对行政体制改革提出的明确要求，体现了新时代中国特色社会主义行政体制改革的重要思路和发展方向。

广东在之前的改革中，已经在2009年的顺德试点改革中初步尝试了“党政联动”改革模式，推行决策民主化和扁平化、执行集中化、监督外部化和独立化，并将41个党政部门压缩为16个。在2011—2014年的汕头濠江改革试点中，在财政管理体制调整方案中尝试了汕头市政府及工作部门必须最大限度向濠江区下放行政管理权，提升濠江自主权的做法，并以汕头市第十二届人大常委会通过《关于促进和保障濠江区行政体制综合改革的决定》的形式确定下来，赋予濠江改革以法治化探索趋向。顺德和濠江试点是十六大以来广东行政体制改革试点中的两个，具有赋予地方政府更多自主权，在省市县对职能相近的党政机关探索合并设立或合署办公的意味。

在今后的行政体制改革中，广东应继续强调创新意识和创新思维，在以往实践试点改革经验基础上，进一步支持试点改革，探索和积累赋予省级及以下政府更多自主权、党政机关合署办公和事业单位改革经验，为广东行政体制改革助力，也为新时代中国行政体制改革提供个案参考。

参考文献

文献著作类：

[1] 中共中央文献研究室．十六大以来重要文献选编［M］．北京：中央文献出版社，2011.

[2] 中共中央文献研究室．十七大以来重要文献选编［M］．北京：中央文献出版社，2013.

[3] 中共中央文献研究室．十八大以来重要文献选编［M］．北京：中央文献出版社，2014.

[4] 李长春．以“三个代表”重要思想为指导加快率先基本实现社会主义现代化———在中国共产党广东省第九次代表大会上的报告［N］．羊城晚报，2002-05-31.

[5] 周林生．广东改革开放大博览［M］．广州：广东教育出版社，2008.

[6] 陈天祥，等．广东行政管理体制改革40年［M］．广州：中山大学出版社，2018.

[7] 肖滨，等．为中国政治转型探路：广东政治发展30年［M］．广州：广东人民出版社，2008.

[8] 张小欣．海外华侨华人与广东改革开放40年［M］．广州：中山大学出

版社，2018.

［9］广东改革开放史（1978—2018 年）［M］. 北京：社会科学文献出版社，2018.

［10］深圳史志办公室 . 深圳改革开放纪事 1978-2009［M］. 深圳：海天出版社，2009.

［11］黄小勇 . 中国行政体制改革研究［M］. 北京：中共中央党校出版社，2013.

［12］魏礼群 . 建设服务型政府——中国行政体制改革 40 年［M］. 广州：南方出版传媒，2017.

［13］张思平 . 体制转轨：广东 90 年代的改革［M］. 广州：广东人民出版社，2003.

报纸类

［1］段功伟 . 广东：构建现代法治政府，扩大市县管理权限［N］. 南方日报，2004-11-03.

［2］朱卫平 . 产权改革夯实市场经济制度基础［N］. 南方日报，2008-10-01.

［3］许琛 . 行政体制改革汕头立法“放权”［N］. 羊城晚报，2011-07-08.

［4］黄挺 . 以行政体制创新带动经济社会发展突破［N］. 南方日报，2012-11-11.

［5］中共广东省委十一届二次全会开幕 胡春华作工作报告［N］. 南方日报，2013-01-17.

［6］黄挺 . 广东行政体制改革的新突破［N］. 南方日报，2013-03-04.

［7］刘忠 . 社会主义市场经济是法治经济［N］. 经济日报，2014-12-11.

［8］广东：过去 30 年靠改革，未来 30 年靠创新［N］. 中国青年报，2015-03-06.

［9］广东十三五将深化行政改革 重点在政务大数据［N］. 世界经济报道，2015-11-11.

期刊论文类

［1］许耀桐 . 中国地方行政体制改革走向：对广东顺德的分析［J］. 第一资源，2010（1）.

［2］彭澎 . 广东大部制改革：比较与思考［J］. 探索，2010（2）.

［3］戴昌桥 . 佛山大部制改革问题及其破解对策［J］. 岭南学刊，2016（1）.

[4] 张瑞．行政管理体制改革的新尝试——关于广东省顺德区行政管理体制改革的调研与思考［J］．中国特色社会主义，2010（6）．

[5] 张占斌．先行探索科学发展的体制机制保障 ——新发展阶段广东行政体制改革创新研究［J］．经济体制改革，2012（4）．

[6] 戴昌桥，熊枫．深化广东行政体制改革的有效路径探析［J］．行政与法，2015（12）．

[7] 谭艳娟．广东深改：政府绩效管理是关键一步［J］．广东经济，2014（3）．

[8] 肖滨，等．以"治权改革"创新地方治理模式——2009年以来顺德综合改革的理论分析［J］．公共行政评论，2013（4）．

[9] 徐兰兰，等．法治化背景下我国地方行政体制改革的推进之路——以广东省濠江改革为例［J］．中国法律评论，2015（4）．

[10] 中央党校第15期中青二班四支部广东汕头调研组．建设阳光法治政府——广东汕头深化行政体制改革的探索［J］．中国党政干部论坛，2016（1）．

[11] 肖志恒．以行政审批体制改革为突破口切实深化广东行政体制改革［J］．行政管理改革，2012（8）．

[12] 陈天祥，何萃芸．从机构改革历程透视地方政府职能转变的轨迹——基于广东省1983-2014年的实证分析［J］．理论与改革，2016（1）．

[13] 王栋．政社分开：善制与善治的双重进路［J］．行政论坛，2016（3）．

[14] 翟锦云．历史的巨变与启示——广东改革开放三十年的巨大变化与启示［J］．广东经济，2008（12）．

[15] 王浦劬．中国行政体制改革基本思路和命题［J］．行政科学论坛，2014（2）．

[16] 王婷．行政体制改革的中国语境与中国命题［J］．江海学刊，2015（2）．

[17] 金太军．行政体制改革的中国特色［J］．行政管理改革，2012（10）．

[18] 王谷．美国行政体制改革对中国的借鉴和启示［C］．武汉：湖北省行政管理学会年会，2007．

网站类

[1] 省委九届二次全会昨举行 张德江发表重要讲话［EB/OL］．南方网，2002-12-25．

[2] 省委十届二次全会召开 汪洋：争当实践科学发展观的排头兵［EB/

OL]. 南方网，2007-12-25.

［3］汪洋在广东省委十届三次全会上的讲话［EB/OL］. 深圳新闻网，2008-06-22.

［4］广东省第十二次党代会开幕 胡春华作报告［EB/OL］. 东莞阳光网，2017-05-23.

［5］广东启动全面深化改革目标：2020年要取得决定性成果［EB/OL］. 南方网，2014-01-13.

项目组负责人：郭玉华，广东海洋大学马克思主义学院副教授
成　　　　员：陈　充　巩建华　覃冰玉　黄　沙　王梦婷
执　　　　笔：郭玉华

党的十六大以来广东行政审批体制改革研究

广东省作为我国改革开放的前沿阵地，在各方面的改革往往先试先行，行政审批体制改革也不例外。遵循中央相关会议部署，紧密围绕推进国家治理体系和治理能力现代化的总目标和转变政府职能的总要求，以使市场在资源配置中起决定性作用和更好地发挥政府作用为方向，以建设法治政府、服务型政府为目标，广东省先后开展了数轮行政审批制度改革。本研究对广东行政审批制度改革进行历史制度主义的重新梳理与分析，结合案例研究，探讨改革不同阶段的特点，剖析不同地区的改革策略，挖掘广东省在简政放权，在理顺国家与市场、国家与社会、国家与公民之间关系上的成绩与问题，希望对全国的行政审批制度改革提供借鉴。

一、绪论

（一）研究背景与意义

改革开放40年以来，我国政治体制改革以行政体制改革为核心，而行政体制改革则以行政审批制度改革为抓手。行政审批是政府行为的主要表现形式，体现了政府对市场、社会进行调控、监管的手段与能力。随着我国社会主义市场经济的逐步确立与不断发展，简政放权成为行政体制改革的核心内容，而如何确定和调试政府行为的边界，政府该管多少，该放多少，成为衡量国家治理能力的重要指标，也是建立健全我国现代化国家治理体系的重要环节。

广东省作为我国改革开放的前沿阵地，在各方面的改革往往先试先行，行政审批体制改革也不例外。本研究通过梳理十六大以来广东行政审批制度改革的发展进程和改革经验，分析总结广东省坚决贯彻中央精神，既坚持党的领导，又积极建设服务型政府的不懈努力，凸显广东政治体制改革在我国全面深化改革、实现国家治理现代化的发展道路上所具有的先锋地位与示范意义，有助于从“大党史”的角度把握中国共产党坚持不断改革创新、完善自身执政能力与治理能力的时代发展。具体而言，首先，可以促进学术界对行政审批理论的探讨。党的十八大以来，行政审批制度改革成为我国学术界关注的焦点问题，但相应的从学理上进行概念化、理论化的研究与之并不完全匹配。本课题试图对行政审批的行为模式、制度变迁、政策转型等进行综合考察，拓展学术界对行政审批制度本身的理论研究。其次，可以促进对我国行政管理体制发展的理解，建立具有解释力度的国家治理研究范式。国家治理的重点是国家治理能力，行政审批所关系到的政府权责关系，决定了国家治理能力的水平。对行政审批制度的评估，是对国家治理能力水平进行评估的关键所在，有助于建立和丰富这一凝聚中国特质的实验主义治理研究范式。

本研究无疑也对进一步推动广东行政体制改革具有一定的启示和借鉴意义。第一，通过对广东省行政审批制度发展历程的研究，有力地把握我省行政体制改革的进度、步伐与效果，有利于总结和推广成功的审批改革创新经验，有利于及时有效地纠偏改错，完善中国特色的实验主义治理模式，为我国国家治理体系建设提供新思路、新理念。第二，通过对广东省行政审批制度建设与改革经验的梳理和总结，有助于厘清我国政治与行政体制改革的基本脉络，不仅是总结经验，同时也发现问题与困难，为下一步全面深化行政体制改革的政策制定提供参照点。

（二）研究现状评述

近十年来，国内学界对行政审批制度的研究数量众多，涵盖面广，概括而言，主要有三方面研究。第一，从行政法学角度对行政审批制度进行学术探讨。例如，王克稳①与魏琼②均指出，行政审批制度改革需要从立法与执法层面着手，重点抓好规范性文件的修订与废止，保障《行政许可法》有效执行，切断审批权力与利益的结合。张守文③认为，行政审批制度改革的核心内容就是调整政府与市场的关系，必须加强法律规制，通过转变立法的思路、结构和内容，来提升各类主体能力以及整体经济治理能力。关保英④认为，应当实行行政审批项目法典化、主体职级对等化、审批过程连续化、重大事项听证化。王克稳⑤分析了行政审批与行政许可的涵义，讨论了两者在立法上统一、实际执行中相分

① 王克稳. 论行政审批的分类改革与替代性制度建设［J］. 中国法学，2015（2）.
② 魏琼. 简政放权背景下的行政审批改革［J］. 政治与法律，2013（9）.
③ 张守文. 政府与市场关系的法律调整［J］. 中国法学，2014（5）.
④ 关保英. 行政审批的行政法制约［J］. 法学研究，2002（6）.
⑤ 王克稳. 我国行政审批与行政许可关系的重新梳理与规范［J］. 中国法学，2007（4）.

离的矛盾关系，讨论了行政许可行为的识别标准。Scott 和石肖雪①指出，尽管行政许可具有筛选、识别和规制市场主体的积极作用，但同时也会导致限制和阻碍竞争、权力滥用，同时具有成本投入，故而行政许可虽不可废，但却要允许有替代性治理工具作为补充。

第二，基于地方改革试验的考察分析。这一类文献中相当一部分集中于对政务服务中心的研究。如艾琳等②认为，基于地方改革试验形成的政务服务中心，是深化行政审批制度改革的关键创新，体现了从集中审批到集成服务的职能转变。陈天祥等③指出，地方政府核心行动者可以利用政务服务中心这一制度装置对变迁过程实施控制，采取适当的行动策略，从而突破碎片化行政审批体制下的制度进入壁垒，掌握制度创新的主动权，推动制度创新。周丽婷④则在对佛山市行政审批流程再造的案例分析基础上指出，政务服务中心存在法律地位不明，缺乏常设管理机构，监督体系不够健全等问题。艾琳和王刚⑤通过对广东省深圳等地市推行的商事登记制度改革的研究，进而探讨行政审批制度改革的突破口。

第三，对于行政审批改革所面临的困境与出路的研究。徐湘林⑥指出，我国行政审批体制改革的关键在于从传统的准动员型行政体制向民主法治型转变。沈岿⑦指出，为摆脱行政审批运动化和形式化，应当关注行政体系和过程内部的结构设计，以及这种内部结构嵌入外部结构的整个系统，通过专门的行政改革委员会、开放的研究计划和议程设置、公众和专家充分参与的民主商议、年度和专题的行政改革研究报告以及试验改革的授权制度等机制，使行政审批改革常态化、持续化、规范化。王克稳⑧把行政审批按照其功能与作用分为资源配置类、市场进入类和危害控制类三种不同类型，认为不同类型行政审批的改革方

---

① Collin S，石肖雪．座位规制与治理工具的行政许可［J］．法学研究，2014（2）．

② 艾琳，王刚，张卫清．由集中审批到集成服务——行政审批制度改革的路径选择与政务服务中心的发展趋势［J］．中国行政管理，2013（4）．

③ 陈天祥，张华，吴月．地方政府行政审批制度创新行为及其限度［J］．中国人民大学学报，2012（5）．

④ 周丽婷．我国地方政府行政审批制度改革的现状与发展思路——基于广东省佛山市行政审批流程改革的分析［J］．暨南学报，2012（7）．

⑤ 艾琳，王刚．商事登记制度改革的行政审批视角解析——兼评广东省及深圳市商事登记制度改革的实践［J］．中国行政管理，2014（1）．

⑥ 徐湘林．行政审批制度改革的体制制约与制度创新［J］．国家行政学院学报，2002（6）．

⑦ 沈岿．解困行政审批改革的新路径［J］．中国法学，2014（2）．

⑧ 王克稳．论行政审批的分类改革与替代性制度建设［J］．中国法学，2015（2）．

向也不相同，要相应寻求有针对性的替代性制度建设。张康之①进一步指出，行政审批制度改革应当分为三个阶段，各个阶段都有各自的主要关注目标，首先要以法律法规为标准，进而以公共利益为标准，长远是以创建服务型政府为标准。

国外研究中，缺乏和汉语中的“行政审批”直接对应的概念，从政府行为这个角度出发，较为对应的是政府规制（state regulation，government regulation）。然而，行政审批是我国计划经济的产物，其原初的涵义是政府对经济社会活动的全面审查、许可、批准、管理制度，强调政府的领导者、管理者和否决者角色。而在西方研究语境里，虽然有不同的政府规制理论乃至去规制理论（deregulation）来论证政府权限的大小宽窄，但是这些理论有着共同出发点，即政府行为要尊重和服务于市场经济，发挥市场主体的独立性，强调的是政府的服务者、协调者、监督者角色②。从这个根本假设出发，政府规制是国家权力对微观经济主体进行直接的经济、社会控制或者干预。战后，西方国家的政府规制实践经历了“规制—放松规制—再规制与放松规制并存”的演进过程。伴随着这一过程，政府规制理论围绕着为什么规制、如何规制以及规制效果等核心问题，形成不同理论：

第一，规制公共利益理论。该理论认为，市场失灵是政府规制的动因，政府作为公共利益的代表进行规制，矫正市场失灵，以保护公共利益，提高社会福利水平。

第二，利益集团规制理论。该理论认为，市场失灵不足以解释规制的产生，强调利益集团通过寻求规制来增进自身利益。著名的规制俘获理论指出，规制的产生，或是因为规制的立法者被产业俘获，或是因为规制的执行者被产业俘获，其结果则是政府规制最终被利益集团塑造和主导③。

第三，去规制（deregulation）理论。该理论认为，规制应当尽可能的少，而有效的不完全竞争比规制好，有可行性的、完全地去规制比部分地去规制好④（Kahn 1970）。

第四，激励性规制理论。该理论建立在对前述理论的批判继承基础之上，

① 张康之．行政审批制度改革：政府从管制走向服务［J］．理论与改革，2003（6）．

② Alfred E. Kahn. Deregulation：Looking Backward and Looking Forward［J］. *Yale Journal of Regulation*，1990（7）：325-354.

③ George J S. The Theory of Economic Regulation［J］. *The Bell Journal of Economics and Management Science*，1971（2）.

④ Alfred E. Kahn. The Economy of Regulation［M］. Cambridge：MIT Press，1970.

主要考虑规制环境的信息不对称结构，以及规制者与被规制者的对策性互动，以刻画政府最优规制为目的，设计激励机制（Laffont and Tirole 1991）①。

第五，规制框架下的竞争理论。该理论是一种折衷主义，坚持市场竞争的主导地位，一边肯定建立规制框架去塑造竞争环境的意义，一边反对政府对自然垄断领域进行规制②。

不过，需要指出的是，运用规制理论对中国的政府行为进行研究的国外学术著作较少，一般都是具体领域中的规制结构及其变迁，譬如环境保护、食品安全、媒体发展、银行金融等。但是，针对当前中国政府的行政审批制度改革或相关的规制体系改革，尚无系统性研究。

国内外相关研究仍存在一些不足和局限。从国内研究的现状来看，有如下两方面的不足：第一，缺乏比较视野。国内学界研究对国外的行政审批制度关注不足，过于强调行政审批制度属于中国独特国情，不够重视行政审批与政府规制在理论逻辑上的内在关联。少数的西方规制理论引介与应用，也都是停留在嫁接应用的层面，且局限于经济学研究范围，缺乏“政治学—行政学”研究视角。第二，系统综合研究不足。多数行政审批制度研究或者聚焦于宏观理论问题，讨论行政体制的根本架构上的弊端与改革必要性，或者就行政审批改革谈行政审批，以一地经验得失为主讨论全局改革策略，缺少科学评估指标系统，没有能够把握我国行政体制改革的复杂程度，尤其是无法解读巨大的地区性差异与差别性创新格局。

从国外研究的现状来看，不足也是比较明显的。规制理论立足于西方的市场主导传统，对拥有计划经济历史的中国国情缺乏关照度与解释力。从经验研究角度来看，即便是近年来不断有关于中国行政体制改革的研究问世，但是多数文献仍简单地拿纯西方市场经济模式下的政府规制来衡量中国，脱离中国实际，尤其是忽视中国政治经济制度在近七十年的长时段内的历史路径依赖对改革进程的塑造性影响。这一偏差也就导致了相当多的规制进路导向的理论与经验研究面对中国问题的无力，尤其无法解读和评估中国行政审批制度改革的实践意义。

---

① Jean-Jacuqes Laffont and Jean Tirole：“The Politics of Government Decision-making：A Theory of Regulatory Capture”［J］. *Journal of Regulatory Economics*，1991（4）.

② William J B，Panzar J C，Willig R D. *Contestable Markets and the Theory of Industry Structure*［M］. New York：Harcourt Brace Jovanovich Ltd. ，1982.

（三）研究思路和研究方法

1. 研究思路

本研究围绕着如何梳理行政审批与政府规制的关系展开。传统的行政审批是计划经济时代的制度产物，强调的是政府是领导者、管理者、否决者，而典型的政府规制是市场经济主导下的政府行为模式，更侧重政府是服务者、协调者、监督者。我国的行政审批制度改革，究其本身，乃是从传统的政府管控向政府规制转型的改革过程，是简政放权、职能转换的应有之义，是理顺三重关系的根本要求：一是确立市场在资源配置中的决定性作用（国家与市场），二是发挥社会自组织的积极效用（国家与社会），三是建设便民、利民的服务型政府（国家与公民）。

在此基础之上，本研究对广东行政审批制度改革进行历史制度主义的重新梳理与分析，结合案例研究，探讨改革不同阶段的特点，剖析不同地区的改革策略，挖掘广东省在简政放权，在理顺国家与市场、国家与社会、国家与公民之间关系上的成绩与问题。

2. 研究方法

（1）实地调查研究。这一方法主要体现在搜集原始材料的调查过程中，具体包括两个部分：一是对审批业务部门及其业务人员、行政相对人（企事业单位、社会组织、公民个体）的问卷调查和深度质性访谈；二是对相关法律法规、官方文件、统计数据的收集和整理。

（2）运用过程追踪（process tracing）的方法进行案例分析。例如比较集中地探讨“集成服务”的广州模式，通过对其改革的动因、设计、过程与影响进行深入挖掘，探求行政审批制度改革评估指标体系的科学性与解释力。

（四）研究的重点难点与创新之处

1. 研究重点

（1）通过分析十六大以来广东省行政审批改革所取得的成绩与所面临的困境，探讨行政审批改革的地方试验模式与顶层设计模式之争。探索一方面鼓励基层创新、积极突破不适应改革形势的上位法限制，另一方面坚持党的领导、坚持依法行政作为全面深化改革重要原则，厘清政府与市场、政府与社会、政府与公民这三组重要关系，明确行政审批制度改革在进一步深化行政体制改革中的核心意义。

（2）突破对行政审批制度的碎片化研究，运用科学的政策评估方法，建立完整的行政审批制度评估指标体系，对我国尤其是广东省行政审批制度的发展进行系统评估与综合考察，并总结经验和诊断问题。

(3) 在找准问题的基础上，突破行政审批制度改革研究的滞后性，有针对性地提出进一步深化广东省行政审批制度改革的对策和前瞻性建议。尤其是针对重审批、轻监管，重数量、轻质量，重信息、轻共享等普遍性问题，探讨如何加强事中事后监管制度建设，如何切实选择群众利益攸关的审批事项进行改革，以及如何建立、健全一体化的审管信息平台与社会信用体系等。

2. 研究难点

(1) 本研究需要梳理和消化大量的国内外行政规制理论以及有关我国行政审批制度的文献，要去伪存真、去粗取精，在国际经验与中国实践之间找到合理的结合点，才能形成具有本土关怀、本土视角的理论进路与配套的评估标准体系。

(2) 在获取有关我国行政审批制度改革的经验资料时，将涉及较大的时空范围、多个维度上的调查，需要耗费较多的时间和财力。在获得相关调研资料后，还需付出大量的时间和人力成本对之加以分析和比较，才能真正形成有效可用的评估结果，得出有关我国行政体制改革发展的可靠结论。

3. 研究的创新之处

(1) 视角创新：行政审批制度研究是近年来我国学术界的显学，但对这一问题的研究并没有呈现较为系统的理论化努力，相关的法学研究、经济学研究和公共管理研究虽然众多，但彼此之间对话和相互借鉴都较为不足。本研究试图在多学科之间寻找交叉定位点，创新行政审批研究范式，立足广东省行政审批改革的经验发展，以求能更准确地反映和反思我国行政体制改革乃至政治体制改革的全貌。

(2) 方法创新：本研究力图把广东省行政审批制度改革置于我国国家治理能力现代化研究的更大格局之中，进行系统评估和综合分析，实现研究成果的可复制性与可对话性，保持对未来发展的开放性。

二、十六大以来广东行政审批制度改革的总体背景

在全面深化改革和深化行政体制改革的大背景下，作为改革开放的前沿阵地，在党和国家的期待和政策支持下，在广东省经济社会发展转型的内在动力推动下，广东省开展了新一轮行政审批改革。

(一) 行政体制改革发展是广东省行政审批改革的必然要求

行政审批改革嵌套于我国行政体制改革的宏观总体进程之中，是我国行政体制改革发展的重要组成部分。行政体制改革发展，必然要求行政审批制度的

进一步改革和完善。

改革开放以来，随着经济社会的发展，现有行政体制逐渐呈现出诸多不适应的症状，坚持推进和深化行政体制改革成为党和国家最为重要的工作之一。在党的十六大报告中，首次把行政审批制度改革作为重点改革突破口，纳入行政体制改革的全局之中，提出要“完善政府的经济调节、市场监管、社会管理和公共服务的职能，减少和规范行政审批”①。

十八届三中全会通过的《中共中央关于全面深化改革若干重大问题的决定》，更是用大量篇幅强调了行政体制改革，尤其是审批制度改革的重要性，提出“进一步简政放权，深化行政审批制度改革，最大限度减少中央政府对微观事务的管理，市场机制能有效调节的经济活动，一律取消审批，对保留的行政审批事项要规范管理、提高效率；直接面向基层、量大面广、由地方管理更方便有效的经济社会事项，一律下放地方和基层管理”②；“企业投资项目，除关系国家安全和生态安全、涉及全国重大生产力布局、战略性资源开发和重大公共利益等项目外，一律由企业依法依规自主决策，政府不再审批”③；“推广政府购买服务，凡属事务性管理服务，原则上都要引入竞争机制，通过合同、委托等方式向社会购买”④。

党的十九大上，习近平总书记在大会报告中再次强调指出深化行政体制改革的重要性和必要性，要致力于打破“行政性垄断”、深化简政放权、科学配置党政机构权力，以建设“人民满意的服务型政府”⑤。

因此，行政审批改革是全面深化行政体制改革的重要组成部分，是行政体制改革发展的必然要求。要建构法治、精简、高效的“人民满意的服务型政府”，需要利用审批制度改革来实施“政府再造”工程，以社会和企业的“顾客导向”为政府改革的基本目标，减少政府干预、发挥市场和社会自组织的效用。

（二）党和国家的期望和政策支持是广东省行政审批改革的外部动力

在经济社会发展进入新常态的关键时期，进一步转变政府职能、优化营商

---

① 江泽民．全面建设小康社会，开创中国特色社会主义事业新局面［N］．人民日报，2002-11-08.

② 中共中央关于全面深化改革若干重大问题的决定［N］．人民日报，2013-11-15.

③ 中共中央关于全面深化改革若干重大问题的决定［N］．人民日报，2013-11-15.

④ 中共中央关于全面深化改革若干重大问题的决定［N］．人民日报，2013-11-15.

⑤ 习近平．决胜全面建成小康社会 夺取新时代中国特色社会主义伟大胜利［N］．人民日报，2017-10-28.

环境的要求十分迫切。作为改革开放的前沿阵地和深化行政审批改革的试验田，经济发展水平高、市场发育较好的广东省，对于深化行政审批制度改革，推进行政管理体制改革，完善社会主义市场经济体制具有重要的示范意义。在此背景下，党和国家对于广东省先行改革也寄予了深切期望、给予了责任。

早在2004年开始实施的《内地与香港关于建立更紧密经贸关系的安排》(CEPA)及其历次补充协议中，中央就赋予了广东省在开展粤港澳合作方面的多项先行政策。2008年底，国务院批准《珠江三角洲地区改革发展规划纲要(2008—2020年)》，赋予珠江三角洲地区“科学发展，先行先试”政策，明确提出珠江三角洲地区要继续承担全国改革“试验田”的历史使命，要求广东省大胆探索，先行先试，全面推进经济、政治、文化和社会体制改革，在重要领域和关键环节率先取得突破，为实现科学发展提供强大动力，为发展中国特色社会主义创造新鲜经验。

2012年8月，国务院第214次常务会议决定批准广东省“十二五”期间在行政审批制度改革方面先行先试。随后，监察部、国务院法制办与全国人大常委会法工委反复研究、沟通，认定广东省要求改革试点的行政审批中共有25项是由法律规定的，建议由国务院提请全国人大常委会做出决定，授权国务院同意广东省人民政府在本行政区域内暂时停止实施和调整这些行政审批，并起草了提交全国人大常委会审议的决定草案。2012年12月，习近平总书记在广东考察时希望广东继续在改革开放中发挥窗口作用、试验作用、排头兵作用，为经济发展增添新动力。

（三）经济和社会发展的需要是广东省行政审批改革的内在动力

作为改革开放的前沿阵地，广东省行政审批改革也起步较早。早在1997年，深圳、佛山等市作为试点就率先开展了行政审批制度改革。从2000年开始，广东省先后共进行了四轮行政审批改革，取消和调整了2300余项审批项目，审批流程大幅缩减，审批效率也在不断提高。但重审批轻监管、管理随意性大、权力滥用风险高等问题依然突出。而随着广东经济社会发展全面进入转型期，市场和社会迫切希望继续深化行政审批改革，进一步转变政府职能，为经济社会转型创造良好环境、提供更加优质的公共服务。

2012年，中国人均GDP达到6100美元，跨入中等收入国家或地区门槛。但与此同时，我国也面临着改革攻坚期、增长速度换挡期、结构调整阵痛期的多重叠加，进入了经济发展的新常态。新常态伴随着新的机遇，也面临着新的矛盾和挑战，一些潜在风险渐渐浮出水面。此时，广东省人均GDP突破8000美元，已率先进入新常态。站在新的发展拐点上，广东省面临的挑战巨大，需要承担的任务也极为艰巨。要跨越"中等收入国家陷阱"，需要顺利实现经济发展方式转变，为经济增长注入新的动力。这就要求广东推进以简政放权为核心的行政审批制度改革，大力转变政府职能，充分激发市场活力和创造力，为积极社会发展"松绑"，最大限度地释放改革红利。

三、广东行政审批改革的历程

作为改革开放的前沿阵地，广东省在各方面的改革往往先试先行，不少工作走在全国前列，行政审批体制改革也不例外。遵循中央相关会议部署，紧密围绕推进国家治理体系和治理能力现代化的总目标和转变政府职能的总要求，以使市场在资源配置中起决定性作用和更好地发挥政府作用为方向，以建设法治政府、服务型政府为目标，广东省先后开展了数轮行政审批制度改革。总体来看，可以分为如下四个阶段：

（一）行政审批改革探索阶段（1997—2002 年）

广东的行政审批制度改革走在全国前列。为了更好地服务改革开放事业，广东各地率先进行了行政审批制度改革的尝试。1993 年，在市委、市政府的牵头下，12 个政府部门在东方宾馆设立办事窗口，确保"外商进了街，能办所有的事"。这开创了我国集中政务服务的先河。据不完全统计，成立第一年，接待咨询就达 5000 人次，第二年更是超过 10000 人次①。

1997 年，深圳市开始行政审批制度改革，对各部门审批、核准事项进行了摸底调查，发现各部门各种审批、核准事项 1008 项，作为项目审批依据的中央、省、市各级文件多达 2000 余份②。在此基础上，1998 年 2 月，深圳正式发布实施《深圳市政府审批制度改革实施方案》，率先开创了审批制度改革的先河。1999 年，颁布《深圳市审批制度改革若干规定》，对市政府审批事项进行了全面清理、调整和规范③。1999 年，深圳市政府部门原有审批事项从 737 项削减为 310 项，原有核准事项 371 项减为 321 项。原有上千项的审批和核准事项被"砍"去了近 43%，其中审批事项减幅高达 57.8%④。

1999 年下半年，广东省政府开展第一轮行政审批制度改革，通过清理，审

① "向未来出发"广州改革开放四十周年故事会［N］. 广州日报，2018-10-10.
② 深圳故事：深圳政府机构改革［N］. 央视财经，2019-01-24.
③ 王慧农. 建立机构精干职能明确动作有序行为规范的新体制——深圳经济特区行政管理体制改革探索［J］. 特区理论与实践，2000（9）.
④ 深圳故事：深圳政府机构改革［N］. 央视财经，2019-01-24.

批、核准事项由1972项减至1205项，减幅达39%①。2001年10月至2003年3月，广东省开始第二轮行政审批制度改革，决定取消审批、审核、核准事项318项，不列为行政审批、转为正常管理事项99项，保留1102项，减幅达35.4%。2003年7月，广东省政府进一步取消或部分取消行政审批20项，将13项作改变管理方式处理，移交行业组织或中介机构管理1项②。

通过这一阶段改革，行政审批事项得到了大幅减少，行政审批事项的设置也更为合理。但由于缺乏上位法的指导和规范，行政审批改革更多还处于探索和尝试阶段，缺乏改革的顶层设计。

（二）行政审批规范改革阶段（2004—2008年）

2003年8月27日，《中华人民共和国行政许可法》由第十届全国人民代表大会常务委员会审议通过，并予以正式公布。《行政许可法》的制定，从法律层面上为广东行政审批改革提供了指引和规范。2004年2月，根据《行政许可法》的规定和国务院的要求，广东省开展了第三轮改革。2004年6月29日、2005年3月20日、2008年5月20日，广东省公布了三个批次《行政审批事项调整目录》，对行政审批事项进行了调整，并根据《行政许可法》，加强制度建设，对行政审批管理监督制度进行了完善，进一步规范了行政审批行为。

深圳于2003年就率先启动了第三轮行政审批改革。该轮改革的主要目标是规范行政审批事项。2003年，深圳市委办公厅、市政府办公厅联合颁发《关于深化我市行政审批制度改革的实施方案》。《方案》规定：没有法定依据、未经法定程序，任何单位和部门均不得设立行政审批事项。2004年深圳市政府发布《深圳市实施行政许可若干规定》，要求每一项行政许可均须依法制定实施办法。行政许可实施办法涉及行政许可内容、设定许可的法律依据、许可的数量及方式、许可的条件、申请材料、申请表格、申请许可的受理机关、许可决定机关、许可程序、许可时限、许可证件及有效期限、许可的法律效力、许可收费及许可年审等十四项内容，基本上囊括了行政许可实施行为的各个方面和环节③。在规范行政审批事项设置的同时，深圳市政府也大力精简行政审批事项，以期将行政审批和核准事项在原来的基础上再减少30%左右，审批时限缩短30%左右。经过第三轮审批制度改革，全市37个部门共有行政审批事项701项，作为行政许可事项保留239项，取消265项；作为非行政许可其他审批事项保留197项。

① 孙寿山．关于深化行政审批制度改革的几点思考［J］．国家行政学院学报，2009（3）．
② 丘剑华．“攻坚战”营造法治政府［N］．南方日报，2004-05-21．
③ 深圳市行政许可实施法定化工作研究［EB/OL］．深圳市法制研究所，2014-12-16．

约占全部行政审批项目的三分之一①。与此同时，深圳开始加强行政审批监督改革，建立了行政审批电子监察系统。该系统是监察部与联合国开发计划署国际合作项目“中国廉政建设”项目研究的成果，2005 年正式运行，是我国建设最早的审批电子监察系统。

2005 年 12 月 12 日，广东佛山市公布了新一轮行政审批制度改革结果，对全市 1385 项审批事项进行彻底清理后，共保留审批事项 938 项，保留日常管理事项 216 项，取消行政审批事项 157 项。《佛山市行政审批管理监督暂行规定》同时出台，对行政审批的适用、公开、实施、监督检查和责任追究作了明确规定，并对审批过程是否依法依规进行监督，下一步将严肃查处变相审批、违规审批②。2008 年开始，通过建立行政审批事项管理系统，严格规范行政审批行为，未纳入系统管理的事项一律不得实施，有效杜绝了部门随意增加审批的现象，避免行政权力一边精简一边膨胀③。

通过该轮行政审批改革，行政审批事项大幅精简，行政审批行为也得到了进一步监督和规范。但该阶段的改革更多还是从行政审批事项的精简着手。在缺乏机构改革配套的情况下，政府部门存在机构重叠、职责交叉、政出多门和权限冲突等矛盾，削弱了行政审批改革成效，制约了行政审批效能的提高。

（三）行政审批综合改革阶段（2008—2011 年）

从 2008 至 2011 年，广东省推动了新一轮行政审批改革，主要目的是在进一步清理行政审批事项的基础上，通过机构改革，理顺各部门间的权责关系，逐步建立起常态化的行政审批改革制度。

首先，进一步清理和调整行政组审批事项，并着眼于“宽准入、少审批、严监管”，在项目投资、社会事业、非行政许可等领域又一次大幅减少行政审批事项。在 2009 年的行政审批制度改革中，广东省政府取消和调整的行政审批事项就达到 5070 多项④。在省政府的领导下，各市也大幅精简了行政审批事项。其中，汕头市 2011 年首次就行政审批事项清理公开征求公众意见，改革后行政审批事项比原有的 253 项减少 82 项，减幅达 32%⑤。

---

① 易运文．深圳启动四轮行政审批制度改革 打造法治政府［N］．光明日报，2007-07-16.

② 姚斌华，汪宴卿．广东佛山取消 157 项行政审批项目［N］．人民日报，2005-12-15.

③ 佛山市编办．做实四个“加减法”打造行政审批服务“佛山模式”［EB/OL］．广东省编办网讯，2014-11-08.

④ 黄挺．广东行政体制改革的新突破［N］．南方日报，2013-03-04.

⑤ 郑梦婕．汕头大刀阔斧改革行政管理体制“开门”　清理审批事项省内首创［N］．汕头日报，2011-11-21.

其次，推进政府机构改革，破除行政体制障碍。新一轮的综合改革明确了指导思想，根据市场经济体制的要求，重新界定政府的职能，大胆借鉴中国香港、新加坡的经验，实行大部制和行政“三分开”，并以深圳、顺德为试点，先行先试。2008 年 11 月，广东省就把顺德列为深化行政体制改革的试点，并于 2009 年正式启动大部制改革，把 41 个党政群及部分双管部门整合为 16 个大部门，精简幅度接近 2/3，为此后的一系列改革尤其是全面展开审批制度改革做了充分的准备，奠定了坚实的基础。同时，为理顺区镇（街道）权责关系，改变“人大衫小”的困境，顺德还于 2009 年 11 月向容桂街道下放 316 项管理权限，开展“简政强镇”事权改革试点工作①。结合大部制改革，2010 年 3 月，顺德区进行了新一轮行政审批制度改革。首先，此次改革清理了 500 多项审批项目，大大减少了企业和公众办事的繁琐程度，激发了企业发展的积极性。其次，考虑到改革的彻底性，避免出现“只减边缘事项、不动核心利益”的空洞改革，此次行政审批事项的清理主要从政府的核心职能权力方面着手，并对行政服务中心进行实体化升格，将其提升为科级建制，并赋予其推进审批制度改革、负责中心服务窗口的效能管理、政府电子信息化三项职能。这大幅提高了行政服务中心改革的积极性和自主性，使其成为顺德政府进行“自我革命”的重要推手②。

与此同时，深圳市政府也积极推进了大部制改革。2009 年 7 月 31 日，深圳市正式启动政府机构改革，并公布了《深圳市人民政府机构改革方案》。此次机构改革重点从清理行政审批事项入手，31 个政府工作部门及相关部门共取消、调整、转移 284 项职责和行政审批事项，并围绕“退出、转型、精简”3 个基本要求，构建适应时代要求的服务型、责任型、高效型人民政府。凡不该政府做的，政府要坚决退出，即使市场暂时做不好的，政府也要充分放手，积极创造条件支持社会组织和企业去做。机构改革调整后，深圳市政府工作部门由原来的 46 个减少为 31 个，共减少 15 个③，审批事项由原有的 600 多项减至 400 多项④。

综合改革不仅大幅降低了市场准入门槛，给企业松了绑；又向社会向市场让渡了更大空间，还权还利于民，为企业、社会组织的培育发展创造良好的条

---

① 曲广宁．深圳将砍掉 1/3 行政审批项目［N］．南方日报，2009 -08- 27.
② 魏礼群．中国行政体制改革报告（2014-2015）：行政审批制度改革与地方治理创新［M］．北京：社会科学文献出版社，2015：245-257.
③ 黄挺．广东行政体制改革的新突破［N］．南方日报，2013-03-04.
④ 曲广宁．深圳将砍掉 1/3 行政审批项目［N］．南方日报，2009-08-27.

件，给政府转型打下了坚实的基础①。

但改革越走向深入，地方政府改革实践所面临的限制也越来越多。首先要面临的是上位法调整缓慢和改革需求之间的矛盾。我国是成文法国家，立法往往是将既有社会经验固化，强调稳定和持续。而由于我国经济社会的快速发展，行政审批改革需求往往超前于立法。例如，行政审批标准化、行政审批法定化改革是在法律框架内对上位法中关于行政审批规定的进一步细化。并联审批则对《行政许可法》规定的前后衔接的审批过程进行了修改。而行政审批局改革则由于与现行法律制度及部门分工之间存在较大冲突饱受争议。其次，自主改革的空间也越来越小。时任国务院行政审批制度改革工作领导小组办公室主任的李玉斌在媒体访问中说，经过十多年的以简政放权为宗旨的审改，由地方设定的审批项目比例目前已降至更低，这意味着地方能够自主取消的行政审批项目已经十分有限。“就全国而言，审批项目总数的60%，是由国务院部门规章以上层级设定的，地方设定的不过40%，而地方对中央的审批项目又无权变动。”②

（四）行政审批全面深入改革阶段（2012年至今）

为了破除法律和职权上的限制，为地方政府探索行政审批改革提供更多空间，2012年8月22日，国务院批准广东省在行政审批制度改革方面先行先试，积极探索构建充满活力和具有可持续竞争力的行政体制机制，不断提高行政过程的透明化、规范化水平。2012年12月，全国人大常委会决定授权国务院在广东省暂时调整部分法律规定的25项行政审批，在三年内试行。为推进行政审批改革进一步深入，2012年12月5日，广东省公布《广东省“十二五”时期深化行政审批制度改革先行先试方案》，提出力争成为全国行政审批项目最少、行政效率最高、行政成本最低、行政过程最透明的先行区。

在本阶段中，广东省首先全面清理各领域、各部门行政审批事项及其他具有行政审批性质的管理事项，切实减少政府对市场主体及社会事务的过度管制和限制，最大限度激发市场和社会的活力。广东于当年年底前公布了三批省级行政事项审批改革目录，对555项（含国家下放21项）行政审批事项进行了调整，省内各级行政审批事项压减40%以上③。珠海市2013年行政审批事项由1881个精简到1344个，减少28%，并且进一步优化行政审批程序，如将建设工

① 王传真，吴俊．深圳新组建部门挂牌“大部制”改革迈出关键一步［N］．新华社，2009-09-08.

② 黄海霞，韩冰洁．1900项剩余行政审批项目如何处理［N］．瞭望新闻周刊，2004-06-16.

③ 粤世伟．深化行政审批制度改革的广东实践［J］．紫光阁，2014（6）.

程项目29个审批环节压缩为5个环节，审批时限从216个工作日压缩为35个工作日①。其次，实施商事登记改革，优化审批流程，压缩前置环节。经国家工商总局批准，广东率先在深圳、珠海、东莞、顺德等地开展商事登记制度改革试点，实行商事主体登记注册与许可经营项目审批分离、注册资本认缴与实缴登记分离、企业住所与经营场所登记分离，充分激发市场主体活力。第三，实施行政审批标准化，建立统一的行政审批信息管理服务平台。2014年1月，省委十一届三次全会通过《中共广东省委贯彻落实〈中共中央关于全面深化改革若干重大问题的决定〉的意见》，要求制定省行政审批标准化实施办法，实现事项的基本编码、实施编码规则、事项名称、子项拆分、事项类型、设定依据、办理流程、办理时限、提交材料及表单内容要素这十项要素的统一，并建立统一的行政审批信息管理服务平台，向社会公布实施行政审批办事指南和业务手册。最后，实施“一门式”“一窗式”改革。2014年以来，佛山市南海区、广州市荔湾区推行全面简化政务服务改革的“一门式”“一窗式”政务服务创新，做到了高效行政和便民便企的双赢，这些先进做法迅速在广东省全面推广铺开，并在全国范围内形成巨大的示范性影响力。

总体而言，自党的十六大以来，在党、全国人大和国务院的大力支持下，广东省行政审批改革试验成果丰硕，积累了一批可复制性强、有推广潜力的实践做法，为将审改推向纵深、实现先行目标起到巨大推动作用，也为我国加快政府职能转换、深化行政体制改革提供重要经验②。本研究的展开，正是立足对广东经验进行发掘、总结、和提炼的迫切性和必要性。

四、广东行政审批制度改革的基本逻辑

本研究的基本出发点是，要抓住广东省行政审批改革的根本特征与发展脉络，必须建立在对我国行政审批制度改革逻辑的总体把握基础之上。我国行政审批制度改革如何走向深入，最终让企业松绑、民众受惠，实现以社会和企业为核心的“顾客导向”的改革目标，建立低成本高效率的服务型政府，取决于地方政府层面的“客户端”改革。行政审批制度改革本质上是“政府再造”③，影响到政府行为在数量、边界、过程以及效果，既包含一级政府自身权力结构

① 裴季壮．细化监督推进落实——珠海市发挥机关党组织优势助推行政体制改革［J］．紫光阁，2014（3）．

② 陈天祥，李倩婷．从行政审批制度改革变迁透视中国政府职能转变——基于1999—2014年的数据分析［J］．中山大学学报（社会科学版），2015（2）．

③ 黄小勇．政府流程再造视野下的行政审批标准化建设［J］．行政管理改革，2012（4）．

重组，也包含了在不同的政府层级、部门之间的权力转移、重组①。中央政府层面的行政审批制度改革，主要影响的是纵向政府关系，以审批权的取消和下放为主。地方政府层面的行政审批制度改革，横向政府关系则越发吃重，强调审批权的承接、转移和重组。

行政审批改革，对政府自身的权力结构、运作模式乃至政府间关系有着明确的影响。首先，不同的部门与市场、社会组织和民众的距离发生了变化，有的部门和层级退出某些审批事项，而有的部门或层级获得了某些审批权限，在国家和社会之间的关系维度上，政府部门与层级的权力关系的相对坐标也就发生了变化。其次，不同时期的改革重点不同，从强调总体思路的变化（简政放权），到聚焦审批流程内部分化（审管分离、内部整合、部门并联），再到审批机构之间的权力关系重组（集中审批权、流程再造）等②。

行政审批制度改革主要解决的问题是审批事项、审批权力、审批流程这三个要素中出现的问题，分别对应三个方面的改革路径，即精简、集中、整合，要达到的目标是定权、集权、融权。

行政审批制度改革的第一个路径是精简。政府管得太多，管得太宽，所以需要简政放权。简政就要减少和压缩政府的权力事项，放权是从上往下放权，从政府向企业和社会放权，基本从数量入手，促进审批事项的取消、转移、下放、备案。十八大以前，简政放权的主要手段一是局部试点，譬如商事登记制度改革，二是挤牙膏式的逐轮压减。不过，随着改革的深入，审批事项的精简已经无法只依赖散点式突破和选择性精简，而是需要采取全面布局式的综合性精简。因此，2014 年以来，在中央推动下，各地开始对行政审批事项进行全面、深度的清理，通过编制事项目录、权责清单，梳理各级政府权力的“家底”。其根本目的，就是明确行政审批权的边界和体量，区分审批权的含金量和责任归属，在此基础上，确定精简的可行性与合法性。

行政审批制度改革的第二个路径是集中。20 世纪 90 年代末之前，我国的行政审批结构特点是部门主导，各自为政，分散受理、分散审批。这样所造成的问题是审批主体太多，审批权限过于分散，导致多头审批、重复审批、交叉审批等等。要限制政出多门，让企业和民众不受踢皮球、扯皮之苦，就要简化审批主体，重组审批权力格局。审批权力结构重组，取决于行政审批的集中程度，其中包括两个方面，一是受理，二是审批。根据对受理和审批的集中程度的强

① 姜晓萍．政府流程再造的基础理论与现实意义［J］．中国行政管理，2006（5）．

② 骆梅英．行政审批制度改革：从碎片政府到整体政府［J］．中国行政管理，2013（5）．

调与实现程度不同，可以总结出四种不同的集中模式。

第一种模式，是保持分散受理、分散审批的格局不变，延续精简路径，通过精简和重组职能相关部门，在事实上达到相对集中审批权的客观效果，譬如近年广东顺德试点的大部制改革。然而，大部制改革只是降低了条块结构中"块"的内部权力分散程度，实现了部门结构层面的职能相对集中，却并没有从审批流程改革出发，改变分散受理和分散审批的总体格局。

第二种模式，是目前我国大部分行政服务中心的运作模式，集中受理，分散审批。遵循需求导向，从办事人角度出发，集中受理审批申请。行政服务中心的集中受理是很有限的"物理"集中，主要是从空间上把分散的权力部门集中起来，在统一的办事大厅里设置派驻窗口，办事人所能体会到的方便很有限，只是从跑部门变成跑窗口，但各个窗口之间的业务距离，并不因办事窗口的物理距离而缩短，窗口是部门的窗口，各自受理，部门也只有窗口进驻，审批还要发转回部门完成，窗口人员的编制和管理权也都在部门手中①。

第三种模式，则是要从根本上解决行政审批权的分散格局，实现集中受理、集中审批。一方面，从办事人角度出发，设立专门的审批受理机构，实现审批事项的集中受理，另一方面，从政府管理的角度出发，设立专门的审批处理机构，实现审批事项的集中审批。集中受理就是要打破传统行政服务中心堆砌部门窗口的弊端，打造综合受理平台，实现综合窗口主导的无差别受理。集中审批，就是要打破审批物理集中，把审批权限从部门剥离出来，统归专门审批机构管理。如何综合这两种改革导向，有两种可能性：一是受审一体，即从审批的角度出发，建立审批局，既负责统一综合受理，又负责集中审批业务②；二是受审分离，从受理角度出发，建立一门式综合受理平台，一方面审批权仍归各后台职能部门，另一方面通过受理流程标准化，达到对进驻平台部门的审批业务进行制度规范的效果③。

第四种模式，分散受理，集中审批。分散受理主要是针对民生事务量大面广的特点，一是从纵向上把个人业务下沉到合理分布的社区服务站点，甚至整合进自动终端机；二是从横向上打通地方政府"块块"之间的同类业务，实现个人业务的同城通办、异地通办。这种模式下的集中审批，主要是指由云计算

① 黄小勇，闫晶，张爱军．推进相对集中行政许可权改革的思考［J］．国家行政学院学报，2011（3）．

② 宋林霖．"行政审批局"模式：基于行政组织与环境互动的理论分析框架［J］．中国行政管理，2016（6）．

③ 贾义猛．优势与限度："行政审批局"改革模式论［J］．新视野，2015（5）．

平台所支撑的电子审批，通过互联网和物联网手段，把受理和审批环节链接起来，使分散下沉的社区服务站点、自动终端机、物流快递柜成为提供集中审批服务的综合窗口。

行政审批制度改革的第三个路径是整合。整合主要是在环节、层次及其链接上入手。审批流程过于繁复，有时出现职能部门业务之间互为前置审批的“死循环”，往往容易导致互相推诿、项目难产等现象①。首先，和集中路径相比，整合路径并非一定要减少审批流程的环节，而是强调对审批过程的拆解与制度化。拆解不等于审批权的分散，而是推动审批环节的透明和清晰，不谋求审批权在主导机构上的绝对集中，而是实现审批业务在办事流程上的相对集中。拆解本身就是一个制度化和集中化的过程，把审批从受理、审评、批复、监管、抽查、惩罚等各个环节的进行要素和标准清单化，最大程度约束自由裁量空间。其次，审批业务整合意味着审批环节的有效连接，审批主体之间的联动合作，审批信息的沉淀共享。通常讲的“串联”或者“并联”，着眼点在于强调不同审批部门介入审批流程的时间次序与逻辑关系。但是，行政审批改革的整合路径，不仅意味着条块体系下的结构性关联状态，更是要超越职能分工，强调不同审批层级、部门和环节之间的“联动”过程，以及审批、监管、执法三者之间的互动协作②。

三条改革路径间并不彼此割裂，而是密切关联。首先，从精简、集中到整合，改革的操作难度依次升高。简政放权以事项压减为主，依托于纵向的行政权威层级，比较容易展开；而对审批权力的集中与整合，则往往牵涉同级部门之间的权力结构重组，改革阻力更大，也更为复杂。其次，三者之间会产生交互性影响。对于我国条块行政体系下的较高层级而言，精简主要体现为事项的压减和下放，在事权下沉的过程中，降低上级部门对下级部门的制约，减少审批流程上的复杂层级流转和传递，有助于从职能体系内部化简审批主体。对于条块体系的地方层级而言，精简就意味着重组，因为某些部门会全面或者局部退出审批流程，而某些部门从上级和其他部门所承接的审批权力不仅不一定会减少，反而有可能会增加，从而在总体上达到审批权限集中的效果。但是，对于地方政府而言，审批主体的合并与减少，审批权限的集中与重组，都有助于减少重叠交错的审批事项，在事实上缩短了审批链条，推动审批流程的简化整

① 艾琳，王刚．行政审批制度改革中的“亚历山大绳结”现象与破解研究——以天津、银川行政审批局改革为例［J］．中国行政管理，2016（2）．

② 郭晓光．成立相对集中审批权的行政审批局之思考［J］．中国行政管理，2014（8）．

合。就整合路径和集中路径而言，也是交互补充的。如前所述，集中可能只带来聚合的结果，无论是部门合并，还是科室合并，或者窗口进驻，都可能延续多套人马、多块牌子的局面。而依靠清单化、标准化推动实现制度化的拆解，依靠信息共享、条块联动打破科层壁垒和利益格局，才能够实现适当精简和有效集中。

五、广东行政审批制度改革评估

基于前述对行政审批制度改革逻辑变迁的基本把握，借鉴国际通行的“目标—效果”评估模型，本研究主要从政策目标、执行过程、执行效果三个维度来分析广东省行政审批制度改革的现状，总结其成功经验与存在问题。首先确定了“六评一看”的评估方法，即：评目标、评数量、评规范、评监管、评效果、评创新、看下一步审改。其次，着重评估取消下放事项对于投资、消费、进出口、企业“走出去”、创业就业、公共服务等的促进作用。根据评估模型，评估组以“六评一看”为主要内容，采取定性研究、定量研究相结合的方法进行评估。

定量研究上，评估组设计了两种评估问卷，问卷一针对各地市公众，分别在市一级行政服务中心发放 50 份，同时向企业与社会组织各发放 20 份，主要目的是调查公众对所在地市提供公共服务的满意度。问卷二针对各地市职能部门，主要是向该市行政审批改革涉及较多的职能部门各发放 5 份，分别是发改委、经信委、民政、财政、交通、农林业、工商、国资委、住建、政研室、编办（审改办）等，主要目的是调查行政审批改革一线部门的自我评估与意见反馈。据截至目前的初步统计，问卷一共回收有效问卷 519 份，问卷二共回收有效问卷 355 份，满足抽样调查的基本要求，具备统计科学分析特征。

同时，评估组还进行了深入的定性研究。主要是先后分批、分期前往各省直机关、各地市调研，形式包括深度访谈、焦点座谈等。最后，在定量和定性研究的基础之上，对数据信息进行梳理和分析。

（一）目标维度

政策目标的确立是对政策问题的进一步明确，也是政策方案设计、评价、论证、选择的出发点与基础，更是检验政策执行效果的重要依据和开展政策评估的重要标准。科学合理的政策目标应该具有问题的针对性、前瞻性、明确具体、现实可行、系统协调、可检验性及规范性等特点，否则，不但政策问题难以清晰界定，政策方案的选定久拖不决，甚至政策执行效果的检验以及政策评估的开展都将因标准不明确而无从着手。

党的十八大召开之前，广东省委、省政府根据国务院和省政府深入推进行政审批制度改革工作电视电话会议精神，下发了《关于加快转变政府职能深化行政审批制度改革的意见》（粤办发〔2012〕24号），提出以建设“小政府、大社会”为总体目标，着力解决政府经济调节越位、市场监管缺位、社会管理错位、公共服务不到位等问题，推动政府全面正确履行职能，率先探索构建具有强大动力、充满活力和可持续竞争力的行政体制机制，打造法治化、国际化营商环境，为加快转型升级、建设幸福广东提供有力保障。党的十八大召开后，国务院批复同意了《广东省“十二五”时期深化行政审批制度改革先行先试方案》（粤府办〔2012〕118号），《方案》紧密围绕十八大提出的推进国家治理体系和治理能力现代化的总目标和转变政府职能的总要求，将广东省行政审批制度改革的总体目标明确为“通过深化行政审批制度改革，使审批事项明显减少，审批环节明显优化，审批行为明显规范；使行政效能更加高效，行政审批相关制度和监督制约机制更加健全，科学发展的体制机制保障更加坚实；使市场配置资源的基础性作用发挥更加充分，人民群众管理社会公共事务的主体作用发挥更加充分，社会组织提供公共服务的积极作用发挥更加充分，政府创造良好发展环境、提供优质服务的主导作用发挥更加充分。”在具体时限上，提出到2015年“力争成为全国行政审批项目最少、行政效率最高、行政成本最低、行政过程最透明的先行区。”

从与中央关于行政审批制度改革总要求的衔接上看，广东省确定的改革目标不但紧紧抓住了借力行政审批制度改革转变政府职能这一目标，还突出强调了行政审批制度改革对于推动经济社会发展的保障性意义，围绕中央所提出的“转职能、转方式、转作风”和“稳增长、促改革、调结构、惠民生、防风险”这两大主题做文章。在总体目标上契合中央要求的同时，广东还结合自身发展实际，将推进行政审批制度改革与打造法治化、国际化营商环境、创造良好经济发展环境、加快转型升级以及建设幸福广东等经济社会发展任务有机结合，将中央目标在本地进行具体化。由此可见，广东省为行政审批制度改革设定的目标是清晰的，政策方向具体明确、重点突出。分别从审批的事项、环节、行为、效能以及相关制度、监督制约机制等几方面对目标进行细化，也彰显出政策目标的系统协调性，而对市场资源、人民群众以及社会组织等主体作用发挥的强调以及对完成时间上的明确要求，也使得广东行政审批制度改革的目标更具现实可行性与可操作性。不过，对于事项减少的数量、审批环节优化程度以及审批行为规范程度等需要量化测量的目标，还不够具体，难以进行量化检验测量，而这也正是各省直部门及地市政府在制定相应实施方案过程中，需要结合本部门实际情况或本地区经济社会发展状况对省委、省政府总体目标作进一步具体化之处。

调研发现，从各省直部门到地方市县政府，对广东省行政审批制度改革的总体目标已经形成了较高共识，在结合本部门或地区制定具体实施方案过程中，都较为明确地提出了通过行政审批制度改革转变政府职能、推动本地区经济社会发展的具体化目标。例如作为省内较早开展行政审批制度改革工作的江门市，就在总结前期改革经验的基础上，结合自身实际情况将本市进一步全面深化行政审批制度改革的工作目标具体化为“审批事项的设立、调整和清理走向法制化、规范化；审批行为更加公开透明，审批自由裁量权得到有效约束；简政放权进一步规范，市向县级市（区）放权更加彻底到位，管理重心和审批服务逐步向镇（街道）下移；通过创新审批流程、审批方式、审批服务模式，使‘网上审批’、‘并联审批’和‘一站式’服务成为主要审批途径；通过健全行政审批监督和绩效考核制度，拓展行政审批电子监察领域，使审批监督制约体系更为健全，为经济社会发展提供高效的公共行政服务”。而向来在改革方面勇于争先的顺德区更是对改革涉及的每一个环节都提出了非常具体的目标要求，如在审批事项清理环节，提出“通过清理，力争实现全区审批事项减少30%以上”；在整合优化审批流程方面，提出要“打破‘以职能部门为中心’的空间分散、环节多、实现长、效率低的传统行政审批流程，建立‘以公众为中心’的高效、透明、低成本的行政审批流程”①；在标准化层面则提出“对每一行政审批事项编制唯一对应的要件标准、流程标准和裁量标准，确保每一事项面对不同申请主体的‘无差别审批’”②。此外，在行政审批权“三集中三到位”、推动社会组织参与行政审批管理工作以及推进行政审批电子网络一体化等方面，各省直机关、各省市县各级政府都提出了十分具体和可操作性较强的工作目标。

（二）数量维度

数量固然不等于质量，但在一定程度上反映改革基本面进展的幅度与纵深，是对中央所确定的行政审批事项“只减不增”原则的贯彻和落实。因此，本研究还致力于从直观数量上归纳和把握广东省直部门以及各地市在行政审批事项的清理、取消、下放、转移，以及审批流程时限的精简、压缩等方面工作的进

① 张楠迪扬．基层政府行政审批制度改革的路径分析——以顺德为案例［J］．公共行政评论，2014（7）．

② 张楠迪扬．基层政府行政审批制度改革的路径分析——以顺德为案例［J］．公共行政评论，2014（7）．

展情况。基于对各省直部门以及地市汇总数据的分析，以及基于实地调研的综合考量，发现广东省在如下方面的工作取得了较大进展：

第一、行政审批事项减压幅度较大。在省直一级，自 2012 年以来，对省直部门行政审批事项进行全面清理，按权限先后公布五批行政审批制度改革事项目录。经全国人大常委会审议通过及国务院批准，在广东行政区域内调整涉及法律、法规的 125 项行政审批。截至目前，省级共调整行政审批 555 项，取消 276 项、转移 103 项、下放 170 项、委托实施 6 项，比 2011 年底精简 40%左右。与此同时，大大扩展了行政审批制度改革的范围，除取消下放行政审批事项外，对 459 项省级考核检查和评比表彰项目进行清理，通过撤销、合并，最终仅保留 82 项，减幅达 82%，成为本轮审改的一大亮点。在市县一级，各地市“自我革命”，动了真格，通过自主压减、向上级申请压减及落实上级事权压减要求等方式，基本实现了广东省提出的“2014 年实现县级以上政府行政审批事项比 2011 年底减少 40%以上”的目标要求，部分地市如东莞、汕头等地甚至提前实现省提出的“有条件的地市力争超过 50%”的目标。总体上，广东省实现了审批权力的大幅“瘦身”，改革力度在全国范围内最为彻底。

第二、已公布取消下放的事项基本落实。除个别事项外，取消事项全部落实，下放事项基本做到承接到位。如江门市共完成 2507 项改革事项的实施工作，落实比例 93. 1%，其中，市本级第一、二批已完成 385 项，落实比例为 96%，各市、区已完成 2122 项，落实比例为 92. 7%。此外，不断创新检查方式，及时督促跟踪各项举措落实到位。如梅州市向社会公布了市民热线电话 12345，方便公众对随意新设、边减边增、明减暗增、变相审批等问题进行投诉举报。深圳市采取抽样监督的办法，每月随机抽取 5 个部门 10 份左右的业务办理案卷，重点核查部门是否有权审批，是否规范实施审批，以及是否在承诺期限内及时办理审批等，并就发现的问题要求整改。云浮市的做法是“七个一”，即召开一次会议、成立一个督查小组，印发一份文件、上报一个落实方案、举办一期以上的培训班、签好一批协议或委托书、进行一次考核评估，通过做好“七个一”，该市级第一批目录已落实 361 项，占比 98. 63%，第二批已落实 30 项，占比 100%，第三批已落实 73 项，占比 100%，第四批已落实 59 项，占比 90. 77%。

第三，着力开展清理行政职权和编制权责清单工作，摸清政府职权的底数，为后续审改工作的推进奠定良好基础。严格遵循“法无授权不可为、法定职责必须为”的原则，按照合法性、合理性、实效性的标准，对清理出来的权责事项逐项研究提出取消、转移、下放、整合或加强的意见。在权责清单的编制改革中，佛山市积累了丰富经验，领先全国，主要做法是：第一，编制清单，包括单位自查、市区分级审查、上下统筹衔接、征求社会意见、单位协商确认、送审公布六个环节。第二，形成和公布“三单”，即负面清单，审批清单，监管清单。第三，开发权责清单的管理系统，初步实现清单的导入导出、修改发布、网上公示、分类查询等功能。第四，研究动态管理机制。按照这一流程，《行政职权清单》共清理出市、区两级11类行政职权11773项，其中，市本级保留8913项，区本级保留9939项，中央、省属驻佛山单位保留1005项。《企业投资管理三单》中，负面清单共编制禁止和限制投资措施591条，其中禁止类391条，限制类200条。《企业投资管理三单》中，审批清单梳理出415项投资准入许可事项。监管清单中市、区两级平均编制监管类型422种、监管措施2033条、监管标准2598个。特别需要指出的是，有别于全国大部分地市的改革举措，佛山市顺德区在职权事项的管理上按子项进行统计管理，在事项的统计上统一按最低一层级的子项进行统计，这样也就杜绝了部分部门通过事项合并拆分的方式变相增删审批事项的可能性，形成本轮事项清理中最大的特色。截至目前，顺德区共清理和公示出审批事项1484项，是国内目前最完备的区（县）级政府审批权力清单，确保“负面清单”外再无审批。此外，广东省选择11个省直试点单位以及汕头等5市开展权责清单试点，探索编制省、市、县三级政府部门权责清单。汕头市9个试点部门共清理行政职权事项3292项，韶关市9个试点部门共清理出1613项，揭阳市除了清理出9个试点单位行政职权事项2663项，并审核确认1991项外，还同时完成其他42个市直单位行政职权目录表的审核工作。其他地市虽然不是省里明确的权责清单试点，也都积极开展权责清单的梳理工作。如珠海市先公布了5个试点部门行政职权和政务服务事项共计1752项，之后全面启动了市级政府部门权力清单编制工作，最终公布了34个部门及单位的8369项权力事项。

第四，通过审批流程标准化以及行政审批权限的相对集中，精简审批环节，压缩审批时限。其一，审批流程标准化。以企业投资项目审批为例，2013年以来，广东省企业投资审批事项已压减30%，到2015年，有望实现企业投资审批事项、时限各压减50%。从审批时限上看，审批所耗费的工作日大幅减少，如惠州市政府投资项目审批时限从300个工作日减少至54—59个，社会投资项目审批时限从260个工作日减少至39个，审批速度均提升80%以上。中山市创新“并联办理”，社会投资项目审批时限原来约260个工作日缩短到55个工作日以内，政府投资项目审批时限由原来约300个工作日缩短到75个工作日以内。以工程建设项目审批为例，审批时限也大为缩减。如广州市审批时间从799个工作日压缩至37个工作日，湛江市从296个工作日缩短为45个工作日。佛山市推行工程建设项目联合验收，验收时限从原来的至少半年左右压缩到13个工作日，2014年办结率96.15%，平均办结时间为8天，低于13天的承诺时间。珠海市实行“集装箱式”并联审批，将审批时限控制在35个工作日之内，审批事项控制在15个以内。在其他领域中，并联审批也得到广泛应用，效果显著。江门市作为全省餐饮服务行业行政审批标准化工作试点，至2014年底试点四个月期间，有223家新申报餐饮企业通过审批，办理证照时间由过去的超过半年缩短为30天。潮州市“文化网络经营许可证”审批时限从原68个工作日压缩为35个工作日，“外商投资有限责任公司设立登记”从原80个工作日压缩为5个工作日，进出口企业电子口岸业务从原来的10个工作日缩短为2个工作日，凡列入“绿色通道”审批事项的办事承诺时限按现行时限压缩50%以上，能够当天办结的应在当天办结。其二，审批权限集中。顺德通过推行“三集中三到位”改革，各部门事项的完全集中率达到80%以上，个别部门实现了100%集中。房建项目审批总时限和工业项目审批总时限与法定时限相比，均压减了80%以上，分别从法定的311个工作日和226个工作日缩短为58个工作日和37个工作日。就全省来看，各地市绝大多数行政审批事项进驻行政服务中心。江门市36个有行政审批权的市直部门，其中33个部门的436项审批事项已经进驻，19个部门指定拥有审批授权的首席代表进驻，实现所有即办审批事项均能授权到位。2014年1—11月，各审批服务窗口共受理业务353798宗，按时办结率100%，服务对象总体满意率100%。

第五，通过商事登记制度改革，工商登记前置审批事项得到全面清理和精简，压缩了审批时间，降低了市场准入成本。经过商事登记制度改革，广东省一级目前只保留了前置审批事项13项，前置改后置审批108项，前置审批事项压减率为89%以上。以顺德为例，企业登记推行并联审批，快速办妥“3证1章”。申请人只需1次往返（原7次）、提供13份材料（原34份）、4个工作日（原13.5个工作日）即可完成5项审批，领取“3证1章”（国、地税务登记证合一）。2013年11月顺德公布了国内首份《企业经营审批事项目录汇编》，分18个大类行业，梳理了248项企业经营许可审批事项，目录以外事项“非禁即入”，企业可凭商事登记营业执照直接经营。该份《目录汇编》是目前我国企业经营许可审批最完整的一份全面清单。从全省其他地市的情况来看，成效显著：佛山企业登记时间统一压减到6个工作日；茂名市推行“一审一核”制，将法定时限压缩为5个工作日内办结；揭阳市推进“办事工作日”和“告知承诺制”，确保“一天内完成企业登记注册手续”。据问卷调查显示，企业、社会组织与市民单次在政府窗口办理事项审批手续的时间在2小时以内的达68.4%，总体上看，绝大多数（84.2%）事项都能在1天之内办完。

第六，结合网上办事大厅建设，推动“横向覆盖各部门，纵向延伸市、县（区）、镇（街）、村（居）”的审批信息网络，整合办事环节。目前，广东省内大部分地市都建立起了省、市、县、镇四级联动的网上办事大厅，把行政事项纳入网上办事大厅，明确办理环节权责和时限，对超期预警情况进行催办督办。汕头对进驻网上办事大厅的45个单位762项审批服务事项提出“审批时限三四三”，即各单位要明确承诺所有审批事项中，即时办结的占30%，5个工作日内办结的占40%，剩余的30%的事项要比法定时限提速50%。江门、茂名两市均实现村村建设便民服务站、开通网上办事点。作为全省第一批上线的网上办事分厅，顺德早在2012年就实现了与省网上办事大厅的对接，集中了全区具有审批职能的23个部门的审批和服务事项进驻，实现审批服务事项的“一网整合”，统一纳入各级各部门网上审批服务网站70个，实现全部1202项事项在线申办服务，其中三级深化率36.5%，二级以上深化率99.08%。其中12个主要的审批系统已实现与区审批网络一体化系统的对接，使278项审批事项的业务数据实现了与区审批网络一体化系统进行数据交互，事项对接率超过67%。通过推动网上企业登记并联审批系统的应用，实现企业登记由原来需要在四个部门间至少往返7次、提交34份材料、13.5个工作日才能领取证照，到现在只需集中在1个窗口提交13份材料、4个工作日即可领取，申办人前后到行政服务中心窗口不超过2次。据问卷调查显示，审批信息网络的完善，使得绝大多数的受访者（71.6%）在准备审批材料的过程中直接受益，他们要么能够通过网络查询事先获知审批材料信息（22.3%），要么在审批窗口获得一次性告知所有需备材料（48.3%），而且信息准确、清楚、全面。

第七，社会组织培育力度加大，政府职能向社会组织转移的数量与质量提升显著。其一，简化社会组织登记手续。河源市缩短社会组织成立、变更、注销等登记审批的工作时限，由原有60或30个工作日统一压缩为最长15个工作日。其二，编制政府向社会组织转移职能事项目录、具备承接政府职能转移和购买服务资质的社会组织目录。佛山市顺德区明确社会转移事项共90项；江门市明确转移事项48项，明确具备承接政府转移职能资质的社会组织共84家；河源市明确政府购买服务164项，以及承接政府转移职能和购买服务的社会组织共37家。清远市在企业投资项目审批中推行技术性审查市场化，省驻清、市直14家单位共37项事项中，已有8家单位27项事项落实社会组织承接。其四，鼓励社会组织承接事项，提供适当转移经费支持。如顺德区机动车维修协会承接了区环境运输和城市管理局转移的“机动车维修行业治理信誉考核”；河源市互联网网吧行业协会承担了对网吧管理人员业务培训和法律法规知识培训事项；江门市设立扶持发展社会组织专项资金 264 万元，同比增长 180%。

（三）规范化维度

行政审批规范化是广东行政审批制度改革的重点内容。经过自 20 世纪 90 年代末以来多个轮次改革的清理与压减，广东省内行政审批事项在数量上已经大为降低，虽然还存在着进一步压减的余地，但空间显然已经有限，毕竟经过五轮清理后，剩下的基本上都已经是依据相关法律法规必须设立的行政审批事项。因此，对保留下来的行政审批事项进行标准化、规范化管理，优化审批流程与环节，加强对政府部门审批行为的规范与监督，无疑是推动全面深化行政审批制度改革由量变走向质变的重要突破口①。

在行政审批规范化方面，广东的各省直部门和地方政府主要在以下几个方面做了形式多样、富有成效的探索：

一是建章立制，将行政审批事项和政府的行政审批权力纳入制度化管理轨道。省级层面，广东省第十二届人民代表大会常务委员会第九次会议审议通过了《广东省行政许可监督管理条例》，以立法方式明确了行政许可日常监督管理主体、权限、机制等，对行政许可的设定、调整、实施、评价、监督检查、法律责任等进行规范。地市层面，也有许多地方政府出台了相应规范化文件，如广州市起草了《广州市行政审批制度改革工作联席会议工作规则》和《广州市行政审批、备案事项动态管理办法》。前者是对负责我市行政审批制度改革工作高层议事协调的联席会议所做的制度规范；后者是对行政管理部门的行政审批、备案事项调整所做的程序规范。深圳市则正在研究修订《深圳市行政服务管理规定》，将行政确认、行政给付、行政指导等缺乏明确法律法规规范的行政行为纳入服务的概念范畴，并从目录管理、事项调整、服务提供等方面予以严格规范。通过立法或制定相关规则、准则等手段规范行政审批事项，规制政府行政审批权力，既贯彻落实了党的十八届四中全会全面推进依法治国的精神，又符合习近平总书记“把权力关进制度的笼子里”的基本要求，更为广东行政审批制度的规范化提供了基础性保障。

二是对保留的行政审批事项实行目录管理。广东省政府 2012 年 11 月 30 日以政府令的形式出台了《广东省行政审批事项目录管理办法》（广东省人民政府令第 176 号），要求各地建立行政审批目录管理制度，纳入目录管理的行政审批

① 姜晓萍，吴军飞．我国行政审批范围的规范化［J］．北京行政学院学报，2003（2）．

事项，应当由法律、法规、规章或者国务院决定设定，其他规范性文件不得设定行政审批。省政府通过门户网站、媒体等向社会公布省直各部门保留的行政审批目录以及涵盖省、市、县三级政府部门所有行政审批事项的通用目录，行政审批的实施、监督和公开等以公布的目录为依据，未列入目录的审批事项不得以任何形式实施。依据《广东省行政审批事项目录管理办法》的要求，经过一年时间的整理，省政府于 2014 年 11 月 6 日公布了《广东省行政审批事项通用目录》（粤府办〔2014〕62 号），要求各市、县（市、区）要对照《通用目录》对本级保留的行政审批事项名称、实施依据等予以规范，并根据实际情况进一步精简审批事项，形成本级政府保留的行政审批事项目录。

根据省里的部署和要求，各地市也积极推进行政审批事项目录管理制度的建设，如江门市 2014 年 2 月印发实施了《江门市行政审批事项目录管理暂行细则》，对行政审批事项组织清理、规范实施、目录编制、动态管理、信息共享、考核评估、合法性审查、行政监察等方面进行了具体规范，建立健全了严格的行政审批目录管理制度；并根据省出台的《广东省行政审批事项通用目录》进行修改完善，于 2014 年 12 月 19 日制定出台了《江门市本级行政审批事项目录》（2014 年），规定今后每年都更新调整保留事项目录，实行动态管理，没有纳入保留目录的事项一律不得实施。云浮市早在 2013 年便已完成了市、县两级《行政审批事项目录管理办法》，实行严格的行政审批“准入制”，目录以外不得实施行政审批。2014 年 3 月 6 日，云浮市编办提请市政府向社会公布了 2014 年市直各部门（含省垂直管理驻云浮部门，下同）保留的行政审批事项目录，甚至比广东提出的“市县政府于 2014 年 6 月底前制定和公布本级保留的行政审批事项目录”的要求提前了近四个月时间。2014 年第四批事项调整目录公布后，云浮市编办则及时提请市政府于 2014 年 9 月及时更新，向社会公布了实施的行政审批目录（调整更新版），各县（市、区）也于 2014 年上半年前全部公布了保留目录。通过公布保留目录，明确了全市各级各部门不得在公布的目录之外实施行政审批，不得对已取消和下放的审批项目以其他名义搞变相审批，坚决杜绝随意新设、边减边增、明减暗增的现象，努力做到让市场主体“法无禁止即可为”，让政府部门“法无授权不可为”，明晰了全市行政审批事项，规范权力边界，把权力关在笼子里，有力推动市场主体迸发新活力。

三是推进行政审批标准化建设工作。省质量技术监督局于 2013 年 7 月编制发布了《行政审批事项编码规则》《行政审批事项办事指南编写规范》《行政审批事项业务手册编写规范》等三项行政审批地方标准，确定每一项审批事项的唯一身份，从相对人办事和内部办理两个方面着手，规范审批依据、条件、期限、流程、裁量准则和申请办法、申请书格式文本等事项，优化审批流程，减少审批自由裁量权，规范审批实施。同时，选择经济和信息化委、国土资源厅、卫生计生委、工商局、质监局、安全监管局等省直单位，以及深圳、惠州、江门市、佛山市顺德区和南海区作为广东省行政审批标准化工作试点，加快推进“办事指南”和“业务手册”的编制和公开。作为行政审批标准化的试点地区，顺德区提出要“建立审批标准体系，全面打造标准化无差别审批”。为减少行政审批过程中的主观性、随意性和差异性，实现针对每一位办事群众的标准化无差别审批，顺德针对1500多项审批事项，编制了每一项的要件标准、流程标准和裁量标准，制定了行政审批标准化操作规范。要件标准和流程标准可以说是各部门和地区推进行政审批标准化工作时普遍实行的工作，而裁量标准可以说是顺德区结合自己实际情况推进的自选科目，裁量准则的标准化显然有利于规范行政审批人员的自由裁量权，对于行政审批标准化和审批行为的规范化作用明显。

四是打造行政审批综合服务体系，再造行政审批流程，进一步缩短审批时限，提高审批效能。省政府提出按照公开透明、便民高效的要求，简化和规范审批程序，创新服务方式，优化流程，提高效能。具体要求加快推进综合政务服务体系建设，打造管理规范、办事公开、信息共享、运行高效的综合政务服务体系，全面实行并联审批和“一站式”服务。加强电子政务建设，全面推行网上审批，网上公布审批事项、审批程序、申报条件、办事方法、办结时限、服务承诺，实行网上公开申报、受理、咨询和办复。依据省里要求，结合自身改革与发展情况，各地普遍出台了优化行政审批流程的配套措施。如广州市政府于2013年制定出台了《广州市建设工程项目优化审批流程试行方案》（穗府〔2013〕8号），重点在建设工程项目领域大力优化审批流程。深圳市则结合2013年下半年内部审批流程专项检查工作情况，率先研究制定了《深圳市优化行政审批流程若干规定》，从制度上对受理、审查、决定等重要环节进行统一的指导和规范，并在加大协同办理力度、合并关联审批事项、规范特别程序等难点问题上有所突破和创新。顺德区则积极推进“三集中三到位”相对集中行政审批权改革，经过改革，有审批权的部门均已成立审批服务科（公安成立审批服务中队），并全部进驻顺德区行政服务中心对外开展业务。各部门事项的完全集中率达到80%以上，个别部门实现了100%集中。江门市在大力推进“三集中、三到位”工作的同时，还重点加强了网上办事大厅建设，目前，该市已经实现了省、市、县、镇四级网上办事大厅互联互通，所有镇街已开通网上办事服务站，各市、区正在将村居网上办事自助服务区升级为网上办事服务点，且正在努力实现省、市、县、镇（街）、村（居）五级网上办事服务联动。同时，也在加快推进部门业务系统与网上办事大厅并网对接，配套推进全市电子证照系统建设、企业专属网页建设和市民个人网页优化升级工作，力图通过部门间打破信息孤岛，实现部门间信息共享，提高审批效率。

（四）监管维度

行政审批体制改革越深入，监管体制改革的重要性就越发突出①。广东省各省直机关、各地市普遍积极探索加强监管工作的有效办法。第一，由倚重事前审批向注重事中事后监管转变，“放管结合、放管并举”的意识明显增强。深圳市以健全商事登记制度改革后续监管为突破口，在全国率先印发了《关于制定实施商事登记制度改革后续监管办法的工作方案》和《深圳市商事主体行政审批事项权责清单》，全面明确了涉及商事主体登记的129项行政审批事项的监管责任主体。各部门也已基本完成监管办法的制定和发布，工作重心向制订准入和监管等标准规则、强化动态监管转移，加强信息化建设、强化信用监管等措施，逐渐建立横向到边、纵向到底的监管网络，切实弥补由“先证后照”向“先照后证”转变过程中的监管缺漏，在“宽进”的同时实现了“严管”，切实防止走入审批事项“精简—膨胀—再精简—再膨胀”和“一放就乱、一管就死”的怪圈。

第二，积极探索多种监管方式。佛山市顺德区于2014年2月发布《后续监管工作方案》，明确了“谁审批、谁监管”与行业监管有机结合的原则，提出了全面构建“政府负责、部门协作、企业自律、行业规范、公众参与和司法保障”相结合的“四位一体”市场监管新体系。同时，顺德发布了市场监管的权责清单《企业经营行业监管分工目录》，明确了每一个审批事项的监管部门及行业主管部门，厘清部门市场监管职责，避免监管缺位。此外，顺德还专门成立市场安全监管局，负责全区统一的商事主体信息公示，建立和运营通用综合监管系统平台（即市场监督信息管理网）。东莞市创建政府资源共享平台，已拥有涵盖所有41个行政审批职能部门的2000多万条信息。南海区推行三单管理，理清负面清单（事前）、准许清单（事中）与监管清单（事后）权力链条：负面清单7大类1046项，清单以外充分开放；准许清单5大类1404项，符合申报条件的，则逢报必批；监管清单包括分类监管措施、黑名单管理措施、行政执法职权目录等，共梳理出95类监管清单，规范部门监管与执法。茂名市编制《茂名市企

① 张定安．行政审批制度改革攻坚期的问题分析与突破策略［J］．中国行政管理，2012（9）．

业经营行业监管分工目录》，明晰全市 52 个职能部门 238 项市场主体经营事项监管权责清单。

第三，初步建立政府监管与社会共治的新格局。建立健全公众监督投诉机制、跟踪投诉处理机制，以及行政执法协调联动机制，探索加强社会信用体系建设，促进公民、法人和其他社会组织诚信经营、自律管理。引入、培育第三方评审监督机构。中山市推进行政审批与技术审查（资质评估）相分离，对涉及改革的 15 个部门深入调研，要求条件成熟的部门和领域推行技术审查委托制，审批部门不再直接进行技术性审查，只实行程序性行政审批，原则上委托具有相应资质的中介机构评审技术报告，还公布了实行市场化改革的项目投资建设技术审查事项目录，分类提出改革要求和时间，并开展督促落实；积极建设“中介超市”，完成了 10 个部门 100 家技术审查供应商入库工作。广州开发区积极探索运用责任保险工具：一是在特种设备、食品药品、生态环境、安全生产、消防安全等领域探索责任保险，形成风险分担的社会救济机制和专业组织评价、监控的市场监督机制；二是开展试点工作，加大财政扶持力度，率先在公众场所推广特种设备责任保险；在重要企业、易燃易爆、人员密集等场所推行火灾保险和公众责任保险，不断扩展责任保险的覆盖领域，逐步建立符合区域市场发展的责任保险体系。

（五）效果维度

广东省行政审批制度改革成效卓著，突出表现在以下几个方面：

一是响应了中央政府全面深化改革的强烈号召，推动了全社会凝心聚力促改革，继续担任我国改革开放的排头兵。广东省各级政府响应中央政府号召，将加快转变政府职能、简政放权作为核心改革任务，把行政审批制度改革作为重要抓手和突破口，连续发力，不断加力，改革的广度、深度、力度和速度前所未有，有利于社会形成良好的改革预期，增强对全面深化改革和经济社会持续健康发展的信心。作为引领我国改革开放的前驱之地，广东省不仅基本完成了国务院的“规定动作”，而且积极探索并做好“自选动作”，大幅度精简和调整本级政府设立的行政审批事项，压减规模最大，清理最彻底，制度规范化最扎实，事中事后监管的探索与试点很前沿，社会组织自律与培育很突出。

二是明显释放了市场和社会活力，推动了稳增长、促改革、调结构、惠民生政策措施的落实。审改既是行政体制改革的“当头炮”，也是经济体制改革的“先手棋”，一头连着政府、一头连着市场，对政府权力“做减法”、对市场活力“做加法”，在一定程度上克服了政府向市场“乱伸手”，有利于更好发挥市场在资源配置中的决定性作用和更好发挥政府作用。当前经济下行压力较大，各级政府都在努力采取措施推动经济持续健康发展。审改工作在微观层面增强了企业投资的自主性，激发了群众创业创新的积极性。在宏观层面，审改进一步推动了宏观调控方式创新，使得区间调控和定向调控更加积极更加有效。这次审改对稳增长、促改革、调结构、惠民生的作用，受到受访企业、社会组织与群众的高度认可。问卷结果显示，57.7%的受访者办理单个审批项目需要跑的部门数量已经控制在 3 个以下，审批改革给人民带来了真真正正的实惠与方便。

作为领先全国的商事登记制度改革前沿省份，广东省大部分地市注册资本登记改革、经营范围登记改革、先照后证改革、年检（验照）方式改革、放宽住所（经营场所）登记条件等已基本完成，进一步降低市场准入门槛和登记成本，市场主体数量迅猛增加，在全国总体经济形势下行的局面下，激发了市场活力。2014 年顺德商事主体增长 35.6%，市场主体总数同比增长 12.67%；市场主体“活企率”高，办理税务登记的新开业内资企业（含私营）占办理商事登记内资企业总量的 98%以上。佛山全市（顺德区除外）按改革后登记方式登记的企业共 26676 户，其中住所改革 7759 户，按“认缴制”方式登记的企业 14037 户，按“先照后证”方式登记的企业 4880 户。江门市共新发展市场主体 33137 户，较去年同比增长 17.03%；注册资本 166.77 亿元，较去年同比增长 126.78%。揭阳市新登记各类市场主体 15371 户，同比增长 66.07%；注册资本 902841.59 万元，同比增长 157.78%。其中全市新登记各类企业 1870 户，同比增长 44.96%；注册资本 820409.22 万元，同比增长 173.57%。2014 年 3—7 月，河源市新发展市场主体 9107 户，同比增长 12.26%；其中新登记公司 1805 户，同比增长 83.63%；同一时期，茂名市新登记企业 1815 户，注册资本 63.78 亿元，分别同比增长 53.16%和 72.28%。云浮市新登记各类市场主体 11749 户，总数达到 71806 户，同比增长 9.23%，新登记注册资本 500 万以上企业同比增长 43.15%，注册资本 1000 万元以上企业同比增长 11.11%，企业集团、股份公司同比增长 100%。

三是有效推动了“放管结合”，提高了监管和服务水平。这次审改坚持放管两轮驱动，出台了若干加强监管和服务的文件。第一次从理论上说清楚了加强监管的内涵和外延，强化了企业和相关行政管理部门的信息公开力度，便于交易相对人了解信息，保障交易安全。特别是行政处罚信息公开和根据企业注册号随机摇号抽查，有利于促进商务诚信和政务诚信建设。进一步规范了行政行为和行政审批事项的设定、实施。行政审批的标准化、规范化，提升了服务质量和服务效率。顺德区公安局提出的放宽“机动车驾驶人提交年度体检证明”

时间，根据2013年1月1日起施行的《机动车驾驶证申领和使用规定》，从2013年1月1日开始只要在一个记分周期内没有记分，就不需要年审和提交身体条件证明（只要没有记分，就不需要年审和提交身体条件证明，直到有效期满前90日内换证）。

四是进一步推动了各级政府转职能、转作风，促进了高效廉洁政府建设。审改不仅是全面深化改革的重要内容，也会有力推动经济、政治、文化、社会和生态文明五大建设。通过取消下放行政审批事项，政府减少了对经济领域的微观干预，把精力更多地放在创造良好发展环境、搞好优质公共服务、维护社会公平正义上。特别是一些地方还探索将职能转变与机构改革相结合，地方和部门树政务新风，政府和群众的距离拉近了，政府的公信力提高了。93%以上的受访企业认为，审改有利于推动政府转作风。审批是腐败和不正之风的高发频发领域，审改有釜底抽薪功能，有效减少了权力设租寻租的机会与土壤。

六、广东行政审批制度改革的创新经验

作为改革开放的排头兵以及国务院批准的全面深化行政审批制度改革先行先试地区，检验广东行政审批制度改革成效的标准，不仅仅要看其完成了多少中央的规定与部署，还要看广东如何结合自身经济社会发展情况，在贯彻中央改革精神的实践中进行了多少探索与尝试，突破了多少观念与制度上的藩篱与枷锁，形成了多少可供推广的政策创新经验。因此，创新性、突破性以及工作亮点理应成为评估广东省全面深化行政审批制度改革的一项重要内容，如果说是否完成了中央统一部署的任务是评价广东的改革是否合格的标准的话，那么依据中央改革精神，做出了多少行之有效的“自选动作”、形成了哪些独具特色的创新性经验则直接决定了广东行政审批制度改革工作的品质与高度。综观近年来改革的整体进展，比较国内其他省市行政审批制度的改革情况，广东省行政审批制度改革工作推进过程中呈现出的创新性、突破性与工作亮点主要包括：

（一）依法行政，坚持在法律法规框架内推进改革

现有的行政审批多数有十分充分且直接的法律法规依据，为及时调整不适应经济社会发展需要但又有法律法规依据的审批事项，广东在推进和深化改革过程中，始终注意正确处理好改革与依法行政的关系，找准改革坐标，坚持在法律法规的总体框架内推进改革，积极争取国家授权先行先试，用好党中央、国务院《关于深化行政管理体制改革的意见》等普遍性授权和《珠江三角洲地区改革发展规划纲要》特别授权，做到既坚定推进改革，又坚持依法行政。在

改革中，将审批事项按照权力设定层级进行分类，梳理出分别需要报省政府、省人大审议批准的，以及需要报请国务院、全国人大审议批准的，对属省政府事权范围的，由省政府常务会议审议后以政府令的形式公布实施；属于地方性法规的，提交省人大及其常委会进行审议；属于国家事权并需要突破法律法规限制的，提请国务院和全国人大支持广东先行先试，并认真做好改革后续的配套制度建设。

（二）首创“纵向权力清单”，全面划清省市县权力边界

摸清底数是推进行政审批制度改革的基础。为锁定行政审批事项的底数，广东省编办提出了“要真、要全、要准”三项基本要求。要真，就是要真实地反映出部门的职能构成、履职情况等。实际操作上是审批的项目，绝不可以归到日常管理；不符合《行政许可法》规定条件的审批事项，绝不纳入行政许可范畴。要全，就是要求部门填报所有的行政职能，即全面又细致地反映出部门职能的全貌，包括行政审批、行政确认、行政强制、行政处罚以及日常管理事项等，力争不漏事项，不留死角。要准，就是要确保部门上报职能的各项信息都十分准确，职能的归口、类别、项目名称、子项划分、依据等都要准确、完备、充分对应，确保信息不出错漏。依据三项基本要求，广东省大力梳理因法律法规调整、上级政府下放、实际工作需要等原因新设立、新增加的职能事项以及因各种因素没有纳入上一轮改革范畴的职能事项。同时，通过部门“三定”规定以及排查文件分解梳理部门职能，通过电话了解、上网查询、实地调研等方式，与省内外相同或相近部门的职能事项做对比，进一步梳理部门职能目录，查漏补缺。最终，经过认真细致的梳理，广东省政府办公厅于2014年11月6日印发了《广东省行政审批事项通用目录》（粤府办〔2014〕62号），将地方政府实施的行政审批事项一单收尽，并统一规范名称，赋予唯一代码。对未列入《通用目录》的行政审批事项，各地、各部门一律不得实施。要求广东省编办要根据实际情况，及时对《通用目录》实行动态调整。《通用目录》通过纵、横两个维度，将各级各部门保留的行政审批事项编制成“立体化”“网格状”“一单式”目录，促进实现行政审批事项在全省无差别办理。横向上，通用目录通过市与市、县与县的比较，将各地共有、部分地区特有的行政审批事项全部纳入编制范围；纵向上，按照事项性质、设立依据等，尽可能明确各级事项之间的对应关系，清晰划分各级的权力边界。这是我国首张涵盖省、市、县三级全部行政审批事项的一单式“纵向权力清单”，得到了中央编办的肯定与重视，并及时上报到了中央编办。

（三）探索商事登记改革，多途径激发市场主体活力

2012 年，经国家工商总局批准，广东率先在深圳、珠海、东莞、顺德等地开展商事登记制度改革试点，实行商事主体登记注册与许可经营项目审批分离、注册资本认缴与实缴登记分离、企业住所与经营场所登记分离，充分激发市场主体活力。2014 年 1 月，在总结评估深圳、珠海、东莞、顺德等地试点经验的基础上，省政府印发《广东省商事登记制度改革方案》（粤府办〔2014〕2 号）。同年 2 月，广东省工商行政管理局印发《广东省工商行政管理局关于工商登记制度改革的实施办法（暂行）》（粤工商企字〔2014〕111 号），细化工作目标、步骤和措施等，全面推开全省各级工商登记制度改革工作。按照省委、省政府工作部署，省编办、省工商局会同有关部门积极推动注册资本登记改革、“先照后证”、后续监管等相关改革措施落地。一是降低工商登记门槛和简化工作程序。实行商事主体登记注册与许可经营项目审批分离、注册资本认缴与实缴登记分离、企业住所与经营场所登记分离，充分激发市场主体活力。二是全面清理和精简我省工商登记前置审批事项。保留工商登记前置审批 13 项，前置改后置审批 108 项，前置审批事项压减率达 89% 以上。三是加强工商登记制度改革后续监管制度建设。完成《广东省市场主体许可经营项目监管清单》（2014 年本）和《广东省市场主体住所或经营场所许可监管清单》（2014 年本）的编制工作，进一步明确工商登记制度改革后市场监管的主要内容、方式和部门职责分工，在实行市场准入“宽进”的同时，实行市场活动全过程“严管”。

广东省的商事登记制度改革从进程上看呈现为一种上下互动的过程，先经国家工商总局同意在深圳、珠海、东莞、顺德等地进行了前期试点，后省政府在总结四个试点经验的基础上，出台全省统一推进的改革方案。深圳、东莞、顺德等地的改革经验引起了国内的普遍关注①。

深圳市委常委会议于 2012 年 5 月讨论通过了《深圳市商事登记制度改革实施方案》，同年 10 月 30 日深圳市人大常委会又通过了《深圳经济特区商事登记若干规定》，明确在 2013 年 3 月 1 日开始全面启动商事登记制度改革。依据这些规定，深圳市改革了以“营业执照”为中心的商事登记、有限责任公司注册资本实缴工商户登记、个体工商登记、企业退出机制、商事登记公示、企业登记年度检验等一系列原有制度，探索建立商事主体资格与经营资格相分离，审批与监管、监管与自律相统一的登记制度，实行注册资本认缴登记制度，逐步

① 如：王比学，徐隽．行政体制改革 政府华丽转身［N］．人民日报，2013-11-01；吴冰．新观察：广东，行政审批改革“爬坡越坎”［N］．人民日报，2013-03-20.

实现对以自然人名义从事经营者豁免商事主体登记，实行住所与经营场所各自独立的登记管理方式，建立商事主体除名制度和商事主体年报备案制度，构建统一的商事主体登记许可及信用公示平台，并且全面推行网上登记，建立电子营业执照制度，探索营业执照、组织机构代码证、税务登记证“一表登记，三证合一”的登记制度。在降低企业进入市场门槛的同时，深圳市还在全国率先印发了《关于制定实施商事登记制度改革后续监管办法的工作方案》和《深圳市商事主体行政审批事项权责清单》，全面明确了涉及商事主体登记的129项行政审批事项的监管责任主体，并要求逐步逐项制定监管办法，为杜绝监管真空，实现商事监管职责的全覆盖，确保监管责任落实到位提供了制度保障。目前，各部门已基本完成监管办法的制定和发布，切实弥补由“先证后照”向“先照后证”转变过程中的监管缺漏，在“宽进”的同时实现了“严管”。

在2012年被国务院确定为商事制度改革第一批试点以来，东莞市委、市政府高度重视，将商事制度改革确定为行政审批制度改革的重要突破口，辅以扫除企业发展“减速带”、打造国际化、法治化营商环境的关键举措。2014年3月1日全国注册资本登记制度改革全面实施以来，东莞市在与全国改革做好对接的同时，更充分发挥主动性，在前后端改革方面进行了积极的探索。一方面是创新前端改革，进一步降低市场准入门槛。首先，全面深化住所审批改革。推行住所信息申报制是东莞市住所审批改革的核心内容。实行住所信息申报制后，申请人无需提供住所产权证明、村居委会证明等文件，除娱乐服务、重污染及餐饮行业等负面清单所列的行业外，由经营者自行申报住所或经营场所信息，并对真实性负责，即可办理登记，真正实现了办照“零门槛”，并且大大简化了办照环节，缩短了办照时间；其次，全面推行集群注册登记模式。从2014年4月开始，在松山湖试点实施电商企业集群注册，设立集群注册托管公司，允许多家电商企业将地址登记为该托管公司的住所，无需办公或经营场所即可开展经营活动，解决了电商企业因无固定经营场所而办照难的问题，为创业者节省了大笔启动资金，为电商和创业大学生等提供了优质的发展土壤；再次，逐步实施全程电子化登记管理。全程电子化登记管理是推动政府职能转变、提升行政审批效能的重要抓手。依托数字证书及银行证书进行身份认证，全流程网上申报、网上审核、网上发照，申请人无需提交任何纸质材料，即可轻松完成工商登记注册，完全突破了时间、空间限制。经省政府批准，东莞市已被确定为全程电子化登记管理的全省试点。2014年以来，东莞积极推进系统开发，并在集群企业中进行测试，目前办理名称核准170宗，设立登记业务139宗，系统运行顺利。以此为基础，推动部门登记信息互通互认，对外商投资企业登记设立需办理的营业执照、组织机构代码证、国地税税务登记证、财政登记证、海关报关单位注册登记证等十个证照实施“十证联办”，实现了“一站受理、一表填报、同步审核、限时办结、同步发证、分头领取”；最后，完善市场主体退出机制。以长安镇为试点，一方面简化和完善企业注销流程，试行对个体工商户、未开业企业以及无债权债务企业实行简易注销程序，方便企业快速退出市场，去除市场主体中的“水分”；另一方面加强后续监管，确保市场秩序平稳有序、“放而不乱”。首先，积极推动部门信息互通。信息互通是部门协同监管的前提。为使监管工作更加精准、高效，开发了实现部门信息互通共享的监管信息化系统，工商登记信息通过该系统可以推送至各监管部门，各监管部门利用系统可以实时监管并反馈，有效凝聚了部门监管合力，提高了部门监管效率，促使监管工作更加到位。其次，把基层力量纳入后续监管。调动发挥基层监管力量能有效弥补部门监管力量的不足，把部门监管触角进一步延伸到基层一线，从源头防范违法违规经营行为发生，确保市场监管疏而不漏。东莞市组织各镇街在不增加人员编制和经费的情况下，通过整合村（社区）原有税务协管、食品安全协管等力量，组建村（社区）基层协管队伍，引入网格化管理理念，开展市场主体核查，发现违法线索，并协助部门查处，实现线索发现与案件查处相分离，为后续监管广筑桥头堡和前哨站，使市场主体处在无缝监管之下。最后，积极推动监管方式向信用监管转变。开发应用了企业信息公示系统，将全市63万市场主体1200多万条信用信息，按企业基本信息、审批许可资质信息、违法违规不良信息、表彰奖励信息四大类进行公示，并于全省率先将企业经营异常名录管理、黑名单、信用分类监管和退出机制等信用约束制度推广至39个监管部门，对未按规定履行信息公示义务或有其他轻微违法行为的市场主体纳入经营异常名录，对有严重违法行为的列入“黑名单”，明确相应的惩戒政策，初步形成了信用约束合力，推动监管方式逐步向重点监管、分类监管转变，建立丰富立体化的监管体系。

同样作为国务院批准的第一批改革试点，顺德区在商事登记制度改革方面也进行了多项卓有成效的探索。首先，制定了企业投资经营指导目录汇编，指引投资者合理投资。2014年，顺德整合各级政府及各职能部门（包括发改、环保、国土、规划等部门）在产业指导方面的政策，编制《企业投资经营指导目录汇编》，明确告知投资人哪些领域鼓励进入，哪些领域有限制，如何限制，让投资者在一张清单上看得明明白白，引导企业合理投资，减少投资风险，最大限度提高行政透明度及公共服务质量。其次，采取四项主要措施放宽市场准入条件，激发投资创业热情。一是企业登记注册和经营项目审批相分离，一般经营项目完全放开，许可经营项目由前置变后置，并凭许可证经营。二是注册资本从“实缴制”向“认缴制”转变，允许“零首期”。三是采取住所和经营场所各自独立的登记管理方式，住宅可以作为法律文件送达地登记为住所，并允许“一址多照、一照多址”登记。四是改革年检（验照）方式，建立经营异常名录管理制度，商事主体按年度向商事登记机关报送年度报告并向社会公示。再次，企业登记并联审批，快速办妥“3 证 1 章”，实现国、地税务登记证合一。本着“行政服务应该是一个整体”的服务理念，对登记改革进一步延伸，把所有企业都需要办理的工商登记、组织机构代码证核准、公章刻制备案和税务登记运用并联审批方法整合，按照“一窗受理、一表登记、并联审批、限时办结、流程监控”的原则全面打通各部门业务系统。最后，公布企业经营审批事项目录汇编，引导企业合法经营。为有效引导企业领取营业执照后办理后续审批，减少无证经营的违法行为，顺德区于 2013 年 11 月公布了国内首份《企业经营审批事项目录汇编》，分 18 个大类行业梳理了 248 项企业经营许可审批事项，一次性告知企业在商事登记进入市场取得相关行业经营资格需办理的审批许可事项（含省级以上权限审批事项），以及办理的具体部门和电话地址。该目录将企业取得商事登记改革后的营业行为引入到法律的规管上来，目录以外事项“非禁即入”，企业可凭商事登记营业执照直接经营。据专家评判，该份《目录汇编》是目前我国企业经营许可审批最完整的一份全面清单。

（四）深化企业投资管理体制改革，提高企业在资源配置中的自主性

广东省政府办公厅于 2013 年 2 月 7 日同时出台了《广东省企业投资管理体制改革方案》（粤府办〔2013〕5 号）和《广东省企业投资项目管理分类改革目录》（粤府办〔2013〕5 号），通过缩小审批范围、优化管理流程、竞争配置资源、转移管理职能、增强规划约束、加强服务监管等措施，减少省管权限内企业投资项目核准，统筹推进企业投资项目用地、规划、环评等审批事项改革，简化再造企业投资管理流程，力图做到下放权力实、撤销项目细、转移目录清、精简流程明、接受监督严，构建与国际通行规则相适应的营商环境，为企业发挥市场主体作用和提高竞争活力创造良好条件和机制。2013 年以来，企业投资审批事项已压减 30%左右，到 2017 年，各级行政审批事项办结时限总体缩短 50%以上，企业投资审批事项、时限压减 50%左右。2019 年广东进一步优化营商环境，企业开办时间压缩到 5 个工作日，全省实现工程建设项目的审批时限缩减到 100 个工作日内。

省内各地市也积极推进投资领域审批制度改革。东莞市自 2014 年 8 月以来，在全省率先启动了项目投资建设直接落地改革试点，改革以企业依法承诺

制、备案制和事后监管制为核心内容，主要围绕“宽进严管”的思路推动企业项目投资建设审批制度创新，具体而言就是：首先，宽的更宽，再造办事流程。针对项目投资建设审批体制中存在的审批关卡多、审批时限长、审批流程复杂、办事不方便等问题，直接落地改革试点提出了明确细化项目建设条件，实施前置事项承诺加备案制度、开工前备案登记制度、竣工验收和责任追究制度等改革措施，力争通过改革流程的再造，提高企业自主性，激发市场主体活力。改革后，企业在获得用地、做出承诺后自主依法依规开展勘查、设计、评审，通过开工前备案登记后，便可自主开展施工，施工过程按国家强制性标准和产业政策接受全过程动态监督，竣工后接受全面验收，实行“先建后验”。其次，严的更严，强化政府监管。在“宽进”的基础上，直接落地改革为推动政府加快转变职能，实现从重审批向重监管转变，建立了全过程监督制度，包括建立前置事项承诺加备案、承诺公示、竣工验收、责任追究、企业信用信息管理等。通过加强事中事后的监督管理，提高对企业监管的效率，切实确立企业作为投资主体地位的责任。江门市政府在2014年初就组织市发改局、行政服务中心、编办等有关单位开展了投资管理体制专题调研，形成了《江门市投资管理体制改革实施方案（征求意见稿）》，明确以推进并联办理和标准化审批为重点突破口，积极探索建立“负面清单”管理模式，着力解决投资者反映较集中的审批时间长、审批不规范等问题。同时，该市还配套出台了《江门市重点建设项目绿色通道管理暂行办法》和《解决投资项目“落地难”专项行动方案》，为全面推行投资管理体制改革，规范政府投资管理，优化投资环境奠定了基础。顺德在2014年相继发布了《顺德区企业投资管理体制改革实施方案》及《顺德区人民政府关于印发顺德区企业投资建设项目审批流程改革实施细则（试行）的通知》（顺府发〔2014〕20号）。10月底，区审改办发出《关于全面实施企业投资建设项目审批流程改革的通知》（顺审改办函〔2014〕13号），以“改革+改良”为总体思路，配合“制度+技术”的保障措施，力图实现压减审批事项、缩短审批时限、彻底改变企业的办事方式，并为宽进严管创造条件。

（五）打造便民行政服务体系，让政务服务“触手可及”

广东省内各地在推进行政审批制度改革的过程中，一方面强调通过“放宽市场准入”“简化审批流程”等改革措施，促进经济发展；另一方面也非常重视发挥改革在改善民生服务领域的作用。佛山市顺德区就创立了多种便民举措，建立了多种网办渠道，方便市民办事。首先是网上渠道，顺德分厅已建设了镇街网上办事站，梳理出10个镇街可终审的网上办理事项共601项，代区受理事项共777项；10个镇街共推进了超过40个村（居）作为网上办事点的试点，将村民经常办理的证明等服务项目纳入村（居）网上办事点统一公开、统一办理，进一步方便市民办事。其次是网上网下同步俱进，促进网上办理。充分利用我区村（居）行政服务站遍布城乡的优势，将便民服务前移到村（居），大力推行村（居）行政服务站代办网上申报服务，目前，已在全区10个镇（街）、203个村（居）以及区行政服务中心东西两座办事大楼各服务窗口分别设立网上办事自助服务终端，并在镇街行政服务中心分别部署了2套自助办理设备。三是创立网上办事邮政速递服务，最大限度减少市民到现场办理次数。顺德区作为佛山市试点率先推行网上办事邮政专递服务。市民足不出户即可享受“一站式”的从办事材料揽收到办事结果递送全程服务，切实减少申请人到现场办理次数，充分体现出市民“足不出户”或“不出远门”即可便捷办事的优越感。四是推出基于移动终端（包括智能手机、平板电脑）的网上办事大厅，市民轻点移动终端就能随时随地申办业务、查询办件进度与结果。佛山市南海区则按照“便利、贴心、高效、公平”原则，打造便民行政服务体系。这一服务体系以覆盖区、镇（街）、村（居）的社区行政服务中心和网上审批系统为载体，推进政府管理服务向镇（街）和村（居）延伸，打造“15分钟便民服务圈”。区级各部门通过委托管理、直接放权、服务前移等方式将70%的行政审批和社会服务事项延伸到镇（街）办理，121个事项可在村（居）办理，使群众“足不出镇”或“足不出村”即可办理大多数事项。目前，南海全区已建成1个区级行政服务中心，15个镇（街）中心、273个村（居）中心以及区、镇、村三级网上办事大厅，部门及事项进驻率均达到了100%。

（六）领先社会组织登记管理体制改革，推动社会组织健康有序发展

随着行政审批制度改革的推进，将会有越来越多的政府职能通过政府购买服务等不同方式转移给社会组织，因此，社会组织是否能够健康有序发展，进而有能力承接政府转移出来的相关职能，将成为影响行政审批制度改革进程的一项重要保障性因素。为了推动社会组织的健康有序发展，广东省率先开启了改革社会组织登记管理体制的相关探索。2006年3月1日，经广东省第十届人民代表大会常务委员会第二十一次会议审议通过的《广东省行业协会条例》正式实施，以此为契机，广东省开启了改革社会组织管理体制的实践与探索。自《广东省行业协会条例》颁布后，广东省经济领域的社会组织有了长足发展，登记的社会组织数量年均增长10%以上，其中非公募基金会和异地商会年均增长率分别达到了20%和25%。社会组织的发展使得行政体制改革与政府职能转移有了可能。到2008年9月，广东省出台《关于发展和规范我省社会组织的意见》，明确要求政府各部门将社会组织能够承担的三大类17项职能转移出去。

2011 年，广东省委十届九次全会专题研究社会建设问题，并以省委、省政府的名义颁发了《关于加强社会建设的决定》，决定提出要建立健全统一登记、各司其职、协调配合、分级负责、依法监管的社会组织管理体制。降低准入门槛，简化登记办法，探索公益慈善类、社会服务类、工商经济类等社会组织直接申请登记制，充分调动民间力量和资源参与社会建设。加快去行政化进程，逐步将社会组织业务主管单位调整为业务指导单位，推动社会组织健康有序发展。这一决定的出台为广东省的社会组织登记管理体制改革提供了可依托的纲领性规范。由此开始，广东的社会组织登记管理体制开始走上快车道，2011 年 10 月中旬，作为《决定》配套政策的《关于加强社会组织管理的实施意见》出台，规划了广东对社会组织管理的新思路。随后不久，省委、省政府又出台了《关于进一步培育发展和规范管理社会组织的改革方案》和《关于进一步培育和发展行业协会商会的实施意见》（粤发〔2012〕7 号），全面开启了社会组织登记管理体制改革。经过多年的探索，广东省在全国率先开展社会团体和民办非企业单位登记，给予社会组织合法地位；率先进行基金会清理整顿和规范管理，促进了基金会的健康发展；率先进行行业协会、异地商会和公益类社会组织管理体制改革，实行民政部门直接登记，促进了社会组织民间化和自治化；率先探索社会组织发展扶持基金和孵化基地，扶持社会组织发展；率先建立社会组织服务大厅和服务网络，为社会组织发展提供优质服务，有力地促进了社会组织的培育发展。

在省委、省政府统一规划部署全省范围内社会组织登记管理体制改革工作的同时，各级地方党委政府也在结合自身发展实际，进行着更为积极主动的探索尝试，有些地市的探索甚至走在了省政府的前面，这一点在深圳、广州两地表现得尤为明显。

深圳市早在省政府开启改革的两年前，就已经提前在改革社会组织登记管理体制方面进行了探索，2004 年，深圳市通过“三个半步”策略，实行行业协会民间化改革、行业协会直接登记、扩大直接登记范围三个半步走，逐步开启了社会组织登记管理体制改革。先是于 2004 年成立市行业协会服务署，推动行业协会民间化改革，切断了各行业协会与政府各职能部门的行政依附关系；后又在 2006 年将行业协会服务署和市民政局民间组织管理办公室合并，组建市民间组织管理局，实行行业协会由民政部门直接登记；2008 年，市委、市政府又出台了《关于进一步发展和规范我市社会组织的意见》，对工商经济类、社会福利类、公益慈善类社会组织由民政部门直接登记管理。2009 年，深圳与民政部签订《推进民政事业综合配套改革合作协议》，全面探索直接登记的管理体制，并授权深圳市开展基金会登记试点。2012 年，直接登记的社会组织增至 8 类，包括工商经济、公益慈善、社会福利、社会服务、文娱、科技、体育和生态环境类。2014 年 4 月，深圳出台《深圳经济特区行业协会条例》，以立法形式确认了行业协会领域近年来改革的成果。同年 10 月，深圳市民政局出台《深圳市社会组织抽查监督办法》，在全国率先建立不预先通知的社会组织抽检监督制度，将以往被动监管状态，改革为主动"出拳"的抽检方式，树立了登记管理机关的执法权威。2014 年 12 月，深圳市委办公厅、深圳市人民政府办公厅又转发了深圳市社工委和深圳市民政局联合出台的《关于构建社会组织综合监管体制的意见》，正式提出构建完善深圳市社会组织领域的行政司法监管、社会公众监督、社会组织自律、社会组织党组织保障"四位一体"的综合监管体系。正是由于多年来的不懈努力与探索，深圳市的改革得到了民政部的极大肯定，在 2012 年 5 月 7 日国务院新闻办公室就公益慈善事业创新与发展等情况举行的新闻发布会上，民政部领导明确指出，"广东和深圳的做法和经验不仅走在全国前列，也为全国提供了示范，也为改革全国新的登记管理体制提供了实践基础。"

广州市从 2006 年起就全面开展行业协会改革，市委、市政府于 2006 年出台了《关于促进行业协会商会改革发展的意见》，开始全面推进行业协会民间化改革。实行行业协会直接由民政部门登记制度，将业务主管单位改为业务指导单位，全面实现了"五自四无"（自愿发起、自选会长、自筹经费、自聘人员、自主会务；无行政级别、无行政事业编制、无行政业务主管部门，无政府公务员兼职）的改革目标，真正做到民间化和自治化。从 2008 年起，对已在社区开展活动、社区群众参与面广、具有群众基础，但不具备登记条件的社区文体娱乐类社会组织试行备案管理。之后，按照《珠江三角洲地区改革发展规划纲要》和《民政部广东省人民政府共同推进珠江三角洲地区民政工作改革发展协议》精神，又逐步将科技类、体育类、社会工作类民办非企业单位，公益服务类、经贸类社会组织和地市级异地商会业务主管单位改为业务指导单位，实行由民政部门直接登记的改革试点。2010 年，市委办公厅、市政府办公厅印发了《关于发展和规范我市社会组织的实施意见》，同年市委、市政府制定实施了《关于加快推进社会工作及其人才队伍发展的意见》以及《广州市扶持发展社会工作类社会组织实施办法》等 5 个文件，全面推进社会工作及其人才队伍、民办社工服务机构发展，仅保留了业务主管单位对民办教育、医疗、博物馆类民办非企业单位成立登记的前置权，取消了大部分业务主管单位对社会组织成立登记的前置审批权，改由民政部门直接受理，征求有关部门意见后办理审批。在总结多年改革经验的基础上，2014 年 10 月 30 日广州正式出台《广州市社会组织管理办法》（广州市人民政府令第108号），定于2015年1月1日起实施，确认了广州市社会组织直接登记改革成果。依据该办法，广州市社会组织设立登记门槛将进一步降低，并在会员数量要求、开办资金、住所要求三个方面降低了社会组织设立登记条件，以期促进社会组织发展，推动社会组织去垄断化，形成合理竞争局面，在“宽进”的同时，办法还强调了对社会组织实行更加严格的管理，这也就意味着广州市社会组织登记管理体制改革，将在2015年进入全面深化阶段。

（七）力求突破事中事后监管改革，避免改革出现监管“真空”

在取消和调整行政审批事项的同时，广东省也在加快制定和完善各领域、各环节的监管制度，避免改革后出现监管“真空”。对取消的审批事项，省编制委员会印发了《关于加强对行政审批制度改革调整事项监管的意见》（粤机编〔2012〕23号），明确管理规范，要求各部门进一步制定和完善各事项的监管制度，创新政府管理方式。对转移给社会的事项，制定了《政府向社会转移职能工作方案》（粤机编〔2012〕22号），指导部门逐项研究制定转移实施方案，并明确转移的时间要求，真正做到“转得出、接得住、管得好”。涉及向下级政府部门放权的，要求省直有关部门认真做好衔接工作，下发文件明确承接要求，加强对下级政府部门的指导、协调、跟踪和监督。在下一步工作中，广东省还将继续探索建立公民积极参与、企业负主体责任、社会监督自律、政府起主导作用、法律保障约束的综合监管体系，推动政府更好地发挥作用。建立健全公众参与市场监督的激励和保障机制，探索企业内部员工举报监督制度，畅通社会投诉举报渠道，充分发挥媒体作用，强化舆论监督。加快完善生产经营者主体责任立法，建立和完善消费环节经营者首问和赔偿先付等制度，引导和强化市场主体建立内部安全责任监管办法和机制，完善内部治理结构。推动行业协会商会建立健全行业经营自律规范、自律公约和职业道德准则，鼓励行业协会商会参与制定标准、行业规划和政策法规，大力培育发展独立、公正的社会第三方机构，强化社会第三方监管。运用保险机制创新监管方式，形成风险分担的社会救济机制和专业组织评估、监控风险的市场监督机制。督促各部门加快制定和完善准入标准、行为活动标准、结果评价标准、风险评估标准等，加大对市场和社会主体执行标准、遵守法律、诚信经营的监督检查。加快法律法规规章的立改废工作。加大对市场主体违法行为的处罚和侵权赔偿力度，提高违法经营的成本，完善行政执法与刑事司法衔接的工作制度。认真组织落实《广东省市场主体许可经营项目监管清单》（2014年本）和《广东省市场主体住所或经营场所许可监管清单》（2014年本），加强对清单的动态管理。选择规划建设、教育、卫生、食品药品、环境保护等重点领域作为试点，探索开展市场监管体制改革。

(八) 全面谋划论证，推进全方位、多面向的系统性改革

与我国其他地区的行政审批制度改革相比，系统全面可谓是广东省行政审批制度改革最为突出的亮点之一。尤其是十八大以来，与前几轮改革更多着力于压减行政审批事项相比，广东行政审批制度改革在通过取消、下放、转移等方式继续大力压减行政审批事项的同时，还推进到了与行政审批的几乎每一个环节与面向。就具体环节而言，此次改革同时涵盖了包括商事登记制度改革、审批流程的标准化再造、事中事后监管、社会组织登记管理体制改革以及对政府审批行为自身的规范与管理等与我国现行行政审批制度相关的几乎每一个环节；而从面向上看，此次改革不仅涉及商事登记制度改革和企业投资项目管理体制改革等与经济发展紧密相关领域的改革，也将便民服务体系建设、社会组织登记管理体制等民生服务和社会管理领域纳入了改革进程。而各地的改革在不同环节或领域的探索与尝试也是亮点纷呈。如深圳、东莞、顺德、广州等地的商事登记制度改革，顺德、广州等地以“三集中三到位”为重心的综合政务服务中心建设和审批流程再造改革，东莞、江门等地的网上办事大厅建设，东莞、顺德、江门等地的企业投资项目管理体制改革，以及佛山南海和顺德区的四级联动便民服务体系建设等等，都成为了各地改革工作的亮点与突破口。与此同时，成功的经验也在省内不同地区得到了较好的推广复制，这一点做得较为突出的就是广州市开发区的行政审批制度改革，在综合借鉴、吸收了省内外各地改革创新可行经验的基础上，广州市开发区的改革一次性推出了“1+13”的系统性改革方案，即总体实施方案外加13个分部门、分领域的具体实施方案。在此基础上，广州市开发区于2016年设立全省首个行政审批局，推动系统性、整体性的行政改革，创新行政管理模式，加强事中事后监管，全面打造国际化的投资环境。

七、广东行政审批制度改革存在的问题

通过对各部门各地区改革现状的了解与评估不难看出，广东省的行政审批制度改革总体上已经取得了较大进展，而且成效相当显著，不过，在调研过程中也发现，广东省各地在推进改革的进程中也在不同程度上遇到了一些现实的困难，呈现出了一些值得注意的问题，这些困难与问题主要表现在：

(一) 不同地区的改革内生性需求差异较大

如不少地市或县区政府的改革实施方案仅仅是围绕着省政府出台的改革意

见中所设定的总体目标打转，没有将改革目标与当地“稳增长、促改革、调结构、惠民生、防风险”的经济社会发展任务结合起来。甚至有些地市或县区所设定的目标就是原原本本地誊抄了广东省审改方案中的总目标，具体化工作几乎缺失。对省委、省政府定位于宏观指导所设定的总体目标未经具体化而直接套用，虽然与省委、省政府在精神上保持了一致，但在针对性、明确性、可操作性以及在当地的适用性等方面显然将会存在诸多问题。评估组分析认为，造成这一问题的原因主要在于，在一些地市尤其是经济社会发展相对落后的地市，还并未迫切地感受到现行行政审批制度对于当地经济社会发展的束缚和制约，因此行政审批制度改革还并未真正成为这些地区的内生性需求①。这就导致当地的改革更多的是处于一种完成上级交办的任务状态，缺乏积极性、主动性、创新性，难以形成具体的、与本地实际需求相结合的内生性目标②。这也意味着在接下来的改革进程中，有必要更加注重协调好省里的统一要求与各地市的实际情况之间的关系。

（二）“数量第一”挤压改革质量

一是行政审批事项的类型与指向仍然不是十分清晰。在调研中发现，从省级到地方，最难弄清楚、说明白的就是行政审批事项的数量。譬如都是行政审批，有的部门和地市计算的“一项”指小项，有的则指大项，有的一大项甚至包括二十多个小项。各地市都在积极清理保留事项目录与权责清单，但国家和省的文件下达后，相当一部分地方没有搞清楚两者的区别。但因为大小项的标准不统一，很难对他们审改工作在数量上的进展进行准确评价。另外，行政许可审批和非行政许可审批关系不清，许可与备案的关系不清，审批事项与行政职能的关系不清，不少地方把审批事项与服务事项混为一谈。距离李克强总理在2014年《年政府工作报告》中提出的“全面取消非行政许可审批”目标还有一定的距离。

二是把行政审批改革与数量压减等同起来，为了压减数字而压减。经过五轮行政审批改革，减、停、放、转的事项数量已经不能再作为考察各地改革成绩的主要衡量指标，这一点还没有引起足够的重视。问卷调查显示，多数政府职能部门也都认为，审改事项压减的空间已经不大。

三是不同领域审批数量压减呈现严重不平衡。特别是非经济领域的审批事

① 寇炳灿，孔祥敬．关于行政审批制度改革的动因和目标［J］．中国行政管理，2002（8）．

② 卓越，陈诚．梯度理论在政府创新扩散中的应用研究——以行政服务中心及其标准化为例［J］．厦门大学学报（哲学社会科学版），2015（12）．

项中保留的审批事项仍然过多，取消下放不够，需要进一步清理。而目前不少已压减的审批事项要么是长期没有业务，形同摆设，要么是大项之中拆出的小项，压减数量和压减的含金量比例失衡。

四是和审改压减的力度相比，社会组织培育力度仍然不够。社会组织增长数量不足，各地严重不均衡，而已有的社会组织力量较弱，政府的相关扶助力度不够大，从资金到政策都还有很大欠缺，造成政府退出审批后形成权力真空。有不少地方本可以转移的一部分政府职能，却苦于没有成熟的、有能力的社会组织承接而无法落实。

（三）审批规范化的不均衡

一是在法律、法规以及改革政策落实层面，各地的落地配套措施参差不齐。在经济相对较为发达，内生性需求较高的珠三角地区（如广州、深圳、佛山、顺德区、江门等地），制定出台的与行政审批制度改革相配套的实施方案或政策措施相对较为健全，在完成了省里统一部署、要求的同时，还结合自身经济社会发展情况进行了亮点较为突出的探索与尝试；相比之下，经济社会发展相对落后的粤东西北地区（如潮州、汕头、阳江、韶关等地），由于行政审批制度对经济社会发展的制约与限制的情况表现得还并不十分明显，改革的内生性需求较低，不但省里的统一部署和要求在当地的配套措施不够健全，结合自身实际情况进行的探索或创新更是几乎没有。各地在行政审批规范化方面表现出的不平衡，使得先进地区的一些成功有效的经验做法很难在全省范围内得到有效的总结与推广，这直接限制了广东省行政审批规范化整体水平的提高。

二是许多地方的行政职权标准化建设进度比较缓慢。究其原因，一是由于行政审批事项内容庞杂，审查难度很大。仅以佛山市南海区为例，该区行政审批标准化编制工作共涉及34个部门，行政审批事项1641项，每个行政审批事项填报标准信息点最少257项，最多可达372项。截至2014年底，只完成了8个试点单位463个行政审批事项填报和审查工作，余下单位的事项多为复杂事项（主要是工程建设领域），涉及内容庞杂，要全面完成专家审查、手册编制还存在相当难度。二是各区各部门对行政审批标准化缺乏全面、系统认识。目前开展的如统一制定办事指南、规范审批流程等工作，局限于区或部门内部进行标准化的现象还广泛存在，仍未真正实现横向和纵向的综合标准化。

三是行政审批综合服务体系建设遭遇人员配置紧缺、政府部门内部结构调整难度较大以及信息共享不充分等现实困境，提升行政审批效能作用得不到充分发挥。调研过程中发现，基层审批部门反映最为强烈的问题之一，就是随着行政审批事权的不断下放，人员的配置却未能及时配套跟进，导致行政审批部门或综合服务中心的窗口工作人员配置紧缺，基层工作人员的工作压力剧增。在机构、编制、人员不能增加的前提下，有一些部门因为从社会组织购买了服务，所以有社会组织委派的工作人员进驻审批服务科窗口协助审批工作。有些部门大多数的审批事项都集中到了审批服务科，但是没有人员相应地集中到审批服务科。因此，审批服务科只能采取招聘雇员的办法来解决人员短缺的问题，但这些人员由于工作经验不足，有没有接受过良好的培训，业务素质和业务能力普遍难以满足工作所需，直接制约着行政审批效能的提高。由于行政审批部门向其首席代表或审批综合服务中心窗口人员授权形式没有统一标准，导致有些部门派驻到综合服务中心窗口的工作人员只能扮演材料“收发员”的角色，收取相关材料后还需要带回所在部门，由该部门行政审批首席代表或拥有审批权的领导处理，导致审批过程无形之中又增加了一道或几道程序，客观上反而造成了行政审批效率的低下。与此同时，行政审批电子网络一体化系统建设还普遍存在着信息孤岛问题，各部门推进行政审批信息化缺乏顶层设计，电子政务条块分割明显，业务协同工作建设推进缓慢。存在“重新建轻整合”现象，导致部门电子政务系统自成体系、不联不通，极大地限制了电子网络系统的功能发挥。在问卷调查中，就发现了网上办事大厅等信息化改革给企业、社会组织和民众带来新的办事成本与流程困惑。当问及对“网上办理审批的看法”时，尽管有超过一半的受访者（51.3%）都认可当前的信息化改革举措，认为网上办理方便有效、节约人力物力，但不容忽视的是，还有相当大比例（40.7%）的人提出质疑，指出线上、线下办理衔接不良，导致新的低效重复现象。

四是随着行政审批制度改革的深化，越来越多的政府职能将被转移到行业协会、中介机构等社会组织，但这也带来了一定的问题。一方面，广东省内，尤其是珠三角地区的社会组织近年来虽然在数量和质量上有了一定的发展，但距离满足政府转移职能所需，还有相当差距，导致行政审批改革进程中许多政府希望尽快转移出去的职能无法顺利转移；另一方面，也是由于社会组织发育不够健全，竞争不够充分，许多承接了相关审批职能的社会组织，尤其是具备一定官方背景的“红顶中介”“红顶行业协会”，在参与环评、能评、安评、审图等审批过程中，存在着审批和服务不规范问题，不但收费很高，而且耗时漫长，有时甚至占用整个审批时间的2/3以上，极大地影响了行政审批效率。

（四）监管仍是短板

一是战略方向上虽然已经开始转向强调全程监管、放管结合，但总体上各地尚没有成熟的改革方案，原则性规范多，落到实处的监管办法少，经实践反馈的经验总结严重不足。二是对于监管的意义与重要性认识仍然不够。有的

“对审批很迷恋，对监管很迷茫”。有的对审管分离理解有偏差，将管理权等同于审批权，认为审批取消了，自己就没有监管责任了。有的把监管简单理解为取消下放事项的衔接和落实，或对审改后如何加强监管不知从何下手，个别还存在着以考试培训代替监管的情况。三是各地基层监管能力跟不上的情况比较突出，机构编制与简政放权工作不协同，事项下放了，但人、财、物没有实现同步配套下放，市县级政府普遍面临监管力量不足、能力不够、信息技术不支持等问题。另外，不少地方笼统地推动监管事务下沉到镇街居民区一线，却轻视了综合监管和专业监管的区别，前者无法取代后者。四是信用监管牵涉到海量的企业和公民信用信息整合问题，要求实现跨层级、跨部门、跨地区的高度共享，但至今不少部门仍然是各自为政，各守各的数据库，纵向上看，省市县也都缺乏统一的、安全的信用数据共享平台，无法建立真正全面、动态、有效的信用档案库。更深层次的原因还在于缺乏顶层设计，缺乏全国性布局，广东省的信用监管体系建立与健全，必须纳入李克强总理提出的“建立全国统一的社会信用代码制度和信用信息共享交换平台”中去。

与此同时，公众、企业以及社会组织问卷对监管的认识和了解也严重不足。问卷结果分析显示，超过75%的受访企业不了解取消下放事项后有无后续监管，说明监管还远远没有到位。评估组认为，监管是这次审改成败的一个关键。加强监管是一个复杂的系统工程，长期以来，监管方面的历史欠账一直比较突出。一方面要解决好历史欠账问题，另一方面要面对多年来大规模事项取消、下放后带来的后续监管问题，监管面临的压力更大。

（五）改革效果的凸显有待进一步政策跟进

一是在“放”的方面，数量目标还未完全落实，含金量有待进一步提高。二是在“管”的方面，对保留的行政审批事项，部门还存在该批不批或以批代管现象，地方还存在审批不规范和服务不到位的现象，非行政许可审批事项还有相当数量的存在。市场监管领域虽然已经受到相当重视，但薄弱环节仍然较多，《国务院关于促进市场公平竞争维护市场正常秩序的若干意见》实施细则没有到位，如何真正把事中事后监管做好做实，是进一步推进行政审批改革的关键所在。三是省级与市县级政府联动不够。各地审改推进力度不一样，进展不平衡。四是转移支付制度改革和行政审批制度改革横向配套不够。项目和资金是事关地方发展的两个关键。转移支付制度改革相对滞后，影响了行政审批制度改革的效果。取消、下放行政审批等事项的改革走在前，给地方“松了绑”；但下放了事项，却没有下放配套的人钱物，专项转移支付制度的改革相对落后，对发展“留着绊”。地方、企业还是得“跑部钱进”，还是要花费大量时间、精力和成本，基层和一线的审批部门与服务部门任务倍增，人手不足，资金跟不上，严重影响改革的实际成效。

（六）改革创新经验的宣传与推广相对滞后

从广东省行政审批制度改革的创新性或突破性层面看，广东省的行政审批制度改革在取得了一定成绩的同时，也还存在着一定的问题。一方面，虽然在包括商事登记制度改革、企业投资管理体制改革以及社会组织登记管理体制改革在内的多个领域的改革进程上，广东都走在了国内的前列，但每个具体领域内的改革都还存在着一些特定的结构性或操作性障碍未获突破。另一方面，也是更为重要的问题在于，虽然广东省在多个领域都取得了难能可贵的实践创新与经验突破，但与天津、上海等国内其他一些同样正在全面深化推进改革的地区相比，广东改革工作的亮点还不够鲜明，其理论意义和制度特色没有被很好地挖掘、整理并凸显出来。无论是天津的“一颗印章管审批”，还是上海的“告知承诺制”，都已经被总结成了两地独具特色的改革亮点，从而受到了全国性的关注与学习，相比较而言，这一点是广东省改革较为欠缺之处。当然，这并不意味着广东的改革没有突破性或者缺乏创新性，只是如何从更具有全国视野的角度对广东宝贵而新鲜的改革经验进行简要、明确、有力、充分的归纳总结与推广宣介，既照顾全局，也突出重点，这是在广东省的后续改革过程中需要引起重视之处。

八、进一步深化广东行政审批制度改革的思考与建议

（一）进一步深化广东行政审批制度改革的思考

广东省的行政审批制度改革一方面在多个环节和领域取得了较大进展，也形成了一些独具特色的创新经验和工作亮点，而另一方面各地的改革也普遍遇到了一些实际困难，出现了一些需要引起注意的问题。在这些问题中，有一部分是个别的、具体的操作性或技术性问题，也有一部分是在调研和评估过程中发现的、在各地的改革进程中普遍遇到的全局性或结构性问题。这些全局性或结构性问题的破解，已非各地的底层探索能够独立承担或完成之任务，而是需要省委、省政府乃至中央的决策者们给予统一规划与部署。因此，有必要对这些问题进行相应的梳理，在引发研究者们深入思考的同时，也希望决策者们在进一步深化行政审批制度改革的过程中能够对这些问题给予适当关注和重视。

1. 依法依规改革与实际改革进程中遇到的相关上位法限制问题

依法治国作为中国共产党领导人民治理国家的基本方略，意味着包括改革

在内的任何政府活动，都必须以不违背现行法律法规为基本前提，而这也是党的十八届四中全会再次强调以及中央在推进全面深化改革过程中反复重申的基本要求。当然，依法行政同样也是广东省各地在此次行政审批制度改革过程中所严格遵守的基本原则。不过，客观而言，任何真正的改革实际上都不可避免的要对原有规则和制度进行某种意义上的突破，而这些规则与制度显然都是依据现有法律法规体系所创设的。这也就意味着改到深处必然会碰触到“现行法律法规”这一行进路上的“天花板”，而广东省各地在推进行政审批制度改革的过程中就普遍遭遇了这一问题。

例如，在行政审批事项的压减工作中，经过前几轮改革的大力压减，保留下来的基本上都已经是具备相应法律法规依据的审批事项，而在这些依据相应法律法规必须予以保留的审批事项中，确实也有相当一部分在当前的经济社会生活中已经没有必要继续进行审批，又或者是已经在相当长的时间里都未曾或很少实施的审批事项，事实上已经可以予以取消，但由于这些审批事项都是依据相关上位法的规定所设置，因此地方政府基本没有权限进行取消。类似的情况在审批流程再造过程中也同样存在，许多在实际审批过程中已经不必作为其他环节前置条件的审批事项，也由于上位法的明确要求而难以得到整合。相似的问题在不同地市也普遍存在，虽然作为“十二五”时期深化行政审批制度改革先行先试地区，全国人大常委会在《授权国务院在广东省暂时调整部分法律规定的行政审批的决定》中，调整或暂停了二十五项行政审批事项在广东的实施，但相对于大量存在的法律法规限制，这二十五项暂停或调整的事项可谓是杯水车薪。这就需要省委、省政府及时对各地普遍遭遇的相关问题进行梳理汇总，从全局出发提出修改相关法律法规的可行性建议，报请省人大甚至是全国人大对相关法律法规的修改完善给予必要的讨论，以实现改革与法律法规修改完善之间的动态平衡。

2. 改革的顶层设计与基层探索的关系协调问题

理论上讲，任何改革的顺利推进实际上都离不开顶层设计与基层探索之间的良性互动，但在实际的改革进程中，由于地域间发展的不平衡，中央、省和地方政府之间信息的不对称，以及现今社会利益的多元化，使得中央和省级政府的顶层设计和地方政府的基层探索之间短期内难以真正形成良好的有机互动，而这也不可避免地给各地的改革带来了一些问题或困扰。以广东省内的行政审批制度改革为例，由于省内地区之间，尤其是珠三角地区与粤东西北地区之间经济社会发展的不平衡，使得改革在不同地区面临的任务以及推进的程度都存在着很大的差异，有些地区的改革在某些方面已经走在了全省的前列，而有些地区的改革进展则相对落后。在这种情况下，省政府基于全局考虑制定出台的一些改革政策或措施在不同的地区甚至出现了完全不同的样态。对于那些改革开始较早，推进较为深入的地区而言，省里的许多要求在先前的试点或主动改革的过程中就已经完成，甚至有些方面的改革措施比省政府的力度还要大。但在省政府的统一部署下，他们有时不得不将一些已经做过的事情翻出来再做一遍，或者要将一些相对走在前面的改革措施放缓或暂停实施，甚至在某些方面要“回退”一些改革尝试。相比之下，省里的某些部署和要求，对于一些改革启动较晚，推进也不太深入的地区来说又在一定程度上过于“超前”，有些改革措施所试图破解的问题在当地的经济社会发展过程中甚至还没有出现。这也就导致当地政府在落实这些改革部署的过程中存在着相当的困惑，在缺乏内生性需求支撑的前提下，仅仅抱着完成上级交办任务的态度所推动的改革措施也就不可避免地陷入了相当盲目的境地。

以《广东省行政审批事项通用目录》的建设为例，在省级通用目录公布之前，深圳市就已经制定了本级政府的通用目录。但当《广东省行政审批事项通用目录》制定公布，并要求各市、县（市、区）要对照《通用目录》对本级保留的行政审批事项名称、事实依据等予以规范，形成本级政府保留的行政审批事项目录后，深圳市发现省里的通用目录中的很多行政审批事项在类型、名称和依据上都与深圳市的目录存在较大差别，这一方面导致深圳市必须组织力量再次对本级目录进行梳理和调整，而另一方面则导致依照省级目录规范进行调整后的目录因为与深圳当地的实际情况存在较大差别而“不太好用”。与此同时，也有一些之前并未制定本级审批事项目录的地市，在依据省目录要求梳理本级政府行政审批事项的过程中，发现这些地市中的部分单位并不在省通用目录的单位范围内，导致这些单位的审批事项没有出现在省的通用目录中，但这些单位又都依法具备行政审批职权并设定了相应审批事项，从而给他们的目录建设工作带来了相当的困惑。

除此之外，在某些省或中央的统一部署相对滞后的改革领域，先行先试的地区在这些领域的改革尝试有时也要承担一些额外的成本或代价。以商事登记制度改革为例，作为国务院批准的首批试点城市，深圳、东莞以及顺德的改革一直走在了全省乃至全国的前列，然而在商事登记制度尚未在全省和全国展开之前，依据改革后实行的“一表登记，三证合一”以及“电子证照”等制度登记的企业，在本市或本省意外的地区开展业务的过程中却又或多或少的遭遇了资质上的质疑与障碍。为了更好地开展业务，甚至出现了个别企业回过头来请求登记部门按照改革前的登记办法对企业进行登记的诉求。随着改革进入深水区，必将有越来越多类似的问题浮现。事实上，任何科学合理的顶层设计的制定，都离不开对基层探索过程中有益经验的总结和梳理，而基层探索如果没有必要的顶层设计保障，也必将遇到诸多的瓶颈或限制，甚至趋于盲目，这就要求决策者在后续的改革进程中更加重视对于顶层设计与基层探索之间关系的协调。

3. 行政审批制度改革与政府行政管理体制改革关系认知问题

作为我国行政管理体制的一部分，行政审批制度的改革不可能抛开现有的行政管理体制独自进行，实际上，任何一项行政审批制度层面上的改革，都离不开整个政府行政管理体制和结构的转型与调整。如随着改革的持续推进，许多审批事项将被取消、下放或者转移，而在此过程中，必然涉及大量人、财、物在上下级政府机构间纵向流转，这就需要政府的机构和人员在上下级之间进行必要的调整，才能够保证取消、下放以及转移工作的顺利推进；审批流程再造过程中，各级政府在依据“三集中三到位”等原则建立的政务服务中心，需要政府的相应职权部门在横向进行必要的整合，而与此相对应的网上办事大厅的建立，则必须以行政职权部门间完善的政务信息共享与交互机制作为支撑；最后，随着行政审批制度改革的全面深化推进，“宽进严管”逐渐成为各级政府管理经济社会生活的理念共识，而这也意味着各级政府必须转变过去重审批轻监管的管理方式，将越来越多的行政力量投放到监管工作中去，这本身也会倒逼政府行政管理体制与结构的整体转型，也体现了顺德反复强调将行政审批制度改革与大部制改革紧密结合的价值所在。行政审批制度改革实际上是政府行政管理体制改革的一部分，或者是一个重要的突破口，行政审批制改革的成功取决于能够得到政府行政管理体制改革的配合与保障，而行政审批制改革的全面深化推进也必将倒逼政府行政管理体制的继续改革。这就要求改革的决策者在进一步推进改革的过程中必须树立全局观念与意识，从政府管理体制改革的全局出发，去思考行政审批制度改革的路径与方向。

（二）进一步深化广东行政审批制度改革的建议

综合前述归纳的审批制度改革所取得的成绩与效果、所面临的问题与挑战，从近期和中长期两个角度，提出进一步深化广东省行政审批制度改革的如下建议：

1. 近期：深化审批改革

一是清单的动态管理。继续推进审改，对于中编办已经列出的710个含金量高的重点事项、网上群众意见集中的前100项，以及部门拟调整为行政许可或内部管理事项的非行政许可事项，建议选择若干事项进行试点，通过公开论证会、第三方评估等形式，借助外力论证这些事项取消下放或调整的必要性、可行性，做到精准改革、定向发力。对非经济领域如养老、医疗、教育等公共服务方面的审批事项，尤其要加大取消下放力度。进一步完善行政许可事项目录管理制度，细化全省行政审批事项通用目录，形成可网上办事的通用事项。

二是清单共享，实现跨地区、跨部门、三级共享。加快建立市、区、镇（街）三级综合服务窗口同城通办、联动服务的工作机制，加强人员培训，完善考核制度，提高服务质量。分步、分类推广实施区域企业登记注册省内通办管理模式，逐步实现区域登记管辖权限的市场经济主体设立登记业务省域通办。

三是建立健全行政许可实施评价和监督制度。建立事中事后监管纪检监督机制和绩效考核机制，实现纪检监察系统对审批系统、监管系统关键环节的实时监督，完善异常警示、督办、整改和行政问责制度，通过信息化、抽检、定检等手段，优化考核方式。将考核结果应用到干部考察、部门考核、业务评比等多方面事项中，落实尽职免责制度，严厉追究失职、渎职行为的行政责任，构成犯罪的依法移交司法机关追究刑事责任，确保监督效力。

四是抓紧推进转移支付制度改革。审改需要专项转移支付制度改革与之配套。响应十八届二中、三中全会对转移支付制度改革作出的部署，要积极开展专项转移支付制度改革的试点工作，及时总结经验，抓紧全面推进，落实好“逐步取消竞争性领域专项”“严格控制引导类、救济类、应急类专项”等工作任务，做到既放权又放钱。

五是加强对审改决策过程的宣传。深水区的改革尤其需要赢得社会的理解、认可和支持。改革决策既需要科学化、民主化，也需要透明化。建议通过多种形式和渠道加大对审改工作的宣传，既要宣传审改效果，也要注重宣传审改决策过程，以赢得群众更多的支持。

2. 中长期：监管体制改革为重点试验领域

一是加强和完善依法监管。切实认真地贯彻落实《行政许可法》，有利于进一步深化行政审批制度改革，也有利于防止乱增乱设、死灰复燃。

二是建立健全第三方评估长效机制。第三方评估是提高政府决策科学化、民主化水平的重要举措，也是推进国家治理现代化的积极探索。第三方评估要真正发挥作用，需要政府重视，需要坚持探索。建议将第三方评估常态化、规范化，明确第三方评估的范围、主体、程序和结果运用等，尤其是不仅要开展事中事后评估，更要重视事前评估。

三是监管队伍的专业化与整合。实现审管相对分离，强化事中事后监管，优化执法资源。在区域层面，整合市场监管队伍，将监管对象重叠或相近、内容关联度高的职能部门进行优化，推进跨部门、跨行业综合执法；在街镇层面，强化网格化综合执法与联合执法，以社区为单位实行网格化巡查，解决一般性、常规性问题，上报重大性、复杂性问题。

四是全省范围内的监管信用信息平台。设立审批与监管大数据中心，整合政府、市场、社会三方数据资源，打破多头采集、分散管理的“信息孤岛”，建立全领域、广覆盖、多层次的大数据共享和分析评估机制。依托大数据中心，加快建立对高危行业、重点工程、重要商品及生产资料、生产安全等重点领域的动态监测和风险预警机制。建立审批与监管大数据平台，逐步推进条、块各部门内部纵向系统的全方位对接，实现审批与监管数据信息的跨部门互联共享。

参考文献

文献著作类

［1］朱亚鹏．公共政策过程研究：理论与实践［M］．北京：中央编译出版社，2013.

期刊论文类

［1］广东省行政审批制度改革评估［R/OL］．中共广东省委深化改革领导小组办公室，2015-01-03.

［2］广州开发区行政审批制度改革试点专项课题研究［R/OL］．广州开发区编办，2014-09-03.

［3］广州市推进行政审批“条块结合、四级联动、以区为主、重心下移、集成服务”改革评估研究［R/OL］．中共广州市委深化改革领导小组办公室，2016-01-05.

［4］前海行政审批制度改革项目研究［R/OL］．深圳前海深港现代服务业合作区管理局，2015-05-11.

［5］肖棣文，姜逾婧，朱亚鹏．如何形成政策共识：社会政策立法过程中的协商政治［J］．政治学研究，2016（2）.

［6］朱亚鹏，肖棣文．政策企业家与社会政策创新［J］．社会学研究，2014（3）.

［7］朱亚鹏．协商民主的制度化与地方治理体系创新：顺德决策咨询委员会制度的经验及其启示［J］．公共行政评论，2014（2）.

［8］朱亚鹏．政策过程中的政策企业家：发展与评述［J］．中山大学学报（社会科学版），2012（2）.

［9］朱亚鹏，岳经纶．政策参与者、政策制定与流动人口医疗卫生状况的

改善：政策网络的路径［J］. 公共行政评论，2014（4）.

［10］艾琳，王刚，张卫清. 由集中审批到集成服务——行政审批制度改革的路径选择与政务服务中心的发展趋势［J］. 中国行政管理，2013（4）.

［11］陈天祥，张华，吴月. 地方政府行政审批制度创新行为及其限度［J］. 中国人民大学学报，2012（5）.

［12］胡税跟，翁列恩. 绩效管理视野中的行政审批制度改革——以温州市行政审批制度改革为例［J］. 政治学研究，2005（3）.

［13］沈岿. 解困行政审批改革的新路径［J］. 中国法学，2014（2）.

［14］徐湘林. 行政审批制度改革的体制制约与制度创新［J］. 国家行政学院学报，2002（6）.

［15］张红风，杨慧. 规制经济学沿革的内在逻辑及发展方向［J］. 中国社会科学，2011（6）.

外文类

［1］Laffont J J，Jean T. The Politics of Government Decision - making：A Theory of Regulatory Capture［J］. *Journal of Regulatory Economics*，1991，106（4）.

［2］Alfred E K.（1990）"Deregulation：Looking Backward and Looking Forward"［J］. *Yale Journal of Regulation*，1990（7）.

［3］George J S. "The Theory of Economic Regulation"［J］. *The Bell Journal of Economics and Management Science*，1971，2（1）.

项目负责人：朱亚鹏，中山大学中国公共管理研究中心研究员，中山大学社会政策与社会保障研究所副所长，教授，博导

成　　员：丁　辉　张紧跟　管　兵　温　松　陈晓运　刘大炜　肖棣文

执　　笔：朱亚鹏　丁　辉　唐海生

党的十六大以来广东推进对外开放实践发展研究

开放是国家繁荣发展的必由之路。开放发展理念为提高对外开放质量和发展的内外联动性提供了精神指引，拓宽了实现中华民族伟大复兴中国梦的发展道路。广东是改革开放的先行地，对外开放始终是广东发展的最大优势。面对中国经济与世界经济深度融合、深度互动的新局面，广东利用先发优势，以开放发展理念为指导，解决发展内外联动问题，全方位提升广东开放型经济水平。实践发展永无止境，理论创新永无止境。党的十六大以来，广东对外开放实践取得了辉煌成就，同时推动了对外开放理论不断创新发展，丰富了中国特色社会主义理论体系，推进了马克思主义中国化的进程研究。广东的改革开放是我国改革开放的精彩缩影，广东改革开放的经验为当下进一步提高开放型经济水平以及在全国进行推广，提供了重要借鉴和启迪。

一、绪论

（一）选题意义与价值

广东作为中国改革开放的前沿，是中国新发展、新变化、新形象的一个缩影。站在全面深化改革的历史起点，深化党的十六大以来广东推进对外开放实践发展历程研究具有重要意义。

理论意义：理念是行动的先导，发展问题首先是理念问题。置身经济全球化的时代背景，坚持开放发展理念，把党的十六大以来广东省委在中央统一部署下，领导广东人民增创对外开放新趋势，引领中国对外开放潮流的实践为研究对象，对其发展历程、成功经验、实践优势进行理论总结，有利于丰富对外开放理论，加深对经济社会发展规律的认识，有利于深化对中国改革开放历史的研究，深化对党的理论创新成果的研究，推进马克思主义中国化进程。

实践意义：改革开放作为自十一届三中全会以来，我国社会主义初级阶段基本路线的两个基本点之一，推动着中国的发展道路越走越广阔。广东是中国改革开放的排头兵，始终走在改革开放的最前列，因此积累了许多宝贵的实践经验，也见证了改革开放深刻地改变中国、影响世界的全过程。广东作为深化改革开放的先行地、发展中国特色社会主义的排头兵，发挥了“试验田”“窗口”“示范区”作用。把十六大以来广东对外开放的实践置于中国改革开放30多年的大背景之下，全面阐述这一历史进程，总结其经验与教训，分析其与广东对外开放前20多年实践发展的必然联系，探讨对当下中央及省委在对外开放方面重大战略决策的启示作用，可为率先全面建成小康社会、基本实现社会主义现代化提供启发和借鉴。

（二）国内外研究现状评述

对外开放在学术界激起了长盛不衰的讨论与研究热情，学者们纷纷从相关领域出发，对改革开放进行科学研究。总体来说，学者们主要从以下几个方面对改革开放进行研究与总结：一、经济政策方面，学者们从经济研究角度，对改革开放的具体经济措施或是政策得失进行了细致入微的考察，学者们还从各行各业的发展情况出发呈现改革开放带来的巨大影响；二、社会发展方面，对于改革开放带来的深刻社会变革，学者们给予了高度关注，例如社会思潮的变化、特定社会现象的兴起、社会心理的转变等；三、体制机制建设方面，随着市场经济的发展、深化，相关的体制机制建设也在同步进行中，尤其是金融体制、财税体制、法治建设等关乎国家社会发展的重要机制体制，均是学者的关注重点；四、改革开放是中国走出有自己特色的发展道路的重要决策与实践，因而与中国特色社会主义理论发展、社会主义现代化建设密切相关，许多学者从这一角度出发，分析改革开放与中国特色社会主义事业的互动；五、中国共产党是中国现代化建设坚实的领导力量，关于中国共产党领导全国人民通过改革开放实现国家发展、民族复兴的相关研究层出不穷；六、其他方面的研究，改革开放以来，国家的各项事业蓬勃发展，马克思主义研究、意识形态研究、文学、艺术、体育等各个领域的相关研究不胜枚举，进一步充实和拓宽了改革开放的研究内容。可以看出，关于改革开放的学术研究成果可谓蔚为大观，为后人的学习与研究提供了宝贵的研究资料与路径。具体到对广东对外开放的研究，在此可以稍作梳理。

1. 国内关于广东对外开放研究的著作

将视角聚焦在广东省，关于广东这个改革开放先行地的研究更为丰富与细致。2002年党的十六大提出全面建设小康社会的宏伟目标，改革开放作为国家发展的基本策略，推动着国家向着全面建成小康社会的目标前进。广东始终秉持“敢为人先”的精神和勇气，深化改革，推动开放，取得了令人瞩目的发展成绩。十六大以来，经历了改革开放三四十年的发展，广东省委宣传部、省社科院、中山大学等相关单位共同组织编写、广东人民出版社出版的《广东改革开放30年研究丛书》《广东改革开放40年研究丛书》，使广大读者可以全面了解广东改革开放的全貌。目前学术界对于广东改革开放的政策研究、经验总结、发展成效等方面的研究同样数量众多。

从宏观视角、历史叙事角度对广东改革开放的全过程进行回顾的著作十分丰富，例如中共广东省委党校、广东行政学院编写的《广东：改革开放的“窗口”》①，《广东改革开放史：1978—2018》②，中共广东省委统战部编写的《广东改革开放纪实》③，广东省档案馆编写的《图说广东改革开放30年》④，梁桂全主编的《思想解放在广东：1978—2008》⑤，蒋斌、梁桂全主编的《敢为人先：广东改革开放30年来研究总论》⑥，谢鹏飞主编的《广东发展之路：以改革开放30年为视角》⑦ 等等。这类“全景式”呈现广东改革开放历程的著作，详细梳理了广东改革开放的实践探索和经验启示，总结了推进改革开放的基本规律，为后续广东的改革开放提供理论支撑。

基于对档案文件的梳理、政策政令的分析，或改革亲历者的回忆录等一手文献资料，学者们试图从更加细微之处考察广东改革开放的过程。此类著作包括由中共广东省委党史研究室编写的《广东改革开放决策者访谈录》⑧，广东省档案馆编写的《广东改革开放先行者口述实录》⑨，广东省统计局、国家统计局广东调查总队主编的《数说广东改革开放的三十年》⑩，李军晓所著的《筚路蓝

---

① 中共广东省委党校，广东行政学院. 广东：改革开放的“窗口”[M]. 广州：广东人民出版社，2018.

② 《广东改革开放史》课题组. 广东改革开放史：1978—2018 [M]. 北京：社会科学文献出版社，2018.

③ 中共广东省委统战部. 广东改革开放纪实 [M]. 广州：广东经济出版社，2009.

④ 广东省档案馆. 图说广东改革开放30年 [M]. 广州：广东人民出版社，2008.

⑤ 梁桂全. 思想解放在广东：1978—2008 [M]. 广州：广东经济出版社，2009.

⑥ 蒋斌，梁桂全. 敢为人先：广东改革开放30年来研究总论 [M]. 广州：广东人民出版社，2008.

⑦ 谢鹏飞. 广东发展之路：以改革开放30年为视角 [M]. 广州：广东人民出版社，2009.

⑧ 中共广东省委党史研究室. 广东改革开放决策者访谈录 [M]. 广州：广东人民出版社，2008.

⑨ 广东省档案馆. 广东改革开放先行者口述实录 [M]. 广州：广东人民出版社，2008.

⑩ 广东省统计局，国家统计局广东调查总队. 数说广东改革开放的三十年 [M]. 广州：广东省统计局、国家统计局广东调查总队，2008.

缕 先行一步：广东改革开放初期历史问题研究》① 等等。同样的，在改革开放过程中，社会各个方面都产生了深刻的变革：袁奇峰等②聚焦广东城市发展，研究内容涉及省域城市格局、农村地区的城市化与小城镇发展、特区城市的崛起等方面，为读者呈现了30年来广东的城市化历程；乡村变革是中国社会变迁的缩影，周大鸣等则从此入手，在自己的著作中探索伴随着改革开放而来的乡村变革③；刘恒等学者在《走向法治：广东法制建设30年》④ 中记叙了改革开放以来广东的法治建设情况。除此之外，还有聚焦广东教育发展⑤、文化发展⑥、政治发展⑦、科技发展⑧等方面的著作。

广东是全国著名的侨乡和对外的窗口，海外华侨华人在广东改革开放事业中做出了卓越贡献，侨务工作也随着改革开放经历了不平凡的历程，一些专家学者从对外开放、华侨华人的范畴进行研究总结。例如纪宗安等编著的《复兴与腾飞：广东改革开放30年与华侨高等教育》⑨、张小欣主编的《海外华侨华人与广东改革开放40年》⑩ 等。部分学者则着重梳理广东对外开放的历程，探讨广东在数十年间开放格局的变化与影响，例如隋广军、张建武和胡文涛主编的《广东对外开放40年》⑪，鲁晓东等所著的《广东对外开放四十年》⑫ 等等。除了对现有的改革开放的成绩的肯定与总结，改革开放过程中的启示与反思也必不可少，如林若所著的《广东改革开放的实践与思考》⑬，在呈现广东改革开

① 李军晓．筚路蓝缕 先行一步：广东改革开放初期历史问题研究［M］．广州：广东人民出版社，2018.

② 袁奇峰，等．改革开放的空间响应：广东城市发展30年［M］．广州：广东人民出版社，2008.

③ 周大鸣，等．告别乡土社会——广东农村发展30年［M］．广州：广东人民出版社，2008.

④ 刘恒，等．走向法治：广东法治建设30年［M］．广州：广东人民出版社，2008.

⑤ 钟明华，冯增俊，等．教育现代化的伟大实践：广东教育发展30年［M］．广州：广东人民出版社，2008.

⑥ 李宗桂，等．文化精神烛照下的广东：广东文化发展30年［M］．广州：广东人民出版社，2008.

⑦ 肖滨，等．为中国政治转型探路：广东政治发展30年［M］．广州：广东人民出版社，2008.

⑧ 周永章，等．创新之路：广东科技发展30年［M］．广州：广东人民出版社，2008.

⑨ 纪宗安，等．复兴与腾飞：广东改革开放30年与华侨高等教育［M］．广州：暨南大学出版社，2014.

⑩ 张小欣．海外华侨华人与广东改革开放40年［M］．广州：中山大学出版社，2018.

⑪ 隋广军，张建武，胡文涛．广东对外开放40年［M］．广州：中山大学出版社，2018.

⑫ 鲁晓东，等．广东对外开放四十年［M］．广州：中国社会科学出版社，2018.

⑬ 林若所．广东改革开放的实践与思考［M］．广州：广东人民出版社，2003.

放的实践之余，亦论述了对一些问题的思考。

通过简要梳理不难发现，十六大以来广东改革开放的学术著作具有以下几个特点：1、在重要的历史节点，如改革开放三十年、四十年，系列研究丛书成为一个时段内改革开放的全面总结，丰富了相关研究。2、著作研究大多从经济、政治、文化、社会等宏观主题入手，以政策文件、报告、新闻等一手资料为主，为广东改革开放的研究做出了不少原创的分析与补充。

2. 关于广东对外开放研究的国内学术论文

与研究著作相比，关于广东改革开放的学术论文的发表，数量上更为巨大，且研究视角更微观、研究内容更广泛、研究方法更多样，形成了“百花齐放”的研究景象，通过中国期刊网、中国知网、万方数字化期刊等著名数据库可以梳理相关研究成果。十六大以来，有关“广东对外开放”研究成果层出不穷，2008 年、2010 年、2015 年、2018 年、2019 年的学术论文均超过了 60 篇，其中 2018 年发表的学术论文多达 95 篇。截至 2020 年 4 月 12 日，研究成果主题含“广东对外开放”的共有 1591 篇，其中基础性研究占比较大，共有 805 篇，对策性研究有 366 篇，行业指导性研究有 274 篇。中共广东省委党校、广东省社会科学院、中共广东省委、广东省人民政府、中共广东省深圳市委和市委党校、中山大学、暨南大学、深圳大学等党政机关和高校，都在“广东对外开放”的研究中贡献颇多。

鉴于“广东对外开放”的研究包罗万象，笔者以较为简单的分类进行梳理，以期让广大读者更为直观地了解相关学术研究。因此，可将当前的研究内容大致分为：经济政策和经济特区研究、历史分析研究、粤港澳大湾区。从研究角度来看，当前关于广东对外开放的研究呈现出多学科关注、多角度研究、多层次成果的特点。研究方法包括量化数据研究、实证研究、历史研究等。

有关广东对外开放的研究中，经济政策的研究数量最多，角度各有不同。首先是有关外商投资、外资利用、外贸出口和外向型经济的研究，学者们将目光主要聚焦在投资方式和实际利用问题上。例如，刘胜和陈万灵在自己的研究中指出①，广东吸引外资的过程中存在外资集中与制造业来源多是香港、服务业吸引外资能力不足、外商投资地过于集中四个问题。肖营和张长生将 2003 年以来广东与苏州的外商投资进行了比较，分析江苏超越广东成为全国利用外资的第一位的原因，其为广东再创利用外资优势提出合理建议，包括进一步深化体

① 刘胜，陈万灵．“优进优出”——打造对外开放新局 广东利用外资问题初探［J］．广东经济，2015（5）．

制改革，完善营商环境等措施。①

其次，经济体制改革和市场经济也是学者们持续探讨的话题。广东近年来持续推动产业升级，促成高质量的经济发展，学者们具体从生产要素供给、市场需求、技术创新等因素进行分析，为广东产业升级提供理论参考。② 十八大以来，创新驱动发展对推动广东经济发展起到关键作用，学者们提出一系列对外开放新举措，对广东创新驱动发展的路径、理论做出探讨。③

最后，一些学者对广东经济特区和珠三角城市群建设，尤其是关于深圳特区建设给予高度的关注，发表了许多高质量的研究成果。经济特区建立后，张元元、曾牧野、李克华、罗木生等学者便对深圳特区的建设进行了详细的研究，分析社会主义市场经济体制建设的较早时期的过程，为广东经济特区建设提供了宝贵的理论指导。深圳大学 2001 年成立了中国特区经济研究中心，涌现了众多的经济特区研究学者和成果。著名经济学家苏东斌教授从宏观视角，探讨经济增长方式由外延式向内涵式转变的问题，他指出："从根本讲，'改革'就是要把计划经济体制改为市场经济体制，而'开放'也不过是市场经济的延伸罢了。"④ 陶一桃教授从制度变迁角度解读经济特区建设，她认为"经济特区的建设成就使传统区域经济学理论中的回流效应、扩散效应等都以'中国式'的作用机制展现出来，并诠释着中国社会制度变迁的独特路径。"⑤ 相关的研究为人们了解、解读广东对外开放起到了有益作用。

改革开放四十年来的历史，积累下许多宝贵的经验，也记载了党在改革开放中摸着石头过河的历程，有许多学者从历史研究的角度出发探讨广东的对外开放。陈俊凤、卢荻和陈宪宇三位学者在《广东改革开放若干问题的回顾——

① 肖营，张长生 . 2003 年以来粤苏实际外商直接投资的比较研析 [J]. 广东行政学院学报，2014（6）.

② 向晓梅，吴伟萍 . 改革开放 40 年持续性产业升级的动力机制与路径——广东迈向高质量发展之路 [J]. 南方经济，2018（7）；邓江年 . 广东产业升级的创新驱动路径研究 [J]. 南方经济，2016（6）；陈云贤 . 以科技创新促进产业结构转型升级 [J]. 行政管理改革，2016（1）；窦志铭 . 传统制造业转型升级与广东质量强省面临的问题与对策研究 [J]. 特区经济，2017 年（2）.

③ 李兰胜 . 创新驱动与广东对外经济发展新格局 [J]. 南方经济，2017 年（5）；促进创新理论研究与创新驱动发展相结合——广东创新发展座谈纪要（之一）[J]. 南方经济，2016（7）；姜巍 ."互利共赢"新开放观与广东开放型经济体制创新研究 [J]. 经济体制改革，2018（2）.

④ 苏东斌 . 中国经济特区的发展与市场经济的研究 [J]. 中国经济特区研究，2008（1）.

⑤ 陶一桃 . 经济特区与中国制度变迁的路径选择 [J]. 中国经济特区研究（国际会议），2019（1）.

朱森林同志访谈录》[①] 一文中，通过访问时任广州市委书记，后任广东省省长的朱森林同志，详细回顾了广东省改革开放历史进程中的一些重大步骤。卢荻、关山、肖耀堂等学者将对广东改革开放的先驱人物任仲夷的采访整理成文，[②] 反映了广东在改革开放初期面临的问题及一些政策制定的过程。胡吉伟分析了习仲勋同志在广东主政期间对改革开放的探索，并认为习仲勋同志对广东改革开放事业的探索与实践为全国改革开放提供了重要经验。[③] 张丽红基于史料分析，回顾了二十世纪五六十年代广东吸引华侨投资的具体情况，她还指出在多层次、多渠道的引进形势下，华侨投资的重要性有所下降，这对国家来说是有利的。[④] 从历史研究角度、基于翔实资料的研究呈现了广东对外开放不为人知的过程。

2017 年 3 月 5 日召开的十二届全国人大五次会议上，国务院总理李克强在政府工作报告中提出，要推动内地与港澳深化合作，研究制定粤港澳大湾区城市群发展规划，发挥港澳独特优势，提升在国家经济发展和对外开放中的地位与功能。有关粤港澳大湾区的研究在近几年迅速增长，广东的相关科研部门和高校也相继成立了关于粤港澳大湾区的研究中心，吸引国内外众多学者参与大湾区研究。例如，由广东政府部门牵头、多方研究机构组建的粤港澳大湾区研究院；中山大学于 2015 年成立的粤港澳发展研究院；广东外语外贸大学成立的粤港澳大湾区研究院；暨南大学"一带一路"与粤港澳大湾区研究院等等。这些研究机构及学者围绕粤港澳大湾区发展动态、行政治理等方面进行了深入研究，为政府决策提供参考。作为中国对外开放的窗口，广东在经济建设、体制改革、政策制定等方面走在全国前列，广东对外开放 40 年来积累了许多宝贵经验和启示，广东的经验成为其他省份或地区借鉴和学习的对象。层出不穷的政策对比性研究证明了广东改革开放的经验和启示具有极大的现实意义。

3. 国外有关广东对外开放的研究

广东是中国改革开放的排头兵、先行地和试验区，广东的政策与发展也吸引了国外许多学者的关注，他们希望从对广东的研究中一窥中国改革开放的发展与经验。

---

① 陈俊凤，卢荻，陈宪宇．广东改革开放若干问题的回顾——朱森林同志访谈录［J］．中共党史资料，2006（3）．

② 肖耀堂，刘傅海，林文强，等．任仲夷口述广东改革开放最初历程［J］．源流，2008（3）．

③ 胡吉伟．习仲勋对改革开放的探索与贡献［J］．党史博采（理论），2016（9）．

④ 张丽红．历史的细节：20 世纪五六十年代中国吸引华侨投资探微——以广东省华侨投资公司为例的分析［J］．华侨华人历史研究，2019（1）．

新加坡国立大学东亚研究所郑永年教授对中国改革开放十分关注，并就中国经济模式和政治制度的发展进行了长期深入的研究。他将中国的改革开放称为“中国模式”，这也是国外许多学者对中国独特发展道路的命名。他主张外国学者摒弃意识形态偏见来客观看待中国发展模式，还分析了中国学者对“中国模式”的三种不同态度。更重要的是，郑永年在自己的研究中评述了“中国模式”的独特性和成功之处，并且也指出了由于经济发展而造成的现下中国的许多社会问题。① 对于中国改革开放的窗口广东，郑永年曾在自己的研究中，从经济发展、社会改革和行政体制改革三方面探讨广东进一步深化改革的路径，他将广东改革的成败与国家未来紧密联系，突出了广东在国家发展大局中的重要地位。②

美国学者傅高义得益于在香港的教学工作，早在改革开放前他就通过报章、新闻等对广东有了深入的了解。待到改革开放初期，他成为第一位应邀访问广东的西方学者，几乎走遍了广东的每一个市县，进行了广泛、详尽的田野调查。他对广东改革开放的研究主要集中在改革开放初期，在他的著作中，记叙了1978—1988十年间在改革前沿广东所发生的重大事件，分析了广东改革的动因、性质、过程和变化，并由此考察中国推动的改革和对外开放。通过研究，傅高义先生认为中国的改革开放有益于美国的利益，有益于世界的和平与发展。③

有关广东改革开放的国外研究十分丰富，如董兴斌、琼斯（音译）等学者编著的《中国的经济引擎：广东省的改革》，记叙了广东经济改革的演变，与香港和内地其他地区的联系，以及广东不同地区的发展战略。④ 世界银行在有关广东经济发展的研究中，关注到在进一步深化改革过程中广东促进共享、缩小地区差异的努力。⑤ 在《广东省减少不平等促进共享增长报告》中，提出三项措施促进广东制定更具包容性和可持续增长的新改革阶段的战略，即消除绝对贫困、减少机会方面的不平等和遏制成果方面的不平等。随着中国改革开放的推进，国内外的研究势必还会持续，不仅有全面呈现广东乃至中国发展图景的研究，也肯定存在可以客观分析政策得失的研究。这些研究可以为今后广东对外

---

① 郑永年．中国模式：经验与挑战［M］．北京：中信出版社，2016.

② 郑永年．市场经济与广东的改革开放［J］．开放时代，2012（4）.

③ 傅高义．先行一步：改革中的广东［M］．广州：广东人民出版社，2008.

④ Tung X B，David C Y，Wayne D J，et al. China′s Economic Pow Economic Reform in Guangdong Province［M］. New York：palgrave Macmillan，2003.

⑤ World Bank. Reducing Inequality for Shared Growth in China：Strategy and Policy Options for Guangdong Province［J］. Asian-Pacific Economic Literature 2011，25（2）.

开放提供理论参考。

改革开放已经40年，事实证明改革开放是让中国走向中华民族伟大复兴的法宝。改革与开放相辅相成、相互促进，在改革进入深水区的同时，对外开放也在不断扩大，如今我国已经逐步形成了开放型经济体制。广东作为中国改革开放的排头兵和先行地，在对外开放格局中具有地理优势和历史传统。十六大以来，广东以全球视野打造开放广东，在实践中深化开放体制机制，最终形成了广东独特的开放气质。

（三）研究的重点难点、创新之处和基本方法

1. 研究重点

从研究重点来说，梳理十六大以来广东推进对外开放实践的历史进程是课题的重点。本课题紧扣开放发展理念，立足广东实际，一是对十六大以来党中央和广东省委促进对外开放的重大战略决策及广东具体落实进程进行历史梳理；二是立足中国改革开放30多年的历史背景，全面阐述党的十六大以来广东对外开放发展与前20多年实践发展的必然联系。从研究难点来说，对十六大以来广东推进对外开放的实践发展进行总体评价是课题的难点。回顾历史是总结经验的前提，整体评价是分析历史的结论。如何运用马克思主义理论辩证准确地分析广东对外开放的实践对社会历史发展、马克思主义中国化进程产生的影响，如何做到论从史出，史论结合，是本课题的难点所在。

2. 创新之处

本课题站在全面深化改革的历史新起点，从中央和广东两个层面来考察党的十六大以来广东对外开放实践的历史进程，注重史论结合，论从史出；注重上下联动，微观个体和宏观群体相关照；注重历史与逻辑相统一。

3. 基本思路

本课题以马列主义、毛泽东思想和中国特色社会主义理论为指导，借鉴历史学、国际关系学、社会学等学科理论开展研究。首先，立足中国改革开放大背景，通过文献梳理党的十六大以来广东推进对外开放实践的历程；其次，分析广东对外开放实践的创新与党的对外开放理论创新的相互关系；最后，总结广东省委在中央统一部署下引领中国对外开放的实践对当下领导广东人民继续增创对外开放新趋势的启示作用。

4. 研究方法

（1）历史研究方法。本课题通过利用档案、报刊、文献等资料，采取归纳与演绎、综合和分析相结合的方法，系统梳理党的十六大以来中央和广东不断推进对外开放实践发展的历史脉络。（2）比较研究方法。本课题以党的十六大

召开为分水岭，对广东对外开放前后20年的发展进行比较分析，明确不同时间段对外开放实践发展的特点、作用和联系。（3）宏观和微观相结合方法。本课题不仅从宏观上对广东对外开放实践的总体特征、历史作用、基本经验进行分析，还将其置于中国改革开放30多年的大背景之下进行全面阐述。

改革与开放是广东发展的“根”和“魂”。改革开放以来，特别是党的十六大以来，广东作为中国改革开放的前沿，以开放为突破口，在南粤大地上谱写了以开放促改革、促发展的新篇章。2012年12月，党的十八大闭幕不久，习近平总书记到广东深圳、珠海、佛山、广州等地考察时指出：中央始终要求广东在改革开放中发挥窗口作用、试验作用、排头兵作用，广东不负中央重托，敢为天下先，经济社会发展取得举世瞩目的成就，综合实力实现历史性跨越，创造了举世瞩目的“广东奇迹”。全面地总结十六大以来广东对外开放的实践，对于激励广东人民敢为人先的精神，将广东的改革开放推向纵深有重要意义。

二、与时俱进：坚持对外开放基本国策，以全球视野打造开放广东

从1979年4月，中央工作会议决定发挥广东毗邻港澳、华侨众多的优势，让广东在改革开放中先走一步，广东作为深化改革开放的先行地，发挥着“试验田”“窗口”“示范区”作用。30多年来，广东不负重托，不辱使命，摸着石头过河，“杀出一条血路”，敢为天下先，结合广东实际创造性地把中央关于改革开放的战略设想变为活生生的现实，努力探索发展中国特色社会主义，为各地改革开放提供鲜活的样板、路标，为全面推进改革开放奠定基础。中国的对外开放从建立经济特区到沿海、沿江、沿边及内陆的全方位开放，从发展“三资企业”到建立友好城市及扩大民间往来，再到国家乃至区域合作的多层次开放，从商品市场到资本市场、技术市场、劳务市场的宽领域开放，为我国的发展注入了强大的生机与活力。因此，把十六大以来广东对外开放的实践置于中国改革开放40多年的大背景之下，全面阐述这一历史进程，方能了解广东对外开放的背景。

（一）立足社会发展，因时而进推动广东开放发展

1. 对接国际，掀开对外开放新篇章。2002年党的十六大顺利召开，一年之前，中国加入了世界贸易组织（WTO）。入世以来的重大发展契机和经济全球化带来的复杂国际环境，对我国的对外开放提出了更高的要求：首先，要将继续深化改革开放与深入贯彻落实科学发展观有机结合起来，有效统筹国内发展和对外开放，提高开放型经济水平以及安全高效的开放理念。其次，要强调“互

利共赢”的开放战略，在更大范围、更广领域和更高层次上参与国际经济技术合作和竞争。最后，要坚持“引进来”和“走出去”相结合，优化资源配置，拓宽发展空间，以开放促改革、促发展，以与时俱进的精神推进改革开放，全面提高对外开放水平。

在科学发展观指导下，广东作为改革开放排头兵、先行区，面对“非典”、全球金融危机和国内百年不遇的冰雪、洪涝灾害等不利因素，广东省委、省政府坚持科学发展统领大局，充分发挥了“敢为天下先”的攻坚精神，秉承“逢山开路、遇水架桥”的勇气，探索出一条具有时代特征、广东特色的改革开放新路子。

一是基本建立起社会主义市场经济体制。十六大以来，广东通过深化国企改革与创新并举、释放非公经济发展活力、推动价格机制纵深发展、推进财税体制稳步改革等措施，逐步建立起社会主义市场经济体制。截至 2015 年底，广东国资委监管企业所有者权益为 5357.87 亿元，省属企业资产总额同比增长 2.6 倍，营业收入增长 1.62 倍，利润总额增长 1.13 倍，广东国资监管企业资产总额排全国第二，营业收入为全国第三，利润总额为全国第一。① 广东经济迅速发展，获得了“世界工厂”和“制造业大省”等美誉，经济总量从 1985 年开始连续 25 年位居全国第一。民营企业如今是广东经济增长的重要引擎，2017 年中国民营企业 500 强中有 60 家来自广东；2011—2016 年，民营企业出口总额年均增长 21%，比全省出口增速 12.7%多出近一倍；民营企业在吸纳就业者方面也十分突出，2016 年底，私营企业从业人员为 1329.49 万人，个体户从业人员为 1152.13 万人。②

二是体制机制取得新的突破。首先，行政管理体制改革顺利推进。广东省在 2002 年对行政审批事项进行精简，部分审批权下放至地级市，省政府集中对 49 个省直单位的所有行政审批事项进行清查，取消和调整的审批事项点占所有事项的 35.4%，经过两轮调整，广东省级政府精简的审批事项近 40%。其次，国有企业改革继续深化。十六大后，国有企业继续按照“产权清晰、权责明确、政企分开、管理科学”的现代企业制度方向改革，使企业真正成为市场主体。国有外贸企业是广东省在对外开放中的中流砥柱，因此，广东积极深化国有外贸企业的公司制改造，积极推进国有外贸企业战略性重组，增强对大型外贸企业的服务工作，通过改革推动国有外贸企业蓬勃发展。再次，民营经济发展环

① 资料来源：广东省人民政府国有资产监督管理委员会官网.
② 资料来源：广东信息统计官网.

境不断优化。自2004年国家《对外贸易法》实施后，外贸经营权由审批制变为备案制，放宽对外贸经营者的约束，越来越多的中小外贸企业经营者得以通过备案参与到外贸经济活动中。随着政策转变，广东进一步增加了可以办理备案登记的政府部门，2006年底，广东共有66710家对外贸易经营主体，占全国总数的22.23%。① 最后，市场体系建设稳步发展。广东省自20世纪90年代起就对社会主义市场经济机制的建设进行不断的探索，包括国有企业产权制度改革、建立现代企业制度、国有企业资产重组等等。为释放非公有制经济活力，2003年，广东省发布全面推动民营经济的纲领性文件，即《中共广东省委、广东省人民政府关于加快民营经济发展的决定》，以及12个配套政策性文件，从政府层面支持民营经济发展。

三是对外开放实现新飞跃。随着中国加入世界贸易组织（WTO），和香港、澳门回归，广东省的对外开放迎来重大历史机遇。广东积极抓住“入世”新机遇，实行“引进来”与“走出去”相结合的战略，对外经济贸易持续发展。十六大前后，广东省先后颁布了《积极发展境外加工贸易业务的若干意见》《境外加工贸易企业资金管理暂行办法》等文件，积极推进本省区域外加工贸易，完善广东开放性经济体系战略发展。同时，广东积极推进多边双边和区域经济合作。随着2003年中央政府与香港特区政府签署的《关于建立更紧密经贸关系的安排》（简称CEPA），以及2004年签署的《泛珠三角区域合作框架协议》，广东与港、澳经济联系更为紧密，粤港澳经济合作进入全新阶段。此外，广东持续重视出口商品结构优化，努力促成多元化出口市场格局。广东省委、省政府推出产业与劳动力“双转移”战略，引进先进技术，推动技术进步和产业升级，调整优化进出口产品结构，制定和完善发展现代产业体系的政策、规划，出台了包括《广东省委、省政府关于推进产业转移和劳动力转移的决定》《广东省产业转移区域布局指导意见》《关于抓好产业转移园建设加快产业转移步伐的意见》等一系列配套政策，进一步完善产业转移政策环境，实现产品升级，构建多元出口市场格局。

2. 化危为机，进入改革开放深水区。党的十七大对全面建成小康社会进行了全面部署，十七大报告指出，“事实雄辩地证明，改革开放是决定当代中国命运的关键抉择，是发展中国特色社会主义、实现中华民族伟大复兴的必由之

① 隋广军，张建武，胡文涛．广东对外开放40年［M］．广州：中山大学出版社，2018：52.

路”①。在改革开放即将迎来30周年之际，在全面贯彻科学发展观的关键之年，我国对外开放日益扩大，国际竞争日趋激烈，统筹国内发展和对外开放要求更高。十七大报告指出要“坚持对外开放的基本国策，把‘引进来’和‘走出去’更好结合起来，扩大开放领域，优化开放结构，提高开放质量，完善内外联动、互利共赢、安全高效的开放型经济体系，形成经济全球化条件下参与国际经济合作和竞争新优势。”② 2008年的金融危机，导致国际竞争日趋激烈，贸易保护主义加剧。在国内，区域之间产业同构竞争激烈，珠三角地区发展成本呈现全面上升态势。

十七大后，广东省委在十届二次全会上明确提出要进一步解放思想，转变经济发展方式，实现广东科学发展。③ 这一阶段，广东省集中主要力量解决产业升级问题、调整市场结构，努力提升广东开放型经济水平。在推动产业升级过程中，政府政策与市场机制紧密联合，形成“双轮驱动”作用，政府在2008年和2009年先后出台了《中共广东省委、广东省人民政府关于推进产业转移和劳动力转移的决定》《关于加快建设现代产业体系的决定》《关于加快高新技术产业开发区发展的意见》等政策文件，进一步推动广东产业和劳动力转型升级。国务院2008年12月出台了《珠江三角洲地区改革发展规划纲要（2008—2020年）》，广东省迅速反应，于2009年4月发布了《中共广东省委、广东省人民政府贯彻实施〈珠江三角洲地区改革发展规划纲要（2008—2020年）的决定〉》。以政府为引导，由市场来运作，成为广东在产业转型升级中的方针。

除此之外，广东省在这段时间里还不断加强其他方面工作：一是提高利用外资水平，积极引进世界500强企业投资，在广东设立地区总部、研发中心、采购中心，引导外资重点投向高新技术产业、装备制造业、现代服务业、环保节能产业，并且鼓励外资企业参与国有企业和民营企业改组改造。二是加快园区集群发展，尤其是外资企业进驻园区。广东推动了新加坡吉宝公司、裕廊国际公司在广东建立“知识城”与现代物流工业园等项目的落户。三是积极推动具有自主知识产权、自有品牌、高附加值的产品出口，增加能源、重要原材料和关键设备进口，重点引进发达国家和地区的知识密集、产业链长的先进制造

---

① 胡锦涛．高举中国特色社会主义伟大旗帜，为夺取全面建设小康社会新胜利而奋斗［N］．人民日报，2007-10-25．

② 胡锦涛．高举中国特色社会主义伟大旗帜，为夺取全面建设小康社会新胜利而奋斗［N］．人民日报，2007-10-25．

③ 汪洋．继续解放思想，坚持改革开放，努力争当实践科学发展的排头兵［EB/OL］．中国共产党新闻网，2007-12-25．

业。四是提升粤港澳合作水平，坚持前瞻、全局、务实、互利原则，深化粤港澳合作，加快跨境基础设施建设，扩大金融、物流和专业服务业合作，积极拓展科技、教育、文化、旅游等领域合作，加强警务、口岸、食品、卫生、环保等涉及地区经济秩序和社会安全领域的合作。

3. 构建全新对外开放格局。进入新世纪新阶段，国际局势风云变幻，综合国力竞争空前激烈。总体上这一阶段我国经济持续健康发展，开放型经济达到新水平，进出口总额跃居世界第二位，对外开放水平进一步提高，国际竞争力明显增强。2012 年 12 月 7 日至 11 日，习近平总书记在十八大后地方考察第一站就来到广东，习近平总书记在讲话中指出：广东在全国改革发展大局中具有举足轻重的地位，肩负光荣而艰巨的使命。希望广东的同志再接再厉，高举中国特色社会主义伟大旗帜，全面贯彻落实党的十八大精神，以邓小平理论、“三个代表”重要思想、科学发展观为指导，紧紧抓住国家支持东部地区率先发展的机遇，努力成为发展中国特色社会主义的排头兵、深化改革开放的先行地、探索科学发展的试验区，为率先全面建成小康社会、率先基本实现社会主义现代化而奋斗（即“三个定位，两个率先”）。十八大以来，以习近平同志为核心的党中央准确判断新的国内外形势，深刻把握国内发展新要求，提出了开放发展新理念。2012 年 11 月，党的十八大明确提出，要转变经济发展方式，实施创新驱动发展战略，走中国特色的自主创新道路。党的十八大报告指出：“我们深化改革开放，加快发展步伐，以加入世界贸易组织为契机，变压力为动力，化挑战为机遇，坚定不移推进全面建设小康社会进程。”① 要适应经济全球化新形势，就必须实行更加积极主动的开放战略，完善互利共赢、多元平衡、安全高效的开放型经济体系。

十八大以来，广东积极落实“三个定位、两个率先”，实施创新驱动发展战略，建设广东自由贸易试验区，打造“一带一路”核心枢纽，共建“粤港澳大湾区”新增长极。广东省先后颁布多项政策文件以促进发展：为激发市场主体活力，广东 2013 年出台了《广东省企业投资管理体制改革方案》《广东省社会创新实验基地名单及共建项目》。为实施创新驱动发展，广东 2014 年出台了《关于全面深化科技体制改革加快创新驱动发展的决定》，2016 年发布了《关于加快科技创新的若干政策意见》《珠三角国家自主创新示范区建设实施方案（2016—2020 年）》。为建设自由贸易试验区，广东根据中央政府颁发的《中国

---

① 胡锦涛 . 坚定不移沿着中国特色社会主义道路前进 为全面建成小康社会而奋斗［N］. 人民日报，2012-11-09.

（广东）自由贸易试验区总体方案》《中国（广东）自由贸易试验区建设实施方案》《中国（广东）自由贸易试验区广州南沙新区片区建设实施方案》要求，着力推进自由贸易区发展。为打造“一带一路”核心枢纽，广东出台《关于进一步提高对外开放水平的意见》，对接国家战略，不断加强与“海丝”沿线国家的经贸合作。为共建“粤港澳大湾区”新增长极，2016 年广东出台《关于深化泛珠三角区域合作的指导意见》，2017 年签署了《深化粤港澳合作，推进大湾区建设框架协议》，推动大湾区内以广州港、深圳港为核心的珠三角港群发展，将粤港澳作为整体面向世界。

（二）立足时代变迁，因事而化助推广东开放模式转型

十六大以来，中央强调要实行“互利共赢”的开放战略，要有效统筹国内发展和对外开放，提高开放型经济水平以及安全高效的开放理念，并将继续深化改革开放与深入贯彻落实科学发展观有机结合起来。

1. 改革对外开放体制机制，提升对外开放质量。跨入 21 世纪，国内发展与国际形势都迎来新局面，广东改革开放继续摸着石头过河。十六大以来，广东对外开放从局部扩展到全局，开放程度不断扩大，形成全面开放新体系，广东逐步对外贸体制、金融体制、对外投资结构等方面进行改革。

对外贸易体制，关系着广东对外开放的成败，因此，广东省在外贸相关的体制机制改革中始终走在前列。2001 年中国加入世贸组织后，广东积极调整外贸管理体制，深化行政审批制度改革，先后取消审批、审核和核准事项 1558 项，相仿管理事项 246 件，① 逐步对接国际规则，改革行政制度。同时，为加快外贸主体多元化发展，广东依据 2004 年中央新修订的《中华人民共和国对外贸易法》，放宽外贸经营权，扶持和鼓励中小企业从事对外贸易。2008 年金融危机推动广东外贸升级转型，广东出台《关于促进加工贸易转型升级的若干意见》，2013 年又颁布《广东省推进加工贸易转型升级三年行动计划（2013—2015 年）》，2015 年出台《广东省促进外贸稳定增长和转型升级若干措施》等。

在国家的大力支持下，广东的金融体制改革稳步推进。1997 年亚洲金融危机给广东经济发展带来不利影响，金融市场潜伏的不稳定性使得广东省对金融体制进行改革。2003 年，广东进行了一轮金融体制改革，如由中国人民银行分支行执行货币政策、防范和化解系统性金融风险、维护地区金融稳定；银监局、证监局和保监局改进监管方式，突出合规监管与风险监管，加强证券机构常规

① 隋广军，张建武，胡文涛. 广东对外开放 40 年［M］. 广州：中山大学出版社，2018：108.

监管等。十七大以后，广东提出建设金融强省发展战略，深化金融体制改革。2007年，广东省委、省政府发布《关于加快发展金融产业建设金融强省的若干意见》，《广东建设金融强省“十一五”规划》，2011年发布《广东省金融改革发展“十二五”规划》等文件。此外，广东还不断完善金融、科技的创新服务体系，完善创业风险投资机制、推动交易平台创新发展。十九大后，按照国家在金融领域改革的总体部署，广东省逐步完善金融监管体制，推动金融业信用建设，重视保护金融消费者权益，努力建立金融稳定长效机制。经过改革，广东金融服务基础设施趋于完善，多元化金融市场体系得以建立，外向型金融业务持续发展。

对外投资结构不断升级，是促进广东对外开放持续发展的重要动因。广东省在强调“引进来”的同时也更加重视“走出去”，“一带一路”建设的新契机更加速了广东“走出去”的步伐，带来可观的经济效益。2000年，中央确立了“走出去”战略，鼓励企业与外商合作，2004年国务院发布《关于投资体制改革的决定》，完善“走出去”的各项政策。广东省深刻领会中央的政策精神，早在2000年7月就出台了《积极发展境外加工贸易业务的若干意见》，鼓励企业抓住机会走出国门。第一批获广东政府扶持的企业有40家，其中华为、TCL、格力等企业获得巨大成功，随后，覆盖各个领域的企业转战国外，拓展国际市场。早期广东对外投资的行业多集中在批发和零售业、商业服务业、房地产业，之后对能源产业和资源开发的投资迅速上升，大型科技公司和制造公司在国际上同样颇具竞争力。截至2015年，广东对外投资的企业中，超过90%为民营企业。2013年“一带一路”倡议提出，广东出台了《关于进一步提高对外开放水平的意见》，制定并落实进一步加强与欧洲、北美、东盟、非洲、中亚交流合作的实施方案。2014年广东对“一带一路”沿线国家的投资为17.2亿美元，2015年同比增长44.7%，2016年的实际投资超过40亿美元，可见在“一带一路”带动下广东的对外投资快速发展。

2. 实行“互利共赢”开放战略，深化区域经济合作。互利共赢开放战略是我国对外开放过程中对基本方针政策的进一步发展，是在经济全球化不断深化以及中国开放型经济大国地位确立的背景下提出的对外开放新战略。在党的十七大报告中，胡锦涛同志明确提出“完善内外联动、互利共赢、安全高效的开放型经济体系”的要求。这十二个字的明确界定，第一次全面地诠释了开放型经济的深刻内涵，是对改革开放以来，在对外开放领域科学认识的系统概括和总结，意蕴深远。2004年，中央经济工作会议总结了对外经济工作的四点启示，其中之一就是“增进合作，互利共赢”。党的十六届五中全会《中共中央关于制定国民经济和社会发展第十一个五年规划的建议》明确要求要“实施互利共赢的开放战略”，在继承和发展“平等互利”思想的基础上，正式把“互利共赢”上升到“开放战略”的高度。党的十八大以来，以习近平同志为核心的党中央多次强调“我们将实行更加积极主动的开放战略，完善互利共赢、多元平衡、安全高效的开放型经济体系。”①

秉持“互利共赢”开放战略，广东不断深化与港澳的经济合作，并通过开放促改革，使广东成为全国开放程度最高的地区。广东实行对外开放之初，就积极吸引港澳投资，一度成为港澳“前店后厂”模式的强大支撑。据统计，2002 年，进驻珠三角的香港企业近 5 万家，内地雇员近 1300 万；② 2003 年珠三角对港澳地区出口额占总出口额的 35.9%，广东跃升为港澳最大的贸易伙伴。到 2003 年 CEPA 签署，标志着粤港澳合作的动机机制已经从自发的“自下而上”发展到“自上而下”的政策推动阶段，为粤港澳经济合作提供了政策保障。2003 年 6 月和 2004 年 10 月，中央政府分别与香港、澳门特区政府签订了《内地与香港关于建立更紧密经贸关系的安排》《内地与澳门关于建立更紧密经贸关系的安排》，广东凭借地缘优势，开始全方位展开与港澳的经济合作。以关税为例，自 2004 年 1 月 1 日起，产地为港澳的 273 个项目可享受零关税进入内陆市场的优惠政策，此前部分商品关税为 23%～35%，此项政策可每年为香港节约 7.5 亿港币。这一阶段的区域经济以实现商品和生产要素的自由流通为主，初步形成了自由贸易区和共同市场阶段。

2008 年，国家发改委发布的《珠江三角洲地区改革发展规划纲要（2008—2020 年）》首次将珠三角 9 市与港澳紧密合作纳入发展规划，在国家层面初步对粤港澳区域建设形成了总体规划。基于此，2009 年 2 月，粤港澳三方在香港首次举行了共同推动实施《珠江三角洲地区改革发展规划纲要》的联络协调会议，会上明确提出三地政府将联合开展《环珠江口宜居湾区建设重点行动计划》。2010 年 3 月，广东与香港签署《粤港合作框架协议》，明确粤港合作发展定位，推动两地经济社会共同发展。十八大后，粤港澳地区合作进一步深化，2016 年国家“十三五”规划纲要指出“支持港澳在泛珠三角区域合作中发挥重要作用，推动粤港澳大湾区和跨省区重大合作平台建设”。2017 年 3 月，广东与港澳签署了《深化粤港澳合作推进大湾区建设合作框架协议》，粤港澳大湾区合

---

① 习近平．深化改革开放 共创美好亚太［N］．人民日报，2013-10-08.

② 黄永智．粤港经贸合作新机遇——简析《内地与香港关于建立更紧密经贸关系的安排》［M］．广州：中山大学出版社，2003.

作进入协同发展、全面推进的新发展阶段。广东对港澳的高程度开放和深层次合作，实现了合作共赢，提升了三地的国际竞争力，同时形成了粤港澳城市群。

3. 以创新驱动经济发展，提高开放型经济水平。“创新开放模式，促进沿海、内陆、沿边开放优势互补，形成引领国际经济合作和竞争的开放区域，培育带动区域发展的开放高地。”① 这是十八大对改革开放提出的前所未有的新要求，对我国全面提高开放型经济水平赋予了新的内涵。2012 年底，习近平总书记在广东考察工作时发表重要讲话：广东要成为发展中国特色社会主义的排头兵、深化改革开放的先行者、探索科学发展的试验区，为率先全面建成小康社会、率先基本实现社会主义现代化而奋斗。党的十八大以来，广东坚定不移地把创新驱动作为经济社会发展的核心战略和经济结构调整的总抓手。② 广东省委、省政府按照中央决策部署，积极推进广东创新驱动发展战略，营造良好创新环境，完善相关机制，着力把创新落实在发展上、落实到具体行动中。

2014 年十八届三中全会后，广东率先颁发了《关于全面深化科技体制改革加快创新驱动发展的决定》，该文件是广东关于深化科技创新体制改革、实施创新驱动发展的纲领性文件，体现出广东在探索创新驱动发展战略中敢为人先的精神与勇气。2015 年，为贯彻落实中共中央、国务院《关于深化体制机制改革加快实施创新驱动发展战略的若干意见》，广东省委、省政府迅速展开行动部署，召开了全省科技创新大会。2015 年，广东省人民政府先后发布《广东省深入实施知识产权战略推动创新驱动发展行动计划》《广东省人民政府办公厅关于深化高校科研体制机制改革的实施意见》，充分调动高校科研人员积极开展技术创新，为其提供创新环境和政策，激发其创新活力。2016 年，广东省人民政府办公厅先后发布《广东省创新驱动发展工作考核实施办法》《广东省工业企业创新驱动发展工作方案（2016—2018 年）》《广东省人民政府办公厅关于金融服务创新驱动发展的若干意见》，将创新驱动植入工业、金融等领域，引领各行业体制机制改革，提升产业创新发展水平，引导行业增强自主创新能力。

宏观层面的总体规划最终要落实在具体政策和行动上。广东通过打造国家科技创新中心、建设国家自主创新示范区、推动制造业转型升级来落实创新驱动发展战略。科技创新需要创新企业与人才，因此广东高度重视高新技术企业发展。2015 年广东高新技术企业数量达 11105 家，全年工业产值达 30202.44 亿

---

① 胡锦涛．坚定不移沿着中国特色社会主义道路前进 为全面建成小康社会而奋斗［N］．人民日报，2012-11-18.

② 胡春华．坚定不移实施创新驱动发展战略［N］．人民日报，2017-08-30.

元，税收贡献达1645.47亿元，科技活动人员达85.9万人，科技活动支出达1687.4亿元。2016年广东高新技术企业数量为19857家，位居全国第一。① 这得益于广东深入实施高新技术企业培育计划，着力提升高新技术企业的规模和质量。同时从2015年开始，广东加快实施新一轮技术升级改造，即工业转型升级攻坚战三年行动计划（2015—2017年），激发科技创新潜力，激活科技服务市场，提升中小企业创新活力，扶持先进技术研发投产。在科技创新人才培养方面，广东大力推进高水平大学、高水平理工科大学的建设，2015—2017年组建了高水平大学群，为科技创新培养重要支撑和储备人才。创新驱动的关键在于区域协同发展，2016年4月广东制定并实施了《珠三角国家自主创新示范区建设实施方案（2016—2020年）》，形成了以广州和深圳为龙头，珠三角各市互补和一体化发展的“1+1+7”创新发展模式。工业制造作为推动广东经济发展的支柱产业之一，在创新驱动发展战略中占有重要地位，2015年9月广东省人民政府发布《关于贯彻落实〈中国制造2025〉的实施意见》，积极适应和引领经济发展新常态，坚持走“高端化、智能化、集约化、绿色化”发展道路，推动广东制造业转型升级和优化发展。

（三）立足广东使命，因势而新助推广东开放发展的科学转向

进一步扩大开放是广东加快转型升级的重要途径，要坚持面向世界、服务全国，在对外开放上迈出更大步伐，加快完善内外联动、互利共赢、安全高效的开放型经济体系。十六大以来，广东省始终坚持稳增长、调结构、促平衡的发展方针，实施更加积极主动的开放战略，推动外经贸稳定发展、转型升级，高度重视对外开放，继续解放思想，破解发展难题，加快建立健全内外联动、互利共赢、安全高效的开放型经济体系的目标，实施全面开放、深度开放、科学开放的发展战略。

广东着重于深化粤港澳深度合作和参与中国—东盟自由贸易区建设两个重点，着力于提升对外开放的战略谋划，提升国际竞争的核心优势，提升开放环境的建设水平三个方面，以大视野、大开放、大合作的全球视野和战略思维谋划广东新一轮对外开放，构筑对外开放新格局，打造“面向世界、服务港澳、服务泛珠、服务全国”的发展模式。自2003年CEPA签署以来，广东的区域经济合作迎来了快速发展时期，通过一系列官方政策安排，内地与港澳地区货物贸易的关税和非关税壁垒逐步消除，合作领域逐渐扩大。2012年，国内经济发

---

① 罗桦琳. 广东去年高新技术企业数量19857家 总量居全国第一［N］. 广州日报，2017-10-02.

展呈现“新常态”，为促使粤港澳区域成为带动中国经济转型发展的新增长点，2014 年底，广东分别与港澳签订了三地基本实现服务贸易自由化协定；2015 年，广东“十三五”规划建议中将“创新粤港澳合作机制，打造粤港澳大湾区，形成最具发展空间和增长潜力的世界级经济区域”作为重要任务；2017 年 3 月，广东和港澳签署了《深化粤港澳合作推进大湾区建设合作框架协议》，粤港澳大湾区的经济合作进入协同发展、全面推进的新发展阶段。

在开放发展体制机制不断优化方面，广东省对政府审批制度不断进行改革，行政审批程序大大精简。关贸、税贸、检贸合作机制得到建立和完善，一批行政事业性收费和服务类收费“减、免、缓、停”成效明显。在融资、投资、财税、人员出境管理等方面，放宽并帮助有条件的企业及个人对外投资，允许自担风险到境外自由承揽工程和劳务合作项目，进行并购投资和联合投资。同时，不断完善外经贸管理体制机制，将外贸经营权完全放开，配额和许可证管理商品种类大幅减少或取消。近年来，广东以大型会展为主的贸易促进机制发展成熟，国际贸易摩擦应对机制和产业损害预警机制也已经建成；公共服务体系不断做大，以“广东易发网”为主要平台的外经贸公共信息服务体系发展成熟，取得明显效果。基础设施建设不断完善，港珠澳大桥、揭阳潮汕新机场等重大口岸基础设施建设加快推进。

从“三个定位、两个率先”到“四个坚持、三个支撑、两个走在前列”，在经济发展方面，广东一直走在全国前列。广东着眼宏大的战略目标，抓住经济发展的重要环节，积极深化关键领域改革，着力打造市场化、法治化、与国际接轨的营商环境，充分发挥自贸区的试验田功能，运用好广东对外开放资源，加强与世界各国的交流合作，为广东新一轮发展提供有力支撑。

三、实践探索：十六大以来广东推进对外开放的发展脉络

（一）广东大力发展开放性经济，建立广东区位新优势

十六大以来，广东大力发展开放性经济，建立区位新优势。广东继续发挥毗邻港澳、华侨众多的优势，提高广东经济特区的整体素质，建立特区的新优势。特区还在加快参与国际经济合作与国际接轨等方面大胆进行了探索。同时，实施外向带动战略，加速市场国际化，逐步解决地区发展不平衡问题。

广东加快外经贸强省建设步伐，对外贸易增长方式逐步转变，进出口趋向均衡发展，市场多元化格局进一步形成。进出口总额由 2002 年的 2211 亿美元增加到 2007 年的 6340 亿美元，五年增长 1.9 倍，2007 年比上年增长 20.2%。“走

出去”战略加快推进，尤其是“十二五”期间，广东省对外投资规模明显扩大，质量明显提升，对外投资逐步从生产转移向先进技术领域转移，形成了生产转移与技术转移并存的多元化投资格局。广东一批高素质企业顺利走出国门，在各国许多领域的项目上都取得了发展，目前广东的企业在90多个国家和地区设立的非金融类企业达到1804家。

2003年实施CEPA后，粤港澳合作及泛珠三角区域合作等成效突出，广东与港澳开展全方位、多层次合作，合作机制进一步完善。在2003年的粤港合作联席会议第六次会议上，粤港政府从区域整体规划双方发展，标志着两地间合作演变为多中心的城市区域，双方就今后合作的总体规划达成共识，计划在今后10—20年内，将大珠三角地区建设成为世界最有活力的经济中心之一。其中广东以制造业为主，建立完成产业配套和服务体系，发展成为全球最重要的制造业基地之一。香港则以金融、贸易、航运、物流和高增值服务为主，发展成为全球最重要的现代金融、服务中心之一。① 与此同时，泛珠三角区域合作扎实推进，建立了行政首长联席会议等合作机制，制定和实施区域合作发展规划，成功联合举办四届泛珠论坛和经贸洽谈会，各领域合作深入推进。

2001年，《中共广东省委、广东省人民政府关于加快民营经济发展的决定》发布，其中第（八）条提出要发展外向型民营经济。大力支持和协助民营企业取得进出口经营资格，推动民营企业开拓国际市场，参与国际工程承包和劳务合作，开展国际化经营。增加省财政设立的出口退税账户托管贷款资金，鼓励银行扩大退税账户托管贷款规模，缓解民营企业出口退税难问题。从2003年起，连续5年，省财政每年安排2500万元，设立中小企业开拓国际市场资金，资助民营企业参加各类国际展销会，采用国际标准，申报国外知识产权，建立国外营销网络和研发机构，开展进出口业务培训。

2002—2007这五年，广东已经初步建立了开放型经济体系。广东坚持全方位、宽领域、多层次推进对外开放，初步形成了“引进来”与“走出去”并重的开放型的经济体系。广东对外贸易实现跨越式发展，2007年全省进出口总额达到6340亿美元，居全国首位。吸收外资规模和质量显著提升，发达国家和跨国公司投资逐步上升为主导地位。2007年广东省实际利用外商直接投资171亿美元，约占全国的23%。“走出去”战略加快推进，在90多个国家和地区设立的非金融类企业达到1804家。在CEPA框架下粤港澳合作机制进一步完善，经

① 隋广军，张建武，胡文涛．广东对外开放40年［M］．广州：中山大学出版社，2008：216.

贸合作成果丰硕。

（二）十七大以来，广东“实施一个战略、突出两个重点、着力三个提升”的开放实践

党的十七大报告提出：坚持对外开放的基本国策，把“引进来”和“走出去”更好结合起来，扩大开放领域，优化开放结构，提高开放质量，完善内外联动、互利共赢、安全高效的开放型经济体系，形成经济全球化条件下参与国际经济合作和竞争新优势。党的十七大以来，广东省在党中央、国务院和省委的正确领导下，在省人大及其常委会和省政协的监督支持下，在省对外开放工作领导小组的及时指导和部署安排下，认真贯彻党的十七大精神，随着国务院务颁布的《珠江三角洲地区改革发展规划纲要（2008—2020年）》的实施，广东省将“继续承担全国改革试验田的历史使命”，牢牢把握“主题主线”，解放思想，坚持“引进来”和“走出去”相结合，加快转型升级，不断完善科学发展的体制机制，构建更高水平的开放型经济新格局，努力在实践科学发展观上创出一条新路，实现广东经济社会的新发展、新跨越。①

广东省委、省政府高度重视对外开放和外经贸发展，全省各地、各有关部门要切实把思想统一到党的十七大精神和省委、省政府关于扩大开放、争当实践科学发展观排头兵的重大决策部署上来，继续解放思想，破解发展难题，以全球视野和战略思维谋划广东新一轮对外开放和外经贸发展，努力推动广东省开放型经济的新一轮大发展、大提高。以世界眼光谋划全省的对外开放，要做到“实施一个战略、突出两个重点、着力三个提升”。实施一个战略，即围绕加快建立健全内外联动、互利共赢、安全高效的开放型经济体系的目标，实施全面开放、深度开放、科学开放的发展战略。突出两个重点，即突出深化粤港澳深度合作和参与中国—东盟自由贸易区建设两个重点。着力三个提升，即着力提升对外开放的战略谋划、提升国际竞争的核心优势、提升开放环境的建设水平。要以大视野、大开放、大合作推进广东省对外开放和外经贸发展，构筑对外开放新格局，面向世界、服务港澳、服务泛珠、服务全国。

1. 外经贸发展成效明显，外经贸大省地位进一步巩固。十七大以来，广东省始终坚持稳增长、调结构、促平衡，实施更加积极主动的开放战略，推动外经贸稳定发展、转型升级。广东省委十届八次全会的政府工作报告中指出，扩大开放是广东加快转型升级的重要途径，要坚持面向世界、服务全国，在对外开放上迈出更大步伐，加快完善内外联动、互利共赢、安全高效的开放型经济

① 姜荣春. 提高开放型经济水平［EB/OL］. 政研室，2007-11-06.

体系。“十一五”期间，尽管受到国际金融危机的严重冲击，但面对严峻的形势和种种挑战，广东外经贸系统认真贯彻落实国家和省委、省政府关于稳定和拓展外需的各项政策措施，千方百计保企业、保市场、保增长，全力以赴促调整、促转型、促创新，在外经贸总量大、占全国份额大的情况下，广东省外经贸率先从困难中复苏，从粗放型增长向创新型发展转变。特别是2009年，广东省克服国际金融危机的强烈冲击，外贸进出口增速在全国主要省市中率先企稳回升，取得了降幅小于全国、份额逐步提升的良好成绩。广东外经贸发展环境进一步优化。“十一五”期间，关贸、税贸、检贸合作机制得到建立和完善，一批行政事业性收费和服务类收费“减、免、缓、停”成效明显。以会展平台为主的贸易促进机制、以“广东易发网”为主要平台的外经贸公共信息服务体系建设取得良好进展。一批重点口岸基础设施建设顺利完工，港珠澳大桥、揭阳潮汕新机场等重大口岸基础设施建设加快推进；口岸通关模式改革得到全面推广，口岸保税监管网点、园区通关一体化格局加快形成；重大贸易摩擦案件应诉率达到100%。

2. 国际区域合作空间进一步拓展，开放型经济水平提升。CEPA在广东省得到先行先试，粤港、粤澳合作框架协议合作项目得以明确和落实，金融、贸易、会展、物流等现代服务业合作更加紧密。珠海横琴新区、深圳前海地区、广州南沙新区等重点合作区域的建设步伐加快。2010年全省与港澳的进出口是2005年的1.8倍，吸收来自港澳的直接投资达132.2亿美元。粤台合作取得良好进展，粤东、粤北等地区加快融入海峡西岸经济区，2010年广东省与台湾的进出口是2005年的1.4倍，吸收来自台湾的直接投资达2.5亿美元。落实国家自贸区战略，初步建立广东省与东盟国家紧密合作机制，企业赴东盟投资境外加工贸易、资源开发、大型基础设施建设和农业合作取得实质性进展，2010年广东与东盟的进出口总额是2005年的2.2倍。2007—2012这五年来，广东省着力打好加快转型升级这场硬仗。依靠改革开放打下的基础，充分利用国际金融危机冲击形成的倒逼机制，加快转变经济发展方式，大力实施“三促进一保持”、扩内需稳外贸、“双转移”“腾笼换鸟”、提升珠三角带动东西北、节能减排、节约集约用地、环保倒逼等战略措施，使应对国际金融危机冲击的过程成为推动发展上水平的过程，成为为更长时期又好又快发展打基础的过程。

3. 推动加工贸易转型升级，朝集约化的方向发展。时任广东省委书记的汪洋同志曾指出：“推动加工贸易加快转型升级，是提高我国对外开放水平、提升国际竞争力的重要举措，是转变经济发展方式的重要内容，也是广东加快转型升级的迫切要求。”广东省主要是通过“三大转型”和“四大结构升级”来推动加工贸易转型升级。据统计数据显示，至 2009 年 6 月份，全省加工贸易企业共有 3.9 万家，其中来料加工企业 1.4 万家，进料加工企业 2.5 万家。推动加工贸易转型升级，既是广东“加快转型升级，建设幸福广东”的内在要求，也是国家交付给广东的一项战略任务。早在 2008 年国务院批复同意的《珠江三角洲地区改革发展规划纲要》中，珠三角就被赋予建设“全国加工贸易转型升级示范区”的历史重任，随后东莞市又被授予“加工贸易转型升级试点城市”。通过提升加工贸易附加值，从产业链的低端走向高端，加工贸易企业的升级，带来了产品结构的优化。通过借力“双转移”推动全面转型，例如，佳的美电子科技有限公司于 1999 年在佛山成立，于 2003 年整体转移至清远银盏泰基工业园，开始了加工零部件—贴牌加工—进料加工—自主品牌出口的转型升级历程。通过加工贸易转变凸显广东转型升级成效。在转型升级的过程中，全省加工贸易企业的群体也在发生着优胜劣汰的改变，过去的“漫天星星”正在朝集约化的方向发展。

4.“走出去”战略进一步增强，积极开拓海外市场。“十一五”期间，广东在积极提升“引进来”水平的同时，加快“走出去”步伐，促进进口与出口、货物贸易与服务贸易协调发展。通过大力实施科技兴贸和出口品牌带动战略，初步建立起了自主知识产权、自主品牌出口产品统计与培育机制，一批重点扶持的名牌产品站稳脚跟，出口比例不断提高。一方面，外资加快投向先进制造业、现代服务业、高新技术产业，有力地推进了广东省现代产业体系建设。另一方面，积极稳妥地推进综合实力强的企业“走出去”，以华为、中兴、TCL 和格力等为代表的企业成为“走出去”的生力军。截至 2008 年底，全省经核准在境外设立非金融类企业 2022 家，协议投资额累计 93.9 亿美元，投资区域遍及 90 多个国家和地区。企业对外投资合作的领域由以一般贸易为主，拓宽到境外加工贸易、资源开发、工程承包与劳务合作齐头并进，整合利用全球优质要素的能力增强。广东外贸结构不断优化，开拓多元化国际市场成效显著，对东盟、拉美、非洲、中东等新兴市场出口年均增长都超过 20%。

5. 全面深化粤港澳紧密合作，提升开放型经济水平。广东与港澳之间的经贸合作从无到有、由小入大，全面发展。珠江三角洲承接港澳产业转移，推动了该地区的高速经济增长和工业化进程，同时使香港从劳动密集型制造业中心转变成为国际金融和商贸服务中心。近年来，在中央的大力支持下，在粤港两地政府的共同努力下，粤港金融合作不断深化发展。粤港共同制定合作框架协议，联合编制“共建优质生活圈”和“基础设施建设”专项规划。落实 CEPA，推进服务业对港澳扩大开放先行先试，广州、深圳、珠海、东莞对港澳货物贸易人民币结算试点和港资、澳资银行在广东设立“异地同城支行”等试点工作扎实推进。广东与港澳携手应对国际金融危机、实施珠三角《规划纲要》、开拓海内外市场力度加大，帮助在粤的港、澳、台资企业转型升级取得实效。粤港澳重大合作项目建设步伐加快，广州南沙粤港澳合作综合示范区建设加快，深港前海合作区建设扎实推进，珠海横琴新区开发相关政策获国务院批复。港珠澳大桥、广深港高速铁路等跨境重大基础设施建设顺利。粤港澳服务业合作成效明显，粤台合作进一步深化。

应该说，这五年是广东对外贸易发展的拐点，既面临加快战略转型的重大任务，也面临新的重大战略机遇。2008 年以来，广东省对外贸易继续保持较快增长，但是仍然面临着“五大严峻挑战”：一是美国次贷危机的影响短期内难以完全消除，直接影响广东省外贸出口；二是人民币升值压力持续存在，广大出口企业汇兑压力巨大；三是国家宏观调控政策持续，外经贸政策调整力度可能进一步加大；四是原材料价格上涨，劳动力成本上升，用地、用电持续紧张，增加了企业成本压力；五是推动加工贸易转型升级仍然面临困难。以问题为导向，广东省委在面临全球经济危机时强调重点抓好“四个千方百计”：要千方百计扩大出口；要千方百计扩大进口；要千方百计加快推进加工贸易转型升级；要千方百计深化粤港澳合作。围绕中心工作，广东实施更积极、更主动的开放战略，提高利用外资质量和“走出去”水平，深入推进区域和国际合作，增强国际竞争力。

（三）十八大以来，广东实施自贸试验区和“一带一路”建设倡议

党的十八大报告指出：“改革开放是坚持和发展中国特色社会主义的必由之路。要始终把改革创新精神贯彻到治国理政各个环节，坚持社会主义市场经济的改革方向，坚持对外开放的基本国策，不断推进理论创新、制度创新、科技创新、文化创新以及其他各方面创新，不断推进我国社会主义制度自我完善和发展。”党的十八大以来，以习近平同志为核心的党中央准确把握和平、发展、合作、共赢的时代潮流和国际大势，从中国特色社会主义事业“五位一体”总布局的战略高度，从实现中华民族伟大复兴中国梦的历史维度，以开放促改革、促发展、促创新，加快建设开放型经济强国，谱写了中国与世界互利共赢的新篇章。①

1. 全面开放经济发展平台，续促经济对外开放。首先，夯实“头号工程”，自贸区对接更高水平开放。为了构建更高水平的开放型经济新格局，2015 年 4

① 资料来源：党的十八大报告.

月21日，中国（广东）自由贸易试验区正式挂牌。国务院批复的《中国（广东）自由贸易试验区总体方案》中明确指出，广东自贸区依托港澳、服务内地、面向世界，将自贸试验区建设成为粤港澳深度合作示范区、21世纪海上丝绸之路重要枢纽和全国新一轮改革开放先行地。2015年，广东自贸试验区地区生产总值超过2000亿元，增长达40%。这意味着，在一年不到的时间内广东自贸区创造的经济规模已相当于国内一座中等城市。同时，融资租赁、科技研发、创业投资、电子商务、现代物流等高端产业向自贸试验区集聚的态势明显。①

其次，融入“一带一路”，面向全球配置资源、释放红利。2016年6月21日，一列挂有“中欧班列（粤满俄）”的铁路集装箱专列驶出广东铁路国际物流基地（东莞石龙）。满载手机配件、机械、玩具等货物的中欧班列将跨越亚欧大陆，行驶11000余公里后抵达俄罗斯莫斯科，全程仅需15天。目前，东莞石龙铁路国际物流中心已经开通“粤新欧”“粤满俄”货运专线，成为广东特别是东莞和丝绸之路经济带国家的直接联系通道。在这一战略实施过程中，广东企业“走出去”的质量效益不断提升，层次逐步提高，投资不断向价值链高端延伸，而且研发机构对外投资成为新热点。自“一带一路”倡议提出以来，广东外贸找到了新兴增长点，向沿线国家出口呈爆发式增长，众多粤企开始受益于“一带一路”建设红利。以东莞为例，2015年，在全市进口下降的情况下，东莞与“一带一路”沿线国家进口贸易额达124亿美元，增长9.5%，出口增长26.3%，这两项数据均领跑各主要进出口市场。②

最后，着力优化对外开放格局。广东深入实施市场多元化战略，率先基本实现粤港澳服务贸易自由化，加强与欧美发达国家和世界500强企业的经贸合作。积极参与“一带一路”建设，强化基础设施互联互通，着力推进经贸投资合作，与海上丝绸之路沿线的14个重点国家进出口额达8504亿元。目前，广东与“一带一路”沿线国家和地区互联互通水平提升，境外合作园区建设加快，对沿线国家进出口增长6.5%，实际投资增长65.3%，国际产能合作加强；基本完成粤港、粤澳合作框架协议中期目标，粤港澳服务贸易自由化成效明显，粤台经贸合作与文化交流深入开展，以侨引资引智有效推进。③

2. 丰富国际教育活动，促进教育对外化和国际化。改革开放以来，党和国

---

① 黄伟．广东开启对外开放新格局：自贸区强力带动粤港澳深化合作［N］．南方日报，2016-03-09.

② 黄伟．广东开启对外开放新格局：自贸区强力带动粤港澳深化合作［N］．南方日报，2016-03-09.

③ 资料来源：2017年政府工作报告.

家把教育作为关系现代化建设全局的根本问题，实施科教兴国战略，提出教育要面向现代化、面向世界、面向未来。广东举办国际教育展览会活动，加强国际教育学术交流。2015 年 11 月 27 日到 29 日，华南地区最大、产业链最全面的国际教育展览会（CGIEE 2015）在广州琶洲的广州国际采购中心隆重拉开帷幕。该展会以全面贯彻和落实《广东省中长期教育改革和发展规划纲要（2010—2020 年）》《广东省教育发展“十二五”规划》等政策为指导，围绕“优先发展、育人为本、改革创新、促进公平、提高质量”，加快推进义务教育均衡化、从学前教育到高等教育普及化、终身教育全民化、教育服务多元化、教育开放国际化，是集教育成果展示、教育改革宣讲、教育知识普及、教育学术交流、教育产业对接、教育装备及产品推介、教育职业体验、亲子教育活动“八会合一”的国际教育展览会。① 相关的教育展览会是全国性教育行业专业盛会，以整合营销、调节供需、技术推广、聚焦联系和交易、产学研结合与产业联动等为功能，已发展成为我国教育行业规模及影响最大的专业性品牌展会之一。

2014 年召开的全国职教大会，提出高等职业教育应该服务国家对外开放战略，积极开展对外合作。自相关政策实施以来，广东省职业教育领域中外合作办学的类型和规模不断扩大，办学层次逐年提高，办学模式日趋多样化，引进了一批国外优质教育资源，更新了办学理念，办学水平和办学质量得到大幅度提升，对珠江三角洲地区培养国际化人才、促进高等职业教育向对外化发展、推动区域经济社会发展起到了重要促进作用。

广东不断深化对外的开放合作，贯彻落实国家“一带一路”倡议。为此，广东省部署“争当 21 世纪海上丝绸之路建设排头兵”的安排。2014 年，广东举办首届 21 世纪海上丝绸之路国际博览会，经过五年的发展，海丝博览会逐步成为在“一带一路”沿线国家和地区较有影响力的展会平台。在对外经贸方面，广东加强与欧洲、北美、东盟、非洲等国家和地区的经贸、科技、旅游等交流合作，新设立 6 个驻境外经贸代表处和 17 个驻海外旅游合作推广中心，新增国际友好城市 17 个。粤港澳合作深入推进，对港澳开放 153 个服务业门类，率先基本实现粤港澳服务贸易自由化。跨境人民币贷款业务备案金额达 698 亿元。侨务引智引资、华商合作等取得新成效，汕头华侨经济文化合作试验区获批设立。区域通关一体化改革正式启动，“三个一”通关模式全面推开。粤台合作不

---

① 郭夏凡．第三届广州国际教育展览会圆满落幕 展出面积达 20000 平方米［N］．羊城晚报，2016-12-30.

断深入，联合港澳成功承办第十届泛珠大会，泛珠合作进一步推进。①

3. 积极开展不同文化交流活动，促进文化的开放性和多样性发展。首先，广东高度重视对外及对港澳台文化交流工作。2015 年 7 月，广东省出台了改革开放以来的首个专门针对港澳台文化工作的重要文件，明确了文化交流工作的近期目标和长远目标，为进一步加强对外和对港澳台文化工作提供政策保障，推动对外和对港澳台文化工作进入更加规范有序的发展轨道。同时，省直主管部门要求各地对外和对港澳台文化活动归口管理，增强了各地市申报对外和对港澳台文化交流活动项目的意识。另外，专门设立了对外和对港澳台文化工作专办员、联络员制度，并建立了"广东对外文化工作"微信群，及时发布相关信息，交流工作经验，形成了更紧密的工作氛围。通过出台鼓励更多企业以民间和商业的方式"走出去"的政策措施，探索建立以政府为引导、以企业为主体、以市场化运作为主要方式的工作机制，突出提升广东文化软实力、推动广东文化走出去的主题，不断夯实对外文化交流合作的基石。广东省文化厅积极调动省内及海外力量，着力拓展对外交流的新渠道、新载体：一方面，注意与上级部门及省直相关部门的沟通协作，并与驻外使领馆、华人社团等保持密切联系。另一方面，通过购买服务、提供平台等手段着力挖掘、整合全省文化系统资源，吸引文化企业主动参与。

其次，广东积极加强国际化文化合作活动。近年来，广东省按照文化部的安排部署，紧扣"欢乐春节、和谐世界"的时代主题，在春节期间向世界各地密集传播中国文化，"欢乐春节"的覆盖面、规模、层次和影响连年突破。2011 年至 2015 年，广东共派出 170 多批、近 5000 人次。以"欢乐春节"为载体，广东将 20 多项极具代表性与观赏性的优秀地方艺术推向世界，以海外观众乐于接受的方式传递广东精神、表现中国风格，以岭南文化的璀璨与发展展现中华文化的博大与活力。广东艺术团所到之处，"中国""广东"成为热门词汇，所到国家和地区的政府首脑、各国使节、海外侨领等亲自接见主要演员和观看演出。经过 5 年的精心培育，"欢乐春节"已成为广东文化走出去的亮丽品牌。通过春节这一窗口，广东全方位、多渠道、宽领域地向世界人民展示优秀的中华文化，探索出了一条特色鲜明、形式多样的文化交流之路。② 广东主动开展高规格人文交流活动。近年来，广东省紧扣"一带一路"等国家战略和广东省中心

① 资料来源：2015 年政府工作报告。

② 李再炎，庞力，谭志红. 广东省对外和对港澳台文化交流合作成绩显著［N］. 中国文化报，2016-01-30.

任务，充分发挥“广东文化周”的品牌效应，积极开展高规格人文交流活动，圆满完成了国家交给广东的外交任务，密切配合了广东省对外开放的工作需要，全方位、多角度地展现了岭南文化的风采。2013 年，广东省积极打造海外“广东文化周”品牌，先后策划组织了 3 批共 113 人次的艺术团组赴泰国、印尼、乌克兰、白俄罗斯、美国、加拿大等国巡回演出，并在部分国家举办“美丽广东”图片展活动，全面推介广东的国际文化形象。①

4. 加快行政和政策的改革开放力度。近些年以来，我国基本完成省市县政府机构改革、事业单位分类改革，积极推进工商、质监行政管理体制调整。广东省以此为契机，抓好国家下放事项的接、管、放。制定并公布省市县三级行政审批事项通用目录，公开 46 个省直单位 694 项行政审批事项清单，公布首批 11 个省直政府部门权责清单，开展省市县纵向权责清单试点；推进省网上办事大厅建设，省直部门 80%以上行政审批事项和 70%以上社会服务事项实现网上办理，珠三角所有镇街开通网上办事站；深化社会组织管理体制改革，基层社会管理体制改革试点稳步推进。政府购买服务制度以及向社会转移职能的标准体系进一步完善。②同时，在政策上放宽限制，为对外开放提供良好的环境。经国务院批准实施的《粤港合作框架协议》《粤澳合作框架协议》均将南沙新区列为粤港澳合作的重点区域。广东省将南沙新区列为实施 CEPA 先行先试综合示范区，并出台了支持南沙新区开发的系列政策措施。2014 年 7 月，广东省第十二届人大常委会第十次会议批准《广州市南沙新区条例》，为南沙新区开发建设提供了法律保障。《条例》赋予南沙新区先行先试权，加快形成体制机制优势，包括：24 小时跨区域可通过互联网远程申报、实时查询；集中查验监管，货到即查、查毕即放；对跨境电商物品实施“分类管理、便利进出”和“一次申报、分批核销”；延长检疫许可证有效期至 1 年，允许多次核销等。这些法律条例为南沙的发展提供了保障，赋予了南沙试行的权利。随着南沙经济的快速发展和一系列金融创新政策的落地，南沙金融机构加速集聚，金融业态逐步丰富，正在积极构建包括资本、货币、外汇、期货等多种金融要素集聚的国际化创新型金融服务体系。

四、开放成果：开放发展促广东经济新格局焕发独特气质

广东是中国对外开放的重要窗口，几十年改革开放取得的成果告诉我们，

---

① 李再炎，庞力，谭志红. 广东省对外和对港澳台文化交流合作成绩显著［N］. 中国文化报，2016-01-30.

② 资料来源：2015 年政府工作报告.

改革开放是广东经济发展的必由之路，目前，广东的经济发展已经呈现出了水平高、亮点新、目标远等鲜明特点。

（一）开放型经济体系不断完善，外经贸大省地位进一步巩固

进入21世纪以来，广东积极适应国内国际经济发展的新形势，坚持以科学发展观为指导，按照统筹国内发展和对外开放的要求，努力做大做强外源型经济。广东大力支持以民营经济和国有经济为主的内源型经济，大力支持民营企业自主创新，鼓励民营企业的自主品牌发展。通过全面深化改革不断调整国有经济布局和结构，使国有经济更好地发挥主导作用。2015年，中央提出《关于深化国有企业改革的指导意见》，广东省委、省政府为深入贯彻中央精神，颁布实施了《关于深化国有企业改革的实施意见》，调整优化国有企业资本布局结构、推进国有企业创新发展。在释放非公有制经济方面，广东省积极构建公平竞争的商业环境，早在2003年就先后颁布了《中共广东省委、广东省人民政府关于加快民营经济发展的规定》《广东省关于加快民营科技企业发展的实施办法》《广东省财政扶持中小企业发展专项资金管理办法》等。2001年中国加入世贸组织后，广东引进外资逐步与国际接轨，大力推进与跨国公司的合资合作，着力吸引跨国公司、大企业来粤投资。2001—2008年，广东省共引进外资项目9万多个，包括一批重大利用外资项目，增强了广东在国际市场上的竞争力。

广东积极推动外贸增长方式转变，优化出口结构，推进出口市场多元化，大力发展一般贸易，提高加工贸易质量水平。2008年美国次贷危机爆发后，对广东对外贸易造成一定冲击，国家制定了关于经济新常态的“保增长、调结构、促转变”策略。广东在危机中寻求出路，推动产业结构调整和增长方式转变，提出“三促进一保持”，即促进提高自主创新能力、促进传统产业转型升级、促进建设现代产业体系，保持经济平稳增长的政策。2011年，广东省颁布《关于促进进口的若干意见》，实施积极的进口促进政策，优化进口结构，使得广东的进口市场多元化局面逐渐形成。企业不断创立具有自主专利的产品，提高市场占有率，通过市场化和国际化竞争提升广东产业竞争力，推动生产要素双向自由流动。机电产品与高新技术产品在2000年后成为出口增长点，2000—2007年二者出口增速分别为26.33%和33.86%，均高于广东的出口年均增速22.24%。但广东外贸结构转型升级还不够稳定，仍需进一步调整。

在对外开放中，广东率先构建现代产业体系，结合实际，遵循国际产业发展大势，促进形成既与世界接轨又有广东特色、具有较强国际竞争力的现代产业体系。一方面，广东不断加快产业调整。坚持科技兴贸、以质取胜，不断引进先进技术和设备，加强对传统出口产业的技术改造，提高自主创新能力，大力

发展高新技术产业，使外向型经济的层次、水平和效益明显提高，加快贸易出口结构转型升级，促进高新技术产业发展。另一方面，广东不断推动服务贸易发展，服务业国际化水平大幅提升。2012年和2013年广东省人民政府先后出台《关于加快发展服务外包产业的意见》和《关于加快发展服务贸易的意见》以求推动服务贸易发展，其成果是显著的：2008年广东服务贸易进出口额达426.82亿美元；2016年广东服务贸易额达1473.42亿美元，占全国服务贸易份额的22.4%。

据相关资料显示，广东连续28年蝉联全国第一经济大省的位置。以2017年前三季度为例，广东实现地区生产总值64815.38亿元，同比增长7.6%，与全国相比，广东GDP、规模以上工业增加值、固定资产投资、地方一般公共预算收入、地方一般公共预算支出增幅均高于全国水平。2010年，广东省生产总值达45473亿元，是2000年的4.2倍，先后超过新加坡、中国香港和台湾地区；人均生产总值折合近7000美元，是2000年的3.7倍，达到中等收入国家和地区水平。① 广东在世界货物贸易排行中超过俄罗斯、西班牙等国，位居第13位。同时，广东已连续31年位居全国货物进出口总量首位，占全球货物贸易的3.8%。广东外贸、外资、对外投资额，均占全国1/4。截至2017年上半年，广东实际吸收外资累计4132亿美元，居全国首位。广东已经成为我国外商投资企业最集中、对外经济贸易最发达，经济国际化程度最高的地区之一，广东外经贸大省的地位进一步巩固。

（二）对外开放水平提高，不断追求“质”的提升

广东已基本形成了多层次、结构优化的对外开放格局，率先建立开放型经济体系，经济发展呈现出旺盛的生命力，成为我国外向度最高的经济区域。争当经济发展排头兵的广东正在奔向“第一个一百年”的时间节点中奋力前行，实施更加积极主动的开放战略，进一步拓展对外开放的深度和广度，一个更高水平的开放格局正在形成。

要实现经济增长的“质变”，就要依靠创新。创新驱动发展是我国实现产业转型的重要战略主张，也是广东省提高对外开放水平的重要举措。以创新驱动发展，加快实现由低成本优势向创新优势的转换，可以为广东省转变经济发展方式，推进经济持续发展提供强大动力，同时也有利于降低资源能源消耗、改善生态环境。党的十八大以来，广东坚定不移地把创新驱动作为经济社会发展

① 广东开放型经济跨越式发展的十年［N］. 南方日报，2011-12-09.

的核心战略和经济结构调整的总抓手。① 广东出台了《关于加快科技创新的若干政策意见》，实施了改革科研人员职称评审制度等措施，积极打造国家科技创新中心，助推制造业转型升级，营造良好的创新生态，推动广东全方位高水平对外开放。

创新驱动发展的关键在于加快产业技术创新，积极引进先进的科学技术。科学技术是第一生产力，发挥科技创新乘数效应，不仅可以将科技直接转化为现实生产力，而且可以通过科技的渗透作用放大各生产要素的生产力，提高社会整体生产力水平。加快产业技术创新，用高新技术和先进适用技术改造提升传统产业，既可以降低消耗、减少污染，改变过度消耗资源、污染环境的发展模式，又可以提升产业竞争力。近几年，广东创新驱动发展的实践取得了许多成果，科技综合实力明显提升。根据广东省2019年统计，至2018年底，广东科研机构共有25484家，参与研究与试验发展（R&D）的科研人员数为102.31万人，研究与试验发展的项目数达184118项；全省专利申请授权量为478082件，发明专利为53259件；技术合同成交额为1387.00亿元。②

创新驱动的发展模式，要求广东着力提高引资、引技、引智的质量和效益，不断集聚高端生产力。推动企业大规模“走出去”和高水平“引进来”，是加快构建广东对外开放新格局的重要抓手。广东加大“走出去”和“引进来”的力度，充分利用国际市场、国际资源，优化产能配置，提升产业层次。“引进来”要重点面向欧美等发达国家和地区，引进先进技术、先进设备、高端产业和优秀人才，加强与掌握核心技术的先进企业的合作，推动广东省产业转型升级。广东“走出去”战略以东盟、东南亚为优先方向，加快培育以技术、标准、品牌、质量、服务为核心的外贸竞争新优势。还要加快培育本土跨国企业，推动更多具备条件的企业走出去投资发展，从制度上推进境外投资便利化，积极探索在重点国家和地区设立产业园区，为广东省企业“抱团”走出去提供平台。同时，广东省对外开放以更加开放姿态的引进人才，不断提高对外开放的软环境。人才成为提高开放型经济的“质”的重要因素，自主培育和外部引进是创造人才的两条最主要途径，双管齐下，在重视人才培养的同时，又加大对外部优秀人才的吸引力度。培养和留住优质人才，吸引高端外来人才，创造吸引人才的优势条件，打造国际化的人才新高地，为广东对外开放提供源源不断的动力。

---

① 胡春华．坚定不移实施创新驱动发展战略［N］．人民日报，2017-08-30.

② 资料来源：广东统计年鉴2019，表18-01.

（三）以全面深化改革为内在动力促对外开放，体制机制新优势形成

党的十八大以来，以习近平同志为核心的党中央提出了全面深化改革的重大战略，以全局观念和系统思维全面布局改革，以坚定的政治底气和大国智慧推进改革，正在推动新一轮改革浪潮。“实践经验表明，对外开放是发展的外部动力，改革是发展的内部动力，双重动力相互促进，共同给力，形成合力，有效推动了广东发展实践，实现广东经济社会全面进步。”① 广东改革开放一直走在前列，正是全力推进全面深化改革，为广东的对外开放提供源源不断的动力与活力。

在深化经济体制改革中，广东注重市场在资源配置中起决定性作用，助推广东经济可持续发展，重点推进国企国资改革。广东省从国有企业着手，推动全省国有企业进行资产重组，优化产业结构和公司治理结构，具体利用国家优化资本结构试点政策实行兼并破产、积极探索低成本扩张的发展途径。资产重组对促进广东国有资产的优化配置和经济结构调整起到积极作用。在中央提出继续深化国有企业改革的指导意见后，广东省委、省政府紧跟形势颁布《关于深化国有企业改革的实施意见》，分类推进国有企业改革，推进国有企业创新发展，优化国有企业资本布局，完善现代企业制度建设，这一系列措施将国有企业改革向纵深处推进。2014 年，广东出台了《中共广东省委贯彻落实〈中共中央关于全面深化改革若干重大问题的决定〉的意见》，提出了 10 个方面的改革任务，对广东全面深化改革进行了系统谋划，把改革创新贯穿于经济社会发展各个领域和各个环节，确立并完善了全面深化改革主体框架，通过深化改革不断推进广东开放发展迈向新台阶。

2015 年以来，我国经济发展进入了一个新阶段，我国经济发展面临着的结构性问题，主要包括产业结构、区域结构、要素投入结构、排放结构、经济增长动力结构和收入分配结构等六个方面的问题。2015 年 11 月，习近平总书记主持召开中央财经领导小组第十一次会议，研究经济结构性改革和城市工作，提出供给侧结构性改革。广东省人民政府领会中央精神并结合实际情况，颁布实施了《广东省供给侧结构性改革总体方案（2016—2018 年）》及其配套文件，明确提出要加强供给侧结构性改革，要去产能、去库存、去杠杆、降成本、补短板，优化存量、引导增量、主动减量，优化劳动力、资本、土地、技术等要素配置，提高投资有效性，优化供给结构，实现由低水平供需平衡向高水平供需平衡跃升。

---

① 王廷惠．以开放促改革：广东全面深化改革的重要路径［N］．南方日报，2014-05-26.

紧紧围绕坚持党的领导、人民当家作主、依法治国有机统一深化政治体制改革，是使广东提升政府公共服务质量和效率的重要依据。我国改革开放的领导力量始终是中国共产党，十一届三中全会党重新确立了“解放思想，实事求是”的思想路线，成为改革开放以来党领导全国人民进行社会主义现代化建设的思想指引，党的建设也在改革开放过程中不断深入、更加科学。广东始终坚持党的正确领导，将中央政策与地方实际相结合，用成效引领整合多样化社会思潮、培育和践行了敢为人先、敢闯敢试的广东精神。同时，广东紧紧围绕建设社会主义核心价值体系、社会主义文化强国，深化文化体制改革；紧扣保障和改善民生、促进社会公平正义，深化社会体制改革；立足建设美丽中国，推进生态文明体制改革；着眼提高科学执政、民主执政、依法执政水平，强化党的建设制度改革，这些都是广东深化改革的重要内容。

（四）以开拓空间为目标，参与全球资源配置能力提升

积极开拓发展空间是主动开放的重要表现。因为地理位置的优势，广东始终坚持对外开放，并不断巩固。广东抓住国家实施重大外交战略的机遇，积极融入国家“一带一路”建设，发挥广东作为“一带一路”战略枢纽、经贸合作中心、重要引擎的作用，认真落实构建对外开放新格局的行动计划，深化与沿线国家基础设施互联互通、经贸合作及人文交流，共同拓展发展空间，加强与沿线国家和地区的开发开放和多层次经贸合作，在与“一带一路”参与国之间进行深度合作时不断增强国际竞争力。“国家发展改革委、外交部、商务部联合发布《推动共建丝绸之路经济带和21世纪海上丝绸之路的愿景与行动》，明确了我国各区域在国家“一带一路”倡议中的定位及发挥的角色作用。广东是我国海上丝绸之路的发源地和改革开放的先行省，区位优势明显，经济实力雄厚，要抓住国家推进“一带一路”的战略契机，充分发挥作为21世纪海上丝绸之路建设重要地区的作用，结合广东经济发展的新常态特征，进一步深化与东盟各国及南亚、中东、非洲等地区的经贸合作，不断提升开放型经济水平。”①

广东充分利用粤港澳大湾区战略机遇，以粤港澳大湾区建设、自贸试验区建设为契机，利用粤港澳国际贸易功能集成优势，充分发挥区位优势，加强与港澳台的紧密合作，畅通人流、物流、资金流和信息流，合力打造成更具综合竞争力的世界级城市群。2016年，国家发改委提出启动包括粤港澳在内的“跨省级行政区域城市群”建设。2017年3月，为落实中央关于建设粤港澳大湾区战略，粤港澳签署了《深化粤港澳合作推进大湾区建设合作框架协议》。合作协

---

① 吴伟萍．深化广东与海上丝路国家经贸合作［N］．南方日报，2015-04-07.

议中明确了推进基础设施互联互通、提升市场一体化水平、协同发展现代化产业体系、打造国际科技创造中心、共建宜居宜业宜游的优质生活圈等合作领域。泛珠三角区域合作方面，在充分发挥重要城市带动作用的同时，广东亦着力强化广州、深圳、湛江、汕头等沿海城市港口建设，寻求更大的开放空间。

（五）“走出去”“引进来”步伐加快，对外投资合作取得跨越式发展

十六大以来，随着开放型经济水平不断提高，“走出去”战略加快推进，广东抓住发展新机遇，加快转变对外贸易发展的方式，提高利用外资的水平，对外开放水平进一步提升。首先，积极抱团出海构建优质合作平台。随着改革开放的深入，广东充分发挥先发优势和加工制造优势，积极发展外经业务。一批实力强大的企业纷纷走出国门到境外投资，开拓发展空间。投资规模不断扩大，投资额从几十万美元的项目发展到几千万美元的项目。目前，全省境外投资企业发展到1400多家，分布于80多个国家和地区，涌现出以康佳、TCL、华为、格力等为代表的一批走出去的优秀企业，初步形成广东跨国公司的雏形。广东省有一大批企业正在扩大规模，在全国各地生根发芽。许多广东企业还搭上了“一带一路”便车，参与共建国际经济合作走廊和境外产业集聚区。利用我国与东盟建立自由贸易区的机遇，拓展与东盟经贸合作。同时，据商务、海关等部门的数据显示，近年来欧美等许多发达国家对广东的投资势头强劲，投资额快速增长。

其次，广东利用外资水平能力日渐提高。利用外资是我国对外开放基本国策和开放型经济体制的重要组成部分，在广东省经济发展和深化改革进程中发挥了积极作用。目前，广东省加快“走出去”步伐，已成为全国吸收外资最多、外向型经济最发达、对外开放程度最高的省份之一。广东不断加大境外投资企业力度，加快加工贸易转型升级，跨境贸易人民币结算试点和口岸通关模式改革也纳入未来发展规划。与此同时，外资加快投向先进制造业、现代服务业、高新技术产业，有力地推进了广东省现代产业体系建设。广东省目前全省累计批准外商投资企业超过15万家，实际利用外商直接投资超过2600亿美元，共有208家世界500强企业在广东设立投资项目778个、投资总额556.1亿美元。积极稳妥地推进综合实力强的企业“走出去”，企业对外投资合作的领域已由以一般贸易为主，拓宽到境外加工贸易、资源开发、工程承包与劳务合作齐头并进，整合利用全球优质要素的能力增强。

广东积极举办高端专业会展，提升国际形象。有中国第一展之誉的“广交会”在广州连续举办逾六十年，成为中国历史最长、到会采购商最多、成交效果最好的国际性展会。每年在深圳举行的高交会已成为中国科技第一展，是国

内规模最大、最具影响力的科技类展会。在深圳举办的文博会则是我国唯一一个国家级、国际化、综合性文化产业博览交易会。2017 年 12 月，财富全球论坛在广州举行，有着业内“奥斯卡”之称的 2018 年世界航线发展大会、2019 年世界港口大会也已确定在广州举行。随着广东举办会展的经验不断累积，一批国际重量级会展项目也已敲定落户广东。越来越多的国际高端会展集聚广东，使广东的世界知名度和影响力进一步得到增强，从而使广东不断汇集全球商机和资源。

广东改革开放已经走过 40 个年头，坚持率先发展、加快发展、协调发展是广东改革开放做出的选择。在这几十年里，广东为中国乃至世界的发展做出了巨大的贡献，为中国经济的发展注入了新鲜的血液，未来广东将继续提高开放水平，将发展眼光定位全球。回顾广东发展，取得的成就值得我们自豪。未来我们仍然壮志凌云，我们将以“广东速度”抢抓新机遇，用“全球眼光”谋求大合作，促进大发展，再创广东新辉煌。

五、总结展望：十六大以来广东推进对外开放实践的总结与展望

“历史、现实、未来是相通的。历史是过去的现实，现实是未来的历史。”① 要进一步推进广东对外开放的实践，就要认真回顾广东对外开放的历史进程，总结历史经验，深刻认识和把握对外开放的历史必然性和发展规律性，增强对外开放的自觉性和坚定性。可以说，党的十六大以来广东推进对外开放的实践是社会主义基本矛盾现实运动的客观需求，是对广东对外开放前 20 多年历史进程的必然延续，是中国改革开放 30 多年的历史缩影。因此，立足广东，放眼全国，回顾历史，总结经验，并在中国特色社会主义新时代历史方位上进一步推进对外开放具有重要意义。

（一）十六大以来广东推进对外开放实践的经验总结

开放是国家繁荣发展的必由之路，是广东不断发展的底色，是广东发展的最大优势。党的十六大以来，广东省经历了思想解放、生产提高、经济发展、社会变革的发展时期，很好地发挥了窗口作用、试验作用、排头兵作用。十六大以来的广东对外开放实践是对前二十年历史进程的继续，是我国改革开放发展的精彩缩影，进一步加深了我们对什么是中国特色社会主义，怎么建设中国特色社会主义的认识，积累了十分宝贵的经验，值得我们进行回顾和总结。

1. 解放思想、实事求是。思想是行动的先导，解放思想是改革创新的前提。

---

① 习近平谈治国理政［M］. 北京：外文出版社，2014：67.

只有思想解放，我们才能解决历史遗留问题，解决新出现的问题，解决正在发生的与经济社会发展不相适应的问题；只有解放思想，我们才敢走别人没有走过的路，才敢走别人不敢走的路。"'实事'就是客观存在着的一切事物，'是'就是客观事物的内部联系，即规律性，'求'就是我们去研究"①，实事求是就是探索事物发展的规律。邓小平将解放思想与实事求是联系起来，提出"解放思想，就是使思想和实际相结合，使主观与客观相符合，就是实事求是。"解放思想、实事求是，构成了马克思主义活的灵魂，构成了社会发展与变革的重要武器。可以说，党的十六大以来的广东对外开放实践取得成就的根本经验与重要法宝就是解放思想、实事求是。广东始终坚持把党中央各个时期的路线、方针、政策与广东的实际情况结合起来，不断解放思想，实事求是，根据广东发展的阶段特征和生产力水平，创造性地开展各项工作。

广东对外开放前20多年的发展为其后续发展提供了坚实的经济、文化、政治、社会等支撑，但是发展越快，带来的弊端是随之暴露的问题也就越早、越充分，对转变经济发展方式迫切性的体会也就越痛切和深刻。同时，广东作为中国特色社会主义发展的排头兵，深化改革开放的先行地，探索科学发展的试验区，要实现引领中国发展的目标并没有经验可循、方法可教，这也就决定了广东要力争在推进经济结构战略性调整，加快形成新的发展方式上走在全国前列，要在全面建成小康社会，加快建设社会主义现代化国家新征程上走在前列，就必须不断解放思想，实事求是，以"杀出一条血路"的奋勇精神，将中央措施结合广东省情，大胆探索，摸着石头过河。

2. 以开放促改革，以改革促发展。改革和开放相辅相成、相互促进，开放要求改革，改革也要求开放。改革和开放共同促进了广东经济社会的发展。广东的发展实践表明，"对外开放是发展的外部动力，改革是发展的内部动力，双重动力相互促进，共同给力，形成合力，有效推动了广东发展实践，实现了广东经济社会全面进步"②。也就是说，离开了对外开放的外部动力，内部改革动力不足，无以为继；离开了内部改革的内驱动力，对外开放活力不足，无法拓展广度和深度。

党的十六大以来广东的对外开放实践过程证明，开放必然要求改革，开放是市场经济的必然要求，高水平开放必然倒逼深层次改革。当今世界处于大发展、大变革、大调整时期，各国相互联系和依存日益加深，广东为实现不断发

---

① 毛泽东选集：第3卷［M］. 北京：人民出版社，1991：801.

② 王廷惠. 以开放促改革：广东全面深化改革的重要路径［N］. 南方日报，2014-05-26.

展，必须主动顺应经济全球化趋势，坚持对外开放，协调国内与国际两个大局，坚持“引进来”和“走出去”相结合，不断与国际规则接轨，这就要紧紧抓住体制改革这个核心，提高利用国际国内两个市场、两种资源的能力，破除一切阻碍对外开放的体制机制障碍，加快形成有利于经济发展的制度安排。同时，不断深入的对外开放为改革带来了活力，使广东实现了从计划经济体制向市场经济体制的转变，建立了通过市场形成的价格机制，形成了统一开放、竞争有序的商品市场，市场在资源配置中发挥着决定性作用，社会资源得到不断优化，提升了广东的经济社会发展水平，开创了广东社会主义现代化建设新局面。可见，改革与开放是辩证统一，不可分离的。正如习近平所指出的，“今后要扬长避短、发展壮大，必须贯彻开放发展的理念，牢牢抓住体制改革这个核心，着力形成对外开放新体制，以扩大开放促进深化改革，以深化改革促进扩大开放，为经济发展注入新动力、增添新活力、拓展新空间”①，“做到改革不停顿、开放不止步”②。

3. 顶层设计，真抓实干。广东是改革开放的先行地，党中央一直对广东的改革开放事业高度关注，并寄予厚望。自 2002 年胡锦涛同志担任中共中央总书记之后，先后五次来广东考察，每次考察都为广东提出建设新命题。2003 年胡锦涛总书记寄望广东在全面建设小康社会、率先基本实现社会主义现代化的进程中，努力在社会主义物质文明、政治文明、精神文明建设各方面都交出优异答卷。2004 年胡锦涛总书记鼓励广东坚持全面发展，在以科学发展观统领发展全局上做排头兵。2009 年鼓励广东要真正打好转变经济发展方式这场硬仗。2010 年胡锦涛总书记指出，改革开放是决定当代中国命运的关键抉择，要坚持改革开放。2011 年他给广东带来的新命题是进一步推进以改善民生为重点的社会建设，切实当好推动科学发展、促进社会和谐的排头兵。党的十八大之后，习近平总书记出京考察第一站就是广东，他要求广东努力成为发展中国特色社会主义的排头兵、深化改革开放的先行地、探索科学发展的试验区。2014 年习近平总书记在参加全国“两会”广东代表团审议时，要求广东要在全面深化改革中走在前列。党的十九大召开之前，习近平总书记对广东做出重要批示，要求广东坚持党的领导、坚持中国特色社会主义、坚持新发展理念、坚持改革开放，为全国推进供给侧结构性改革、实施创新驱动发展战略、构建开放型经济

① 习近平．在省部级主要领导干部学习贯彻党的十八届五中全会精神专题研讨班上的讲话［N］．人民日报，2016-05-10.

② 习近平．习近平关于全面深化改革论述摘编［M］．北京：中央文献出版社，2014：30-31.

新体制提供支撑，努力在全面建成小康社会、加快建设社会主义现代化国家新征程上走在前列。

一分部署，九分落实。广东遵循总书记的战略指引，采取“不驰于空想，不骛于虚声”的真抓实干态度，科学谋划，扎实工作。党的十六大以来，为了把党中央的政策落到实处，广东在一个又一个时间节点上，先后出台了贯彻落实党中央意见的政策和规划，并在相应文件中制定了明确的“时间表”“责任书”“路线图”，确保工作层层推进、稳步实施。例如，习近平总书记考察广东以来，广东省委先后召开十一届二次、三次、四次、五次全会，全面贯彻党的十八大、十八届二中、三中、四中、五中全会精神，以及习近平新时代中国特色社会主义思想，研究部署全省工作。广东省委还采取在各地级以上市出席市委常委（扩大）会议等措施，强化督促检查，防止形式主义。

4. 党委领导，人民推动。党委是统领全局、协调各方的。对外开放是一项庞大的系统工程，推进这个工程要有一个坚强有力的领导核心，这个领导核心就是中国共产党。中国共产党始终代表中国先进生产力的发展要求，代表中国先进文化的前进方向，代表中国最广大人民的根本利益，坚持党的领导，能够把准方向、凝聚共识、统一力量。十六大以来广东对外开放实践取得巨大成就的关键是坚持了党的领导，始终在思想上、政治上、行动上同党中央保持高度一致，按照中央要求做好广东工作，确保广东始终沿着中国特色社会主义道路正确前进，以坚定的政治立场谱写了广东新篇章。正因为坚持党的领导，广东才能站在全面深化改革全局、党和国家工作大局、国内国际两个大局来思考和处理问题，才能够应对对外开放带来的一些经济、政治、社会变革，才能够解决各种各样的新问题、新困难。

人民群众是改革开放的主体，既是改革开放的受益者，也是改革开放的推动者，人民群众决定着党和国家的前途命运，决定了改革开放事业的成败。十六大以来广东对外开放实践成功的重要原因就是坚持以人为本，紧紧依靠人民，始终坚持把实现好、维护好、发展好最广大人民的根本利益作为推进对外开放的出发点和落脚点。广东坚持消除贫困，实现共同富裕，把率先全面建成小康社会，率先基本实现社会主义现代化作为广东改革开放的重要目标，切实做到了改革开放由人民共建，改革开放的成果由人民共享。

（二）广东进一步推进对外开放的未来走向

改革开放 40 年来，广东始终走在前列，取得了令人瞩目的成绩。进入新时代，面临国内外经济形势的深刻变化、全球治理体系的深刻变革，中国的经济发展进入新常态。正如习近平总书记提出的：“（中国改革）已进入深水区，可以说，皆大欢喜的改革已经完成了，好吃的肉都吃掉了，剩下的都是难啃的硬骨头。”① 随着世界经济全球化进程的加快，广东在推动对外开放时的难度也进一步加大，面临的问题也会增多。新的形势给广东对外开放提出了新任务和新要求，广东要发展更高层次的开放型经济，明确新的开放理念，构建新的开放格局。想要攻坚克难、勇往直前，必须总结广东推进开放发展过程中的问题，充分发挥对外开放的优势，找准正确方向，以“五位一体”总布局、“四个全面”战略布局为基础，以五大发展理念为引领，结合广东实际，继续以“广东速度”“广东质量”促进开放型经济水平。

1. 发展是解决我国一切问题的基础和关键，贯彻新发展理念，坚持科学发展。党的十八届五中全会制定“十三五”规划时提出了“创新、协调、绿色、开放、共享”的五大发展理念。这五大发展理念“是我们在深刻总结国内外发展经验教训的基础上形成的，也是在深刻分析国内外发展大势的基础上形成的，集中反映了我们党对经济社会发展规律认识的深化，也是针对我国发展中的突出矛盾和问题提出来的。创新发展注重的是解决发展动力问题，协调发展注重的是解决发展不平衡问题，绿色发展注重的是解决人与自然和谐问题，开放发展注重的是解决发展内外联动问题，共享发展注重的是解决社会公平正义问题。这五大发展理念相互贯通、相互促进，是具有内在联系的集合体，要统一贯彻，不能顾此失彼，也不能相互替代。哪一个发展理念贯彻不到位，发展进程都会受到影响。”② 因此，创新发展、协调发展、绿色发展、开放发展、共享发展是经济发展新常态下广东发展的基本遵循，要坚持把五大发展理念统一贯彻到广东的发展战略中，引领和指导广东破解发展难题，增强发展动力，厚植发展优势。

坚持创新发展理念，使创新成为引领发展的第一动力。以创新驱动发展为核心战略，增强自主创新能力，发挥科技创新的引领作用，强化企业创新的主体地位，把创新摆在全省发展的核心位置，实现创新立省、创新兴省的新路，实现动力转换，抢占新一轮发展制高点。“人才是实现民族振兴，赢得国际竞争主动的战略资源。”③ 加快实施人才强省战略，创新人才培养模式，实现更加积极、开放、有效的人才政策，吸引国内外优秀人才来粤创新创业，聚天下英才

① 习近平接受俄罗斯电视台专访［N］. 人民日报，2014-02-09.

② 《求是》杂志发表习近平总书记《在党的十八届五中全会第二次全体会议上的讲话（节选）》［N］. 人民日报，2016-01-01.

③ 习近平．决胜全面建成小康社会 夺取新时代中国特色社会主义伟大胜利［N］. 人民日报，2017-10-28.

而用之，加快建设人才强省。

坚持协调发展理念，注重发展的协调性和整体性。协调是持续健康发展的内在要求，立足广东实际，需着力解决区域协调发展、城乡一体化发展、物质文明和精神文明协调发展问题，在推动整体协调发展中提升发展水平，增强发展后劲。实施区域协调发展战略，强化中心城市的带动作用，提升广州的区域服务辐射范围、强化深圳地区的创新引领能力，带动周边中小城市发展；巩固提升，珠三角地区城市竞争力，加快推进粤东西北地区振兴发展，增强珠三角地区对粤东西北地区的辐射带动与联动融合，推动资源要素自由流动，开创区域协调发展新局面。推进城乡一体化发展，统筹户籍制度改革，推进农业转移人口市民化，推进县域经济发展水平，健全城乡一体发展体制机制，加快形成以工促农、以城带乡、工农互惠、城乡一体的新型城乡关系。推动物质文明和精神文明协调发展，通过深化经济体制和文化体制改革，推动经济发展和文化繁荣。坚定文化自信，增强文化自觉，传承岭南文化，加快文化改革发展，增强泛文化产品服务能力，形成现代公共文化服务体系，增强文化软实力，建设文化强省。

坚持绿色发展，建设美丽广东。“人与自然是生命共同体，人类必须尊重自然、顺应自然、保护自然。”① 坚持绿色发展理念，坚持走生态文明发展道路，将绿色发展融入经济社会发展各方面，建设天更蓝、地更绿、水更净的美好家园。完善空间规划体系，合理利用土地资源，坚持节约优先，集约循环利用资源，实行最严格的环境保护制度，着力解决突出的环境问题，有效控制温室气体排放，完善碳排放权交易机制，实现低碳绿色发展，改善环境质量，建设生态文明示范省。

坚持开放发展，构建高水平对外开放新格局。“开放带来进步，封闭必然落后。中国开放的大门不会关闭，只会越开越大。”② 广东作为发展中国特色社会主义的排头兵、深化改革开放的先行地、探索科学发展的试验区，会继续坚持开放发展不动摇，加快建设广东自贸区建设，依托珠三角城市群与周边省区互联互通，深化与海上丝绸之路沿线国家共同促进，加强与世界上发达国家交流合作，坚持引进来与走出去并重，增创国际竞争新优势，融入全球化发展步伐。

坚持共享发展理念，增进民生福祉。“共享理念实质就是坚持以人民为中心

① 习近平．决胜全面建成小康社会 夺取新时代中国特色社会主义伟大胜利 [N]．人民日报，2017-10-28.

② 习近平．决胜全面建成小康社会 夺取新时代中国特色社会主义伟大胜利 [N]．人民日报，2017-10-28.

的发展思想，体现的是逐步实现共同富裕的要求。共享发展理念，其内涵主要有四个方面：一是共享是全民共享，二是共享是全面共享，三是共享是共建共享，四是共享是渐进共享。”① 可以说，以共享发展理念引领广东发展，就是按照人人参与、人人尽力、人人享有的原则，坚持发展为了人民、发展依靠人民、发展成果由人民共享，解决好人民最关心的教育、医疗、就业、住房、社会保障等基本问题，使人民在共建共享中有更多获得感和幸福感。

2. 改革和开放辩证统一，以扩大开放促进深化改革，以深化改革促进扩大开放。“改革和开放相辅相成、相互促进，改革必然要求开放，开放也必然要求改革。”② 改革为开放提供内在条件与基础，开放为改革提供动力与空间，改革与开放是中国发展不可或缺的力量。“改革开放是决定当代中国命运的关键一招，是广东发展的‘根’和‘魂’，是推动广东大踏步前进的重要法宝。”③ 没有改革开放就没有广东的今天，也就没有广东的明天。过去，广东因改革开放一直走在全国发展前列，未来，广东也必将以更大的政治勇气和智慧全面深化改革、扩大开放，为推进新时代中国特色社会主义事业注入强大动力。

广东要以全面深化改革为内在动力，争创体制机制新优势。“改革对广东至关重要，做好新常态下的工作，增创广东发展新优势，必须高举改革的旗帜，向深化改革要动力。”④ 因此，广东省要以“坚持和完善中国特色社会主义制度，不断推进国家治理体系和治理能力现代化”⑤ 为目标，坚决破除一切不合时宜的思想观念和体制机制弊端，构建系统完备、科学规范、运行有效的制度体系，发挥社会主义制度优势。首先，以处理好政府和市场的关系为核心，注重发挥市场在资源配置中的决定性作用，完善经济领域基础制度，加强经济结构性改革，完善有利于创新发展的体制机制，增创发展新优势，当好全面深化改革的排头兵，助推广东经济繁荣发展。其次，紧紧围绕坚持党的领导、人民当家作主、依法治国有机统一来深化政治体制改革，进一步转变政府职能，提高政府效能，增强政府的公信力和执行力，建设法治型和服务型政府。再次，紧紧围绕培育和践行社会主义核心价值观、坚持社会主义核心价值体系、建设

---

① 习近平．在省部级主要领导干部学习贯彻党的十八届五中全会精神专题研讨班上的讲话［N］．人民日报，2016-05-10.

② 习近平．坚持以扩大开放促进深化改革 坚定不移提高开放型经济水平［N］．人民日报，2015-09-06.

③ 中共广东省委十一届三次全会决议［N］．南方日报，2014-01-13.

④ 勇做发展中国特色社会主义排头兵［N］．南方日报，2015-12-07.

⑤ 习近平．决胜全面建成小康社会 夺取新时代中国特色社会主义伟大胜利［N］．人民日报，2017-10-28.

社会主义文化强国的目标创新文化体制机制，理顺党政部门与文化企业事业单位的关系，建立健全现代文化市场体系与公共服务体系，注重吸收借鉴外来优秀文化成果，创新岭南文化走出去形式，推进文化强省建设。同时，紧扣保障和改善民生、促进社会公平正义，深化社会体制改革，促进人民安居乐业和社会和谐有序；立足建设幸福广东、美丽广东，推进生态文明体制改革，处理好自然、人与社会的关系，保障长远利益和永续发展。

广东要大力推进供给侧结构性改革，提升产业体系的国际竞争力。根据“增量提升与存量优化并举、工业化和信息化融合、调结构和促发展并重”① 的要求，广东省要更加注重供给侧结构性改革，提升供给体系的质量和效率，推动产业向高端化、智能化、绿色化、集约化、服务化方向发展，不断提升产业体系的国际竞争力。首先，提升制造业核心竞争力，贯彻落实“中国制造2025”战略，推进信息化与工业化深度融合，提高工业的信息化、智能化、绿色化水平，推动传统制造业转型升级和优化发展，争取加快实现由制造大省到制造强省的转变。其次，提高现代服务业发展水平，培育新兴产业发展体系。以建设“广东服务”为目标，坚持生产性和生活性服务业并重的方针，促进产业结构和消费结构升级，培育新兴产业发展，发展一批优质、高效、竞争力强的新兴产业集群，为经济发展注入新动力、增添新活力。再次，发展海洋经济，拓展海洋空间，建设海洋强省。根据海洋主体功能区规划，建设珠三角海洋经济发展区和粤东、粤西海洋经济重点发展区，积极构建粤港澳、粤闽、粤桂琼三大海洋经济合作圈，以环珠江口湾区、环大亚湾、大广海湾、大汕头湾、大红海湾、大海陵湾和雷州半岛为单元，建设美丽海湾。同时，要注重海洋资源环境保护，科学划定生态红线，控制开发强度，加强保护力度，构建生态屏障。

广东要增创对外开放优势，构建开放型经济新格局。开放是广东发展的底色，广东要始终牢记习近平总书记“三个定位、两个率先”“四个坚持、三个支撑、两个走在前列”的嘱托，以全面深化改革为牵引，构建全方位、多层次、宽领域、高水平的开放发展新格局，形成广东省发展的新优势。首先，建设高标准广东自贸试验区，对接更高水平开放。根据《中国（广东）自由贸易试验区总体方案》，广东自贸区将要建设成为粤港澳深度合作示范区、21 世纪海上丝绸之路重要枢纽、全国新一轮改革开放先行地。为此，以广东南沙片区、深圳前海蛇口片区、珠海横琴片区为“金三角”，以高标准、高起点进行产业谋划，促进优势互补，协同发展。发挥广东自贸试验区的高端要素集聚优势，推

① 资料来源：广东省国民经济和社会发展第十三个五年规划纲要.

动广东自贸试验区与泛珠三角区域的经贸合作，培育外贸综合服务，完善“走出去”政策，有效利用国际国内两个市场、两种资源，将广东自贸试验区建设成为内地企业“走出去”的重要窗口，增强辐射带动力。

其次，融入“一带一路”建设，面向全球配置资源、释放红利。历史上，广东海外贸易发达，从汉代徐闻港口发展至今，历经两千年持续发展。而今立足新的历史方位，广东作为“一带一路”的战略枢纽和经贸合作中心，要扩大对外开放，“打开国门搞建设，积极推进‘一带一路’国际合作，努力实现政策沟通、设施联通、贸易畅通、资金融通、民心相通，打造国际合作新平台，增添共同发展新动力”。① 推进广东参与“一带一路”沿线重点国家的通信、公路、桥梁等基础社会建设，提升互联互通水平。深化广东与南太平洋岛国在经贸、农业、远洋渔业、旅游、人文等多领域多层次合作，共同拓展发展空间，力争建设成为我国与“一带一路”重点国家合作的示范省。

再次，坚持“引进来”和“走出去”相结合，提升参与全球资源配置能力。全方位、多层次、宽领域的开放意味着经贸合作的深度和广度发生了变化，需要“引进来”，也需要“走出去”。党的十九大报告指出，我国仍处于并将长期处于社会主义初级阶段的基本国情没有变，我国仍然是世界上最大发展中国家的国际地位没有变，根据社会主义初级阶段的基本国情，我们仍然需要借鉴吸收国际先进文明成果，坚持引资、引技、引智并举。“认识世界发展大势，跟上时代潮流，这是极为重要并且常做常新的课题。”② 作为改革开放的先行者，广东更需要积极引导本省优势产业和企业“走出去”，通过国际市场进行全球布局，支持企业跨国经营，打造具有国际竞争力的跨国公司，提高在全球范围内配置资源的能力，拓展经济发展的空间。同时，世界经济深度调整，国际竞争更加激烈，广东在对外开放过程中要加强外经贸管理体制，对企业“走出去”给予大力支持。不仅要简化审批程序，内外资企业逐步实现同等待遇，也要完善对外投资政策体系，不断精简对外投资所得税缴纳和抵免手续；加大政策性保险机构对对外投资的支持力度；加快对外谈判体制改革，提高参与国际经济治理能力。

最后，促进深度融合发展，形成粤港澳台合作新局面。在“一国两制”方针指导下，加强粤港澳合作关系，积极打造粤港澳大湾区，以建设大珠三角世

---

① 习近平．决胜全面建成小康社会 夺取新时代中国特色社会主义伟大胜利［N］．人民日报，2017-10-28.

② 中央外事工作会议在京举行［N］．人民日报，2014-11-30.

界级城市群为重点，促进粤港澳跨境基础设施全面对接，加强创新合作，提升全球影响力和竞争力。落实《内地与香港、澳门关于建立更紧密经贸关系的安排》（CEPA）有关协议，深入推进粤港澳服务贸易自由化，积极拓展粤港澳在教育、文化、环保、管理领域的合作，完善公共服务体系建设，共建优质生活圈与示范区，形成粤港澳优势互补、互利互惠、共同繁荣的合作局面。

3. 改革开放归根结底是为了人民，坚持以人民为中心。改革开放的根本目的是不断满足人民对美好生活的需求，这是人民主体地位的集中体现。中国共产党第十九次全国代表大会报告中指出，“人民是历史的创造者，是决定党和国家前途命运的根本力量”①，坚持人民的主体地位，就要把人民对美好生活的向往作为奋斗目标，依靠人民创造历史伟业。可以说，立足中国特色社会主义新时代，进一步深化改革、扩大开放，力量之基在于人民，要坚持一切为了人民，一切依靠人民。

坚持改革开放为了人民。回应人民需求，为人民谋利益，为人民利益谋发展，是深化改革、扩大开放的根本目的。正如习近平总书记指出的：“让老百姓过上好日子是我们一切工作的出发点和落脚点”②。可以说，我们的发展是为了人民的发展，是为民谋利、为民解忧的发展，如果改革开放不能满足人民的迫切需求，不能使人民从中获得实际的利益，这样的发展也就失去了意义，这样的改革与开放也就不能持续。因此，深化改革、促进开放就要以增进人民福祉，促进人的全面发展为旨归，站在人民大众的立场上把握群众所关心的、所期盼的、所重视的，从人民的利益需要出发部署战略举措。具体而言，立足中国特色社会主义新时代，我国社会主要矛盾已经转化为人民日益增长的美好生活需要和不平衡不充分的发展之间的矛盾。广东进一步推进改革开放就要把握主要矛盾，回应群众期盼，把人民对美好生活的向往作为方向与遵循。坚持普惠性、保基本、均等化、可持续的原则，实施脱贫攻坚工程，加大对贫困地区的财政投入力度，完善基础设施建设，确保脱贫攻坚精准到村、到户、到人；创造更多就业岗位，打破城乡、地区、行业分割，消除身份歧视，促进就业创业，解决结构性就业矛盾；增加公共服务供给，健全公共服务体系，推进基本公共服务均等化和社会保障城乡一体化发展，不断增进人民福祉，确保人民共享改革发展成果。

---

① 习近平．决胜全面建成小康社会 夺取新时代中国特色社会主义伟大胜利［N］．人民日报，2017-10-28.

② 习近平．习近平系列重要讲话读本［M］．北京：学习出版社，2016：213.

坚持改革开放依靠人民。人民群众是历史的创造者，是社会变革与进步的决定性力量，要始终充分尊重人民群众的首创精神，使人民群众成为改革开放与发展的积极参与者和强大力量。可以说，改革开放是亿万人民的事业，深厚根基来源于人民群众。对广东来讲，广东的改革开放就是广东人民群众的事业。回首40年来，在党中央的正确领导下，在历届广东省委、省政府的团结带领下，在全省广大人民群众的奋进中，广东取得了在经济、政治、文化、社会等方面的突破性进展。广东成就的取得，关键是尊重了人民的首创精神，充分发挥了人民的积极性、主动性、创造性，依靠人民来推动改革、开放。在今后推进改革开放进程中，"遇到关系复杂、难以权衡的利益问题，要认真想一想群众实际情况怎么样？群众到底在期待什么？群众利益如何保障？群众对我们的改革是否满意？提高改革决策的科学性，很重要的一条就是广泛听取群众意见和建议，及时总结群众创造的新鲜经验，充分调动群众推进改革的积极性、主动性、创造性，把最广大人民的智慧和力量凝聚到改革上来，同人民一道把改革推向前进"①，我们要相信群众的力量，"无论遇到任何困难和挑战，只要有人民支持和参与，就没有克服不了的困难，就没有越不过的坎"②。

4. 党是领导一切的，必须坚持党对一切工作的领导。党政军民学，东西南北中，党是领导一切的③。中国共产党是中国的执政党，办好中国的事情，关键在党。

坚持党的领导可以确保改革开放的方向性。改革开放是一场伟大的深刻的革命，必须坚持正确的方向和发展道路。党的十八大之后，习近平总书记在广东考察工作时就指出，"我们的改革开放是有方向、有立场、有原则的。我们当然要高举改革旗帜，但我们的改革是在中国特色社会主义道路上不断前进的改革，既不走封闭僵化的老路，也不走改旗易帜的邪路"④。这次讲话不仅指出了改革的方向——坚持社会主义道路，也指出了改革的路径——既不走封闭僵化的老路，也不走改旗易帜的邪路。"方向决定道路，道路决定命运，找到一条正确道路是多么不容易"⑤，改革开放一旦出现方向性错误，就会带来灾难性后

① 习近平．习近平谈治国理政［M］．北京：外文出版社，2014：98.

② 习近平．习近平谈治国理政［M］．北京：外文出版社，2014：97.

③ 习近平．决胜全面建成小康社会 夺取新时代中国特色社会主义伟大胜利［N］．人民日报，2017-10-28.

④ 习近平．习近平关于全面深化改革论述摘编［M］．北京：中央文献出版社，2014：14.

⑤ 中共中央宣传部．习近平总书记系列重要讲话读本（2016年版）［M］．北京：学习出版社、人民出版社，2016：19.

果。因此，为避免重蹈苏联解体、东欧剧变的覆辙，在不断推进改革开放的历史进程中，我们一定要坚持党的领导，保持政治定力，明确政治定位。“要牢牢把握改革正确方向，在涉及道路、理论、制度等根本性问题上，在大是大非面前，必须立场坚定、旗帜鲜明。”①

坚持党的领导是改革开放攻坚期的必然要求。就改革来说，“中国改革经过30多年，已进入深水区，可以说，皆大欢喜的改革已经完成了，好吃的肉都吃掉了，剩下的都是难啃的硬骨头”②，在改革任务艰巨、改革难度加大、改革要求更高的背景下，进一步深化改革，突破利益固化的藩篱，需要坚持党的领导。广东要在党的领导下，继续以“杀出一条血路”的大无畏气概，攻坚克难、勇往直前，持续推进全面深化改革的攻坚战。就开放来说，“西方国家等强化贸易保护主义，除反倾销、反补贴等传统手段之外，在市场准入环节对技术性贸易壁垒、劳工标准、绿色壁垒等方面的要求越来越苛刻，由征收出口税、设置出口配额等出口管制手段的贸易摩擦越来越多。我国近9年来连续成为世界上受到反倾销反补贴调查最多的国家”③。面对日益复杂的国际环境，不合理的国际秩序，广东要进一步拓宽对外开放思路，提高对外开放水平，就要坚持党的领导，保证自身合法权益，构建互利共赢、多元平衡、安全高效的开放型经济体制，拓展对外开放新境界。

坚持党的领导必须改善党的领导，从严治党。“打铁必须自身硬”④。立足中国特色社会主义新时代历史方位中，进一步推进改革开放，我们的党必须要有新气象。一是抓好政治建设。旗帜鲜明讲党性是我们党作为马克思主义政党的根本要求，全党要牢固树立“四个意识”，在政治立场、政治方向、政治原则、政治道路上同党中央保持高度一致，坚决维护以习近平同志为核心的党中央权威和集中统一领导。二是要抓好思想建设。“坚持用习近平新时代中国特色社会主义思想武装党员干部，与‘两学一做’、‘不忘初心，牢记使命’主题教育，大力弘扬‘红船精神’、学习贯彻习近平总书记对广东工作的重要指示精神结合起来，以严实作风开展‘大学习、深调研、真落实’工作，推动习近平新

---

① 习近平．把握大局审时度势统筹兼顾科学实施 坚定不移朝着全面深化改革目标前进［N］．人民日报，2014-01-23.

② 习近平接受俄罗斯电视台专访［N］．人民日报，2014-02-09.

③ 习近平．习近平总书记重要讲话文章选编［M］．北京：中央文献出版社，2016：386-387.

④ 中共中央宣传部．习近平总书记系列重要讲话读本（2016年版）［M］．北京：学习出版社、人民出版社，2016：19.

时代中国特色社会主义思想在南粤大地落地生根”①。同时要抓好理想信念教育，抓好意识形态工作，壮大主流舆论，维护意识形态安全。三是要着力建设高素质专业化干部建设。坚持党管干部原则，坚持德才兼备、以德为先，坚持五湖四海、任人唯贤，坚持事业为上，政治标准，把好干部落到实处。四是要整顿风纪、反对腐败。加强作风建设，保持党与人民群众的联系，厚植党执政的群众基础。人民群众最痛恨腐败现象，反腐败斗争永远在路上。

党的十六大以来广东推进对外开放的实践是对广东对外开放前20多年历史进程的必然延续，是中国改革开放40多年的历史缩影。展望未来，广东将眼光定位全球，继续不断提高对外开放水平，以“全球眼光”促进合作，以“广东速度”抢抓机遇，以“广东质量”谋求发展。

参考文献

文献著作类

[1] 习近平谈治国理政［M］. 北京：外文出版社，2014.

[2] 习近平总书记重要讲话文章选编［M］. 北京：中央文献出版社，2016.

[3] 习近平关于全面深化改革论述摘编［M］. 北京：中央文献出版社，2014.

[4] 广东省政府工作报告（2002—2017年）.

[5] 广东年鉴编纂委员会. 广东年鉴［M］. 广州：广东年鉴社，2002.

[6] 广东对外贸易经济合作厅. 广东商务发展报告［M］. 广州：广东人民出版社，2017.

[7] 广东省政协文史资料委员会. 经济特区的由来［M］. 广州：广东人民出版社，2002.

[8] 陈万灵，刘胜，何传添. 广东对外经济贸易发展研究报告［M］. 北京：社会科学文献出版社，2016.

[9] 陈万灵. 广东外经贸蓝皮书［M］. 北京：北京社会科学出版社，2016.

[10] 陈万灵，袁欣，李铁立. 广东对外经济贸易发展研究报告［M］. 北京：社会科学文献出版社，2015.

[11] 陈万灵，林吉双，袁欣. 广东外经贸蓝皮书［M］. 北京：社会科学文献出版社，2012.

① 全面贯彻习近平新时代中国特色社会主义思想和党的十九大精神 奋力开创广东发展新局 以实际行动迎接改革开放40周年［N］. 南方日报，2018-01-04.

[12] 崔新健．中国利用外资三十年［M］．北京：中国财政经济出版社，2008.

[13] 蒋斌，梁桂全．敢为人先——广东改革开放30年研究总论［M］．广州：广东人民出版社，2008.

[14] 罗木生．广东改革开放与发展的若干思考［M］．广州：广东经济出版社，2001.

[15] 舒元．广东发展模式——广东经济发展30年［M］．广州：广东人民出版社，2008.

[16] 陶一桃，鲁志国．中国经济特区史要［M］．北京：商务印书馆，2010.

[17] 李娜．十六大以来中国共产党对外开放思想研究［D］．乌鲁木齐：新疆师范大学，2012.

[18] 黄永智．港澳经贸合作新机遇——简析《内地与香港关于建立更紧密经贸关系的安排》［D］．广州：中山大学，2003.

期刊论文类

[1] 李惠武．以开放促改革 以改革促发展——学习十八届三中全会报告笔谈［J］．广东经济，2013（12）.

[2] 丁晋清．中国改革开放的精彩缩影——论广东改革开放30年的辉煌成就、发展模式、独特贡献与经验启示［J］．广州市公安管理干部学院学报，2008（3）.

[3] 谢鹏飞．以开放前瞻的战略视野着力打造“智慧广东”——后金融危机时代广东新发展的战略思考［J］．国际经贸探索，2010（1）.

[4] 宋子和，张长生，蔡兵．从发展外向型经济到实现经济的国际化——广东对外开放的历史回顾与展望［J］．南方经济，2000（4）.

[5] 刘杰，钟红兵．从广东改革开放的实践看中国特色社会主义道路的形成［J］．广东石油化工学院学报，2011（2）.

[6] 林雄．弘扬改革精神 推动科学发展——在广东纪念改革开放30周年理论研讨会上的讲话［J］．学术研究，2008（12）.

[7] 谢俊，申浩明，杨永聪．差距与对接：粤港澳大湾区国际化营商环境的建设路径［J］．城市观察，2017（6）.

网站类

[1] 习近平．抓住世界经济转型机遇，谋求亚太更大发展［EB/OL］．新华网，2017-11-10.

[2] 习近平 . 习近平总书记对广东工作作出重要批示 [EB/OL]. 人民网，2017-04-12.

项目组负责人：程京武，暨南大学马克思主义学院院长，教授，博士生导师

成　　员：刘社欣、杜应娟、陈三宝、杨亚红

执　　笔：程京武、陈三宝、杨亚红

党的十八大以来广东构建开放型经济新体制和对外开放新格局实践研究

20世纪70年代末开始，广东在改革开放中先行一步，充分发挥其毗邻港澳的区位优势，以“三来一补”“大进大出”的加工贸易起步，大量吸引境外投资，迅速成为中国经济国际化和外向度最高的地区之一。尤其是党的十八大以来，广东继续深化贸易体制改革，积极构建开放新体制和对外开放新格局。本课题在对党的十八大以来广东开放型经济新体制，特别是贸易体制、外商直接投资体制、对外直接投资体制以及广东对外开放新格局（特别是自由贸易试验区、“一带一路”、粤港澳大湾区的实践）进行系统总结和评价的基础上，分析现有广东开放型经济新体制和对外开放新格局存在的问题，提出构建广东开放型经济新体制和对外开放新格局的对策。

一、绪论

（一）研究背景与意义

开放型经济（Open Economy）是与封闭型经济（Closed Economy）相对立的概念。在开放型经济中，要素、商品与服务可以较自由地跨国界流动，从而实现最优资源配置和最高经济效率。现实中，香港以及新加坡的自由港经济是开放经济的极端，南亚内陆地区的小国和朝鲜是封闭型经济的极端。世界各国的经济发展水平、市场成熟程度不同，可按顺序排列于两个极端之间。一般而言，一国经济发展水平越高，市场化程度越高，就越接近于开放型经济。在经济全球化的趋势下，发展开放型经济已成为各国参加国际合作和分工的必由之路。

从20世纪70年代末开始，在改革开放中先行一步的广东，发挥其毗邻港澳的区位优势，以“三来一补”“大进大出”的加工贸易起步，大量吸引境外投资，迅速成为中国经济国际化和外向度最高的地区之一。开放之初，广东的对外依存度（进出口/GDP）为14.72%，2012年为108.69%，2016年达

79.80%。显然，广东已经是开放型经济强省。

党的十八大以来，历年的广东省政府工作报告几乎都提到加快“对外开放”，力争成为深化改革开放的先行地。① 2014 年广东省政府工作报告提出，要着力提升对外开放水平，优化对外开放格局，转变外经贸发展方式，构建开放型经济新体制。随后，广东省委、省政府发布《关于进一步提高对外开放水平的意见》，对广东构建开放型经济体制、深化对外开放的广度和深度、打造开放型经济综合优势进行了具体部署。2015 年中国（广东）自贸试验区获准正式挂牌成立，并提出将其建设成为粤港澳深度合作示范区、21 世纪海上丝绸之路重要枢纽的愿景。2015 年 7 月，广东印发珠三角国家自主创新示范区建设方案“1+1+7”格局；2016 年，朱小丹提出建设珠三角自主创新示范区，落实“1+1+7”区域创新格局；2017 年，粤港澳区域经济合作上升为粤港澳大湾区。然而，迄今为止，还没有一个对于近 5 年广东省开放型经济体制实践的系统总结和评估。本课题对党的十八大以来广东省开放型经济新体制（特别是贸易体制、外商直接投资体制、对外直接投资体制）和新制度（自由贸易试验区、“一带一路”、粤港澳大湾区）实践进行系统的总结和评价，分析了目前新体制和新制度存在的问题，并提出相应的解决对策。因此，本课题的实现对于完善和发展广东省开放型经济新体制和新制度具有重大的现实意义。

（二）研究现状评述

1. 国外相关文献

阿普尔亚德（Appleyard）讨论了世界范围内的资源配置问题，在世界格局下资源利用的决定因素和国际传递机制问题，即对“开放型经济”的认识和理解。萨默（Summer）提出通过资本自由流动提高国际间金融机构的一体化程度，从而更有效地应对金融危机，促进经济增长。贝克特·哈维（Bekaert Harvey）和伦德布拉德（Lundblad），他们认为金融开放影响资本成本、增长的机会、放松金融管制、促进金融发展，从而增加投资和提高投资的效率，进而促进经济增长。艾森曼（Aizenman）认为贸易开放对外商投资有促进作用，特别是在发展中国家和工业化国家；纳维德（Naveed）认为贸易开放有利于外商投资，起到正向激励作用。奎因（Quinn）和户枝（Toyoda）认为无论在发达国家还是新兴市场国家资本的开放均与经济增速正向相关。查尔斯（Charles）提出世界市场融合，已经不再是某一国的单一国家市场，而是没有界限的全球市场。跨国

① 广东省国民经济和社会发展第十三个五年规划纲要［EB/OL］. 广东省发展和改革委员会，2016-04-20.

的经济合作和对外投资随着技术的变革已经成为拉动世界经济发展的重要引擎。

西迪克（Sedik）和孙（ Sun）在考察资本开放度对经济增长率的影响时控制了实际利率、实际有效汇率、私人部门信贷、国家风险等变量，但忽略人均的影响，发现资本管制越强经济增长率越低。鲍德温（Baldwin）的研究指出，在以要素流动性日益增强为主要内容的当今经济全球化发展，一国或区域内相对自由的货物、服务、信息、资本、技术、管理、人才等相对自由的流动，以及提供更为完善的产权保护，对全球优质要素的集聚具有极为关键的意义。

2. 国内相关文献

曹珠美①的硕士论文曾从四个方面分析了分工对东道国产业结构优化的效应。陈延林②从理论上分析了外商直接投资对广东产业结构和技术进步的影响。张显、王桂林③对广东省利用外资和工业化演进过程的研究发现，实际利用外商直接投资和工业化之间呈现出明显的良性互动关系。周科选④研究表明外商直接投资（FDI）对珠三角地区国内生产总值（GDP）增长具有十分重要的影响，而东西两翼地区 GDP 增长率之间的差异中，有 92.6% 是由外商直接投资引起的。陈子曦⑤则认为开放型经济是市场化程度高、要素充分自由流动、拥有培育未来有强大市场竞争力的高科技战略型产业底蕴的经济。张莞鹭⑥认为广东经济增长对外商直接投资的影响非常显著，外商直接投资增加对经济增长影响是正向的，但作用较小，并且滞后期数不同，外商直接投资与广东 GDP 之间存在着不同的格兰杰（Granger）因果关系。

党的十八大以来，国内学者对构建开放型新经济的研究越来越多。张海梅、吴长春⑦认为党的十八大报告在对我国对外开放战略问题的论述中，对我国特别是对作为全国第一开放型经济大省广东的开放型经济发展实践具有重大指导意义。姚宜⑧认为广东要进一步提升开放型经济水平，需要加快外资投资模式、对

---

① 曹珠美．外商直接投资与中国产业结构研究［D］．北京：对外经济贸易大学，2003.

② 陈延林．外商直接投资对广东产业结构和技术进步的影响分析［J］．华南师范大学学报（社会科学版）2004（1）.

③ 张显，王桂林．广东省利用外资与工业化进程的实证研究［J］．上海经济研究，2005（12）.

④ 周科选．外商直接投资对广东区域经济发展差异影响的实证分析［J］．商场现代化，2009（23）.

⑤ 陈子曦．中国各省市区开放型经济水平比较研究［J］．地域研究与开发，2010（5）.

⑥ 张莞鹭．外商直接投资在广东经济增长关系中的实证研究［J］．特区经济，2011（5）.

⑦ 张海梅，吴长春．十八大对外开放战略的新内涵及对广东的重大指导意义［J］．岭南学刊，2013（6）.

⑧ 姚宜．广东开放型经济升级转型的若干思考［J］．经济论坛，2013（7）.

外贸易模式、市场结构、招商引资模式和发展动力机制的转型升级，进而实现从规模速度向质量效益转型，从国际市场为主向国内外市场并重，从招商引资为主向招商引资、招商选资、招才引智并重，从“引进来”为主向“引进来、走出去”并重转型。唐海燕①、裴长洪②等从开放型经济新体制的新目标、新特征和新路径等角度做出了有益探讨。罗开利③认为广州作为我国五大国家中心城市之一，其开放型经济面临现实瓶颈，要坚持实施“走出去”和“引进来”并重、坚持引进“外资”和“外智”并重、坚持提升国际化载体集约功能和创新功能并重等策略，促进广州开放型经济可持续发展。肖营④认为对外投资的规模结构及相关管理体制的缺陷是导致广东对外投资总体水平低等问题的重要原因。广东加快“走出去”正当时，应抓住“一带一路”及自贸区建设等机遇，促进经济持续、健康发展。许德友⑤认为以“一带一路”倡议为开放载体和连接桥梁，广东既能广化当前开放型经济的新空间，拓展与东盟、俄罗斯、中亚、南亚、中东国家等新兴经济体的合作，寻找新的海外市场增长点；又能深化广东开放型经济的新内涵，优化与沿线国家的贸易合作、投资促进和市场融合，利用两种自贸区、企业“走出去”和人文联络等内外部条件培育国际竞争新优势。覃剑⑥适应经济全球化新形势，按照我国构建开放型经济新体制、以开放促改革的系统部署，结合推进供给侧结构性改革发展需要，提出以推进“开放+”为行动纲领，以构建和完善对外开放深化体制、合作交流提速机制、开放平台发展机制、开放产业促进机制和营商环境优化机制五大新机制为抓手，努力建设更具活力的开放型经济运行新体制，把广州打造成为我国开放型经济新体制的先行区和示范区。陈万灵、刘胜、何传添⑦等探讨广东对外开放的广度和深度，通过对各个产业开放状况的深入研究，探讨广东开放型经济建设状况，为广东新一轮对外开放提供独立判断和建议。燕卿⑧认为开放型经济对广东体制改革与

---

① 唐海燕．开放型经济新体制“新”在哪里［J］．经济研究，2014（1）．

② 裴长洪，郑文．中国开放型经济新体制的基本目标和主要特征［J］．经济学动态，2014（4）．

③ 罗开利．广州国家中心城市开放型经济体制转型升级问题研究［J］．特区经济，2014（7）．

④ 肖营．新形势下广东加快对外投资的对策研究［J］．广东经济，2015（12）．

⑤ 许德友．以“一带一路”广化深化广东开放型经济［J］．汕头大学学报（人文社会科学版），2016（1）．

⑥ 覃剑．广州市构建开放型经济新体制路径研究［J］．对外经贸，2016（10）．

⑦ 陈万灵．广东外经贸蓝皮书：广东对外经济贸易发展研究报告（2015-2016）［M］．北京：社会科学文献出版社，2016：293．

⑧ 燕卿．进一步提升广东开放型经济新优势［J］．中外企业家，2016（25）．

创新提出了更高的要求。

3. 国内外相关研究仍存在一些不足和局限

国内外学者对开放型经济中的内涵及理论研究较多，实践研究较少，系统地从贸易机制、外商直接投资机制、对外直接投资机制、金融一体化（或资本流动）机制等四个机制出发进行的研究较少。本课题的实现可以填补现有文献的不足。

（三）基本思路和研究方法

1. 基本思路

本课题拟构建设计外贸依存度、外贸市场集中度、加工贸易比重、出口竞争力等指标评价广东省对外贸易中的成绩与风险；构建外资依存度、外资/总投资比率、FDI 集中度、产业安全度、FDI 产业分配比例、业绩指数等指标，来评价广东省利用外资的成绩与风险；设计对外投资占比、对外投资国际集中度、对外投资行业集中度、国企对外直接投资占比、民企对外直接投资占比等指标，来评价广东省对外投资的成绩与风险；设计了负债率、短期外债比重、债务率、偿债率、外债余额增长速度、外债本息增长速度、资本外逃率和投机资本占比等指标体系，来评价广东省于国外金融一体化的成绩与风险。

2. 研究方法

本课题主要运用统计分析/实证研究、比较研究和对策研究的方法：

（1）统计分析/实证研究。这一方法主要用在第二部分。这一部分采用统计数据/实证研究的方法，对十八大以来广东构建开放型经济新机制进行系统评价。

（2）比较研究。这一方法主要用在第三部分。这一部分通过对比、总结其他省份十八大以来构建开放型经济新机制的模式和经验，为广东省完善开放型经济新机制提供借鉴。

（3）对策研究。这一方法用在第四、第五部分。这部分在对于十八大以来广东开放型经济新机制的问题进行分析的基础上，对未来广东完善开放型经济新机制提出可供选择的方案，以供决策者参考。

（四）本研究的重点难点和创新之处

1. 重点难点

本课题的重点和难点就是十八大以来广东开放型经济新机制的评价。第一需要大量的数据来支撑，其次就在获得相关数据资料后，还需付出大量的时间和人力成本对之加以分析和比较，才能真正形成有效可用的评价结果，得出可靠的结论。

2. 创新之处

（1）构建了广东省开放型经济新体制的指标体系，并系统分析了广东开放型经济新体制的实践成果。我们构建了外贸依存度、外贸市场集中度、加工贸易比重、贸易竞争指数等指标，并分析了广东省对外贸易新体制的实践成果；构建了外资依存度、外资—总投资比率、FDI 集中度、FDI 产业分配比例、业绩指数等指标，并分析了广东省外商投资新体制的实践成果；设计了对外投资占比、对外投资国际集中度、对外投资行业集中度等指标，并分析了广东省对外投资中新体制的实践成果；设计了金融机构外币存（贷）款占比、投机资本占比和深港通交易规模占比等指标，并分析了广东省资本流动新体制的实践成果。

（2）系统分析了广东开放型经济新制度实践的成果。我们通过数据分析了深港通的交易规模、占比及趋势，进而探讨了深港通对我省资本市场国际化、价值投资理念传播的作用；通过对历年广东"一带一路"政策的梳理，从企业角度深入探讨了"一带一路"政策对广东的影响；通过对大湾区经济体量、产业结构、金融等领域数据的分析，从深化粤港澳合作和支撑"一带一路"发展两个角度剖析了大湾区战略对广东的影响。

（3）系统分析了广东开放型经济新机制（新体制、新制度）存在的问题，并提出相应的解决方案。

二、广东开放型经济新体制的实践演变

（一）广东经济现状概况

改革开放之初，广东抓住国家在深圳、珠海、汕头设立经济特区的契机，充分发挥毗邻港澳的区位优势，选择了发展外向型经济的路子，积极参与国际分工和经济循环，争取最大限度地利用港澳地区和国外的资金、技术、市场和管理经验，主动承接发达国家和地区的产业梯度转移；港粤两地形成"前店后厂"的密切合作关系，香港 80%以上的制造业转移到珠江三角洲，全省对外经贸往来扩展到全球 200 多个国家和地区，使经济起飞获得了优化资源配置的条件和动力，开放型经济已成为广东经济的"命根子"①。

① 党的十八大以来广东粤东西北发展成就［EB/OL］. 广东统计信息网，2017-10-11.

表 2-1　广东省 GDP 增长概况（单位：亿元,%）

年份	名义 GDP	实际 GDP	增长率
2012	57，147.75	12，871.14	8.18
2013	62，474.79	13，960.25	8.46
2014	67，809.85	15，044.07	7.76
2015	72，812.55	16，246.94	8.00
2016	79，512.05	17，471.88	7.54

注：数据来自历年广东省统计年鉴

广东是中国经济第一大省，从 1989 年开始至 2016 年，广东省 GDP 总量连续 28 年居全国各省市之首。十八大以来，广东经济始终保持较快的增长。如表 2-1 所示，2012—2016 年 5 年间，实际 GDP 平均增速在 7.54%至 8.46%之间。2016 年广东省名义 GDP 达到 79，512 亿元，约占全国名义 GDP 的 10.7%。2016 年，全省外贸进出口总值达 6.31 万亿元，连续 31 年居全国首位。截至 2016 年底，广东省累计批准了近 19.4 万家外商投资企业，超过 170 个国家和地区的企业在广东投资兴业，实际利用外商直接投资累计达 4，008.5 亿美元，约占全国的 23%。广东企业对外投资遍布全球 100 多个国家和地区。① 在就业方面，1978 年广东省城镇登记失业率为 5.6%，比同期全国失业率高 0.3%。十八大以来，广东省失业率始终维持一个较低的状态，2012—2016 年这 5 年间，平均失业率为 2.46%，2016 年广东失业率为 2.5%，比同期全国失业率低 1.5%。②

在最终消费方面，广东省在 1978 年仅为 130.02 亿元。十八大以来，广东最终消费总额增长迅速，2012 年最终消费总额为 29，264.26 亿元，到 2016 年该数值上升到 40，926.54 亿元，占全国最终消费的 10.31%。在增速上，2012—2016 年这 5 年间广东省最终消费平均增长速度为 9.44%。

广东经济不仅有量的增长，更有质的提高。具体体现在：

产业结构不断优化，工业向中高端方向转型。广东省第一、二、三产业比重由 1978 年的 29.8∶46.6∶23.6 变为 4.7∶43.2∶52.1，同时第三产业内部结构不断优化，现代服务业增加值增长 10.4%，占服务业比重为 61.7%，以新经济为代表的营利性服务业增长 16.8%，对经济增长的贡献率为 19.4%，拉动经

① 党的十八大以来广东经济社会发展成就［EB/OL］. 广东统计信息网，2017-09-26.
② 党的十八大以来广东就业情况［EB/OL］. 广东统计信息网，2017-10-20.

济增长 1.5 个百分点；新兴产业表现尤其活跃，2016 年广东高新技术产品产值增长 12%，新能源汽车产量同比增长 76.3%，工业机器人产量增长 45.2%，光纤产量增长 34.3%，智能电视产量增长 16.3%；先进制造业及高技术制造业发展速度提高，先进制造业和高技术制造业增速分别为 9.5%和 11.7%，高于规模以上工业增速分别为 2.8 个和 5.0 个百分点，占规模以上工业比重分别为 49.3%和 27.6%，同比提升 0.8 个和 0.6 个百分点。

基础设施比较完善，具备良好的投资环境。广东是中国基础设施最完备、最便利的地区之一。广东拥有通往世界各个国家和地区的海空航线，拥有铁路主骨架和四通八达的公路网，拥有以微波、光缆、卫星传输、宽带网络等为主体的先进的通信网络。2016 年底，广东公路通车里程数达 218，085 公里，其中高速公路通车里程数达 7，683 公里，稳居全国第一，实现县县通高速公路。2016 年 9 月 27 日，港珠澳大桥主体桥梁正式贯通，港珠澳大桥的通车将首次实现珠海、香港和澳门的陆路对接。在城市公共交通方面，2016 年末广东公共交通车辆运营数为 63，670 辆，第二名的山东是 47，419 辆。运营线路总长度为 102，707 公里，第二名的山东是 82，149 公里。2016 年深圳港和广州港的集装箱吞吐量分别为 2，398 万箱和 1，886 万箱，分别位居世界港口第三位和第十位，挂靠广东省港口的国际集装箱班轮航线 334 条，通达全球 100 多个国家和地区的 200 多个港口。2016 年广东省民航机场旅客吞吐量、货邮吞吐量及起降次数分别为 11，440 万人次、284.4 吨和 89 万架次，均为全国第一。① 人民生活水平不断提高，各项社会事业全面进步。2016 年，广东人均地区生产总值为 72，787 万元，农村居民人均消费水平为 14，784 元，城镇居民人均消费水平为 34，667 元。全省共有 1，974 个电影放映单位、72 个艺术表演团队、146 个文化馆、142 个公共图书馆、192 个博物馆和 192 个档案馆。全省共有 147 所普通高等学校（机构），数量位居全国第二，其中公办本科院校 37 所、民办本科院校 7 所、中外合作院校 2 所、独立学院 16 所、公办高职院校 57 所、民办高职院校 28 所。普通高中 1031 所，教职工人数超过 25 万，均为全国第一。全省共拥有 49，124 个医疗卫生机构，床位数超过 46 万个，卫生技术人员超过 66 万人。人均公园绿地面积 17.87 平方米，位居全国第三，仅次于内蒙古和宁夏。②

（二）广东开放型经济新体制的实践演变

十八大以来，广东省常委、省政府把握经济发展规律，积极作为，通过实

① 党的十八大以来广东基础设施投资成就［EB/OL］. 广东统计信息网，2017-09-30.
② 党的十八大以来广东现代服务业蓬勃发展［EB/OL］. 广东统计信息网，2017-09-26.

施珠三角规划纲要、粤东西北振兴发展、创新驱动发展、珠江西岸装备制造业发展、工业转型升级三年攻坚等系列政策措施，确保了经济持续健康发展，保持了广东经济发展的长期优势。2012—2016 年，广东实现 GDP 年均增速 7.9%，经济总量更是连破 6 万亿元、7 万亿元大关，2016 年接近 8 万亿元。① 这一系列成果表明，开放型新体制的实施确实为广东经济发展提供了助力。接下来，本课题将分别从外贸体制、外商投资体制、对外直接投资体制、资本流动体制四个方面对十八大以来广东省开放型新体制的演变进行总结。

1. 对外贸易体制

（1）外贸依存度

外贸依存度，指的是一国（地区）对外贸易总额与国内生产总值（GDP）的比值。外贸依存度通常用来衡量一国（地区）对外贸易活动对该地区经济发展的影响程度，也可以用来反应一国（地区）的开放程度和与世界经济的联系程度。高外贸依存度一方面放映了一国（地区）的经济发展与世界经济紧密联系，但另一方面，过高的外贸依存度也意味着一国（地区）的经济对外界的依赖性较强，这就导致其经济受世界经济影响的风险增大。因此，若外界发生大的经济波动导致对外贸易总额骤降，这将导致该经济体的经济大幅度滑坡，甚至直接导致经济危机的产生。

由于对外贸易分为出口和进口两部分，因此相应地，外贸依存度又可分为出口依存度和进口依存度，即进、出口额分别与 GDP 的比值。常用的计算公式如下：

外贸依存度=一国（地区）进出口商品总额/该国（地区）GDP×100%

相应的出口依存度以及进口依存度的计算也类似。广东省部分年份外贸依存度如表 2-2 所示。

表 2-2 广东省外贸依存度（单位：亿元,%）

年份	GDP	进出口	外贸依存度
2012	57，147.75	62，111.49	108.69
2013	62，474.79	67，623.46	108.24
2014	67，809.85	66，132.60	97.53
2015	72，812.55	63，703.69	87.49

① 党的十八大以来珠三角经济社会发展成就［EB/OL］. 广东统计信息网，2017-10-11.

续表

年份	GDP	进出口	外贸依存度
2016	79，512.05	63，452.95	79.80

注：数据来自历年广东省统计年鉴

根据广东省统计年鉴数据，广东省 1987 年外贸依存度为 92.48%。在 1988 年国家提出沿海地区经济发展战略后，广东省加快了开拓海外市场的步伐，外贸依存度也随之不断创造新高，到 1994 年广东省外贸依存度达到了历史最高点——180.37%。

1995 年开始，由于外贸成本的不断上升和贸易摩擦问题加剧，广东省对外贸易进入了调整阶段，不仅进出口总额增速放缓，进出口商品结构也开始发生变化。1997 年亚洲金融危机爆发后，广东省对外贸易受到进一步抑制，一直到 2001 年我国成功加入 WTO 后才有所复苏，在 1995—2001 年期间，广东省外贸依存度呈现一个总体下降的趋势。

2001 年后，随着中国加入 WTO，广东省作为对外开放的门户，参与全球经济的程度进一步加深，对外贸易对经济增长的作用也愈加重要。另外 CEPA 的实施使粤港澳三地联系更为紧密，加之“9+2”泛珠三角地区的合作，都促进了广东省对外贸易的增长。这一阶段，广东的外贸依存度开始新一轮的迅速上升，到 2007 年广东省外贸依存度为 151.72%。

2008 年金融危机爆发，广东省对外贸易受此影响出现疲软态势，与此同时，第二次进出口结构调整初现端倪，一般贸易占比开始提高，高科技产品占出口比例也开始不断上升。广东省外贸依存度在金融危机爆发初期有大幅下降，在 2009 年有一个短暂的反弹，之后直到 2012 年，外贸依存度一直在缓慢地下降，2012 年广东省外贸依存度为 108.69%。

2012 年 11 月份，十八大报告中提出“要加快转变对外经济发展方式，推动对外开放朝着优化结构、拓展深度、提高效益方向转变”。这表明，我国对外开放进入新的发展阶段。2013 年“一带一路”倡议正式提出，借着“一带一路”倡议的东风，广东省外贸进出口总值首次突破 1 万亿美元的大关，占全国总值的 26.2%。但由于受到欧债危机、主要经济体经济不振等外部市场环境的冲击，广东省进出口总额虽然呈现上涨的趋势，但外贸依存度仍略有下降。2014 年广东省委常委会审议并通过了《中共广东省委办公厅 广东省人民政府办公厅关于进一步提高对外开放水平的意见》，《意见》就实施新一轮对外开放，提高对外开放水平作出了总体部署，主要内容包括加快转变对外贸易发展方式，建设高质量对外开放平台，拓展经济领域开放合作广度和深度等。2014 年广东省进出口总额为 10，767.3 亿美元，相比 2013 年下降 1.4%，外贸依存度为 97.53%，相对于 2013 年有一个大幅的下降，主要是受到外部需求复苏缓慢和部分重要进出口企业生产链内迁的影响；2015 年国务院发布《中共中央国务院关于构建开放型经济新体制的若干意见》，《意见》指出要以对外开放的主动赢得经济发展和国际竞争的主动。随着广东省对外开放新体制的实施，广东省对外贸易更加注重质量的提升而非数量的扩大，外贸结构不断优化升级。2015 年广东外贸进出口总值 6.36 万亿元人民币，相比于 2014 年下降 3.9%，占全国外贸总值的 25.9%。其中出口实现了逆势增长，增幅为 0.8%，进口总额下降 10.8%。广东外贸总体情况优于全国平均水平，主要得益于调整贸易结构等政策刺激，而出口的逆势增长是源于新市场的开拓（“一带一路”沿线国家）。2015 年广东的外贸依存度为 87.49%，仍保持着快速下滑的趋势。2016 年广东外贸进出口总值 6.3 万亿元人民币，相比 2015 年微降 0.8%，其中，出口 3.94 万亿元，下降 1.3%，进口 2.36 万亿元，与 2015 年基本持平，进出口和出口表现好于全国平均水平。2016 年广东的外贸依存度为 79.80%，下滑趋势仍然很快。按照目前的趋势来看，未来广东省外贸依存度有持续下降的趋势。作为比照，2016 年我国总体外贸依存度为 32.9%，美国外贸依存度为 19.9%，日本外贸依存度为 25.4%，韩国外贸依存度为 63.9%，均小于广东省外贸依存度，因此广东省外贸依存度仍然有下降空间。①

（2）外贸市场集中度

外贸市场集中度用来衡量对外贸易对象的集中程度。换句话说，外贸集中度越高则对外贸易对象越少，外贸集中度越低则对外贸易对象越多。正所谓“不应将所有鸡蛋都放在同一个篮子里”，一般而言，外贸集中度不宜过高。无论是出口还是进口，若交易对象过少（即高外贸市场集中度），则贸易的主动权将掌握在对方手中，无论对方是被迫还是主动减少与我方的交易，都将严重影响我方经济的平稳运行。

外贸市场集中度的衡量指标有很多，市场集中度（CRn）和赫希曼指数（HHI）是其中较为常用的两种指标。市场集中度是指一个行业中最大的 N 家公司所占的市场的份额之和，如 CR4 是指四个最大的企业占有该相关市场的份额之和。在外贸市场集中度的讨论中，我们将其定义为最大的 N 个进出口市场在进口和出口总额中所占的比率。如 2016 年广东省外贸出口份额最大的三个地区

① 党的十八大以来广东对外贸易发展情况［EB/OL］. 广东统计信息网，2017-10-16.

份额分别为0.2，0.1，0.1，则广东省出口集中度就为0.2+0.1+0.1=0.4。赫希曼指数（HHI）的定义为最大的N个市场份额的平方和。如果HHI数值小于0.1则表示进出口市场基本不存在集中的情况，0.1至0.18则表示一定程度的市场集中，如果大于0.18则表示市场高度集中。2016年广东省的HHI值为$0.2^2+0.1^2+0.1^2=0.06$，说明广东进出口市场基本不存在集中的情况。

如表2-3所示，2016年广东省进口金额最大的5个国家（地区）分别是：东盟、中国台湾、韩国、日本和欧盟。选定这5个国家（地区），可以得到2012—2016年进口金额和占比。

表2-3　广东同部分国家（地区）进口额及占比（单位：亿美元，%）

国家（地区）	2012		2013		2014		2015		2016	
	金额	占比	金额	占比	金额	占比	金额	占比	金额	占比
中国台湾	513.71	12.53	672.10	14.76	560.26	13.01	532.32	14.03	526.39	14.76
韩国	412.33	10.06	463.97	10.19	465.70	10.82	411.65	10.85	411.57	11.54
日本	451.84	11.02	415.52	9.12	419.78	9.75	379.75	10.01	369.56	10.36
美国	182.34	4.45	251.76	5.53	218.93	5.09	205.83	5.43	189.35	5.31
南非	247.55	6.04	265.61	5.83	229.27	5.33	141.89	3.74	91.69	2.57

注：数据来自历年广东省统计年鉴

从表中数据可得，2012—2016年期间上述5个国家（地区）进口金额在1，500亿美元到2，100亿美元的区间里上下波动；上述5个国家（地区）进口总金额占比基本维持不变，保持在45%左右。其中中国台湾是广东省最大的进口市场，十八大以来每年的比重都在10%以上，且有上升的趋势。到2016年底，进口自中国台湾的产品比重已经达到了14.76%。根据CRn和HHI的定义计算市场集中度，结果如表2-4所示。

表2-4　广东省进口市场集中程度（单位：%）

年份	2012	2013	2014	2015	2016
CR5	44.10	45.43	43.99	43.99	44.53
HHI	4.36	4.69	4.36	4.36	4.93

注：数据来自历年广东省统计年鉴

可以看到，2012—2016年广东省HHI数值均小于10%，且该数值多年来都比较稳定，维持在4%~5%之间，由此可以判断广东省进口市场比较多元化，基本不存在集中的问题。

如表2-5所示，2016年广东省出口金额最大的5个国家（地区）分别是：中国香港、美国、欧盟、东盟和日本。选定这5个国家（地区），可以得到2012-2016年出口金额和占比。

表2-5　广东同部分国家（地区）出口额及占比（单位：亿美元,%）

国家	2012		2013		2014		2015		2016	
	金额	占比	金额	占比	金额	占比	金额	占比	金额	占比
中国香港	2199.60	38.32	2621.97	41.20	2293.69	35.50	2051.55	31.88	1814.56	30.32
美国	910.96	15.87	936.95	14.72	998.83	15.46	1078.09	16.75	993.31	16.59
日本	268.37	4.67	263.96	4.15	259.39	4.01	242.84	3.77	236.11	3.94
韩国	207.02	3.61	238.36	3.75	257.38	3.98	237.84	3.70	205.43	3.43
英国	114.87	2.00	123.46	1.94	142.65	2.21	166.71	2.59	157.51	2.63
合计	4461.69	77.72	4990.68	78.42	4868.67	75.36	4793.21	74.49	4437.22	74.13

注：数据来自历年广东省统计年鉴

从表中可以看到，广东省出口最多的地区是中国香港，虽然占比逐年下降，但到2016年底仍超过30%。上述5个国家出口总金额始终在4400~4900亿美元间波动，总占比略有下滑，从2012年的77.72%降到2016年的74.13%。根据CRn和HHI的定义计算市场集中度，结果如表2-6所示。

表2-6　广东省出口市场集中程度（单位:%）

年份	2012	2013	2014	2015	2016
CR5	64.47	65.76	61.17	58.70	56.92
HHI	17.59	19.49	15.36	13.32	12.29

注：数据来自历年广东省统计年鉴

可以看到，十八大以来仅2013年广东省的HHI数值是大于18%的，表明广东省出口市场高度集中；其余年份广东省的HHI数值均小于18%，并且从2014年开始逐年下降，到2016年HHI数值为12.29%。所以从HHI来看，2014—2016年广东省出口市场有一定程度的集中，但集中现象不是特别严重，且市场集中的问题在缓解。HHI数值下降的主要原因是广东省对香港的出口份额开始下降。可以看到，2013 年对香港的出口占广东省出口比重是最大的，达到了 41.20%，而到了 2016 年这一数值下降了约四分之一，仅有 30.32%。同时由于"一带一路"倡议的发展，广东省对欧盟和东盟的出口份额不断提高，数据显示，2014 年广东省对东盟和欧盟的贸易进出口同比（相比于上一年度）增长 9.8%和 9.4%，2015 年该数值分别为 2.1%和 2.5%，2016 年该数值分别为 8.1%和 2.9%。

综上所述，广东省进口市场虽然主要集中在亚洲地区，但不存在进口依赖于某一国家或地区的问题；广东省出口市场有一定程度集中现象，对香港市场的依赖比较严重，不过自十八大以来，广东省出口市场的集中程度有了明显的下降，且可以预见，在未来一段时间里广东省的出口市场集中度将进一步下降。①

（3）加工贸易比重

加工贸易，是指经营企业进口全部或者部分原辅材料、零部件、元器件、包装物料（以下简称料件），经加工或装配后，将制成品再出口的经营活动，加工贸易一般包括来料加工和进料加工。来料加工即在加工贸易过程中，原料和零部件等都由国外企业提供，本国企业与国外企业签订委托加工合同并根据国外企业的要求进行加工，按该种方式本国企业获得的利润较低；进料加工即本国企业主动进口原料和零部件等，自行决定整个生产过程，因此获得的利润较高。

广东省历年按贸易方式分类的出口额及比重见表 2-7。

表 2-7　广东省加工出口贸易及比重（单位：亿美元,%）

年份	总计	一般贸易	来料加工	进料加工	加工贸易	加工贸易比重
2012	5，740.59	1，903.30	417.19	2，831.59	3，248.78	0.57
2013	6，363.64	2，145.75	358.82	2，875.38	3，234.20	0.51
2014	6，460.80	2，498.65	349.82	2，856.07	3，205.89	0.50
2015	6，434.68	2，760.71	312.29	2，499.81	2，812.09	0.44
2016	5，985.64	2，608.58	248.32	2，138.69	2，387.01	0.40

注：数据来自历年广东省统计年鉴

上个世纪末加工贸易在广东省出口贸易中占有巨大的比重，在相当长的时

① 党的十八大以来广东对外贸易发展情况［EB/OL］. 广东统计信息网，2017-10-16.

间内一直保持在70%以上的比例。而后，随着我国经济的发展，劳动力、土地等要素价格飞速上涨，加工贸易带来的低利润无法满足企业发展的需要，大约在2005年前后，广东省一般贸易比重开始快速提高，与之相对的是加工贸易比重的大幅下滑。从表2-7可以看到，自2012年以来，广东一般贸易出口额呈现一个逐年增长的趋势（2016年除外），年平均增长率达到6.5%，这在贸易保护主义盛行、贸易摩擦事件频发的外部环境下显得尤为可贵。而加工贸易出口额则呈现一个逐年下降的趋势，且下降幅度越来越大，2012—2016年间加工贸易出口额年平均增长率为-5.97%。造成加工贸易出口额大幅缩水的原因主要有两个：首先，广东对外贸易受到世界经济低迷、贸易保护主义抬头的影响，对外贸易整体的下滑自然影响到加工贸易的出口；其次，这是广东省主动调整出口贸易结构的结果。由于广东加工贸易天生带有依赖外资、创新能力弱、经济附加值低的特点，加上日益提升的劳动力、原材料成本，近年来，为了更好地发挥对外贸易对经济增长的拉动作用，广东不断推动外贸格局加快从“外资企业+加工贸易”为主向“民营企业+一般贸易”为主转变。2012年《国务院办公厅关于促进外贸增长的若干意见》提出要优化贸易方式结构，特别强调要逐步扩大一般贸易比重。2013年广东省人民政府办公厅印发《广东省推进加工贸易转型升级三年行动计划（2013—2015年）》，《计划》中强调了要提升加工贸易产业层次、加强自主创新和品牌建设。2014年广东出台《支持外贸稳定增长实施方案》，再次强调推进加工贸易转型升级。2016年广东出台《促进加工贸易创新发展实施方案》，《方案》提出要以创新引领加工贸易转型升级、促进加工贸易提质增效等行动方针。在这一系列配套的政策推动下，到2016年广东省一般贸易金额首次超过加工贸易。一般贸易对加工贸易的超越，是广东省外贸结构优化转型最直接的体现。①

2. 外商投资体制

（1）外资依存度

每一个现代国家在经济发展的过程中都避免不了受到外资的影响，尤其是发展中国家，若妥善利用好外商投资将大大提高经济发展的速度。但是，外资并非越多越好，外资的规模必须和经济规模和增长速度相匹配。如果利用外资的规模超过现实发展的需要，那么将形成闲置资本，造成资本浪费并加重外债负担。因此外资金额和国内生产总值的比率能反映一个经济体利用外资的效果。同时，越高的外资依存度意味着外资对该经济体的影响力越大，这也意味着在

---

① 党的十八大以来广东对外贸易发展情况［EB/OL］. 广东统计信息网，2017-10-16.

某些情况下该国经济要承受更大外资依赖风险。外商直接投资（FDI）是 GDP 的组成部分，如果由于某些原因（比如汇率变动，一国投资环境恶化等）造成 FDI 的减少，那么 GDP 也会相应下降，经济增长减缓。如果一国依赖于 FDI 的程度越高，由相同比例的 FDI 减少造成的 GDP 下降的幅度将越大，从而造成更大的经济风险。

为方便研究，本课题将外资依存度定义为外商直接投资与 GDP 的比率。于是有计算公式：外资依存度=外商直接投资（FDI）/GDP×100%。据此计算，可以得到广东省历年外资依存度（见表 2-8）。

表 2-8　广东省外资依存度（单位：亿元，%）

年份	FDI	GDP	外资依存度
2012	1，486.53	57，147.75	2.60
2013	1，545.44	62，474.79	2.47
2014	1，650.66	67，809.85	2.43
2015	1，673.91	72，812.55	2.30
2016	1，550.92	79，512.05	1.95

注：数据来自历年广东省统计年鉴

广东省外资依存度经历了一个低—高—低的变化过程。1987 年广东省外资依存度仅为 2.61%，之后随着开放和引资力度的增强，外资依存度有所上升。随着经济过热，进入 90 年代之后，外资依存度有较快的增长，并且在大多数年份中，其数值均高于 10%，可见广东省对外资较高的依赖度。在 1994 年以前，外资依存度一直呈上升势头，且有加速上升的趋势。在 1994 年之后，随着汇率稳中有升，外资依存度整体呈下降趋势，并趋于一个较稳定的水平，直至 2002 后有所抬升。2003 年之后，广东省外资依存度呈现下降的趋势。十八大以来，广东省外资依存度进一步下降。2012 年广东外资依存度为 2.60%，到 2016 年广东外资依存度降为 1.95%。外资依存度的下降并不意味着外资流入总量的减少，实际上从 1987 年以来，广东省的 FDI 呈现逐年上升的趋势，从未有过下降的现象。因此外资依存度下降仅仅意味着 FDI 的增长速度慢于广东经济的增长速度。①②

① 党的十八大以来广东对外贸易发展情况［EB/OL］. 广东统计信息网，2017-10-16.

② 历年广东统计年鉴［EB/OL］. 广东统计信息网，2020-10-09.

(2) FDI 集中度

与对外贸易类似，FDI 来源的集中程度也是反应广东省外商投资新体制的一个重要指标。如果 FDI 来源地单一，一旦该来源地大量撤回其直接投资，那么广东省的外商直接投资将大幅度下降，从而严重影响经济的平稳运行。如前所述，仍然使用集中度和赫尔曼指数两个指标来衡量广东省 FDI 来源集中程度。

根据广东省统计年鉴数据，得到 1979—2016 年外商直接投资总额之和最大的 10 个国家（地区）分别是中国香港、维尔京群岛、日本、新加坡、中国台湾、美国、中国澳门、萨摩亚、开曼群岛和韩国。选定这 10 个国家（地区），可以得到广东省 FDI 结构，如表 2-9 所示。①

表 2-9　广东省 FDI 结构（单位：亿美元，%）

国家	2012		2013		2014		2015		2016	
	金额	占比	金额	占比	金额	占比	金额	占比	金额	占比
实际利用外资总额	235.49	100.00	249.52	100.00	268.71	100.00	268.75	100.00	233.49	100.00
中国香港	147.85	62.78	161.99	64.92	171.40	63.78	204.79	76.20	174.19	74.60
维尔京群岛	21.69	9.21	19.82	7.94	22.29	8.30	12.34	4.59	12.84	5.50
日本	11.12	4.72	8.84	3.54	8.52	3.17	4.55	1.69	4.30	1.84
新加坡	11.72	4.98	10.12	4.05	12.71	4.73	4.73	1.76	3.35	1.43
中国台湾	2.32	0.98	1.23	0.49	2.29	0.85	1.05	0.39	0.69	0.29
美国	4.689	1.99	2.08	0.83	1.24	0.46	1.90	0.71	2.33	1.00
中国澳门	2.58	1.10	3.84	1.54	3.70	1.38	7.37	2.74	6.44	2.76
萨摩亚	3.67	1.56	3.73	1.49	3.45	1.28	5.44	2.02	1.88	0.81
开曼群岛	3.01	1.28	3.16	1.26	3.92	1.46	1.67	0.62	1.69	0.73

① 历年广东统计年鉴 [EB/OL]. 广东统计信息网，2020-10-09.

续表

国家	2012		2013		2014		2015		2016	
	金额	占比	金额	占比	金额	占比	金额	占比	金额	占比
韩国	3.60	1.53	5.45	2.19	8.76	3.26	3.48	1.29	0.72	0.31

注：数据来自历年广东省统计年鉴

从表 2-9 可以看到，广东省外商直接投资的主要来源是香港，这 40 年来香港直接投资的占比均值为 63.85%，且十八大以来其占比有逐年上升的趋势，从 2012 年的 62.78%上升到 2016 年的 74.6%，远远高于第二名的维尔京群岛。近年来港资占比上升的原因与广东省持续加强与香港的经贸合作有关，特别是在 2015 年“粤港澳大湾区”概念正式提出后，港资的占比有了一个大幅提升，从 60%上升至 70%。受到同样因素的影响，近年来澳资的比重也有所上升，从 2012 年的 1.10%上升至 2016 年的 2.76%，可以看到虽然近年来澳资的比重有所提高，但是总比重相对港资而言仍然较小，广东省应加大与澳门的经贸合作，加强对澳资的利用。除去香港和澳门之外，可以看到，来自其他 8 个国家（地区）的资本占广东省实际利用外资总额的比重都在逐年下降。①

选取排名前 5 的国家（地区）计算 CR5 和 HHI 数值，结果如表 2-10 所示。

表 2-10　广东省 FDI 来源集中度（单位:%）

年份	1979-2016	2012	2013	2014	2015	2016
CR5	83.06	83.68	82.64	80.83	84.64	83.67
HHI	42.19	40.78	43.11	41.70	58.33	56.01

注：数据来自历年广东省统计年鉴

从表 2-10 可以看到广东省各时间段 CR5 均高于 80%，近 5 年的最低值是 2014 年的 80.83%，最高的是 2012 年的 83.68%；HHI 均大于 18%，近 5 年的最低值是 2012 年的 40.78%，最高的是 2015 年的 58.33%，由此可以判断广东省 FDI 市场集中度很高，外商直接投资来源较为单一。从趋势来看，近年来广东省 FDI 集中程度进一步提高，这也意味着广东省面临的外资风险提高。②

① 历年广东统计年鉴［EB/OL］. 广东统计信息网，2020-10-09.

② 历年广东统计年鉴［EB/OL］. 广东统计信息网，2020-10-09.

表 2-11　广东省各类型工业企业经济效益比较（单位:%，元/人）

	总资产贡献率（%）			成本费用利润率（%）			全员劳动生产率（元/人）		
	2014	2015	2016	2014	2015	2016	2014	2015	2016
全省平均	13.97	13.58	12.98	6.42	6.85	6.85	193633	204582	220972
国有控股工业	15.61	13.53	13.36	6.46	7.88	9.52	645329	606956	626612
国有工业	8.44	7.91	8.31	2.94	2.91	4.30	223004	216055	252031
集体工业	20.09	19.38	21.77	6.67	4.99	5.20	97613	120202	128632
股份合作工业	21.53	19.66	18.11	4.77	3.64	4.03	206036	224735	244990
股份制工业	14.62	14.23	13.24	6.61	7.39	7.13	235951	248467	264507
外商投资工业	14.35	14.33	13.86	6.23	6.76	6.95	208181	223601	231761
港澳台投资工业	11.58	10.81	11.03	6.19	5.79	6.13	131926	136233	149845

注：数据来自历年广东省统计年鉴

根据表 2-11，我们发现无论是从总资产贡献率、成本费用率还是全员劳动生产率来看，港澳台投资工业的效益都要低于全省平均水平，而国有控股企业和股份制企业的效益要远高于全省平均水平。这说明港澳台资本相较内资而言优势并不明显。在这种情况下，继续大量引进港澳台的外资，对于广东省引进先进技术和产业结构升级作用不大，甚至会有某些不利影响。①②

（3）FDI 产业分配比例

FDI 的产业分配比例是指 FDI 在第一、第二和第三产业之间所占的比重。FDI 在各产业间的分配比例应该有利于本省自身的产业结构优化：投向第三产业的比例应逐步上升，在行业内部，投向高技术含量、高附加值的产品和服务的比例也应大幅上升。否则，如果 FDI 的投向与广东省产业结构优化的方向背道而驰，将对广东省产业结构产生不利影响。2016 年广东省分行业利用外资情况如表 2-12 所示。③

表 2-12　2016 年广东省分行业利用外资情况（单位：个，万美元）

行业	签订项目	合同利用金额	实际使用金额
总计	8,078	8,667,477	2,334,921
农、林、牧、渔业	78	88,783	11,135

① 党的十八大以来广东对外贸易发展情况［EB/OL］. 广东统计信息网，2017-10-16.
② 历年广东统计年鉴［EB/OL］. 广东统计信息网，2020-10-09.
③ 历年广东统计年鉴［EB/OL］. 广东统计信息网，2020-10-09.

续表

行业	签订项目	合同利用金额	实际使用金额
采矿业	4	61, 787	1, 255
制造业	804	1, 049, 935	577, 628
电力、燃气及水的生产和供应业	24	294, 615	82, 146
建筑业	61	82, 989	53, 941
交通运输、仓储和邮政业	116	83, 959	52, 667
信息传输、计算机服务和软件业	466	526, 377	341, 084
批发和零售业	2, 967	619, 097	185, 361
住宿和餐饮业	129	65, 279	6, 388
金融业	1297	4, 197, 851	196, 424
房地产业	138	354, 918	362, 282
租赁和商务服务业	1, 304	910, 846	404, 981
科学研究、技术服务和地质勘查业	488	226, 812	42, 830
水利、环境和公共设施管理业	9	612	5, 612
居民服务和其他服务业	80	−2, 352	2, 994
教育	24	3, 787	1, 416
卫生、社会保障和社会福利业	16	38, 666	187
文化、体育和娱乐业	73	63, 516	6, 590
公共管理和社会组织			

注：数据来自历年广东省统计年鉴

根据我国对一、二、三产业的划分，得到部分年份广东省各产业外资比例（见表2−13）。

表2−13　广东省各产业外资比例（单位：万美元，%）

年份	第一产业		第二产业		第三产业	
	金额	占外资比例	金额	占外资比例	金额	占外资比例
2012	15, 264	0. 65	1, 394, 052	59. 20	945, 595	40. 15
2013	15, 143	0. 61	1, 354, 452	54. 28	1, 125, 615	45. 11
2014	16, 888	0. 63	1, 390, 104	51. 73	1, 280, 152	47. 64

续表

年份	第一产业		第二产业		第三产业	
	金额	占外资比例	金额	占外资比例	金额	占外资比例
2015	7, 880	0. 29	1, 149, 970	42. 79	1, 529, 696	56. 92
2016	11, 135	0. 48	714, 970	30. 62	1, 608, 816	68. 90

注：数据来自历年广东省统计年鉴

从表 2-13 可以看出，长期以来第一产业利用外资的比例都较小，所选样本中该比例均小于 1%。外资流向第二产业的金额经历了一个先增加后减少的过程，2012—2016 年外资流向第二产业的比例呈现一个逐年下降的趋势。外资流向第三产业的金额和比例都呈现一个逐年上升的趋势。在 2015 年之前，广东省实际利用的外资多数流向了第二产业，其比例长期处于 50%以上，但随着经济的发展，第二产业吸引外资的比例逐渐下降。在 21 世纪初广东省第三产业吸引外资能力还很弱，2000 年该比例仅为 23. 86%，但随着产业结构的调整升级，第三产业吸引外资能力迅速增加。十八大以来，广东省坚定不移推进外商投资管理体制改革，营造法治化、国际化、便利化营商环境，引导外资适应广东省产业结构优化升级的步伐，并颁布了一系列政策以配合其落地。2012 年国家发改委、商务部联合颁布《外商投资产业指导目录（2011 年修订）》，对外商投资产业做了进一步的规范。同年，国家发改委颁布《“十二五”利用外资和境外投资规划》，《规划》中判断跨国投资在“十二五”期间将逐渐回升，因此，在“十二五”期间我国应使外资在推动产业升级、结构优化、科技创新、区域协调等方面发挥更加积极的作用。2013 年商务部颁布《商务部关于 2013 年全国吸收外商投资工作的指导意见》，《意见》中提出要结合全球产业发展趋势及我国优化产业结构目标，进一步鼓励外资投向现代农业、高新技术、先进制造、节能环保、新能源、现代服务业等领域。2017 年广东省人民政府印发《广东省进一步扩大对外开放积极利用外资若干政策措施》，《措施》提出要进一步扩大市场准入领域，如新能源汽车领域、服务业领域等等。可以看到，在政府部门的引导下，2012 年以来广东省实际利用外资由第二产业转移至第三产业，且转移速度不断提高，从 2012 年的 1%提高至 2016 年的 12%。外资在三大产业中分布的变化与广东省产业结构的调整升级是一致的①②

① 党的十八大以来广东对外贸易发展情况［EB/OL］. 广东统计信息网，2017-10-16.
② 历年广东统计年鉴［EB/OL］. 广东统计信息网，2020-10-09.

（4）FDI 地区分配比例：业绩指数

业绩指数可表示为：$IND_i = \frac{FDI_i/FDI_T}{GDP_i/GDP_T}$

其中，IND_i 为第 i 个地市利用 FDI 业绩指数；FDI_I 为第 i 个地市 FDI 流入量；FDI_T 为全省 FDI 流入总量；GDP_i 为第 i 个地市 GDP；GDP_T 为全省 GDP 总量。

对于广东省来说，一个地市的业绩指数就是该地市 FDI 流入量占全省 FDI 流入量的比例与该地 GDP 占全省 GDP 比例的比值。若指数值大于 1，表示该地市吸引的 FDI 在全省所占规模较其 GDP 所占规模要大，也就是业绩突出；反之，若指数值小于 1，表示该地市吸引的 FDI 在全省所占规模较其 GDP 所占规模要小，即业绩低下；若指数值等于 1，则表示地市吸引的 FDI 在全省所占规模较其 GDP 所占规模相当，即业绩正常。

广东省各地区业绩指数如表 2-14 所示。①

表 2-14　2012-2016 广东省各地区的业绩指数

IND	2012	2013	2014	2015	2016
广州	0.90	0.87	0.86	0.90	1.10
深圳	1.07	1.05	1.02	1.12	1.31
珠海	2.55	2.81	2.91	3.25	3.90
汕头	0.24	0.26	0.29	0.35	0.17
佛山	0.95	1.01	1.00	0.90	0.65
顺德	0.91	0.92	0.94	1.09	0.60
韶关	0.50	0.52	0.48	0.13	0.16
河源	0.86	0.86	0.83	0.54	0.40
梅州	0.42	0.46	0.47	0.22	0.21
惠州	1.93	1.90	1.84	1.06	1.27
汕尾	1.51	0.63	0.64	0.40	0.20
东莞	1.78	2.00	2.16	2.56	2.18
中山	0.87	0.68	0.68	0.46	0.56
江门	1.23	1.29	1.15	1.19	0.75

① 历年广东统计年鉴［EB/OL］. 广东统计信息网，2020-10-09.

续表

IND	2012	2013	2014	2015	2016
阳江	0.46	0.44	0.28	0.21	0.21
湛江	0.12	0.18	0.19	0.20	0.09
茂名	0.11	0.15	0.19	0.21	0.11
肇庆	2.09	2.07	2.03	2.14	0.67
清远	0.78	0.54	0.53	0.34	0.29
潮州	0.53	0.36	0.36	0.07	0.13
揭阳	0.37	0.38	0.38	0.06	0.06
云浮	0.53	0.51	0.45	0.23	0.21

注：数据来自历年广东省统计年鉴

有鉴于广东省各区域利用外资能力参差不齐的情况，广东省政府一直在出台（执行）相关政策以改善这一不足。2012 年国家发改委印发《“十二五”利用外资和境外投资规划》，《规划》提出要协调区域发展，促进投资合作。2013 年商务部颁布《关于 2013 年全国吸引外商投资工作的指导意见》，《意见》提出要把握区域发展重点，引导外资促进区域协调发展。2016 年广东省人民政府印发《关于进一步做好对外招商引资工作的若干意见》，《意见》特别强调要加强对外招商引资的区域引导，引导外商在粤东西北地区发展符合当地实际和环保要求的劳动密集型产业和特色产业。然而，尽管政府部门一直在政策上给予支持，从实际的数据来看，广东省各区域在利用外资的能力上仍有显著的差距。

由表 2-14 数据可知，2012—2016 这 5 年间，业绩指数均大于 1 的仅有 4 个城市，分别是深圳、珠海、惠州和东莞，其中深圳、珠海和东莞业绩指数呈现上升的趋势，深圳与珠海的表现与广东省自贸区建设息息相关。业绩指数呈现总体下降趋势的城市有 11 个，多数集中在粤东和粤西北地区。2012 年业绩指数最高和最低的城市分别是珠海和茂名，珠海市业绩指数为 2.55，是最低的茂名市的 25 倍左右，到 2016 年，业绩指数最高的珠海市为 3.90，是最低的揭阳市的 60 多倍。同时，业绩指数超过 1 的城市个数由 7 个缩减为 5 个。以上数据分析都表明广东省各个城市在吸引外资方面发展极不平衡，呈现一个“强者恒强，弱者恒弱”的现象，且强弱之间的差距有进一步扩大的趋势，这对于实现区域均衡发展是极为不利的。①②

3. 对外投资体制

（1）对外投资占比

我们定义对外投资占比为对外投资额占 GDP 的比例，即

对外投资占比 = 对外投资/GDP×100%

对外投资占比太低，说明“走出去”不够；如果对外投资占比太高，一方面面临着很大的国际政治风险和海外市场经营风险，另一方面，会造成国内投资不足，影响国内的就业和生产。广东省对外投资（非金融类）占比的情况如表 2-15 所示。

表 2-15 2012—2016 年广东省对外投资（非金融类）占比的情况（单位：亿元，%）

	对外直接投资	GDP	对外投资占比
2012	306. 55	57147. 75	0. 54
2013	311. 68	62474. 79	0. 50
2014	582. 49	67809. 85	0. 86
2015	654. 88	72812. 55	0. 90
2016	1297. 92	79512. 05	1. 63

注：数据来自历年广东省统计年鉴

如表 2-15 所示，十八大以来广东省对外投资无论是在绝对值上还是在对外投资占比上都有了很大的提高，对外直接投资总额从 2012 年的 306. 55 亿元上升到 2016 年的 1297. 92 亿元，对外投资占比从 2012 年的 0. 54%上升至 2016 年的 1. 63%。与之相对的，这期间全球外商直接投资增长缓慢，2015 年全球对外投资流出规模为 1. 47 万亿美元，仍然未恢复到 2007 年 1. 97 亿美元的水平。但是广东对外直接投资却“逆势上扬”，已经从 2010 年的 108. 32 亿元增至 2015 年的 654. 88 亿元，为 2010 年的 6. 05 倍，年均增长 43. 3%。这段期间对外投资的增长速度也远远高于外商直接投资的增长速度，对外直接投资占实际外商直接投资的比重由 2005 年的 1. 67%上升到 2016 年的 83. 74%。这些都与广东省近年来鼓励支持企业“走出去”有关：2012 年出台了《关于支持企业开展跨国经营加快培育本土跨国公司的指导意见》；2012 年至 2014 年每年安排 2 亿元扶持跨

① 党的十八大以来广东对外贸易发展情况 [EB/OL]. 广东统计信息网，2017-10-16.

② 历年广东统计年鉴 [EB/OL]. 广东统计信息网，2020-10-09.

国经营和跨国公司的重点项目；2015 年发布《广东省参与“一带一路”建设重点工作方案（2015—2017 年）》。可以预见未来几年内，广东省对外投资占比将继续提升。①②③

（2）对外投资国际集中度

对外投资的对象过于集于中某些国家和地区，即这些国家和地区在对外投资中占据较大的份额，就如同“把鸡蛋放在同一个篮子里”，具有很大的风险。如果这个地区经济波动，会对投资的收益产生很大的波动，如果这些地区发生政治危机，有可能造成巨大的损失。衡量集中度的指标主要有市场集中度（CRn）和赫尔曼指数（HHI）。这两个指标最初用于衡量行业中垄断的程度。

我们定义对外投资国际集中度为对外 N 个投资最多地区的投资额占全省对外投资总额的比例。赫尔曼指数定义为最大的 N 个市场份额的平方和。具体计算方法见前节。如果赫尔曼指数小于 0.1 则表示对外投资基本不存在集中的情况，0.1 至 0.18 则表示一定程度的市场集中，如果大于 0.18 则表示对外投资高度集中。对外投资市场集中的风险和集中度指数是正相关的，这些指数越大，表示市场越集中。

选取 2016 年广东省对外投资排名前十的地区，可以得到表 2-16。

表 2-16　2015—2016 广东省对外投资市场结构（单位：个，万美元）

国家（地区）	项目个数		对外直接投资额	
	2015 年	2016 年	2015 年	2016 年
合计	1，559	245，041	1，064，509	2，068，424
中国香港	1，073	777	593，952	1，273，070
美国	135	219	56，478	193，748
英属维尔京群岛	18	7	22，546	41，784
开曼群岛	10	12	10，009	32，703
法国	6	7	290	27，697
印度尼西亚	10	16	13，491	22，464
泰国	12	16	1，192	21，080

① 党的十八大以来广东经济社会发展成就［EB/OL］. 广东统计信息网，2017-09-26.
② 历年广东统计年鉴［EB/OL］. 广东统计信息网，2020-10-09.
③ 张长生．广东对外投资发展“十二五”回顾与“十三五”思考［C］. 岭南经济论坛，广州：2016.

续表

国家（地区）	项目个数		对外直接投资额	
	2015 年	2016 年	2015 年	2016 年
新西兰	7	7	4，081	16，779
阿拉伯联合酋长国	7	15	253	11，022
新加坡	14	21	19，203	10，783

注：数据来自历年广东省统计年鉴

从表 2-16 可以看到，同外商直接投资类似，广东省对外投资绝大多数集中在中国香港地区。根据以上数据计算得 CR5 和 HHI，如表 2-17 所示。

表 2-17　广东省对外投资市场集中程度（单位:%）

	2015 年	2016 年
CR5	64.19	75.85
HHI	31.47	38.84

注：数据来自历年广东省统计年鉴

从表 2-17 可以看到，广东省对外投资市场的 HHI 数值远远大于 18%，也就是说广东省对外投资市场集中度非常之高。究其原因，就是对中国香港的投资占比太高，2015 年和 2016 年的占比分别为 55.80%和 61.55%。因此为了减少对外投资市场风险，广东省在未来几年中应增加对其他地区的投资，而不是“把鸡蛋放在同一个篮子里”。①

（3）对外投资行业集中度

对外投资的对象过于集中某些行业，即这些行业在对外投资中占据较大的份额，则广东省经济容易受到该行业的波动而波动。同时，若对外投资集中在某几个行业，那么可能出现本国资本互相竞争，即使最后投资成功，投资成本也会大大提高，严重影响广东省境外投资的整体效益。表 2-18 是 2015—2016 年广东省对外投资分行业统计。

① 历年广东统计年鉴［EB/OL］. 广东统计信息网，2020-10-09.

育，

表 2-18 2015—2016 年广东省对外投资分行业统计（单位：万美元）

行业	对外直接投资	
	2015 年	2016 年
总计	1，064，509	2，068，424
租赁和商务服务业	285，120	568，749
批发和零售业	232，283	440，966
制造业	83，138	270，752
房地产业	65，355	140，771
教育	3，349	72，664
信息传输、计算机服务和软件业	10，930	65，364
居民服务和其他服务业	31，274	62，931
采矿业	19，682	24，942
科学研究、技术服务和地质勘查业	16，702	21，228
建筑业	17，697	20，117
交通运输、仓储和邮政业	1，444	13，876
农、林、牧、渔业	18，219	5，948
金融业	21，730	5，277
文化、体育和娱乐业	4，008	5，087
住宿和餐饮业	2，919	3，225
水利、环境和公共设施管理业	100	1，973
卫生、社会保障和社会福利业	2，741	504
电力、燃气及水的生产和供应业	4，045	286
公共管理和社会组织	160	-

注：数据来自历年广东省统计年鉴

我们定义对外投资行业集中度为对外 N 个投资最多行业的投资额占全省对外投资总额的比例，对外投资行业赫尔曼指数定义为最大的 N 个市场份额的平方和，具体计算方法同上节。根据表 2-18 的数据，选取 2016 年对外投资金额最大的 5 个行业：租赁和商务服务业、批发和零售业、制造业、房地产业和教育，计算 CR5 和 HHI，结果如表 2-19 所示。

表 2-19 广东省对外投资市场集中程度（单位:%）

	2015 年	2016 年
CR5	62. 87	72. 22
HHI	12. 92	14. 41

注：数据来自历年广东省统计年鉴

从表 2-19 可以看出，2015 年和 2016 年广东省对外投资分行业 HHI 数据分别是 12. 92%和 14. 41%，均大于 10%且小于 18%，这表明广东省对外投资市场（分行业）具有一定集中性。据此，广东省在接下来的对外投资布局中应全面考虑各种行业的投资机会，而不是集中投资于某几个行业。①

4. 资本流动体制

（1）金融机构外币存（贷）款占比

金融机构外币存（贷）款占比=金融机构外币存（贷）款余额/金融机构本外币存（贷）款总额

金融机构本外币存（贷）款总额通常用来衡量一个经济体对资金的吸附能力，金融机构本外币存（贷）款总额越大，经济体对资金的吸附能力就越强。金融机构外币存（贷）款余额反应经济体对境外资本的吸附能力，因此其占金融机构本外币存（贷）款总额的比重一定程度上能反应资本的流动情况。从表 2-20 可以看到，2012—2016 年金融机构外币存款余额占比较为稳定，金融机构外币贷款余额占比下降幅度较大，主要原因系金融机构外币贷款余额保持稳定而金融机构本外币贷款余额增长较快，这表明广东企业在外扩张的步伐放缓，国内市场是企业业务发展的重心。②

表 2-20 2012—2016 年广东省金融机构外币存（贷）款情况（单位：亿元,%）

	金融机构外币存款余额	金融机构本外币存款总额	占比	金融机构外币贷款余额	金融机构本外币贷款总额	占比
2012	5，164. 94	105，099. 55	4. 91	7，109. 82	67，077. 08	10. 60
2013	4，830. 14	119，685. 15	4. 04	7，172. 23	75，664. 16	9. 48
2014	5，916. 61	127，881. 47	4. 63	7，032. 29	84，921. 79	8. 28

① 历年广东统计年鉴［EB/OL］. 广东统计信息网，2020-10-09.

② 历年广东统计年鉴［EB/OL］. 广东统计信息网，2020-10-09.

续表

	金融机构外币存款余额	金融机构本外币存款总额	占比	金融机构外币贷款余额	金融机构本外币贷款总额	占比
2015	6，836.43	160，388.22	4.26	6，371.85	95，661.12	6.66
2016	8，804.72	179，829.19	4.90	7，278.62	110，928.41	6.56

注：数据来自历年广东省统计年鉴

（2）投机资本占比

投机资本占比：投机性外资/总投资额（房地产、金融市场）

资本的大量流入主要对一些投机性的领域有很大的冲击作用，比如房地产行业以及金融业，所以政府对这一些行业的投机性资本量需要进行监控。如果一定时期内这些行业的外资量出现大幅波动的情况，应该引起高度的注意。在限制资本流入上应制定相应政策，做到提前预防。从表 2-21 可以看出，2012—2016 年期间，金融业和房地产业的 FDI 占比呈现一个上升的趋势。2012 年金融业 FDI 占比仅为 0.92%，2016 年该值达到 8.41%，增幅达到 8.14 倍，可见其增长速度之迅猛。2012 年房地产 FDI 占比为 12.20%，2016 年该值为 15.52%，增幅为 0.27 倍。相对而言，房地产行业 FDI 占比增幅没有金融业大，一方面是因为其基数较大，另一方面原因是国家对外资进入房地产行业有诸多限制。十八大以来，广东投机性资本占比大幅上涨的情况应引起社会各界人士的重视，过高的投机资本占比可能意味着广东外资质量存在一定的问题，投机资本的不稳定性、逐利性都会提高资本市场的风险。①

表 2-21　广东外商直接投资金融、房地产情况（单位：万美元,%）

年份	投资总值	金融		房地产	
		投资额	占比	投资额	占比
2012	2，354，911.00	21，773.00	0.92	287，405.00	12.20
2013	2，495，210.00	97，790.00	3.92	337，237.00	13.52
2014	2，687，144.00	180，426.00	6.71	434，438.00	16.17
2015	2，687，546.00	140，102.00	5.21	704，087.00	26.20

① 历年广东统计年鉴［EB/OL］. 广东统计信息网，2020-10-09.

续表

年份	投资总值	金融		房地产	
		投资额	占比	投资额	占比
2016	2，334，921.00	196，424.00	8.41	362，282.00	15.52

注：数据来自历年广东省统计年鉴

（3）深港通交易规模占比

深港通是国家为了推动内地资本市场国际化而制定的投资体制。深股通和深市港股通分别占深市A股以及港股总成交额的比重，可以一定程度上反映广东资本流动的情况。通过对万得（Wind）数据库数据的整理，我们得到表2-22。从表2-22可以看到，深股通和深市港股通分别占深市A股以及港股总成交额的比重均呈现上升的趋势，其中2016年12月时深股通总成交额的占比仅为0.56%，2017年第四季度该值为2.51%，增幅达到3.48倍；2016年12月时深市港股通总成交额的占比仅为0.84%，2017年第四季度该值为4.28%，增幅达到4.10倍。深股通和深市港股通总成交额的逐年增长，说明深港通作为连通境内外资本的重要通道逐渐开始发挥其应有的作用。我们相信，随着深港通体制的进一步完善，境内外资本的流动将更为便利、顺畅，进而广东资本的流动性也将得到增强。①

表2-22　深港通成交情况（单位：亿元，%）

	深股通总成交额（亿元）	深市A股总成交额（亿元）	占比（%）	深市港股通总成交额（亿元）	港股总成交额（亿元）	占比（%）
2016年12月	261.90	47，087.48	0.56	78.43	9，296.50	0.84
2017年一季度	1，187.89	143，382.89	0.83	501.39	31，769.88	1.58
2017年二季度	1，956.44	141，877.92	1.38	694.52	31，547.17	2.20

① 粤港澳大湾区研究院．粤港澳大湾区研究报告之一：创新合作方式促进共同繁荣［EB/OL］．粤港澳大湾区研究院网站，2017-08-17.

续表

	深股通总成交额（亿元）	深市 A 股总成交额（亿元）	占比（%）	深市港股通总成交额（亿元）	港股总成交额（亿元）	占比（%）
2017 年三季度	2，634.67	179，275.11	1.47	1，330.46	41，131.01	3.23
2017 年四季度	3，728.05	148，359.69	2.51	1，931.61	45，083.27	4.28

注：数据来自万得（Wind）数据库

三、广东构建对外开放新格局的实践探索

在分析广东省开放型经济新体制的建设这一问题时，自然而然地，我们不能忽视广东构建对外开放新格局的建设。在党的十八大召开之后，广东省积极响应国家的号召，实施了一系列的新开放政策，如自由贸易区、粤港澳大湾区、“一带一路”等，并进行了相应的制度性建设。本章接下来将详细分析这些对外开放新格局实践。

（一）自由贸易试验区

1. 自贸区现状

中国自由贸易试验区是政府全力打造中国经济升级版的重要举动，其核心是营造一个符合国际惯例的、建立一套对内外资的投资都要具有国际竞争力的国际商业环境。①

作为中国第二批自贸区，广东自由贸易试验区的使命是：在复制和借鉴上海自由贸易试验区的成功发展经验的基础上，以制度创新为核心任务，全面推进贸易、投资、金融等领域的深度改革，建设国际化、市场化、法制化的营商环境，推动开放型经济新体制的建设，为全国全面深化改革和扩大开放探索新途径、积累新经验。

广东省自贸试验区自成立以来发展迅速，每一年都有新的成果、新的突破。截至 2017 年 4 月，广东自贸试验区累计新增企业 13.02 万家，外商投资企业 5，879 家；入驻金融机构和创新型金融企业超过 5 万家，居全国各自贸试验区首

① 中共中央国务院关于构建开放型经济新体制的若干意见［EB/OL］. 中央政府门户网站，2015-09-17.

位；合同利用外资金额达到752.24亿美元。在制度创新方面，三个片区累计形成722项改革创新成果，其中南沙片区形成239项，前海蛇口片区累计推出253项，横琴累计落地230项。

在实践过程中，广东自贸区贯彻使命，在制度创新方面贡献突出。截至自贸区成立两周年之际，广东三个自贸片区累计形成722项改革创新成果，其中南沙片区形成239项，前海蛇口片区累计推出253项，横琴累计落地230项。标志性成果有：在投资管理体制改革方面，广东自贸试验区推进企业投资项目负面清单管理试点，经过两年的探索实践，目前实行备案管理的项目数量占企业投资项目总数的比例已超过90%，为全国相关改革提供了示范。此外，南沙片区在全国率先实现“十三证三章”联办，前海蛇口片区搭建外商投资“一口受理”平台，横琴片区启动社会投资类工程管理创新试点，为企业在广东的投资提供了便利，大大缩短了行政等待时间，为各类项目的许可办理实现了全面提速，绝大部分企业注册登记1天内可办结。贸易改革方面，南沙片区以“智慧口岸”为重点的贸易便利化促进体系已在全国形成示范，诞生了包括“单一窗口”“互联网+易通关”“智检口岸”和“智慧海事”等在内的多项改革创新成果，其中有14项属于全国首创，通关效率提高50%以上，检验检疫查验率降低90%。①

广东自贸区大力发展金融业，为境内外资本自由流动提供助力。2015年2月南沙颁布“南沙金融15条”，明确提出了南沙新区金融改革创新发展的定位，积极发展科技金融和航运金融等特色金融业，推动粤港澳台金融服务合作，完善金融综合服务体系，探索开展人民币资本项目可兑换先行试验。截至2017年末，落户南沙的金融类金融机构约3，300家，是自贸区挂牌时的27倍。南沙还设立了全国首个能源金融示范园区，拥有各类创业投资、股权投资、私募基金机构超780家，注册资本超2，400亿元。截至2017年底，前海蛇口片区注册金融类企业达到58，387家，形成了横跨不同行业、多层次的金融生态圈。前海跨境金融的特色非常突出，在全国率先推动实现跨境双向人民币贷款、跨境双向发债、跨境双向资金池、跨境双向股权投资和跨境不良资产转让这“五个跨境”。此外，前海蛇口片区已经成为中国融资租赁产业的重要聚集区。截至2017年12月底，前海蛇口自贸片区注册融资租赁企业2，730家，占全国28%，占深圳市98%以上，注册资本6，703亿元，资产规模达3，000多亿元。横琴片区

① 陈德宁，高晓祥，高静雯．广东自贸区南沙片区与上海自贸区的开放措施比较研究［J］．城市观察，2017（4）．

在金融改革方面下了大功夫，先后出台了《横琴新区促进融资租赁业发展试行办法》《横琴新区关于支持和服务澳门发展特色金融业的若干措施》等，对于扩大金融服务领域和加深与港澳金融合作大有裨益。2017 年横琴全区金融业增加值已达 22.34 亿元，金融类企业税收贡献 44.55 亿元，占全区税收收入的 32.08%，截至 2017 年末，横琴新区共有金融和类金融企业 6，790 家。①② 在促进粤港澳合作方面，自贸区起到了重要的推动作用。③ 一方面，自贸区打造粤港澳大湾区人才高地，如南沙片区启动港澳青年学生实习“百企千人”工作项目，吸纳港澳大学生和完成香港中学文凭考试的“准大学生”到南沙实习，三年来已开发出逾千个实习岗位。前海大力支持深港青年创新创业，完善深港青年梦工场创业生态圈，推动前海 YOU+青年创业社区开业。同时，自贸区对符合条件的港澳及外籍人才提供安家补贴、税负补贴等政策福利。另一方面，自贸区不断提升交通的便利程度。虎门二桥、深中通道等项目正在加快建设当中，大湾区“半小时交通圈”的目标近在咫尺。得益于政策、交通设施等条件的改善，入驻自贸区的港澳企业数量激增。截至 2017 年底，前海蛇口片区累计注册港资企业 7，102 家，注册资本 8，705.42 亿元，年纳税额占比接近三成，汇丰、恒生、周大福等一批标志性港企已全部进驻，横琴注册的港澳企业累计达 1，976 家，其中澳资企业 1，118 家，香港企业 858 家，仅 2017 年便增加 379 家。

在“一带一路”倡议实施方面，自贸区初步显示出战略支点的作用。国家发展和改革委员会国际合作中心“一带一路”研究院、南方（南沙）国际产能和技术合作中心等国家级“一带一路”平台先后落户南沙，为南沙深度参与“一带一路”建设提供助力。同时南沙凭借其优越的地理位置（珠江三角洲地理几何中心）和优良的港口条件，对内与贵州、云南、湖南等地进行合作，对外与爱尔兰香农自由区等建立了战略合作关系，从而更好地为‘一带一路’沿线国家和地区商贸往来提供服务。前海蛇口片区在投融资领域的作用十分突出，截至 2017 年底，“一带一路”沿线 36 个国家在自贸区投资设立 262 家企业，注册资本 121.20 亿元；前海企业累计向“一带一路”沿线 15 个国家直接投资设立企业（机构）39 家，中方协议投资额 12.21 亿美元。横琴在与“一带一路”沿线国家的经贸合作上亦有良好的表现。如横琴先后与莫桑比克、葡萄牙等葡语系国家医药卫生机构建立合作关系，与哥伦比亚中国商业投资工商会、乌拉

---

① 南新．加快南沙自贸区建设［J］．中国经济报告，2015（11）．

② 王郭楚．发挥广东自贸区在推进粤港澳合作中的重要作用［J］．广东经济，2015（6）．

③ 景武．推进广东自贸区金融创新［J］．中国金融，2015（9）．

圭美洲特区商业科技产业园签署了相关合作协议。此外，为了将“一带一路”倡议同中拉合作的发展战略进行对接，横琴推出一系列专门针对拉美的优惠政策，从投资贸易便利、财税资金扶持、平台服务保障等方面扶持拉美企业在横琴发展。同时，中拉博览会和中拉经贸产业园于 2017 年成功落地。中拉经贸产业园总投资约为 25 亿元，总建筑面积 24.4 万平方米。产业园将为中拉双方的文化交流、旅游交流、跨境电商、经贸服务、现代商服等提供载体与平台，成为拉美企业进入中国市场最前端、最开放的窗口。①②③

2. 自贸区对广东的影响

综合以上分析可以看到，自贸区对广东的影响主要有以下三个方面：

首先，自贸区的设立为广东经济注入新的活力，同时对于广东经济的开放程度有一个显著的提升。可以看到，广东三个自贸片区（广州南沙、深圳前海蛇口、珠海横琴）都以制度创新为核心，通过对行政体制、营商环境的改良，提升贸易、投资的便利程度，大力发展金融业、现代服务业、高端制造业等，逐步提升经济活力。同时，高效的制度和开放的环境吸引了大量外资（包括港澳台资）的进入。优质外资的涌入又为自贸区带来充足的资金、先进的技术和经验，进一步提升了经济的活力，从而形成了一个良性循环。

其次，自贸区的设立对于粤港澳大湾区的建设有推动作用。可以看到，广东三个自贸片区都很重视粤港澳大融合、大合作；一方面，纷纷出台面向港澳的企业/人才的优惠政策，另一方面，依靠制度创新进行“先行先试”，为粤港澳的融合扫清体制障碍。

最后，自贸区的设立对“一带一路”倡议的实施有积极作用。一方面，自贸区设立后，通过制度创新和体制改革，营商环境得到显著的改善，这吸引了大量“一带一路”沿线国家来广东投资；另一方面，自贸区政府鼓励企业“走出去”，推动企业在“一带一路”沿线国家进行资本投资，与“一带一路”沿线国家建立起战略合作关系。

（二）“一带一路”

“一带一路”（The Belt and Road）是“丝绸之路经济带”和“21 世纪海上丝绸之路”的简称。“一带一路”是在特殊的时代背景下，国家提出的关乎未来

---

① 许德友．以“一带一路”广化深化广东开放型经济［J］．汕头大学学报（人文社会科学版），2016（1）．

② 黄亮雄．21 世纪海上丝绸之路（广东）国际智库论坛会议综述［J］．战略决策研究，2016（4）．

③ 历年广东统计年鉴［EB/OL］．广东统计信息网，2020-10-09．

中国改革发展、稳定繁荣乃至实现中华民族伟大复兴中国梦的重大战略。国际上，世界经济缓慢复苏，经济全球化、区域一体化进程加速，全球经济正处于一个转型升级的关键时期。同时，“中国威胁论”卷土重来，大有甚嚣尘上之势，中美战略博弈日趋白热化。在国内，改革步入深水区，对外开放面临转型调整，经济发展处于换挡期、阵痛期、消化期“三期叠加”的新阶段，社会改革和发展到了矛盾集聚、需要攻坚克难的关键时期。在这样特殊的时代背景之下，依赖“古丝绸之路”经济、人文、商贸的千年传承，2013 年，习近平主席分别在哈萨克斯坦和印度尼西亚提出要共同建设“丝绸之路经济带”和 21 世纪“海上丝绸之路”。此后，为推动“一带一路”倡议在全球的开展，我国多次与其他国家签订合作协议。2014 年 11 月，习近平在 2014 年中国 APEC 峰会上宣布，中国将出资 400 亿美元成立丝路基金，为“一带一路”沿线国家基础设施、资源开发、产业合作和金融合作等与互联互通有关的项目提供投融资支持。2015 年 3 月，国家发改委、外交部和商务部共同发布了《推动共建丝绸之路经济带和 21 世纪海上丝绸之路的愿景与行动》的文件。2015 年 11 月，结合“一带一路”合作倡议和《中欧合作 2020 战略规划》，中国同中东欧 16 国共同发表《中国-中东欧国家中期合作规划》，推动“16+1 合作”提质增效。2017 年 5 月 14—15 日，“一带一路”国际合作高峰论坛在北京举行。截至 2018 年 3 月，全球 100 多个国家和国际组织积极支持和参与“一带一路”建设，联合国大会、联合国安理会等重要决议也纳入“一带一路”建设内容。①②③

1. 广东与“一带一路”

广东作为中国经济第一大省和改革开放的前沿阵地，积极响应中央号召，率先投入到“一带一路”倡议的建设当中。

2014 年，广东与沿线国家的进出口总额达 1310 亿美元，占中国大陆与沿线国家进出口总值的 22. 4%。广东是中国大陆与沿线国家双向投资最多的省份。2014 年，来自沿线国家的实际利用外资达 14 亿美元，占中国大陆利用沿线国家资金的 21. 6%；广东在沿线国家实际投资累计达到 17. 2 亿美元，占中国大陆对沿线国家总投资的 3. 6%。

---

① 国家信息中心“一带一路”大数据中心．一带一路大数据报告（2016）［M］．北京：商务印书馆，2016.

② 国家信息中心“一带一路”大数据中心．一带一路大数据报告（2017）［M］．北京：商务印书馆，2017.

③ 中华人民共和国国民经济和社会发展第十三个五年规划纲要［J］．领导决策信息，2016（12）.

2015 年 6 月 3 日，广东省政府公布了《广东省参与建设“一带一路”的实施方案》，提出将广东打造成为“一带一路”的战略枢纽、经贸合作中心和重要引擎，同时列出 40 项重点工作，梳理了 68 个项目，总投资达 554 亿美元，内容涵盖基础设施建设、能源资源、农业、渔业、制造业、服务业六个领域。

2016 年 8 月 23 日，时任广东省委书记的胡春华同志主持召开省委常委会议，推进“一带一路”倡议发挥作用，突出东南亚、南亚、南太优先方向，推进与沿线国家和地区的互联互通、经贸合作、人文交流等交流合作。要加大力度参与丝绸之路经济带建设，运营好粤新欧、粤满俄货运专列，建设好东莞石龙国际铁路物流中心。2016 年，广东对“一带一路”国家累计进出口额为 1.3 万亿元（进出口总额全国第一，其中进口额为 700.7 亿美元，位居全国第二），同比增长 6.5%，占全省进出口的 20.7%，占比同比提升 1.5 个百分点；广东对“一带一路”沿线国家的实际投资超过 40 亿美元，同比增长 65.3%。

2017 年广东省第十二次党代会报告中提出：构建以“一带一路”为重点的对外开放新格局，推动与沿线国家和地区开展交通基础设施、能源资源、经贸产业、人文科技等领域的合作。2017 年广东对“一带一路”沿线国家累计进出口达到 1.5 万亿元，增长 14.9%，较全省整体增速提高 6.9 个百分点，占全省的 22.1%，占比提升 1.3 个百分点。

广东积极参与“一带一路”建设，目前也取得了不俗的成绩，这体现在众多不同的领域之中。在交通领域，2016 年，石龙站中欧班列累计发车 135 列、出口集装箱 7624 标准箱；大朗站中欧货运班列自 2016 年 8 月首发后，连续运营 13 趟次，总货值达 4052 万美元，并于 11 月开通国内首列铁路联运南亚班列。2016 年，广东省“一带一路”执行航班近 5 万班次，承运旅客约 780 万人。截至 2016 年底，挂靠广东省港口的国际集装箱班轮航线 334 条，通达全球 100 多个国家和地区的 200 多个港口。在企业合作方面，截至 2017 年 3 月末，广东共有 309 家企业到“一带一路”沿线国家投资，其中民企境外投资 111 家，占全部投资企业数的 35.9%，投资金额为 8.8 亿美元，占比 49.1%。在文化输出方面，2016 年广东文化产品进出口额 437.9 亿美元，居全国榜首。进出口对象覆盖 100 多个国家和地区，其中“一带一路”沿线国家占据重要比重。一批代表性粤企通过文化和品牌积极“走出去”与当地融合。在金融领域，2013 年至 2018 年 1 月，广东政策性金融机构支持“一带一路”沿线贸易、投资和工程承包 370.3 亿美元，为“一带一路”项目提供融资近 60 亿美元，支持“一带一路”建设项目超过300个，覆盖“一带一路”沿线全部64个国家和地区。①②

2.“一带一路”对广东的影响

中国作为“一带一路”倡议的发起者和世界第二大经济体，对于“一带一路”倡议的顺利实施起着重要的推动作用。同样，作为中国经济第一大省和全国最开放的省份，广东是“一带一路”倡议的区域交通枢纽、商贸中心和投融资中心，“一带一路”倡议的发展离不开广东的深度参与。另一方面，“一带一路”倡议是一个多方合作、多方共赢的合作平台，广东在给予“一带一路”倡议以支撑的同时，“一带一路”倡议的发展也对广东的经济发展有着巨大的影响，特别是在建设开放型经济新体制的过程中，“一带一路”倡议有着举足轻重的作用。

首先从全局的角度来看，“一带一路”倡议的发展对于广东经济的发展而言是一个长期利好。21世纪以来，全球经济发展格局和国际贸易环境都发生了转折性的变化，这主要体现在两个转移上。第一个转移是全球经济增长的重心由发达国家转移至发展中国家。有数据显示，发达国家对全球经济增长的贡献度已经由过去的80%下降为20%，而发展中国家的贡献从20%上升到80%，即通常所说的“二八易位”。另一个转移是中国对外贸易增长的重心由发达国家转为发展中国家。2014年，中国对发展中国家的出口比重达到35.4%，比2000年提高18.8个百分点。此外，近年来全球贸易保护主义抬头，我国已成为一些国家实施贸易保护主义的首要对象，贸易摩擦事件频发，特别是钢铁、铝业以及光伏等领域，贸易保护主义已经严重影响了我国对外贸易的顺利进行。在这样的经济大背景下，“一带一路”倡议的提出不仅符合各国的利益，也有利于中国保持经济的稳定发展。广东作为占有全国经济总量约1/10、进出口约1/4、中国大陆与沿线国家经贸合作量最大、人文交流最密切的省份，在“一带一路”倡议中将收获巨大的机遇和发展红利。③ 企业是参与“一带一路”倡议建设的主体，也是“一带一路”倡议实施最大的受益者。以广东省为例，广东省的经济崛起从改革开放开始，广东通过发挥比较优势，从价值链的低端加入全球产业分工体系，从而在国际贸易中占据一席之地，将“中国制造”传遍全球。

改革开放以来，广东经济是典型的以低技术劳动密集型出口加工为基础的

---

① 林江．广东自贸区如何推动特色金融的创新和发展［J］．金融经济（市场版），2015（9）．

② 黄亮雄．21世纪海上丝绸之路（广东）国际智库论坛会议综述［J］．战略决策研究，2016（4）．

③ 肖璐璐．新形势下中国对外贸易结构与依存度变化趋势［J］．人民论坛，2015（36）．

外向型经济。凭借着相对发达国家来说较低的要素报酬，如劳动力、土地、原材料等，广东在低技术劳动密集型产业上具有比较优势，因而这些产业在很长一段时间内保持着惊人的增长速度。2003 年广东的塑料、橡胶及其制品出口额比 2002 年增长了 17. 17% ，纺织原料及纺织制品出口增长了 14. 08%，鞋帽伞杖、加工羽毛、人造花、人发制品增长了 12. 26%。然而，成也“比较优势”，败也“比较优势”。广东长期以来依靠比较优势发展对外贸易，虽然在初期时获得了一定的收益，但长期来看，这种比较优势刚性阻碍了技术进步，最终使得广东对外贸易陷入“比较优势陷阱”。特别是 2008 年全球金融危机爆发后，广东面向发达国家市场的劳动密集型制造业出口市场大幅萎缩，造成这个现象的主要原因有两点：要素价格升高和外部市场冲击。要素价格升高指的是随着我国经济的高速发展，市场上生产要素（劳动力、原材料、土地等）的价格开始不断抬升，这直接导致我国制造业企业的生产成本大幅提高。由于广东省制造业企业的多数产品技术含量低、可复制性强，因此在以往占领市场的过程中，这些企业最常用的手段就是降低产品销售价格，即通过价格战来击败竞争对手，这就导致这些企业的产品利润率较低，一旦成本大幅上升，继续生产就有可能变得无利可图。外部市场冲击又分为两个部分：发展中国家持续涌入市场和发达国家重返市场。由于我国出口的多数产品具有很强的可复制性（即产品市场准入门槛较低），其他发展中国家可以凭借更低的生产成本侵蚀我国的出口市场。而发达国家由于受到金融危机的影响，国民经济整体较为低迷，许多国家为了加速经济的复苏，纷纷采取措施推动制造业的回归与复兴，试图实现从“产业空心化”到“再工业化”的回归，这也在一定程度上侵蚀了我国的出口市场。因此，要素价格上升与外部市场冲击这两重因素倒逼广东省企业推动产业升级，提升在全球价值链中的地位。①

企业实施“走出去”战略的下策是开拓新的需求市场。目前，参与到“一带一路”倡议建设中来的国家（地区）达到 70 余个，合作区域遍布亚欧非三大洲。其中有一些国家经济发展水平相对较为落后，对产品的追求仍处于“求量”的阶段，对产品的功能、质量要求相对较低，这类国家是劳动密集型产品良好的出口市场。广东省企业若能借助“一带一路”倡议这个契机率先打开这类国家的市场，如在沿线国家设立建材、酒店用品等广东特色商品展销中心、在沿线国家设立经贸代表处、利用广交会等平台推进经贸合作等，对于解决企业经

① 马胜春，黄基鑫．“一带一路”战略与中国区域经济发展——2015 中国区域经济学会年会观点综述［J］．中国工业经济，2015（11）．

营生存问题而言，不失为一种办法。

企业实施“走出去”战略的中策是将产业向周边国家或地区转移，通过更广范围的产业布局，充分利用区域合作的价值链或者生产网络来提升地位。这样做的好处有两点：一是节约生产成本，二是节约交易成本。近年来随着国内生产要素价格的上涨，广东省传统的劳动密集型制造业，如纺织、家具行业等，丧失了赖以生存发展的比较优势。而通过将企业设在生产要素价格水平较低的国家（地区），一方面可以充分利用当地较廉价的生产要素，重新获得比较优势，从而为企业带来利润；另一方面，通过将低端生产环节转移到国外，可以释放出本地资金、人力、土地等生产要素，为新兴产业、高科技产业的发展腾出空间。另外，通过投资将产品的生产、销售环节设在目标市场所在地，可以一定程度上避开贸易保护主义的阻碍，绕开贸易壁垒从而节约企业的交易成本。

企业实施“走出去”战略的上策是通过引进技术、技术创新等方式赋予产品不可复制性，提高产品的国际竞争力，在跨国公司主导的全球价值链中向上游衍生。总体而言，广东省企业的产品中包含的技术价值远低于发达国家，在汽车制造、电子信息制造、先进材料等领域尤为突出。企业通过跨国并购发达国家的先进技术企业，或与发达国家企业组建战略联盟，以较低成本与行业龙头企业进行技术联合开发，可以打破技术壁垒，通过技术溢出和转移，提高广东省企业的生产技术，从而提高生产效率和产品质量，促进广东全球价值链地位提升。①② 具体而言，“一带一路”倡议的实施将为广东省以下相关领域的企业的发展带来新的机遇：

交通运输领域。“一带一路”倡议的顺利实施离不开交通网络建设，包括铁路、港口、航空等领域的基础设施建设，相关设备的生产和购置。随着“一带一路”倡议的推进，一大批境内外铁路、公路、港口、机场和跨境桥梁等基础设施项目相继开工建设，中欧班列、国际道路、国际海运、国际航空、快递等国际运输服务网络逐步完善。目前我国已经与多个国家（地区）、国际组织签订相关协议，如《上海合作组织成员国政府间国际道路运输便利化协定》《中亚区域运输与贸易便利化战略（2020）》等，可以预见在未来很长一段时间内，交通基础设施的需求将持续扩大。

通信领域。广东通信产业经过了数十年的高速发展，内需趋向饱和，与之相对的，据国际电信联盟（ITU）发布的《衡量信息社会报告》显示，东南亚、

---

① 袁新涛．“一带一路”建设的国家战略分析［J］．理论月刊，2014（11）．

② 储殷．高远．中国“一带一路”战略定位的三个问题［J］．国际经济评论，2015（2）．

南亚、中东、东北非地区的大多数国家的IIDI指数（信息基础设施发展水平指数）仍低于世界平均水平，这些国家和地区对信息基础设施（如互联网、物联网等）的提升有着较大需求，这对广东省通信行业特别是像华为、中兴等已经成功“走出去”的通信基础设施提供商来说，是个重大的利好消息。

文化领域。“丝绸之路”自古就是文化交会的体现，其交流合作的内容涵盖了文化、旅游、教育等人文活动。同时，广东省自古就是中国移民出洋最早、最多的省份。目前广东有3，000多万海外侨胞，遍布世界160多个国家和地区，主要分布在东南亚的印尼、泰国、新加坡，北美的美国、加拿大，南美的秘鲁、巴西，大洋洲的澳大利亚等。正因为广东特殊的华侨文化，岭南传统文化作为广东文化的重要名片在国际上有很大的影响力、感染力。广东可以借此大力发展国际精品旅游线路和旅游产品，积极推进特色服务贸易。同时，广东频繁的人口流动还可以加强沿线国家和地区的特殊旅游产品、文化产品的发展。广东省的旅游企业可以开展旅游业务合作、旅游投资贸易等。①②

“一带一路”倡议的实施除了有利于广东省企业加快“走出去”的步伐外，也有利于增强广东省对外资的吸引力。目前，广东为了进一步积极利用外资，颁布了许多政策措施来支撑它，如《广东省进一步扩大对外开放积极利用外资若干政策措施》等，主要措施有进一步扩大市场准入领域，扩大制造业、服务业、金融业等市场的开放程度，如金融业放宽外商投资银行、证券公司等的业务范围限制，制造业放开专用车、新能源汽车的外资股比限制；加大利用外资财政奖励力度；加强用地保障；支持研发创新，在全省推广实施技术先进型服务企业所得税优惠政策；加强知识产权保护，建设中国（广东）知识产权保护中心；完善利用外资保障体制等等。截至2017年12月，世界500强企业中已有297家在广州投资落户，累计投资设立项目共921个。仅2017年就有47个世界500强企业投资项目落户广州，注册资本共约382亿元。③

（三）粤港澳大湾区

所谓粤港澳大湾区，指的就是由香港、澳门两个特别行政区和广东省的广州、深圳、珠海、佛山、中山、东莞、肇庆、江门、惠州等九市组成的城市群。粤港澳大湾区这个概念并非近年才提出。2005年发布的《大珠三角城镇群协调发展规划研究（2004—2020年）》首次正式提出了“湾区”的概念。2009年完

---

① 朱惠．广东与东盟自贸区合作的机遇、挑战与对策研究［J］．特区经济，2011（6）．

② 罗伟波．广东参与“一带一路”建设的对策研究［D］．广州：中共广东省委党校，2016.

③ 历年广东统计年鉴［EB/OL］．广东统计信息网，2020-10-09.

成的《大珠三角城镇群协调发展规划研究》把“湾区发展计划”列为空间总体布局协调计划的一环，并提出四项跟进工作，即跨界交通合作、跨界地区合作、生态环境保护合作和协调体制建设。2010年粤港澳三地政府联合制定《环珠三角宜居湾区建设重点行动计划》，以落实上述跨界地区合作。2015年，“粤港澳大湾区”的概念首次被提出。2017年3月5日，“粤港澳大湾区”的概念被正式写入政府工作报告。2017年7月1日，《深化粤港澳合作推进大湾区建设框架协议》在香港签署。2018年3月20日，国务院总理李克强表示，粤港澳大湾区的规划纲要正在制定过程当中，很快会出台实施。①②

1. 粤港澳大湾区的现状

粤港澳大湾区作为我国最具经济活力、创新能力、发展潜力的地区之一，近年来借着国家政策的东风，发展愈发迅猛，大有成为中国经济发展新增长极的趋势。

从经济总量来看，粤港澳大湾区GDP从2012年开始至2017年实现6连增，大湾区11个城市的GDP总和从2012年的67970.56亿元增长到2017年的101843亿元，占全国GDP比重的12.3%，GDP总量超越了世界第十一大经济体韩国（2017名义GDP折合人民币103349亿元），GDP年平均增速达到6.97%。③

从产业结构来看，大湾区的三次产业结构由2011年的1.51：35.79：62.71调整为2016年的1.34：33.23：65.44，第二产业比重逐步下降的同时，第三产业比重持续上升，经济增长由工业拉动向服务业拉动转变。

从国际贸易来看，2012年至2016年五年间，粤港澳大湾区的进出口总额在8万~9万亿美元之间上下波动，总体呈现上升趋势，进出口总额由2012年的83，010亿美元上升至2016年的85，169亿美元，占全国进出口总额的40%。

从研发支出来看，粤港澳大湾区的研发经费支出占GDP比重达2.7%，粤港澳大湾区内的国家级高新技术企业总数超过1.89万家，居全国第一位，PCT国际专利申请量占全国56%。2012年至2016年，粤港澳大湾区历年发明专利呈现逐年稳步递增趋势，平均年增长率达到33.86%。如图3-1所示，五年来粤港澳大湾区发明专利总量增幅达213.6%。2017年7月签订的《深化粤港澳合作推

---

① 李克强．2017年政府工作报告［R］．北京：第十二届全国人民代表大会第五次会议，2017.

② 国家发改委，广东省政府，香港特别行政区政府，等．深化粤港澳合作，推进大湾区建设框架协议［EB/OL］．搜狐网，2019-02-26.

③ 历年广东统计年鉴［EB/OL］．广东统计信息网，2020-10-09.

进大湾区建设框架协议》提出要将大湾区打造成国际科技创新中心，并提出粤港澳大湾区内将可跨境使用科研经费。

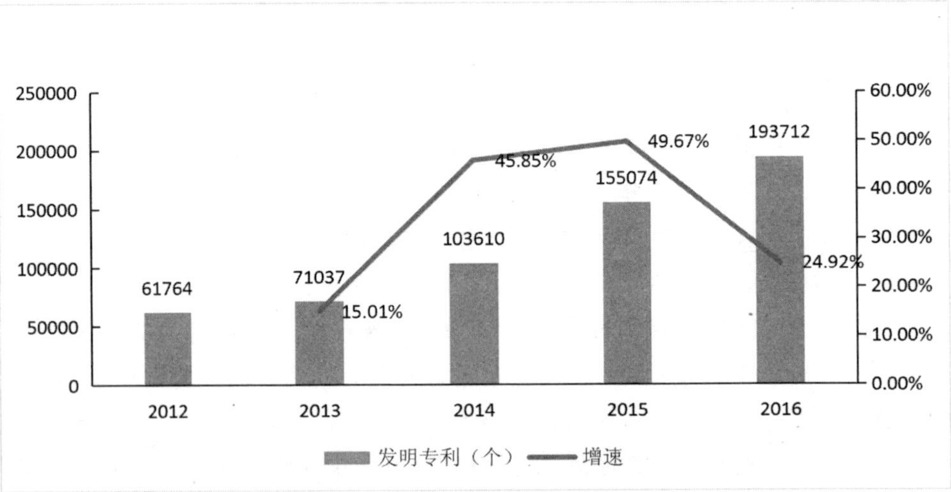

图 3-1　粤港澳大湾区发明专利情况

注：数据来自国家知识产权局

在交通建设上，海陆空三位一体的交通体系不断完善。大湾区拥有全球吞吐量排名第三的深圳港、排名第五的香港港和排名第七的广州港、五大机场（香港，澳门，广州，深圳，珠海）以及四通八达的地面交通系统（港珠澳大桥、广深港高铁等）。同时，目前仍有众多项目正在落地过程中，如虎门二桥（预计 2019 年通车）、深中通道（预计 2024 年通车）、穗莞深城际快速轨道（预计 2019 年全线连通）等等。

在金融领域，大湾区拥有两大世界级的股票交易所，总市值、流通市值、上市公司数量均位居世界前列。根据全球金融中心指数 2017 年发布的第 22 期榜单，香港、深圳、广州分别位列全球金融中心城市排名的第三位、第二十位和第三十二位。近年来广州南沙的特色金融、深圳前海的跨境人民币业务等发展迅速，粤港澳大湾区国际商业银行、区块链联盟等项目也处于落地的过程中。

在高端产业方面，大湾区不断鼓励先进制造业的发展。2016 年珠江西岸先进装备制造产业带新引进投资亿元以上项目 219 个、总投资额 1876.2 亿元，装备制造业增加值增长 12%。广东先进制造业增加值、高技术制造业增加值占规模以上工业比重分别提高到 49.3%和 27.6%。2018 年广州还将出台《加快 IAB 产业发展五年行动计划》《促进新材料产业发展实施意见》等政策，推动人工智能、生物医药（IAB）产业和新能源、新材料（NEM）产业等新兴产业的发展。①

2017年是粤港澳大湾区的建设元年，为大湾区未来的发展方向、产业分工、城市规划等定下基调。2018年，相关国家政策持续落实、优质项目不断落地，大湾区将正式进入建设期，迎来经济、产业等领域的高速发展。

2. 粤港澳大湾区的影响

粤港澳大湾区战略的影响主要体现在“一内一外”两个方面：“一内”指的是粤港澳大湾区战略将通过促进粤港澳深度合作来影响开放型经济新体制的建设；“一外”指的是粤港澳大湾区战略将通过对“一带一路”倡议的支持来影响开放型经济新体制的建设。

（1）深化粤港澳合作

从目前的产业格局来看，粤港澳大湾区大概可以分为三块区域：香港和澳门在高端服务业和金融业方面拥有明显的比较优势，深圳和广州在高科技产业方面表现突出，东莞、珠海、佛山等城市制造业发达。粤港澳大湾区战略提出后，将进一步促进三块区域之间产业的协同发展，充分发挥地区比较优势，实现互利共赢。

作为“世界工厂”，中国的制造业正在面临着从传统制造业向先进制造业的转变，由“中国制造”转变为“中国创造”的需求十分迫切，粤港澳大湾区的建设将加速这一转变的进程。具体来说，香港和澳门拥有世界一流的研究型高校、研发实验室、科研团队，在科技创新方面拥有得天独厚的优势。此外，香港作为国际航运中心、贸易中心，有着高度开放、高度国际化的优势，可在大湾区担当“超级联系人”的角色，连接中国内地城市和国际社会。大湾区可以通过香港积极融入国际创新网络，引入更多世界一流机构和内地科研机构进驻，强化湾区的科技创新优势，也可以利用香港的交通优势，助力企业产品走出国门。香港的劣势在于土地空间狭小，科技创新方面的优势难以转化为产业优势。广深存在大量创新型企业，尤其是作为“中国硅谷”的深圳，既拥有开放、包容的创新环境，又在创新产业和战略性新兴产业有着雄厚的基础。2016年，全社会研发投入超过900亿元，占GDP比重达到4.13%，超过欧美发达国家水平。据数据显示，截至2016年底，深圳累计拥有69347件PCT专利，在全球创新能力活跃的城市当中，深圳居第二名。目前，深圳已有一大批成长起来的高新技术企业，比如华为、中兴，拥有高新技术产业基础和产业链配套集中等优势。

① 历年广东统计年鉴［EB/OL］. 广东统计信息网，2020-10-09.

但是在进一步发展产业优势方面，广深缺乏能为高新技术产业提供强力支撑的高等院校、科研机构集群和具有国际先进水平的重大科技基础设施。粤港澳大湾区战略的提出，能够更好地利用三地资源，整合科研创新和产品加工制造的优势，为先进制造业的发展提供全方位的服务。区域产业分工离不开高效的交通体系，而粤港澳大湾区无论是内通还是外联，陆运、水运还是空运都占尽优势。粤港澳大湾区的港口群与航空市场规模领先全球，2016 年大湾区航空客运量达到 1.85 亿人次，货运量达 736 万吨，均超过其他三大湾区。2016 年世界十大港口中珠三角占了三席：深圳港（全球第三，2420 万标准箱）、香港（全球第五，1946 万标准箱）、广州港（全球第七，1762 万标准箱）。粤港澳湾区是广东乃至全国高速路网最密的地区，直至 2016 年底，广东省高速公路通车总里程近 7000 公里，居全国第一。以“九纵五横两环”为主骨架，以加密线和联络线为补充，形成了以粤港澳大湾区为核心，以沿海为扇面，以沿海港口（城市）为龙头向山区和内陆省区辐射的路网，全省 67 个县（市）实现“县县通高速”的目标。2017 年底港珠澳大桥主体工程如期具备通车条件，香港至珠海的交通时间缩短至 20~30 分钟，有利于形成粤港澳大湾区“1 小时经济圈”。随着港珠澳大桥等一系列基建项目的实施，湾区将构建起海陆空通达的交通网络，营造更加高效便捷、互联互通的物流体系，为打造内联外通的产业发展格局奠定基础。①② 在发展服务业和金融业方面，粤港澳大湾区拥有雄厚的基础和光明的前景。先看金融业，粤港澳大湾区作为一个整体而言，其金融业总体规模已达到世界级水平：这里既有全球三大国际金融中心之一的香港，也有在全球金融中心最新排名中居第 20 位的深圳和居第 32 位的广州，世界上几乎所有的金融活动，这里差不多都可以找到。2017 年底粤港澳三地银行总资产合计约 7 万亿美元，银行存款总额高达 4.7 万亿美元，均超过纽约湾区和旧金山湾区。2017 年保险保费收入约 1280 亿美元，相当于全国总保费收入的近四分之一。港深主板市场总市值超过 5.5 万亿美元，居全球第四位。具体而言，香港作为国际金融中心，金融指数排名位列全球第四，在粤港澳大湾区的金融建设中具有领导地位。首先，香港可以继续发挥其投融资方面的优势，一方面引导国际资金进入内地市场，另一方面推动内地资金走出国门。目前，中国“引进来”的外国资金，超过一半是从香港进来的；中国“走出去”的资金，有 60%是经香港走出

① 刘成昆．融入城市群，打造湾区经济——粤港澳大湾区城市群发展分析［J］．港澳研究，2017（4）．

② 覃成林，刘丽玲，覃文昊．粤港澳大湾区城市群发展战略思考［J］．区域经济评论，2017（5）．

去的。其次，香港拥有国际化的金融市场和丰富的国际资本运作经验，各类经济制度与法律制度均与国际相接轨，这些是广深等城市无法比拟的。加深香港金融业与内地的联系与合作，有利于规范内地金融业的发展，推动金融业国际化进程。此外，香港是全球规模最大的人民币离岸中心，处理全球约七成的离岸人民币支付交易。大湾区可以充分利用香港这一特点，推进人民币跨境业务创新，推动跨境人民币双向融资、跨境双向人民币资金池、跨境发行人民币债券、跨境人民币结算等合作，促进离岸、在岸人民币资金互通。澳门是全球最开放的贸易和投资经济体之一，与120多个国家和地区建立了稳定的经贸关系，是30个国际经济组织的成员，160多项国际公约或多边条约适用于澳门，国际资产及国际负债在银行体系占比均超过八成，商业运作准则与国际惯例接轨，投资营商手续简便。同时，澳门由于其历史原因，在与葡语系国家的经贸往来上拥有巨大的优势，大湾区可以利用这一优势，推动与葡语系国家经贸往来以人民币结算，助力建设澳门“葡语国家人民币清算中心”，推动人民币国际化进程。广深拥有众多充满发展潜力的中心型企业及创新型企业，在发展以创业资本和风险投资为代表的创新金融方面有明显的优势。根据深交所的数据，2017年底深圳中小企业板和创业板两大板块总市值超过2万亿美元，巨大市场可以充分消化国内外资本，将其转化为产业优势。再看服务业，对粤港澳三地来说，服务业都是其经济增长的一大支柱产业。2017年广东服务进出口额为8316亿元，占全国服务进出口总额的17.70%，位居全国第三。港澳地区服务业增加值占GDP比重均在90%左右。具体来说，香港是亚洲服务业最发达的都市，是专业服务最大的输出者，特别是在金融、会计、法律等专业领域的服务上，香港独占鳌头。相比内地，香港的服务业不仅在专业能力上占据优势，并且在制度法规、现代化程度、服务领域等方面都远远强于内地。澳门的旅游业发展稳健，“世界休闲旅游中心”是澳门的发展目标之一。此外，博彩业和会展业也是澳门的支柱产业。因此，粤港澳战略的实施有利于内地服务业的发展，对于内地形成现代化的服务体系有着重要的意义。同时，内地庞大的市场也有利于促进港澳地区服务业的进一步发展。①

（2）支撑“一带一路”发展

“一带一路”作为新时期的改革开放，从广义来讲，是一条新全球化的可持续发展道路。大湾区整合了粤港澳三地的优势资源，是“一带一路”上的关键

① 陈浪南．粤港澳金融一体化研究［M］．广州：广东人民出版社，2009：2.

区域，甚至可以说是其战略支撑点。[1] 宏观角度来看，香港和澳门分别为“一带一路”建设引出英联邦国家和葡语系国家两条便捷路径。香港与总人口20亿的英联邦国家，如英国、印度、新加坡、马来西亚、孟加拉国、巴基斯坦、斯里兰卡、南非、澳大利亚、新西兰、加拿大等有传统紧密关系，而澳门与占总人口两亿多的葡萄牙、巴西等葡语系国家也有紧密的关系，成为“一带一路”走出去的两条便捷路线。其辐射范围可达东南亚、中东和非洲等，并可延展至欧洲和南美等海上丝绸之路沿线区域。微观角度来看，一方面大湾区是中国经济最发达的地区，能够最大程度地在财务上给予“一带一路”支持，弥补巨大的资金缺口，另一方面，粤港澳地区全面的产业体系能与“一带一路”沿线国家进行全方位的合作：广东科研投入大，科技创新活跃，先进制造业基础雄厚，产业链完善，上下游配套齐全，且腹地广阔，是对“一带一路”沿线国家进出口贸易的大省；香港拥有成熟的金融体系和航运系统，其商业网络遍布亚太地区乃至全球，是“一带一路”重要的资本市场；澳门亦有葡语国家的经贸服务平台和大量的资本。因此，粤港澳大湾区是内地企业参与“一带一路”的桥头堡，也是“一带一路”的交通要道，粤港澳大湾区城市群的建设在为海上丝绸之路的发展提供支撑、促进“一带一路”倡议的有效实施中，承担着重要的作用。

“一带一路”贯穿亚欧非大陆，涉及的国家超过70个，毫无疑问，这是一项浩瀚的工程。要使得“一带一路”倡议从宏伟蓝图转变为现实，基础设施建设问题是一座难以逾越的高山。然而，目前该领域的资金投入供不应求，资金缺口日益严峻。粤港澳大湾区战略的实施能更好地整合三地的资源，从而作为一个整体在财力上为“一带一路”倡议的实施提供一定的保障。据亚洲开发银行估计，2016年到2030年，在“一带一路”基础设施方面的年投资大概需要1.7万亿美元。通常银行是大规模债务融资的主力军，然后，由于基建项目负债期限非常长，这给银行带来很大的流动性挑战，因此银行对基建项目的投资态度趋于保守，这就导致“一带一路”基建投资资金缺口巨大。因此，为了解决基建项目日益严峻的资金缺口问题，公私营部门合作（PPP）方式可能是一个绝佳的选择。而香港在公私营部门合作方面积累了大量的经验，香港的PPP模式中，私营机构的营运、效率和盈利能力在全球都是数一数二的。以地铁为例，全球大部分地方的地铁都是亏钱的，香港铁路公司则成功将交通的营运和沿线物业的发展有机结合起来，并形成持续盈利能力。此外，港铁作为首批“走出

---

① 卓桐．粤港澳大湾区的来龙去脉与下一步［J］．改革，2017（5）．

去”的港企，已经在英国、澳大利亚、瑞典等海外市场深耕多年，不少国家亦邀请港铁前往参与他们的项目发展。

粤港澳大湾区除了能在资金方面给予“一带一路”倡议支撑，在产业合作方面，两者也可以进行互补。① 根据经济和产业的发展水平，我们大致可以将“一带一路”沿线国家分为三个层次。第一个层次是发达经济体，代表性的国家（区域）有新加坡、欧盟等。这一层次的国家（地区），产业体系完备，科研水平高，金融实力雄厚。以欧盟为例，整个区域的发展由第三产业驱动，第三产业占国民经济比重70%以上。第二个层次是较发达的发展中国家，典型的国家有俄罗斯、马来西亚、泰国等。这些国家工业发展迅速，制造业基础雄厚，国内企业在国际上有一定的竞争力。马来西亚在食品加工、矿产、橡胶等资源密集型产业和机电、化纤制品等资本及技术密集型产业有一定的竞争优势。泰国在化工制品、纺织服装、农产品、水产品等产业都具有比较强的竞争力。俄罗斯在能源产业方面很有优势，如石油等。第三个层次是较不发达的发展中国家，典型的例子包括阿拉伯、中亚、东亚等地区的一些国家。这些国家发展较为落后，产业结构较为单一，工业化程度较低。以阿拉伯国家为例，一部分国家以石油的出口为生，另一部分国家依靠农业发展。大多数阿拉伯国家的工业都比较落后，有些阿拉伯国家制造业占国民生产总值的比例甚至呈下降趋势。

粤港澳大湾区产业结构多元化，能够很好地对接这三类国家（地区）。② 与第一个层次的国家的合作重点在于高端产业。虽然像欧盟、新加坡这样的国家（地区）位于全球产业链的顶端，但这并不代表它们的发展是一帆风顺的。以欧盟为例，在经历了2008年的金融危机之后，许多成员国都受到财政问题的困扰，急需寻找新的经济助推器，高端服务业、高端制造业、新兴产业等都是其目标。港澳的专业服务业资源与欧盟生产型服务业优势正好可以形成互补，推动双方服务业更加多元化发展。而在新兴产业和高端制造业方面，广东作为全球制造业基地之一，具有产业配套和人力资源丰富的优势，仅深圳一个城市，2017年新增高新技术企业就有3，193家，累计达到11，230家。欧盟、港澳、新加坡具有研发资源丰富和高端产业集聚的优势。各方研发、制造和市场资源的优化重组，必将带动“一带一路”高端产业的发展和扩散。与第二个层次国家的合作重点在于加强经贸联系。这些国家经济水平达到了一定的层次，人民

① 左晓安．与“一带一路”战略协调发展的粤港澳合作机制创新［J］．特区经济，2017（1）．

② 刘力，林志玲．粤港区域产业转移及产业升级路径——CEPA协议效应与泛珠区域合作影响分析［J］．国际贸易问题，2008（7）．

对物质生活的追求由单一向多元化发展。但这些国家的工业较为落后，国内产品无法完全满足人民群众对产品的需求，因此广东的制造业产品可以出口到这些国家，通过共享平台、加大展销等方式开拓海外市场。同时，也可以与这些国家开展合作，整合这些国家的资源和优势，进行产业分工，实现合作共赢。与第三个层次国家的合作重点在于如何开发其产能。目前，广东正在推进产业的转型升级，部分低端产业如服装纺织等劳动密集型产业亟须转移。第三层次的国家拥有丰富的生产要素并且价格相对低廉，是理想的转移地区。印度现在的人口平均年龄仅为23岁，未来10年内预计将有2亿人陆续进入劳动力市场，孟加拉国70%以上是40岁以下的青壮劳动力。同时这些国家的劳动力成本较低，一般经理级别的管理人员月工资在300至900美元之间，技工75至100美元之间，半熟练工在60至80美元之间，普工在30至65美元之间，而制衣工人的工资最低仅为每小时0.2美元，为中国制衣工人工资的五分之一。此外，这些国家（地区）近年来经济发展迅速，以南亚地区为例，过去25年其经济增长速度为世界平均水平的2倍以上。将劳动密集型产业转移到这些国家（地区）一方面满足了产业重组、升级的需要，另一方面客观上也对这些国家（地区）的经济发展有所裨益，可谓是互利共赢之举。

四、广东开放型经济新体制和对外开放新格局实践面临的问题

（一）广东开放型经济新体制实践面临的问题

1. 对外贸易体制

通过第二部分的分析，广东省对外贸易体制主要存在以下几个问题：外贸依存度过高、出口市场集中程度较高和加工贸易比重较高。

外贸依存度方面，虽然近年广东外贸依存度持续下降，但是目前广东省的外贸依存度仍然较高，高外贸依存度一方面说明经济体深度参与经济全球化，另一方面，过高的外贸依存度也可能会给经济体带来一些问题。第一，高外贸依存度说明经济体的发展高度依赖于外源性因素，换句话说，经济体内在的发展动力不足以维持目前的经济增长速度。然而，外在的增长动力是不可持续、不受掌控的，过度依赖外在动力会影响经济体的安全。其次，过高的外贸依存度将加大广东省经济所面临的国际经济风险。一些关键的资源或者关键的零部件、设施等的进口的依存度太高，容易使广东省的经济命脉受制于人。一旦国际经济不稳定，或资源来源国的经济受到撞击而波动时，广东省经济必然受到影响而出现困难。

外贸市场集中度方面，虽然广东省出口市场集中度近年来持续下降，但集中程度仍然较高。高出口市场集中度说明广东出口商品的市场主要集中在某几个国家或地区，这一方面反映出广东出口的商品并不具备全球的竞争力，其竞争力局限于部分区域，另一方面，也反映出广东出口市场存在一定的风险，若占比较高的出口市场发生变动，如改变进口政策、发动贸易战或政权不稳，广东的商品出口就会受到巨大的打击，进而影响到广东经济的健康发展。

加工贸易方面，虽然近年来广东省加工贸易比重持续下降，2016 年一般贸易比重更是超过了加工贸易比重，但其加工贸易比重仍然较高。加工贸易比重过高会带来一系列的经济问题。第一，加工贸易的附加值通常就较低，也就是说加工贸易对于经济增长的单位贡献能力较差，而经济体要想维持较高的增长就必须发展高附加值产业，过高的加工贸易比重将阻碍这一过程。第二，加工贸易通常是高污染的，对环境有巨大的威胁，过高的加工贸易比重影响经济体的可持续发展。第三，过高的加工贸易必然意味着大量原材料进口，这对于国内相关的原材料产业的发展是极为不利的。

2. 外商投资体制

通过第二部分的分析，广东省对外贸易体制主要存在以下几个问题：外商直接投资总额有所下降、外商直接投资来源过于集中和省内各城市利用外资的能力差距较大。

数据表明，近年来广东外资-总投资比例一直呈现下降的趋势，但是下降的幅度不大，但是广东省 2016 年外资-总投资比例有一个较为明显的下降，从 2015 年的 5.51%降至 2016 年的 4.66%，仔细观察发现，2012 年—2015 年广东外资-总投资比例下降的主要原因是 FDI 增长速度低于总投资的增长速度，而 2016 年外资-总投资比例的大幅下滑是由 FDI 负增长导致的。以上分析表明，广东省对外资的吸引力正在下降，这对广东未来的经济发展是不利的。

再看 FDI 集中度，可以看到近年来广东外资 HHI 值非常高，且呈现上升的趋势。理论上而言，外资 HHI 值高于 18%即说明该经济体存在严重的外资集中现象，也就是说，广东近年来的外资集中现象较为严重，且有愈发集中的现象。仔细观察，发现广东的外资主要来源于香港地区，近年来香港资本占全部外资的比重超过 60%。高外资集中度将带来一定的经济风险，若香港地区经济出现严重问题将直接导致广东外商直接投资的急剧下降，这将大大增加广东经济发展的波动性，不利于广东经济平稳地发展。同时，港澳资金长期以来都有科技含量低、资本规模较小、多数为劳动密集型产业的特点，这一定程度上导致广东利用外资水平较低。

业绩指数方面，可以看到广东多数城市的业绩指数都小于1，2012—2016年这5年间，业绩指数均大于1的仅有4个城市，分别是深圳、珠海、惠州和东莞，也就是说，近5年来只有这4个城市保持了对外资较高的吸引力，而其他城市对外资的吸引能力无法与其GDP相匹配。这表明广东省各个城市在吸引外资方面发展极不平衡，呈现一个“强者恒强，弱者恒弱”的现象，且强弱之间的差距有进一步扩大的趋势，这对于实现区域均衡发展是极为不利的。

3. 对外投资体制

通过第二部分的分析，广东省对外投资体制主要存在以下几个问题：对外投资水平长期处于较低的水平、对外投资国际集中度和对外投资行业集中度均较高。

对外投资占比方面，数据表明十八大以来广东省对外投资无论是在绝对值上还是在对外投资占比上都有了很大的提高，对外直接投资总额从2012年的306.55亿元上升到2016年的1297.92亿元，对外投资占比从2012年的0.54%上升至2016年的1.63%。但是从绝对数值上来看，广东省对外投资总额仍然不高，对外投资占比长期处于一个较低的水平，这说明广东省企业“走出去”的程度仍然不够。

对外投资国际集中度方面，数据显示2015年和2016年广东对外投资区域HHI值分别为31.47%和38.84%，均远远超过18%，也就是说广东省对外投资存在区域集中的现象。仔细观察可以看到，广东对外投资主要集中在香港地区，2015年和2016年对香港地区投资占对外投资总额的55.8%和61.6%。对外投资金额过多集中在香港地区，说明广东省企业“走出去”战略执行得不够深入，企业对外投资的区域结构过于单一。

对外投资行业集中度方面，2015年和2016年广东省对外投资行业HHI数值分别为12.92%和14.41%，均高于10%，这表明广东省对外投资市场（分行业）具有一定集中性，且集中程度有上升的趋势。仔细观察可以看到，广东省对外投资主要集中于租赁、商务服务业以及批发和零售业，2015年和2016年的占比分别达到48.60%和48.82%。对外投资行业过于集中反映出广东省企业执行“走出去”战略时存在覆盖面窄的问题。

4. 资本流动体制

通过第二部分的分析，广东省资本流动体制主要存在以下几个问题：投机资本占比较高、深港通交易规模较小。

将房地产行业和金融行业的投资定义为投机资本，由此我们得到2012—2016年外商投机资本的占比为13.12%、17.44%、22.88%、31.41%和23.93%，其中2016年金融业和房地产业的FDI占比分别为8.41%和15.52%。总而言之，目前的外商投资中投机资本的占比过高，这影响了外商投资的质量。投机资本占比过高会带来诸多负面的经济问题：一方面，投机资本的流动较高，从某种意义上来可以说是短期资本，而短期资本对于经济的长期发展并不具有很强的推动作用；另一方面，投机资本的本质是追逐利益，只要有足够的利益，投机资本并不在乎承担巨大的风险，因此投机资本占比过高往往会使得经济体的运行风险增大。

深港通设立的初衷是加强资本市场的开放程度，便利境内外资本的流通。然而，截至2018年第二季度，两者的交易规模占比都还较小。交易规模迟迟不能扩大，一方面反映了内地资本市场对境外资本的吸引力并不大，另一方面也反应深港通制度可能存在一定的缺陷，导致深港通开通后效果并不理想，没能实现其应有的功能。

（二）广东构建对外开放新格局实践面临的问题

1. 广东自由贸易试验区

广东自贸区成立以来，以制度创新为核心，在贸易便利化、投资自由化、金融创新等领域做出了许多成绩。但就目前而言，自贸区的发展仍然存在一些不足，主要有以下几个方面：制度创新有待完善、港澳优势利用不完全。

截至广东自贸区成立三周年之际，广东自贸试验区共形成385项制度创新成果，其中向全国复制推广21项、全省复制推广102项制度创新经验，供全省借鉴92项制度创新案例，3项制度创新案例入选全国最佳实践案例。仅从制度创新的数量上来说，广东自贸区在制度创新领域交出了一份亮眼的“成绩单”，但是，如果从质量、实施成果上来看，自贸区的制度创新并没有其数字体现的那么美好。第一点，制度创新覆盖的领域不够多元化。目前广东自贸区的制度创新多数体现在贸易便利化和投资自由化等领域，而在金融开放和法制化建设这两个领域，目前还没实践的案例，换句话说，制度创新目前还停留在比较浅的层次。第二点，受困于各级法律的约束，目前制度创新多数停留在部门内部，缺少跨部门的深层次改革。第三，制度创新落地不够，虽然新政策、新制度密集地推出，但是在细化、落地等方面还欠完善。

毗邻港澳一直是广东自贸区的独特优势之一，广东自贸区的定位之一便是粤港澳深度合作示范区。过去三年中，三地在合作、打造与国际接轨的营商环境方面已经积累了不少经验，彼此间的融合程度有所提升。但目前来看，广东自贸区在如何高效利用港澳优势这一问题上还没有给出有效的解答。港澳对于广东自贸区的作用在于三个方面：一是资金，二是人才，三是服务。但是，目前受限于各项法律、法规、制度，如税制差别、产业准入限制等，港澳雄厚的资金、优秀的人才、专业的服务都很难在三方之间自由的流动，这就导致广东自贸区无法充分发挥自己的优势。

2. 广东“一带一路”

广东作为中国经济第一大省和改革开放的前沿阵地，积极参与“一带一路”倡议建设，在贸易、投资等领域做出了骄人的成绩。但就目前而言，广东参与“一带一路”建设的实践中仍然存在一些问题，主要有以下几个方面：资金缺口巨大、文化输出乏力。

“一带一路”倡议建设涉及众多基础设施、能源等领域的项目，而这些项目普遍有高风险、资金需求量巨大、长周期等特点，这就导致目前资金的供给主体多数是国家政策性金融机构，缺乏民间资本的参与。同时，多数“一带一路”沿线国家金融发展水平相对较低，金融市场化程度不高。种种因素直接导致了资金供给远远小于资金需求的现状。据国务院发展研究中心计算，2016—2020年的五年中，“一带一路”沿线地区所需要的基础设施投资是10.6万亿美元，每年2.1万亿美元左右。2014年至2016年，中国对“一带一路”沿线国家的直接投资累计超过500亿美元。2016年广东对“一带一路”沿线国家的实际投资超过40亿美元。可以看到，虽然广东省已经为“一带一路”倡议提供了大量的资金支持，但目前“一带一路”倡议的建设仍然面临着巨大的资金缺口。没有雄厚的资金作为后盾，大量的项目无法落地，最终都搁浅在策划书上。

“一带一路”倡议的建设不仅仅是一种经济合作，更是一座文化交流的桥梁。传播中国的文化，不仅仅能促进文化产业的发展，更是对整个中国经济的一种推动。当中国的文化、价值观通行世界时，中国的企业和中国的产品将更容易被接受。广东作为中国两千多年唯一从未中断海上贸易的省份拥有巨大的历史优势，但目前在文化输出领域建树不多。虽然有广药集团输出凉茶文化、腾讯动漫推动国产动漫登陆日本等例子，但目前广东仍然没有形成具有国际竞争力的文化出口企业和品牌。

3. 粤港澳大湾区

粤港澳大湾区作为我国最具经济活力、创新能力、发展潜力的地区之一，在国家政策的支持下，在交通、金融、创新等领域发展迅速，取得了不错的成果。但就目前而言，粤港澳大湾区的建设仍然存在一些不足，主要有以下几个方面：

（1）区域发展不平衡、产业协同能力较弱、粤港澳三地合作存在障碍。

如表4-1所示，粤港澳大湾区包括港澳两个地区以及广州、深圳、珠海、佛山、中山、东莞、肇庆、江门、惠州九个城市。从人均GDP来看，深圳、珠海、广州和佛山的人均 GDP 超过 2 万元，中山、惠州、东莞和江门的人均 GDP 处于 1 万到 2 万之间，肇庆的人均 GDP 不足 1 万；在对外贸易方面，深圳、东莞、广州的进出口总额超过 1000 亿美元，中山、珠海、惠州、佛山的进出口总额处于 300 亿美元和 700 亿美元之间，江门和肇庆的进出口总额低于 300 亿美元；在外商直接投资方面，深圳和广州的 FDI 超过 50 亿美元，东莞、佛山、珠海、惠州的 FDI 处于 10 亿美元和 50 亿美元之间，江门、中山和肇庆的 FDI 低于 10 亿美元。除此之外，在对外投资、技术创新等领域，大湾区内部各城市的差距都较大，且大致呈现一个三阶段分化的现象。粤港澳大湾区作为一个大范围的经济区域，存在一定程度的发展梯度在所难免，但作为一个整体而言，过度的发展不平衡不利于大湾区未来的发展。①

表 4-1　2016 年大湾区内部城市（除港澳）各项经济指标

	人均 GDP（元）	进出口总额（亿美元）	FDI（亿美元）
深圳	32，800. 29	3，984. 36	67. 32
东莞	13，679. 09	1，724. 95	39. 26
广州	25，626. 39	1，293. 09	57. 01
佛山	20，230. 90	621. 84	14. 72
惠州	13，876. 82	461. 44	11. 43
珠海	27，770. 10	417. 32	22. 95
中山	15，077. 30	338. 48	4. 74
江门	12，850. 94	190. 89	4. 76
肇庆	7，421. 83	69. 37	3. 70

注：数据来自历年广东省统计年鉴

（2）产业集群方面，无论是从就业占比还是从上市企业数量上看，制造业在广深等 9 个城市占据了绝对的主导地位，服务业是港澳的主要产业。目前来看，由于港澳的地理位置、制度差别等原因，港澳与广深等 9 个城市的合作、交流存在一定程度的障碍，这就导致大湾区在产业上被割裂成两个区块，以广深为代表的制造业主导区域和以服务业为主导的港澳地区，城市间产业结构较为接近导致产业间的协同配合较少。同时，相近的产业结构造成城市间竞争效应加剧、互补效应减弱，这也是造成广深等 9 个城市经济发展差距巨大的原因之一。

① 历年广东统计年鉴［EB/OL］. 广东统计信息网，2020-10-09.

（3）粤港澳大湾区要想成比肩“世界三大湾区”的经济体，必须将港澳与广深等9个城市融为一体，协同发展。然而，由于粤港澳三地在政治制度、经济体制、司法制度、价值观念和生活方式等方面都存在较大的差异，传统的经贸合作存在各种有形和无形的障碍。此外，由于粤港澳大湾区是“一国两制”下的合作区域，许多合作事项、审批事务因此需要国务院及其各部门来处理，区域合作进度将不可避免地受到一定的拖延。

五、广东进一步构建开放型经济新体制和对外开放新格局的对策

（一）广东深化开放型经济新体制改革的对策

1. 对外贸易体制

通过第五部分的分析和总结，我们知道目前广东省对外贸易体制存在以下几个问题：外贸依存度过高、出口市场集中程度较高、加工贸易比重较高和出口产品竞争力较弱。针对这些问题，本课题提出以下对策：

继续坚持扩大内需战略，发展国内市场。要扭转外贸依存度过高的现象，同时保持经济的中高速增长，这就必然要求将一部分销往国外的商品转向国内市场。而我国地域辽阔，人口众多，人民平均生活水平持续提高，这说明国内的潜在市场巨大。同时，相比于产品出口面临的贸易摩擦等不利因素，将产品消化在国门内对企业而言也是有利的。如表5-1所示，目前广东省消费对GDP的贡献率还处于较低的水平，2012—2016年广东消费对GDP的贡献率分别为51.21%、48.72%、50.02%、51.11%和51.47%，2016年我国消费对GDP的贡献率为64.60%，美国消费对GDP的贡献为69.00%。显然，无论是省内市场还是国内其他地区的市场都还有待开发。因此，广东省企业在发展过程中应把国内外市场有机结合起来，在发展对外贸易的同时注重对国内市场的开发。

表5-1 2012—2016年广东消费对GDP贡献率（单位：亿元,%）

	支出法地区生产总值	最终消费支出	消费对GDP贡献率
2012	57,147.75	29,264.26	51.21
2013	62,474.79	30,437.61	48.72
2014	67,809.85	33,920.56	50.02
2015	72,812.55	37,211.27	51.11
2016	79,512.05	40,926.54	51.47

注：数据来自历年广东省统计年鉴

继续优化产业结构，发展第三产业。相比于农业产品和工业产品，服务业产品更难进行贸易活动。因此，服务业越发达的经济体，其外贸依存度就越低。2012—2016 年广东第三产业增加值占 GDP 比重分别是 47. 3%、48. 8%、49. 0%、50. 6%和 52. 6%。2016 年我国第三产业增加值占 GDP 比重 51. 6%，而 2016 年美国第三产业增加值占 GDP 比重高达 80. 2%。可以看到，虽然近年来广东第三产业加速发展，但是距离世界发达经济体还有一定的差距。因此，在未来的经济发展过程中，广东应坚持大力发展第三产业，一方面优化了产业结构，另一方面也有利于外贸依存度的改善。

搭乘“一带一路”倡议东风，开拓新的海外市场。目前广东出口市场集中度很高，主要原因是出口产品多数销往香港地区。因此，为了降低出口市场集中度，广东省企业应注重潜在消费市场的开拓。目前国家正在大力推进“一带一路”倡议，为产品销往“一带一路”沿线国家创造了有利条件，广东省企业应抓住机会，寻求与“一带一路”沿线国家的合作。以家具出口为例，2016 年广东累计对“一带一路”主要涉及的 65 个国家（地区）出口 445. 1 亿元，同比增长 9. 6%，占出口总值的 33. 8%，家具出口市场形成了“一带一路”国家、美国、其他国家三足鼎立的局面。

鼓励企业研发创新活动，持续加强培育高新技术企业。加工贸易比重大、产品竞争力弱的重要原因之一就是企业不重视研发投入。企业不重视研发投入的原因有很多，其中比较重要的有两点：一是缺乏创新能力，二是研发投入具有高成本、高不确定性的特点。正对这两点，政府应对症下药，一方面加强各学科尖端人才与企业合作，催化前沿理论向实践转化，另一方面出台各项优惠政策，为企业的研发活动提供资金支持，如贷款贴息、税收优惠等。

2. 外商投资体制

通过第五部分的分析和总结，我们知道目前广东省外商投资体制存在以下几个问题：外商直接投资总额有所下降、外商直接投资来源过于集中和省内各城市利用外资的能力差距较大。针对这些问题，本课题提出以下对策：

提升市场活力，完善利用外资体制。广东一直以来都是外商投资的热土，即使 2016 年广东 FDI 数值有所下降，但就其绝对值而言，依旧处于全国前列水平。广东之所以成为外商投资的理想目的地，很大一部分原因就在于其活跃的市场环境。从经济总量（连续多年 GDP 位居全国第一）、创新能力（高新技术企业数量位居全国第一）、营商环境（审批流程精简）等各个领域来看，广东都是企业家心目中理想的投资兴业之所。因此，要保持对外资的吸引力，广东必须继续提升其市场活力，营造有利于外商投资的环境。另一方面，广东应出台更多有利于吸引外资投入的政策，如进一步扩大市场准入领域，目前在服务业、金融业等领域外商投资仍然受到很大的限制，又比如提升投资便利程度，充分发挥自贸区优势，进一步缩短外商投资项目的审批时间等。

推动外资来源多元化发展，提升外资质量。前文提到，目前广东外资主要来源于中国香港地区，这一方面造成外资来源的单一化，另一方面也造成外资质量不高的现象。因此，一方面，广东省应加大对欧美等发达国家的引资力度，欧美的跨国企业拥有雄厚的资本和先进的技术，加大引进欧美资本的力度有利于提高广东省外资的质量，另一方面，广东应优化港资结构，引导港资投向第三产业和高新技术产业。

合理利用区域优势，优化引资区域分布。前文提到，广东省内部各城市吸引外资水平差距极大，外资多数投向珠三角地区，东西两翼和粤北地区很难得到外资的青睐。因此，为了优化引资区域分布，一方面各地方政府应优化当地营商环境和市场活力，优化外商投资环境，从根本上提高对外资的吸引能力。另一方面，广东省政府应制定符合欠发达地区实情的优惠政策以提高其吸引外资的能力。同时，做好对外资的分类工作，将一部分外资引导至合适的区域，如对于山区和东西两翼而言，当地拥有相对廉价的劳动力、低成本的土地资源等，适合劳动密集型产业入驻，而对于珠三角发达地区而言，应更多地吸引资本密集型、技术密集型项目，提高引资质量，同时将劳动密集型项目转移至欠发达地区，从而实现外资的合理利用。

3. 对外投资体制

通过第五部分的分析和总结，我们知道目前广东省对外投资体制存在以下几个问题：对外投资水平长期处于较低的水平、对外投资国际集中度和对外投资行业集中度均较高。针对这些问题，本课题提出以下对策：

拓宽融资渠道，降低企业融资成本。随着中国经济的增长，民营企业在对外投资中扮演着愈发重要的角色。据统计，十八大以来，广东省民营经济对投资的贡献率超过 80%。然而，除了个别的大型民营企业外，融资渠道单一、融资成本高的问题普遍存在与广大中小民营企业中，目前的银行贷款标准对于规模小、实力较弱的中小民营企业过于苛刻，这严重影响了其参与对外投资的积极性与可能性。因此，为了更好地鼓励中小民营企业参与到“走出去”战略中来，一方面，广东省政府应协助拓宽民营企业融资渠道，比如规范和健全中小企业公司债市场，对符合规定的民营企业给予适当的财政补助，充分利用自贸区优势引导外资进入民企等。另一方面，广东省政府应帮助民企降低其融资成本，如建立完善中小型企业财务信息、信用记录等信息的登记，便于银行正确评估其风险。同时，建立针对中小型企业融资的担保机构，与商业银行形成合理的风险共担体制，提高商业银行发放小额信贷的积极性，降低中小企业的融资成本。

搭乘“一带一路”政策东风，优化对外投资区域结构。目前广东省企业的对外投资主要集中于香港地区，这不利于进一步推动“走出去”战略的实施。因此，应鼓励广东省企业优化对外投资区域结构。一方面，企业应加强对发达国家的投资，尤其是对于一些高科技企业，如新能源汽车领域、人工智能领域等，在发达国家投资有利于先进技术的引进，充分利用技术外溢效应，同时发达国家完善的产业集群也有利于企业的成长。另一方面，企业应搭乘“一带一路”政策东风，将资金投向“一带一路”沿线国家。虽然这些国家在经济水平、产业结构等方面处于暂时落后的地位，但其拥有相对廉价的劳动力、原材料等生产要素，对于劳动密集型、资源密集型企业的发展是一大利好因素。

优化对外投资行业结构。目前广东省企业的对外投资多数集中于服务贸易领域，为了形成全方位覆盖的对外投资行业结构，必须扩大对外投资的领域，尤其是要加强第二产业的对外投资力度。一方面，政府应合理控制对外投资负面清单的覆盖范围，允许企业对合适的领域进行适当的投资行为，另一方面，政府应引导对外资金流向高端制造业、信息传输、软件和信息技术服务业等关系到未来经济发展潜力的行业。

4. 资本流动体制

通过第五部分的分析和总结，我们知道目前广东省资本流动体制存在以下几个问题：投机资本占比较高、深港通交易规模较小。针对这些问题，本课题提出以下对策：

加强资本监管，合理引导外资。目前广东外商直接投资中，投机资本占比较高，也就是说外资更愿意进入广东的房地产和金融市场，而不愿意投向制造业、服务业（除金融外）等领域。针对这种情况，政府应合理地对外资进行引导，促使更多的外资为实体经济服务。一方面，政府可以出台合理的鼓励政策，吸引外资投向高端制造业。举个例子，政府可以与外资进行合作，成立创新企业孵化器，这样既解决投机资本占比高的问题，也为企业融资提供了新渠道；另一方面，政府应加强对投机资本的监管，尤其是目前面临着房价高企的情况，要防止别有用心的境外资本大量进入房地产市场，造成不必要的市场混乱。

（二）广东进一步构建对外开放新格局的对策

1. 广东自由贸易试验区

通过第五部分的分析和总结，我们知道目前广东自由贸易试验区建设过程中存在以下几个问题：制度创新有待完善、港澳优势利用不完全。针对这些问题，本课题提出以下对策：

放开行业管制，强化政策执行。目前广东自贸区的制度创新、改革多数集中在贸易便利化和投资自由化等领域。广东省政府应继续推动不同领域、不同行业的改革，如金融业，应放宽行业限制，鼓励外资进入、吸引境外人才。在放开行业限制的同时，应该推出相关行业的改革、投资细则，发挥政策协同作用，将制度创新、改革落实到底。比如在专业服务领域，在允许香港地区的律师、会计师等入粤任职时，不能仅仅是出台一个红头文件，而是要为其扫除任职过程中存在的各项法律法规限制。

推动权力下放，建立改革容错机制。目前自贸区的改革自主权集中在省级政府层面，地方政府并没有太多的决定权，而地方政府恰恰是最了解自贸片区实际情况的主体，缺乏改革自主权一方面影响了改革的推进，另一方面也会影响其推动制度创新的积极性。因此，省政府应考虑推动部分权利的下放，允许自贸区政府自主决定一定程度的改革决策，充分释放其推动制度创新的积极性，从而使得制度创新的步伐更符合自贸区的实际。在推动权利合理下放的同时，有必要建立一个在法律上有效力的改革容错机制。目前，缺乏专业人才是自贸片区普遍存在的一个现象。若是一方面要求加快制度创新、改革的步伐，一方面又对改革抱有不容许出错的态度，那将挫伤自贸区政府推进制度创新的积极性与自信心。而建立一个在法律上有效力的改革容错机制，不仅仅可以为自贸区政府提供一针强心剂，也可以规范制度创新、改革的具体行为。

扫清粤港澳合作障碍，加速三地融合步伐。毗邻港澳是广东自贸区重要的优势之一，三地的融合程度一定程度上决定了自贸区未来的发展潜力。要推动三地的融合，扫清人流、物流、资金流和信息流的限制，首先要在法律上扫清障碍，如何处理三地不同税制的问题、如何统一三地不同的行业管理制度都是亟须在法律法规层面给出明确答复的问题。其次，应鼓励三地资金的互相流动，如何进一步放开港资投资行业限制、降低港企投资门槛、放开人民币港币兑换限制等，都是目前资本流动中存在的巨大障碍。最后，为三地人才流动扫清障碍。目前无论是内地人才前往港澳就业，还是港澳人士来内地任职，都存在着不同程度的障碍和不便，如港澳人士前往内地任职需要办理就业证，生活配套如住房公积金、医保等也存在政策上和执行上的问题。因此，三地政府应通力合作，为人才流动提供绿色通道和保障措施。

2. 广东“一带一路”

通过第五部分的分析和总结，我们知道目前广东省参与“一带一路”建设中存在以下几个问题：资金缺口巨大、文化输出乏力。针对这些问题，本课题提出以下对策：

探索新型融资途径，打造多层次融资平台。由于“一带一路”建设中的多数项目普遍具有高风险、资金需求量巨大、长周期等特点，造成资本成本急剧上升，提高了融资门槛，阻碍了大量民间资本的进入。但巨量的资金缺口又不是政策性金融机构所能填补的，必须想方设法调动一切能调动的社会闲置资金。一方面，政府应尝试多途径融资的方式，包括但不限于跨境资本运作、结构化融资、国际银团合作等多样性、立体式、个性化的融资途径；另一方面，政府应推动政策性资本与民间资本相结合、传统金融工具与新型金融工具相结合、银行与非银行金融机构相结合，形成创新性、开放性、多层次的融资平台。

加强监管力度，增强投资者信心。投资者对海外项目缺乏足够的信心，资金是否落实到具体项目，项目安排是否科学合理，这种种疑虑是造成目前资金严重不足的因素之一。为提高投资者信心，政府应规范海外投资行为，加强对资金流向的监管，可以考虑成立专项监管小组、与项目所在地政府签署双边监管协定等等，做到项目资金流动公开化、透明化。目前，部分省区的地方政府已经与毗邻的“一带一路”沿线国家（地区）成立了金融合作平台，如新疆设立中哈霍尔果斯国际边境合作中心等，广东政府可以借鉴其成功经验，加快推动与“一带一路”沿线国家（地区）的监管合作。

加大资金投入，打造优质文化品牌。由于盈利能力有限，当前文化产业发展普遍面临资金瓶颈，为鼓励文化输出，政府可以考虑成立专项基金，为文化输出提供资金支持。同时，充足的资金支持有利于企业形成优质的文化品牌。从当前世界文化输出的优秀案例中，如美国的好莱坞大片、日本的动漫、韩国的综艺节目，可以看到，优秀的品牌对于文化输出有着重要的推动作用。企业在输出文化时应注重质量的提升，若能打造出一两个鲜明、富有特色的文化品牌形象，将大大有利于后续的文化输出。

多元化文化输出渠道，多样化文化输出形式。企业在用传统媒体工具进行文化输出时，应注重输出渠道的多元化，尤其是在这个新媒体快速发展的时代，应强化对新媒体工具的运用，充分利用其超越空间、便捷的优势，对目标群体进行 24 小时全空间的宣传，将传统工具与新媒体结合起来、线上宣传与线下体验结合起来，将显著提高文化输出的效率。此外，文化输出形式不应局限于电影、音乐等，更应将其与工艺制品结合起来，如文化衫、人物周边等等，利用多种形式、多样化的产品进行文化输出，不仅可以提升文化输出的强度，也可以增强企业的盈利能力。

与此同时，为了进一步推动“一带一路”倡议的实施，本课题认为，广东应发挥其在“一带一路”建设当中交通枢纽、商贸中心和投融资中心的作用。

广东省应充分利用其交通优势，打造“一带一路”倡议的区域交通枢纽。在海运方面，广东将以广州、深圳、湛江、珠海和汕头五大港口为核心，推动中山、惠州、汕尾、潮州等城市港口的扩容建设，构建“5+N”的港口城市联盟，打造覆盖海上丝绸之路的国际航运线路和贸易通道；在陆运方面，广东可以凭借其中国高铁系统核心枢纽的优势，积极参与跨国、跨洲高速通道的建设，特别是欧亚高铁和东南亚高铁线路。广东利用现有的交通网络，如京广、厦深、贵广、南广等高铁线路，全面联通东南沿海、中部地区和西南地区，进而打开广东与“一带一路”沿线国家的高速通道，增强广东对外辐射能力；空运方面，广东将充分利用国内三大枢纽机场之一的广州白云机场，构建“1+N”空港城市联盟，通过增加国际航线和班次、落实 72 小时过境免签政策、简化入境手续等提升空港国际吸引力。

广东应深化其与“一带一路”沿线国家的商贸交流，建设成为“一带一路”倡议的商贸中心。近年来，广东与“一带一路”沿线国家的贸易交流愈发频繁，到 2017 年广东对“一带一路”沿线国家累计进出口已经达到了 1.5 万亿元。在此基础上，广东应充分利用中国进出口商品交易会（简称“广交会”）这一全国历史最长、层次最高、规模最大、商品种类最全、到会采购商最多且分布国别地区最广、成交效果最好的综合性国际贸易平台，助力我国企业开拓国际市场。同时，广东应该发挥自贸区国际商品中转集散功能，建立海丝沿线国家、港澳地区特色商品展销与免税购物中心。此外，广东还应大力发展服务贸易。广东应充分利用其区位优势，推进粤港澳服务贸易一体化，充分利用港澳在服务贸易领域的优势，推动专业服务、金融服务等领域服务贸易资源向广东及其周边地区集聚，将广东建设成为面向全球的服务贸易发展高地。

广东应充分发挥其资金优势，打造“一带一路”倡议的投融资中心。2017 年，广东金融业增加值 6851 亿元。截至 2017 年末，广东金融业总资产 25.8 万亿元，各项存款余额 19.45 万亿元。发达的金融业和充足的资金为投融资活动提供了要素支撑。华为、中兴、美的等高科技企业和粤电、广新、农垦等大型国企是投融资活动的主体，在高效的资金融通体系和大量资金的支持下，这些企业将发挥其国际竞争优势，积极参与“一带一路”沿线国家和地区基础设施建设、资源开发项目，加速在沿线国家和地区的战略布局。

3. 粤港澳大湾区

通过第六部分的分析和总结，我们知道目前粤港澳大湾区建设过程中存在以下几个问题：区域发展不平衡、产业协同能力较弱、粤港澳三地合作存在障碍。针对这些问题，本课题提出以下对策：

优化资源分配，推动区域协调发展。为推动区域协同发展，必须推动肇庆、江门等经济相对落后地区的发展。一方面，当地政府应结合本地实际，发展优势产业，同时完善基础设施、优化行政效率、改善营商环境，以吸引国内外资本入驻。另一方面，省级政府应合理分配资源，适当照顾经济相对落后地区，如优先为其分配劳动密集型项目、提供税收优惠和政府补助等等。此外，广深等经济相对发达城市应发挥带头作用，如在改善其产业结构时，可以将“淘汰”的低技术含量项目转移至经济相对落后地区，发挥其生产要素价格相对低廉的优势。

加速产业转移，优化产业结构。对于港澳而言，发达的服务业是其一大优势，广深等9市拥有巨大的服务业市场，港澳应抓住建设大湾区的机会输出其专业服务，开拓内地市场。目前广深等9个城市的主导产业仍然还是制造业，但是对于广州和深圳而言，低技术含量、劳动密集型的制造业已经不利于城市的长远发展，高端制造业和服务业才是其产业发展的方向。因此，对于广深而言，一方面应加强和港澳的合作交流，特别是服务业领域，另一方面，加速落后项目的转移，将低技术含量、劳动密集型项目转移至经济发展相对落后区域。对于中山、惠州、肇庆等地区而言，相对低廉的要素价格（劳动力、土地等）十分有利于制造业的发展，因此应做好接收广深转移的制造业项目的准备，发挥相对优势，推动经济发展。

完善合作体制，推动三地渐进合作。要推动粤港澳三地的融合，无论是自上而下还是自下而上的模式都很难有高效的表现，需要上中下同时发力，三头并进推动合作体制的建设。首先，中央政府层面要制定明确的、科学的合作计划，将以前分散的、自发性的合作，转变为具有明确的目标和发展规划的自觉性合作，加快粤港澳经济的全面融合。同时，为粤港澳三地的融合指定合适的制度与政策，为各地方政府制定计划提供依据。其次，省级政府和地方政府应主动配合中央政府的政策，根据各地方实际情况制定具体的合作方向、方式，同时应发挥三个自贸片区的优势，加快推进贸易、投资等领域的便利化、自由化。最后，各地企业应发挥主观能动性，根据企业自身的条件选择合适的方式参与到粤港澳三地融合的进程中，比如香港先进的专业服务可以前往内地开拓市场，广深的制造业企业可以考虑将厂房设备迁移至中山、东莞等地进行生产活动。

参考文献

文献著作类

[1] 李克强 .2017 年政府工作报告 [R]. 北京：第十二届全国人民代表大会第五次会议，2017.

[2] 国家信息中心“一带一路”大数据中心 . 一带一路大数据报告 (2016) [M]. 北京：商务印书馆，2016.

[3] 国家信息中心“一带一路”大数据中心 . 一带一路大数据报告 (2017) [M]. 北京：商务印书馆，2017.

[4] 广东省发展和改革委员会 . 广东省国民经济和社会发展第十三个五年规划纲要 [EB/OL]. 广东省人民政府，2016-04-20.

报纸类

[1] 加快实施自由贸易区战略 加快构建开放型经济新体制 [N]. 人民日报，2014-12-07.

[2] 刘柯 . 沪深港通扩容暂难激活 A 股 [N]. 金融投资报，2018-04-13.

[3] 王帆 . 紧抓粤港澳大湾区新机遇，广东自贸区谋求再突破 [N]. 21 世纪经济报道，2018-05-18.

[4] 吴哲 . 广东公布参与建设“一带一路”实施方案 [N]. 南方日报，2015-12-10.

[5] 实施更加主动的自由贸易区战略 [N]. 人民日报，2016-04-23.

期刊论文类

[1] 中华人民共和国国民经济和社会发展第十三个五年规划纲要 [J]. 领导决策信息，2016 (12).

[2] 邓志新 . 深圳在粤港澳大湾区中的定位和对策 [J]. 特区经济，2017 (11).

[3] 杨英，秦浩明 . 粤港澳深度融合制度创新的典型区域研究——横琴、前海、南沙制度创新比较 [J]. 科技进步与对策，2017 (1).

[4] 杨英 . 基于市场路径的粤港澳区域经济一体化研究 [J]. 华南师范大学学报（社会科学版），2014 (5).

[5] 朱希伟，陶永亮 . 经济集聚与区域协调 [C]. 广州：全国区域经济学学科建设年会、区域合作理论与实践创新暨粤港澳区域经济一体化学术研讨会，2011.

[6] 姚宜 . 广东开放型经济升级转型的若干思考 [J]. 经济论坛，2013

(7).

[7] 覃剑. 广州市构建开放型经济新体制路径研究 [J]. 区域经济, 2016 (10).

[8] 裴长洪, 郑文. 中国开放型经济新体制的基本目标和主要特征 [J]. 经济学动态, 2014 (4).

[9] 杨志远, 谭文君, 张廷海. 中国 (上海) 自由贸易试验区服务业开放研究 [J]. 经济学动态, 2013 (11).

[10] 张二震, 戴翔. 关于构建开放型经济新体制的探讨 [J]. 南京社会科学, 2014 (7).

[11] 唐海燕. 开放型经济新体制 "新" 在哪里? [J]. 经济研究, 2014 (1).

[12] 赵蓓文. 构建开放型经济新体制: 上海实践与对策 [J]. 上海经济研究, 2017 (5).

[13] 裴长洪. 中国开放型经济建立的经验分析——对外开放 30 年的总结 [J]. 财经问题研究, 2009 (2).

[14] 徐康宁. 开放经济中的产业集群与竞争力 [J]. 中国工业经济, 2001 (11).

[15] 徐康宁, 陈奇. 外商直接投资在产业集群形成中的作用 [J]. 现代经济探讨, 2003 (12).

[16] 张幼文. 自贸区试验与开放型经济体制建设 [J]. 学术月刊, 2014 (1).

[17] 苏振东, 赵文涛. CEPA: 粤港贸易投资自由化 "预实验" 效应研究——兼论构建开放型经济背景下对广东自贸区建设的实证启示 [J]. 世界经济研究, 2016 (9).

[18] 刘力, 林志玲. 粤港区域产业转移及产业升级路径——CEPA 协议效应与泛珠区域合作影响分析 [J]. 国际贸易问题, 2008 (7).

[19] 蔡春林. 广东自贸区建设的基本思路和建议 [J]. 国际贸易, 2015 (1).

[20] 林江, 范芹. 广东自贸区: 建设背景与运行基础 [J]. 社会科学文摘, 2016 (3).

[21] 王孝松, 张国旺, 周爱农. 上海自贸区的运行基础、比较分析与发展前景 [J]. 经济与管理研究, 2014 (7).

[22] 刘志彪. 在新一轮高水平对外开放中实施创新驱动战略 [J]. 南京大

学学报，2015（2）.

［23］陈浪南．粤港澳金融一体化研究［M］．广州：广东人民出版社，2009年.

［24］周汉民．我国四大自贸区的共性分析、战略定位和政策建议［J］．国际商务研究，2015（4）.

［25］张长生．广东对外投资发展“十二五”回顾与“十三五”思考［C］．广州：岭南经济论坛，2016.

［26］陈德宁，高晓祥，高静雯．广东自贸区南沙片区与上海自贸区的开放措施比较研究［J］．城市观察，2017（4）.

［27］林江．广东自贸区如何推动特色金融的创新和发展［J］．金融经济·市场版，2015（9）.

［28］上海市人民政府发展研究中心课题组．上海积极主动融入“一带一路”国家战略研究［J］．科学发展，2015（5）.

［29］洪联英，黄汝轩．上海自贸区的功能定位反思及其调整——基于平台经济理论框架的分析［J］．国际商务研究，2017（1）.

［30］李睿．国际著名“湾区”发展经验及启示［J］．港口经济，2015（9）.

［31］张日新，谷卓桐．粤港澳大湾区的来龙去脉与下一步［J］．改革，2017（5）.

［32］鲁志国，潘凤，闫振坤．全球湾区经济比较与综合评价研究［J］．科技进步与对策，2015（11）.

［33］蔡赤萌．粤港澳大湾区城市群建设的战略意义和现实挑战［J］．广东社会科学，2017（4）.

［34］张锐．世界湾区经济的建设经验与启示［J］．中国国情国力，2017（5）.

［35］丘杉．粤港澳大湾区城市群发展路向选择的维度分析［J］．广东社会科学，2017（4）.

［36］肖璐璐．新形势下中国对外贸易结构与依存度变化趋势［J］．人民论坛，2015（12）.

［37］黄亮雄．21世纪海上丝绸之路（广东）国际智库论坛会议综述［J］．战略决策研究，2016（4）.

［38］许德友．以“一带一路”广化深化广东开放型经济［J］．汕头大学学报（人文社会科学版），2016（1）.

[39] 马胜春，黄基鑫．“一带一路”战略与中国区域经济发展——2015 中国区域经济学会年会观点综述 [J]. 中国工业经济，2015 (11).

[40] 左晓安．与“一带一路”战略协调发展的粤港澳合作机制创新[J].特区经济，2017 (1).

[41] 黄非，陈红彦，李弘扬，等．“一带一路”倡议背景下的粤港澳大湾区协同发展——第一届粤港澳“一带一路”倡议论坛：强化大湾区优势互补 (2017) 会议综述 [J]. 上海经济研究，2017 (5).

[42] 李晓莉，申明浩．新一轮对外开放背景下粤港澳大湾区发展战略和建设路径探讨 [J]. 国际经贸探索，2017 (9).

[43] 刘应森．中国股市应以价值投资支持实体经济 [J]. 中央财经大学学报，2013 (9).

[44] 金海年，辛辰，汪波．连通深港，走向世界——深港通开通对中国资本市场的意义解读 [J]. 中国发展观察，2016 (24).

[45] 简新华，张皓．论中国外贸增长方式的转变 [J]. 发展经济学研究，2011 (23).

[46] 景玉琴．产业安全评价指标体系研究 [J]. 经济学家，2006 (2).

[47] 兰宜生．对外开放度与地区经济增长的实证分析 [J]. 统计研究，2002 (2).

[48] 王元龙．我国对外开放中的金融安全问题研究 [J]. 国际金融研究，1998 (5).

[49] 魏后凯．外商直接投资对中国区域经济增长的影响 [J]. 经济研究，2002 (4).

[50] 肖营，张长生，蒋星．粤、苏实际外商直接投资的比较研析 [G]. 市场经济与全面深化改革——2014 岭南经济论坛论文集，2014.

[51] 胡霞．加快广东企业“走出去”对策探究 [J]. 岭南学刊，2012 (1).

[52] 肖营．新形势下广东加快对外投资的对策研究 [J]. 广东经济，2015 (12).

[53] 杨英洵．广东对外贸易依存度对广东经济的影响分析 [J]. 中小企业管理与科技（下旬刊），2015 (4).

[54] 夏南新．加快南沙自贸区建设 [J]. 中国经济报告，2015 (11).

[55] 张森．“区城一体”自贸区规划——以深圳前海蛇口片区为例 [G]. 持续发展 理性规划——2017 中国城市规划年会论文集（16 区域规划与城市经

济），2017.

［56］曾婧．“一带一路”战略下的中国自贸区机遇［J］．特区经济，2015（8）．

［57］王景武．推进广东自贸区金融创新［J］．中国金融，2015（9）．

［58］朱惠．广东与东盟自贸区合作的机遇、挑战与对策研究［J］．特区经济，2011（6）．

［59］郭楚．发挥广东自贸区在推进粤港澳合作中的重要作用［J］．广东经济，2015（6）．

［60］黄晓慧，邹开敏．“一带一路”战略背景下的粤港澳大湾区文商旅融合发展［J］．华南师范大学学报（社会科学版），2016（4）．

［61］申明浩，杨永聪．国际湾区实践对粤港澳大湾区建设的启示［J］．发展改革理论与实践，2017（7）．

［62］覃成林，刘丽玲，覃文昊．粤港澳大湾区城市群发展战略思考［J］．区域经济评论，2017（5）．

［63］林贡钦，徐广林．国外著名湾区发展经验及对我国的启示［J］．深圳大学学报（人文社会科学版），2017（5）．

［64］刘成昆．融入城市群，打造湾区经济——粤港澳大湾区城市群发展分析［J］．港澳研究，2017（4）．

［65］钟韵，胡晓华．粤港澳大湾区的构建与制度创新：理论基础与实施机制［J］．经济学家，2017（12）．

［66］袁新涛．“一带一路”建设的国家战略分析［J］．理论月刊，2014（11）．

［67］储殷，高远．中国“一带一路”战略定位的三个问题［J］．国际经济评论，2015（2）．

［68］谭畅．“一带一路”战略下中国企业海外投资风险及对策［J］．中国流通经济，2015（7）．

［69］林乐芬，王少楠．“一带一路”建设与人民币国际化［J］．世界经济与政治，2015（11）．

［70］罗伟波．广东参与“一带一路”建设的对策研究［D］．广州：中共广东省委党校，2016.

［71］张宁．经济新常态下广东省服务贸易发展的路径研究［D］．广州：广东省社会科学院，2017.

［72］张远标．广东省外经贸结构、问题及转型研究［D］．广州：华南理工

大学，2014.

[73] 周文娟. 江苏与广东吸引 FDI 影响因素的比较研究 [D]. 镇江：江苏大学，2011.

网站类

[1] 国家发改委，广东省政府，香港特别行政区政府，等. 深化粤港澳合作，推进大湾区建设框架协议 [EB/OL]. 搜狐网.

[2] 党的十八大以来广东粤东西北发展成就 [EB/OL]. 广东统计信息网.

[3] 党的十八大以来广东经济社会发展成就 [EB/OL]. 广东统计信息网.

[4] 党的十八大以来广东就业情况 [EB/OL]. 广东统计信息网.

[5] 党的十八大以来广东基础设施投资成就 [EB/OL]. 广东统计信息网.

[6] 党的十八大以来广东对外贸易发展情况 [EB/OL]. 广东统计信息网.

[7] 党的十八大以来广东现代服务业蓬勃发展 [EB/OL]. 广东统计信息网.

[8] 党的十八大以来广东民营经济蓬勃发展 [EB/OL]. 广东统计信息网.

[9] 党的十八大以来珠三角经济社会发展成就 [EB/OL]. 广东统计信息网.

[10] 粤港澳大湾区研究报告之一：创新合作方式促进共同繁荣 [EB/OL]. 粤港澳大湾区研究院网站.

[11] 对标世界著名湾区，环珠江口崛起世界级城市群 [EB/OL]. 粤港澳大湾区研究院网站.

[12] 东京湾镜鉴：产业逐步升级要素自由流动 [EB/OL]. 粤港澳大湾区研究院网站.

[13] 多部门四次规划，跨区域协作打造，百年纽约湾区的光荣与梦想 [EB/OL]. 粤港澳大湾区研究院网站.

[14] 一个时代的崛起：旧金山湾区溯源 [EB/OL]. 粤港澳大湾区研究院网站.

[15] 历年广东统计年鉴 [EB/OL]. 广东统计信息网.

[16] 历年中国统计年鉴 [EB/OL]. 国家统计局.

[17] 中共中央国务院关于构建开放型经济新体制的若干意见 [EB/OL]. 中央政府门户网站.

外文类

[1] Rugman, Alan M. The International Operations of National Firms: A Study of Direct Foreign Investment [J]. *Journal of Development Economics*, 1978, 4 (2):

103-104.

[2] Marina V N W , Kindleberger C P . American Business Abroad: Six Lectures on Direct Investment [J]. *The Journal of Finance*, 1969, 24 (5): 1020.

[3] Root F R. *International Trade and Investment* [M]. Fourth Edition Press, 1978.

[4] Grundt, Leonard. *The Competitive Advantage of Nations* [M]. Library Journal Press, 1990.

[5] Kojima K. *Direct Foreign Investment: A Japanese Model of Multinational Business Operations* [M]. Croom Helm Press, 1978.

[6] Aliber R Z. *A Theory of Foreign Direct Investment in Kindleberger* [M].The International Corporation, MIT Press, 1970.

[7] Fukao K, Ishido H, Ito K. Vertical Intra-industry Trade and Foreign Direct Investment in East Asia [J]. *Journal of the Japanese & International Economies*, 2003 (17): 468-506.

[8] Mazumdar J, Quispeagnoli M. *Trade and the Skill Premium in Developing Countries: The Role of Intermediate Goods and Some Evidence from Peru* [R]. Frb Atlanta Working Paper, 2002.

[9] Plummer M G. The ASEAN Economic Community and the European Experience [J]. *ASEAN Economic Integration: Trade, Foreign Direct Investment and Finance*, 2006 (1): 24.

[10] Blonigen B A . A Review of the Empirical Literature on FDI Determinants [J]. *Atlantic Economic Journal*, 2005, 33 (4): 383-403.

[11] Noorbakhsh F, Paloni A, Youssef A. Human Capital and FDI Inflows to Developing Countries: New Empirical Evidence [J]. *World Development*, 2001, 29 (9): 1593-1610.

[12] Dees S. Foreign Direct Investment in China: Determinants and Effects [J]. *Economics of Planning*, 1998, 31 (2): 175-194.

[13] Noorbakhsh F, Paloni A, Youssef A. Human Capital and FDI Inflows to Developing Countries: New Empirical Evidence [J]. *World Development*, 2001, 29 (9): 1593-1610.

[14] Walker R . Industry builds the city: the suburbanization of manufacturing in the San Francisco Bay Area, 1850—1940 [J]. *Journal of Historical Geography*, 2001, 27 (1): 36-57.

[15] Chen H , Lu L , Zhang J , et al. Analysis of Spatial Tourist Structure and Optimizing for the Zhujiang River Delta Urban Cluster [J]. *Geographica Sinica*, 2008, 28 (1): 113-118.

[16] Chen D N, Zheng T X, Deng C Y. Research on the Economic Cooperation of Guandong, Hongkong, Macao in the "Bay Area" of Pearl River Estuary [J]. *Economic Geography*, 2010, 30 (2): 1589-1594.

[17] Li H. On the Guangdong-Hong Kong-Macao Bay Area: A Preliminary Review from the Multi-Center Cross-Border Cooperation Perspective [J]. *Journal of Industrial Technological Economics*, 2011, 22 (8): 3-9.

[18] Jansen K. The Macroeconomic Effects of Direct Foreign Investment: the Case of Thailand [J]. *World Development*, 1995 (23): 1985.

[19] Premachandra A, Jayant M. Developing with Foreign Investment: Malaysia [J]. *Australian Economic Review*, 2010 (28): 29-44.

[20] Kueh Y Y. Foreign Investment and Economic Change in China [J]. *China Quarterly*, 1992, 131 (131): 637-690.

项目组负责人：陈浪南，中山大学岭南学院教授，博士生导师
成　　　员：阙伟贤 黄守军 张钟山 杜素音 李景秀 李娇 邓小琼
执　　　笔：张钟山

党的十八大以来广东全面依法治省实践研究

广东全面依法治省是一个内容广泛、形式多样的实践命题，是在中央全面推进依法治国宏观框架内，在保证国家法制统一前提下，从广东实际出发，充分发挥广东法律创造精神，形成既与全国性法律相一致，又具有地方特色的地方法规规章体系，将社会主体行为纳入社会主义法治轨道，为地方各项事业健康有序发展奠定坚实的法治基础，提供良好法治环境的社会实践系统。2012 年习近平总书记视察广东时，对广东提出要实现“三个定位，两个率先”的殷切希望。习近平总书记对广东发展的指示批示，为广东依法治省指明了方向，也提出了更高要求。在省委、省政府直接领导下，广东各级政府和全省人民以先行者的勇气，全面贯彻习近平的重要指示精神，因地制宜，开拓创新，风雨兼程、攻坚克难，不断推进科学立法、严格执法、公正司法、全民守法，用心血和汗水谱写了新时代广东依法治省的新篇章。

一、绪论

（一）本选题意义和价值

1. 选题的实践意义和价值

广东全面依法治省是一个内容广泛、形式多样的实践命题。记录广东全面依法治省的基本事实是本课题研究的基本立足点。广东全面依法治省实践取得了巨大成就，积累了大量可复制、可推广的经验，许多工作走在全国前列，但仍存在诸多需改进之处。全面客观系统地挖掘、总结、分析广东全面依法治省实践的经验教训，可以有力推动广东全面依法治省实践；对广东全面依法治省实践在制度设计和制度创新等方面积累的大量可复制、可推广的经验进行具体分析，可以为其他省市依法治省提供经验借鉴，拓展广东经验的样本意义。

2. 选题理论意义和价值

通过对十八大以来广东全面依法治省实践鲜活经验的总结，可以进一步丰富和完善我国依法治省、依法治国的理论体系，促进依法治省理论与实践的互动发展。

（二）国内外相关研究现状评述

现有国内外相关研究成果主要围绕依法治省理论和实践两个层面展开。

1. 依法治省理论层面研究现状述评

依法治省理论层面的研究成果主要包括：（1）依法治国理论研究。十八大以来，依法治国、法治政府建设理论研究取得了一系列标志性学术成果，出现了许多理论创新。代表性成果有江必新编著的“十八大与法治国家建设丛书”①，马怀德主编的“法治政府系列丛书”②，董彦斌主编的“依法治国研究系列丛书”③ 等。这些成果概括了十八大以来依法治国理论的新发展、新要求，为本课题研究提供了宏观的理论指导。（2）依法治省理论研究。代表性成果主要有马长生等的《依法治省研究》④、广东省人大制度研究会主编的《依法治省的探讨》⑤、朱森林的《依法治省的理论与实践》⑥、吴大华的《依法治省方略研究》⑦ 等。这些成果对依法治省与党的领导、依法治省与地方立法、依法治省与发展经济、依法治省与地方行政执法等展开了较为系统的研究，为本课题研究提供了直接的理论指导，但这些成果都是在十八大以前提出的，没有体现十八大以来习近平治国理政的新思想、新要求，现实针对性不够。（3）地方法

---

① 江必新编著的“十八大与法治国家建设丛书”主要有：江必新. 法治国家的制度逻辑与理性构建［M］. 北京：中国法制出版社，2014；江必新. 法治政府的制度逻辑与理性构建［M］. 北京：中国法制出版社，2014；江必新. 法治社会的制度逻辑与理性构建［M］. 北京：中国法制出版社，2014；江必新. 良善司法的制度逻辑与理性构建［M］. 北京：中国法制出版社，2014；江必新. 领导干部的法治思维与法治方式[M].北京：中国法制出版社，2014；江必新. 辩证司法观及其应用［M］. 北京：中国法制出版社，2014；江必新. 程序法治的制度逻辑与理性构建［M］. 北京：中国法制出版社，2014.

② 马怀德主编的“法治政府系列丛书”主要有：马怀德. 全面推进依法行政的法律问题研究［M］. 北京：中国法制出版社，2014；马怀德. 学位法研究——《学位条例》修订建议及理由［M］. 北京：中国法制出版社，2014.

③ 董彦斌主编的“依法治国研究系列丛书”主要有：韩大元，董彦斌 . 依宪治国［M］. 北京：社会科学文献出版社，2016；姜明安 . 法治国家［M］. 北京：社会科学文献出版社，2016；应松年 . 法治政府［M］. 北京：社会科学文献出版社，2016；胡云腾，董彦斌 . 司法改革［M］. 北京：社会科学文献出版社，2016；王卫国 . 经济法治[M].北京：社会科学文献出版社，2016；刘俊海 . 商事法治［M］. 北京：社会科学文献出版社，2016.

④ 马长生，等 . 依法治省研究［M］. 长沙：湖南人民出版社，2000.

⑤ 广东省人大制度研究会 . 依法治省的探讨［M］. 北京：中国民主法制出版社，1997.

⑥ 朱森林 . 依法治省的理论与实践［M］. 北京：红旗出版社，2002.

⑦ 吴大华 . 依法治省方略研究［M］. 贵阳：贵州人民出版社，2002.

治建设理论研究。代表性成果有朱未易的《地方法治建设的法理与实证研究》①，朱容的《法治建设与区域经济发展研究》② 等等。这些研究成果对地方法治建设的概念、特征、法理逻辑、基本要件、体系构成、现实问题等进行了探讨，为本课题研究提供了理论指引。但这些研究成果无论广度还是深度，无论数量还是质量，都远远不能满足全面依法治省的现实需要。（4）国外法治理论研究。国外并没有依法治省方面的理论研究。与此主题相关的是法治理论。其中，以颠覆“主体性”意识，强调法律知识的地方性，强调作为一种语言产物的、更多的是以解构为主要特征的后现代主义法学思潮更具代表性。在众多后现代主义法学主张中，代表性理论有法国福柯的“权力学说”（代表作《规训与惩罚》③ ）、美国诺内特、塞尔兹尼克的“迈向回应型法”（代表作《转变中的法律与社会：迈向回应型法》④ ）、美国罗蒂的“实用主义法律观”（代表作《后形而上学希望——新实用主义社会、政治和法律哲学》⑤ ）以及德国哈贝马斯的“通向程序主义法”（代表作《在事实与规范之间——关于法律和民主法治国的商谈理论》⑥ ）等。国外这些理论成果并不能给我们直接的理论指导，但可为我们研究本课题提供理论借鉴。

2. 依法治省实践层面研究现状述评

依法治省实践层面的研究成果主要包括：（1）依法治国实践研究。代表性成果有中国法学会主编的“中国法治建设年度报告”系列丛书⑦。这些成果以年度观察为期限，从九个方面对十八大以来我国法治建设进程进行了全面概括，并对我国法治建设取得的新成就、新进展、存在的新问题和重要意义进行了阐释。其中虽然也涉及对广东全面依法治省的经验总结，但仅是涉及，并未全面

① 朱未易．地方法治建设的法理与实证研究［M］．南京：东南大学出版社，2010.

② 朱容．法治建设与区域经济发展研究［M］．成都：西南财经大学出版社，2007.

③〔法〕米歇尔·福柯，等．规训与惩罚［M］．刘北成，杨远婴，译．北京：生活·读书·新知三联书店，2007.

④〔美〕诺内特，〔美〕塞尔兹尼克．转变中的法律与社会：迈向回应型法［M］．张志铭，译．北京：中国政法大学出版社，2004.

⑤〔美〕理查德·罗蒂．后形而上学希望——新实用主义社会、政治和法律哲学［M］．张国清，译．上海：上海译文出版社，2003.

⑥〔德〕哈贝马斯．在事实与规范之间——关于法律和民主法治国的商谈理论［M］．童世骏，译．京：生活·读书·新知三联书店，2014.

⑦ 中国法学会．中国法治建设年度报告-2014［M］．北京：法律出版社，2015；中国法学会．中国法治建设年度报告-2015［M］．北京：法律出版社，2016；中国法学会．中国法治建设年度报告-2016［M］．北京：法律出版社，2017；中国法学会．中国法治建设年度报告-2017［M］．北京：法律出版社，2018.

系统把握。(2) 其他省市依法治省实践研究。代表性成果有:张林海等的《河南全面推进依法治省研究》①、李林主编的《四川依法治省年度报告》② 等。这些成果回顾总结了四川、河南等省市在法治建设方面取得的创新成就,对今后的法治发展前景进行了预测与展望,并对地方立法、法治政府、司法改革、民主法制等方面的实践与问题进行了分析。对本课题研究具有借鉴意义。(3) 广东依法治省实践研究。代表性成果有广东省法学会"广东法治建设年度报告系列丛书"③、田禾的《法治中国的地方经验:广东样本》④、黄龙云主编的《广东地方立法实践与探索》⑤ 等。这些成果从依法执政、人大制度、人大立法、法治政府、司法改革、社会建设、依法化解基层矛盾、法治文化与社会秩序构建等方面对近年来广东全面依法治省实践方面取得的进步、存在的问题进行了总结,并对其在制度设计和制度创新等方面积累的大量可复制、可推广的经验进行了具体分析。为本课题研究提供了第一手资料和经验准备,但这些成果大多是"编年史",是以年度为界限的,有的只是依法治省某一领域的研究,缺乏系统性、全面性、完整性。

(三) 本研究的重点难点和创新之处

1. 重点难点

本课题研究的重点在于客观科学地把握、分析、总结广东全面依法治省实践的总体情况,客观科学地把握、分析、总结广东省地方立法和依法行政实践在制度设计和制度创新方面的经验。难点是如何从纷繁复杂的依法治省实践中遴选出具有代表性的实践样本,并对其进行理论的抽象概括。

2. 本课题的创新之处

本课题的创新之处有二:(1) 首次全面客观完整地总结十八大以来广东全面依法治省实践经验;(2) 研究内容上既注重对依法治省一般规律的把握,更

---

① 张林海,等.河南全面推进依法治省研究 [M].北京:社会科学文献出版社,2016.

② 李林.四川依法治省年度报告-No.4 (2015) [M].北京:社会科学文献出版社,2015;李林.四川依法治省年度报告-No.4 (2016) [M].北京:社会科学文献出版社,2016;李林主.四川依法治省年度报告-No.4 (2017) [M].北京:社会科学文献出版社,2017;李林.四川依法治省年度报告-No.4 (2018) [M].北京:社会科学文献出版社,2018.

③ 广东省法学会.2013 广东法治建设年度报告 [M].广州:广东人民出版社,2014;广东省法学会.2014 广东法治建设年度报告 [M].广州:广东人民出版社,2015;广东省法学会.2017 广东法治建设年度报告 [M].广州:广东人民出版社,2018.

④ 田禾.法治中国的地方经验:广东样本 [M].北京:中国社会科学出版社,2015.

⑤ 黄龙云.广东地方立法实践与探索 [M].广州:广东人民出版社,2015.

注重对广东特色经验的归纳。

（四）课题研究的基本思路和方法

1. 课题研究的基本思路

本课题研究是一种历史研究。历史研究有三个层次：一是事实判断，这是历史研究的基础和出发点。二是认识判断，在占有大量真实可靠的史料之后，如何认识历史事件中的因果关系，透过历史现象看本质以及发现历史规律。三是价值判断，即探讨各种历史事件、历史人物在当时所起的作用及其对后代的影响（林甘泉）。本课题研究将遵循历史研究的思路，通过对十八大以来广东全面依法治省年度实践的个案跟踪探索依法治省的内在规律及其影响；尝试在真实可靠的史料的基础上对广东全面依法治省实践进行价值判断，探讨依法执政、地方立法、依法行政、公正司法、全民守法和法治工作队伍建设等在全面依法治省实践中所起的作用及对其他省市的借鉴意义。

2. 课题研究的基本方法

根据以上思路，本课题研究不是仅仅固守或偏爱一种方法，而是试图综合运用多种研究方法归纳、总结十八大以来广东全面依法治省实践经验，力求增强研究成果的客观性、真实性、科学性。具体来说，主要研究方法有：(1) 历史研究方法。在广东全面依法治省实践“编年史”的基础上梳理总结十八大以来广东全面依法治省实践发展史，并寻找其中的历史脉络和历史逻辑。(2) 文本与实证分析方法。收集整理现有的研究文献，弄清研究的现状，找准需要研究的问题，理清思路，寻求突破口，使研究活动能有的放矢地进行同时，更多关注“实然”问题而不是“应然”问题，运用案（事）例等分析、总结广东全面依法治省实践经验，增加对研究主题的感性维度，增强研究成果的客观性、真实性。(3) 系统分析法。把十八大以来广东全面依法治省实践看作是一个系统，对该系统内含依法执政、地方立法、依法行政、公正司法、法治教育和法治工作队伍建设等要素进行综合分析，寻找出广东全面依法治省实践的一般规律。

二、广东全面依法治省实践概述

2012 年习近平总书记视察广东时，对广东提出要实现“三个定位，两个率先”的殷切希望。习近平总书记对广东发展的指示批示，为广东依法治省指明了方向，也提出了更高要求。在省委、省政府直接领导下，广东各级政府和全省人民以先行者的勇气，全面贯彻习近平的重要指示精神，因地制宜，开拓创新，风雨兼程，攻坚克难，不断推进科学立法、严格执法、公正司法、全民守法，用心血和汗水谱写了新时代广东依法治省的新篇章。

（一）全面推行依法执政，建立健全党委领导法治建设机制体制

“党政军民学，东西南北中，党是领导一切的。”① 十八大以来，广东省委坚定贯彻党中央全面推进依法治国的战略决策，始终坚持党对依法治省工作的统筹领导，解放思想，改革创新，不断健全制度机制，完善党内法规，开创了广东全面依法治省和全面从严治党的新局面。

1. 不断健全党委领导依法治省的制度机制

十八大以来，省委不断加强对依法治省的统一领导、统一部署、统筹协调，从多方面多角度建立健全党委领导依法治省的制度机制：（1）完善领导体制。2013 年，省委及时调整充实依法治省工作领导小组成员，加强依法治省工作系统的自身建设，进一步明确工作职能，完善工作机制，提高队伍的政治素质和业务水平；2015 年，省委将“广东省依法治省工作领导小组”更名为“中共广东省委全面依法治省工作领导小组”，领导小组办公室设在省委政法委机关，实行一体化运作，并通过调整依法治省工作机构设置，增强依法治省的工作力量，强化党委法治建设领导协调机构的组织协调与督促检查等职能。2016 年 21 个地级以上市、71 个县（市、区）完成依法治市、县（市、区）工作机构调整。2016 年、2017 年，省委按照中办、国办《党政主要负责人履行推进法治建设第一责任人职责规定》，研究制定实施细则，各地把法治建设作为“一把手”工程，压实党政主要负责人第一责任，并将对党政主要负责人履行法治建设第一责任人职责情况考核结果纳入年度政绩考核指标体系，推动法治建设上新台阶。（2）强化依法治省的统筹部署。2016 年，省委加强了依法治省的规划部署：一是制定《法治广东建设第二个五年规划（2016—2020 年）》，明确了“十三五”时期法治广东建设的总体目标、基本原则和主要任务，确保法治建设与经济社会建设同规划、同部署、同推进、同落实；二是制定了《广东省法治政府建设实施纲要（2016—2020 年）》，全面部署“十三五”时期法治政府建设的 47 项重点任务，明确具体措施和责任分工；三是出台了《关于在全省公民中开展法治宣传教育的第七个五年规划（2016—2020 年）》，推动“七五”普法工作开好局、起好步；四是省委依法治省办牵头，省司法厅、省教育厅等单位修订了《广东省法治城市、法治县（市、区）创建活动标准》《广东省法治镇（乡）创

---

① 习近平．决胜全面建成小康社会夺取新时代中国特色社会主义伟大胜利［EB/OL］．人民网，2017-10-28.

建活动标准》《广东省民主法治村（社区）创建活动标准》《广东省依法治校创建活动标准》，促使各地以更高标准推进法治创建活动；五是21个地级以上的市全部制定了法治建设五年规划、计划或贯彻实施意见。为贯彻落实《法治广东建设第二个五年规划（2016—2020年）》，2017年省委依法治省办制定了《广东省2017年全面依法治省工作要点》，将规划确定的任务分解成2017年度33项具体工作，明确各部门的任务分工；建立依法治省工作台账，省直31个责任单位和相关地市按照分工，制定实施方案，定期报送工作进展情况；因地制宜确定各地法治建设的目标。深圳市委印发了《法治中国示范城市建设实施纲要》，明确提出建设法治中国示范城市。珠海市委出台了《珠海市法治之城建设工作方案》，切实加大法治城市的建设力度。（3）建立健全依法治省运作机制。这主要体现在两个方面：一是完善依法治省工作考核机制。把推进依法治省作为领导班子和领导干部考核的重要内容。在组织省直部门和各地级以上市领导班子年度考核民主测评和群众满意度评价中，设置“依法办事”评价项目，通过定量和定性的综合评价，完善了对各级领导干部推进依法治省工作的综合评价考核体系，使考核成为提升干部素质、强化有效监督的保障，成为促进依法治省工作的风向标和指南针。二是初步形成一整套党领导法治建设的工作运行机制。经过实践探索，中共广东省委依法治省办初步形成了“五年有工作规划、年初有要点部署、年中有督查推进、年底有考核评估”的工作运行机制。

2. 全面从严治党，加强党内法规制度建设

在以“全面推进依法治国”为主题的党的十八届四中全会上，中国共产党首次将党内法规上升到法治体系重要构成的高度，把全面从严治党和依法治国相结合，视其为法治中国建设的有力保障，表明了执政党试图通过依规治党强化全面从严治党的决心①。省委领导全省各级党组织和广大党员干部深入贯彻落实《中国共产党地方委员会工作条例》《中国共产党问责条例》《中国共产党党内监督条例》《中国共产党党内法规制定条例》《党内法规和规范性文件集中清理工作的意见》《关于推进“两学一做”学习教育常态化制度化的意见》以及十八大以来历次中央会议精神，采取各种措施强化党内法规制度建设。2017年3月31日，广东省党内法规工作会议在广州召开。时任广东省委书记的胡春华同志作出批示，强调加强党内法规制度建设是全面从严治党的长远之策、根本之策。全省各级党委（党组）要深入学习贯彻习近平总书记系列重要讲话精神

---

① 《中共中央关于全面推进依法治国若干重大问题的决定》指出：“党内法规既是管党治党的重要依据，也是建设社会主义法治国家的有力保障。”

特别是关于制度治党、依规治党的重要指示要求，深刻认识加强党内法规制度建设的重要性、紧迫性，牢牢把握正确政治方向，落实好党内法规制度建设的主体责任，不断提高我省党内法规制度建设质量，狠抓党内法规制度落实落地，为深入推进依规治党与全面从严治党、推动广东经济社会持续健康发展提供有力制度保障。十八大以来，广东实施依规治党与全面从严治党“粤来粤严”，党内法规体系“粤来粤好”：（1）党内法规制定得到规范。2016 年，省委出台了《中国共产党广东省委员会工作规则》，对组织原则、职权及其行使形式和程序等做了明确规定，省委办公厅印发省委文件和党内法规制定计划，构建起法规、规章和规范性文件备案审查衔接联动机制，全年省委共制定党内法规 11 件、党内规范性文件 54 件。2017 年，省委出台了加强党内法规制度建设的实施意见，对完善党内法规制度体系、提高党内法规制度执行力、加强组织领导等方面做出了部署安排。2017 年，广东省市实现了党内法规工作联席会议机制全覆盖，全省党委系统共 729 名干部专职或兼职从事党内法规工作，其中省委共制定党内法规 14 件、党内规范性文件 54 件。（2）党内法规备案审查日益规范化、制度化。2014 年，按中央要求，将广东省制定的 23 件党内法规和规范性文件报送给中央备案，及时率和合法合规率都达到了 100%。同时，开展第二阶段的党内法规和规范性文件清理工作，将 384 份文件纳入了清理范围。至 2015 年底，圆满完成 1955 年 7 月省委成立至 1977 年制定的党内法规和规范性文件清理任务。（3）健全了党委依法决策机制。2017 年，省委修订了《省委常委会议事规则》，完善省委及其常委会的议事决策规则，制定“三重一大”事项清单，着力做好合法合规性审查；推行了法律顾问和公职律师、公司律师制度，制定了《关于推行法律顾问制度和公职律师公司律师制度的实施意见》，并且出台了分工方案。省市县三级政府实现了政府法律顾问工作平台全覆盖，河源、肇庆等 8 个地级以上市党内法规工作机构加挂市委法律顾问室牌子，省属国有企业共选聘法律顾问 629 名。全年在 336 个党政机关、人民团体设置公职律师，发展公职律师 792 人。（4）完善了党委领导立法、保证执法、支持司法、带头守法的工作机制。2016 年，省委出台了《关于加强新形势下人大工作的决定》《关于加强党领导立法工作的实施意见》，支持和保障人大依法行使职权，健全党领导立法工作的程序和规范，把党的领导贯穿到地方立法工作的全过程。（5）强化了党内制约与监督。2015 年，省委完善了规范巡视工作公开的意见等配套制度，健全干部“带病提拔”倒查制度，组织省市两级组织部门对 2014 年度“带病提拔”的党政领导干部选拔任用过程进行集中倒查；开展了第 24 个纪律教育学习月活动，举办了第 14 期领导干部党纪政纪法纪教育培训班，建设省市县三级廉政教育基地。2016 年，广东省委成立换届风气专项巡视组，严格换届工作的政策法规和纪律要求，加强对换届人选和代表人选的严格把关，严肃查处换届工作中的违法违纪行为。

（二）完善制度机制，不断探索科学立法民主立法

十八大以来，广东积极稳妥推进设区的地方立法工作，地方立法呈现省级立法主体、特区立法主体、设区的市立法主体以及民族自治立法主体的多主体层次。各级地方立法主体抓住提高立法质量这个“牛鼻子”，建立健全地方立法多元起草机制、地方立法论证、协调、审议和表决机制，不断完善社会公众参与地方立法的工作机制，充分发挥人大代表和专家学者作用，结合地方实际，加强重点领域的地方立法，制定了大量具有地方特色的地方性法规、地方政府规章和自治条例，形成了比较完善的地方立法规范体系。截至 2018 年 2 月，广东省现行有效的法规共 1022 项，其中省级地方性法规 340 项，设区的市地方性法规 304 项，经济特区法规 366 项，自治条例和单行条例 12 项，其中广州市人大及其常委会颁布的现行有效的法规为 135 项，深圳人大及其常委会 331 项，珠海人大及其常委会 80 项，汕头人大及其常委会 75 项。在政府规章制定方面，截至 2018 年 4 月 30 日，根据北大法宝查询显示，广东省各级政府制定的现行有效政府规章为 925 项，其中省政府 268 部，广州市政府 240 项，深圳市政府 211 项，珠海市政府 95 项，汕头市政府 85 项，其他设区的市共计 26 项。这些地方立法，涵盖广东经济、社会、文化、生态等领域，为广东的改革开放和经济社会发展提供了重要的法治保障①。

（三）不断深化依法行政，法治政府建设再上新台阶

十八大以来，广东依法行政取得了质的飞跃。在观念上，实现了依法行政的“控权”理念向“服务”理念的更新，“单兵突进”思想向注重依法行政的顶层设计、协同推进理念的转变；在制度上，大力推行权责清单制度、不断完善重大行政决策制度、不断强化规范性文件制度化、全面深化改革行政审批制度、不断规范行政执法制度、全面推行依法行政年度考评制度、不断健全监督问责机制等等；在实践中，结合“放管服”改革，进行了广东省商事登记制度改革、佛山禅城区一门式政务服务改革和广州市政府优化建设工程项目审批流程改革等一系列实践创新。广东依法行政观念更新、制度健全与实践创新，为实现“三个定位、两个率先”和“四个走在全国前列”提供强有力的法治

---

① 具体情况详见第二章《多重逻辑下的立法实践》.

保障①。

（四）稳步推进司法公正，司法公信力不断提升

公正司法是推进法治建设的重要环节。“司法不公的深层次原因在于司法体制不完善、司法职权配置和权力运行机制不科学、人权司法保障制度不健全”。② 党的十八大报告提出，“进一步深化司法体制改革，坚持和完善中国特色社会主义司法制度，确保审判机关、检察机关依法独立公正行使审判权、检察权”。党的十八届三中全会提出，“建设法治中国，必须深化司法体制改革，加快建设公正高效权威的社会主义司法制度，维护人民权益。要维护宪法法律权威，深化行政执法体制改革，确保依法独立公正行使审判权、检察权，健全司法权力运行机制，完善人权司法保障制度。”2014 年 10 月 23 日，党的十八届四中全会通过《中共中央关于全面推进依法治国若干重大问题的决定》，对“保证公正司法，提高司法公信力”做出专门阐述，进一步为司法体制改革指明方向。结合党的十八大和十八届三中、四中全会精神，最高人民法院制定了《关于全面深化人民法院改革的意见——人民法院第四个五年改革纲要（2014—2018）》，就司法改革任务作出具体部署安排。

为贯彻落实中央关于司法体制改革的精神和要求，广东省制定司法体制改革试点“1+6《方案》”③ 并于 2014 年 11 月中旬获得中央政法委批复同意，深圳、佛山、汕头、茂名成为首批试点市。这标志着十八大以来新一轮广东司法体制改革试点工作正式启动。从确保依法独立公正行使审判权检察权、健全司法权力运行机制以着力解决影响司法公正、制约司法能力的深层次问题出发，广东根据中央部署重点推进四项司法改革试点工作：④ 一是推进司法责任制改革。主要是建立以主审法官和合议庭为核心的审判权运行机制，强化合议庭负责制；突出检察官办案主体地位，健全检察权运行机制，科学划分检察机关内部执法办案权限，改革完善检察机关执法办案责任体系；改革审判委员会制度，

---

① 具体情况详见第三章《依法行政的观念、制度与实践创新》.

② 习近平．公正司法（上）——政论专题片《法治中国》解说词（第四集）[EB/OL]．中国政府网，2017-08-22.

③ 该方案包括《广东省司法体制改革试点方案》1 个总方案及《广东省法院健全审判权运行机制、完善审判责任制改革试点方案》《广东省健全检察权运行机制、完善司法责任制试点方案》《广东省法官、检察官职业保障制度改革试点方案》《广东省法院人员分类管理和法官统一提名管理改革试点工作方案》《广东省检察机关人员分类管理和检察官统一提名管理改革试点工作方案》《广东省省以下法院、检察院财物统一管理实施方案》6 个子方案。

④ 涂峰．广东司法体制改革试点正式启动 [N]．南方都市报，2014-11-24.

明确三级法院职能定位，保障各级法院的审级独立，确保审级监督纠错功能；建立法官、检察官执法办案档案，严格执行错案责任追究，健全和落实办案质量终身负责制。二是推进司法人员分类管理制度改革。主要是实行法官、检察官员额制，五年内实现法官、检察官员额减少至39%以下；探索司法人员单独职务序列管理制度，实行不同于普通公务员的管理制度，保证不同司法人员的晋升渠道和职业发展空间。三是推进司法人员职业保障制度改革。主要是健全法官、检察官履职保障制度，非因法定事由、非经法定程序，不得解除或变相解除法官、检察官职务；探索建立符合法官、检察官职业特点的工资福利制度；建立各地区法官、检察官职业津贴计发比例与办案数量、质量挂钩的绩效考核机制；建立健全符合法官、检察官职业特点的延迟退休制度。四是推进省以下地方法院检察院人财物统一管理改革。主要是实行全省法院检察院系统机构编制统一由省机构编制部门归口管理制度，市级、县级法院院长、检察院检察长由省级党委管理，法官检察官由省统一组织遴选并按法定程序任免；建立省以下地方法院、检察院经费由省级政府财政部门直接管理的预算管理制度。《方案》的出台，推动了广东司法改革进程持续深入并取得良好成效。

广东法院从落实司法责任制、推进法院人员分类管理、强化司法人员职业保障、完成法院系统省级人财物统管、深化综合改革措施等方面推进司法改革。在落实司法责任制方面，建立健全权责主体和权力清单，完善审判权力运行机制和案件质量评价机制，推行院庭长带头办案，强化法官责任意识，实行案件质量终身负责，做到“让审理者裁判、由裁判者负责”，推动“有权不可任性、用权必受监督”形成常态，率先在全国完成司法体制改革试点任务；在强化司法人员职业保障方面，实施法官单独职务序列管理，健全法官履行法定职责保护机制，落实法院内外部干预办案记录、通报和责任追究制度，并成立广东法官权益保障委员会，维护司法尊严和保障法官权益；在推进法院人员分类管理方面，积极推动法官员额制改革，实施法官员额动态调整和退出机制，探索从律师、法学学者中遴选法官的新型遴选机制，以优化审判队伍人员结构，并建立健全法官助理、书记员和司法警察管理制度，推进劳动合同制审判辅助人员改革，不断充实办案力量；在完成法院系统省级人财物统管方面，实行全省法官统一公开遴选、按法定程序任免，落实省以下法院机构编制、中级和基层法院院长省级统管，推动建立省级财政托底保障机制，为粤东西北地区基层法院经费提供了有力保障；在深化综合改革措施方面，积极探索跨区划管辖行政案件机制，并在全省推进以审判为中心的刑事诉讼制度改革，率先开展刑事速裁和认罪认罚从宽等试点。①

与此同时，广东检察机关也采取有效措施扎实推进四项司法改革，主要包括:② 广东省检察院出台文件构建制度框架体系，加强对下级检察机关的指导；推动检察人员分类管理全面落地，检察官、检察辅助人员、司法行政人员各归其位、各司其职；严格考试考核遴选员额制检察官，全面实施“谁办案谁负责、谁决定谁负责”的司法责任制，检察官在授权范围内独立办案，对案件质量终身负责；坚持放权与监督并重，建立检察官员额退出、绩效考核等监督体系；开展基层检察院内设机构改革试点，基本落实检察官职业保障制度，等等。

总之，十八大以来，在习近平新时代中国特色社会主义思想的统领下，广东司法机关围绕“努力让人民群众在每一个司法案件中感受到公平正义”之目标，深化司法改革，持续推进司法为民、公正司法，着力于以改革创新破解司法实践中遇到的新情况、新问题，尤其在司法责任制改革、立案登记制改革、以审判为中心的刑事诉讼制度改革、行政案件管辖制度改革、司法人员分类管理制度改革等方面，展现出广东司法改革的亮点，为中国司法改革提供了有益的“广东经验”③。

（五）全方位创新法治教育，社会治理法治化初步形成

十四届四中全会《中共中央关于全面推进依法治国若干重大问题的决定》明确提出：“坚持把全民普法和守法作为依法治国的长期基础性工作，深入开展法治宣传教育，引导全民自觉守法、遇事找法、解决问题靠法。”④ 十八大以来，广东全方位创新法治教育，全面顺利完成《广东省法制宣传第六个五年规划》，《关于在全省公民中开展法治宣传教育的第七个五年规划（2016—2020年）》全面启动，全民法治宣传教育取得明显效果，社会治理法治化初步形成⑤。

（六）强化法治人才队伍建设，为依法治省提供人才保障

十四届四中全会《中共中央关于全面推进依法治国若干重大问题的决定》明确提出：“全面推进依法治国，必须大力提高法治工作队伍思想政治素质、业

① 龚稼立．广东省高级人民法院工作报告［R］．广州：广东省第十三届人民代表大会第一次会议，2018.

② 郑红．广东省人民检察院工作报告［R］．广州：广东省第十三届人民代表大会第一次会议，2018.

③ 具体情况详见第四章《司法公正的改革与创新》.

④ 中共中央关于全面推进依法治国若干重大问题的决定［EB/OL］．人民网，2014-10-29.

⑤ 具体情况详见第五章《法治意识与治理法治化》.

务工作能力、职业道德水准，着力建设一支忠于党、忠于国家、忠于人民、忠于法律的社会主义法治工作队伍，为加快建设社会主义法治国家提供强有力的组织和人才保障。”① 十八大以来，广东各级党委、政府从推进依法治省的需要出发，不断强化法治人才队伍建设，加大立法人才培养，规范政法队伍建设，提升执法队伍素质，注重法律服务队伍建设，一支与中国特色社会主义法治建设相适应的法治人才队伍基本形成，为法治建设提供了可靠的人才保障。

1. 强化领导干部运用法治思维、法治方式解决问题的能力引导

路线决定以后，干部决定一切。为此，中共广东省委、省政府采取多种措施强化领导干部运用法治思维、法治方式解决问题的能力引导：（1）坚持重视法治素养和法治能力的用人导向。广东省委组织部在干部工作中，把抓好法治建设成效作为衡量各级领导班子和领导干部工作实绩的重要内容，把能不能遵守法律、依法办事作为评价班子考察干部的重要依据，把能不能完善依法决策工作机制和议事决策程序、建立健全决策前合法性合规性审查制度作为考察班子工作水平和战斗力的重要手段。2017 年，提拔重用了一批法治意识强、坚持依法办事、推进法治建设工作得力的干部，形成了良好导向。（2）建设高素质法治专业化队伍。在政法系统单位领导班子成员配备工作中，注重考虑人选的法律专业背景和法律实践经历，认真对照“加强依法办事能力”的标准，统筹内部产生和交流选配，实现“优中选优”，尤其注重考查领导干部运用法治思维和法治方式深化改革、推动发展、化解矛盾、维护稳定的能力。

2. 加强立法工作队伍建设

省人大常委会注重健全学历教育和在职培训进修相互衔接的立法人才培养机制，充分发挥高校在地方立法理论建设和人才培养工作中的作用，牵头组织广东外语外贸大学等九所高校在地方立法理论建设和人才培养方面进行了一系列的探索和实践，培养了一支较高素质的立法人才队伍②：（1）加强人大自身立法理论建设。全国人大常委会原委员长张德江在视察广东时强调，人大除了要积极履行立法权、人事任免权、重大事项决策权、监督权之外，还要加强人大理论研究，包括立法理论研究。省人大常委会把立法理论建设作为一项重要任务来抓。一是组织开展理论研讨。省人大常委会每年都组织开展系列研讨活动，加强人大制度理论研究，推动人大工作理论与实践创新。例如，2015 年组织开展的“广东人大工作与时俱进系列专题研讨”活动，专门选取“深入推进

① 中共中央关于全面推进依法治国若干重大问题的决定［EB/OL］. 人民网，2014-10-29.

② 黄龙云. 广东地方立法实践与探索［M］. 广州：广东人民出版社，2015：309-314.

科学立法、民主立法”“加强设区的市立法能力建设，不断提高立法质量”两个专题，组织法制委员会、法制工作委员会和办公厅有关处室的工作人员共同进行研究，对完善立法制度平台、加强代表参与立法、提升第三方起草法规质量等提出很多好的意见和建议。二是组织编写书籍。省人大常委会不定期地组织编写立法工作方面的书籍，对地方立法实践经验进行总结和理论提升，对地方立法实践中遇到的一些问题进行理论探讨。例如，2013 年组织编写了《地方立法新实践新思考》等书，2015 年组织编写了《广东地方立法实践与探索》，对地方立法实践进行了理论提升和研究。三是组织编写案例。每出台一项法规，省人大常委会法制工作委员会都要求经办人员撰写一篇文章，既总结法规制定过程中的经验教训，又对法规中涉及的一些理论问题进行研究，使经办人员的经验总结得以理论化。（2）组织立法工作者集中培训。组织立法工作者进行集中培训，能够使他们暂时放下工作、静下心来认真学习，为他们更好地参与立法工作“充好电”“蓄好能”。特别是《立法法》赋予设区的市以地方立法权后，迫切需要对这些市的人大常委会组成人员、人大常委会和政府法制工作机构的负责人和工作人员进行集中培训，以快速提高他们的专业素质，适应地方立法工作的要求。2015—2017 年，省人大常委会每年在省委党校或者高校举办 1—2 期培训班，对地级市的立法工作者进行集中培训。省政府法制办公室组织了两期地级市政府立法工作人员培训班，分别对政府立法实务操作以及政府立法中面临的问题进行培训和研讨。各设区的市人大、政府也以各种形式进行立法人才培训，提高立法人才素质。（3）支持立法工作者在职锤炼。实践是最生动的课堂，蕴含着丰富的知识。立法工作者要把学习的着眼点放到实践上，坚持“干中学”，通过参与地方立法实践不断锤炼自身，不断深化对经济社会发展规律的认识，不断深化对法律体系内在规律的认识，用学到的新思想、新知识、新经验解决实际问题，在解决实际问题的过程中不断学习新思想、新知识、新经验。为使各市人大常委会法制工作机构的工作人员尽快了解地方立法程序、地方立法技术等地方立法实务，各市人大常委会分批次选送工作人员到省人大常委会法制工作委员会进行为期半年的跟班学习。跟班学习人员直接参与省人大常委会法制工作委员会的具体业务工作，省人大常委会法制工作委员会指定专人负责对跟班学习人员进行指导、定期对他们进行培训、辅导。这种跟班学习对在短时间内较快熟悉业务、积累提高立法经验和能力不失为一种好方法。（4）开展各市首部法规点评工作。为推动各市提高立法质量，2016 年，省人大常委会法工委召开或委托立法研究所召开点评会，由专家学者、立法实务部门从法学理论和立法、执法实践角度，对各市首部地方性法规的亮点、存在问题进行点评，帮助各市全面审视，总结经验。

3. 建设高素质专业化的政法队伍

十八大以来，广东省委政法委采取各种措施，打造一支高素质专业化的政法队伍：（1）推进公安机关人民警察招录改革。率先探索公安机关招警“1+3”模式，全面推开改革，通过全省公务员“四级联考”、特殊招录、设定公安专业报考职位等方式，提高公安招警率。做好人民警察分类管理改革前期准备，推动珠海市公安机关人民警察分类管理改革试点相关工作。（2）完善政法队伍职业保障制度。逐步推进建立与法官、检察官、人民警察专业职务序列相配套的工资制度。抓好法官检察官工资制度改革试点指导工作，积极指导深圳开展法官检察官绩效考核激励机制试点工作。研究制定法官检察官职业保障方案，为国家顶层设计提供借鉴；申报法官检察官职业保障制度改革试点方案，提出符合法官检察官职业特点的工资制度框架体系。落实公安民警警衔津贴、值勤岗位津贴、加班补贴等制度，将县以下公安民警纳入职务与职级并行制度实施范围。

4. 提高行政执法队伍素质

2013 年，省政府修订了《广东省〈行政执法证〉管理办法》，健全了行政执法证件的申领条件和考试制度，进一步明确了行政执法证件的申领程序和审核要求。同时，开发了“广东省行政执法人员网上综合法律知识考试系统”，统一了行政执法人员综合法律知识考试的方式、内容及通过标准；实现“广东省行政执法证管理系统”与省网上办事大厅对接，《行政执法证》的办理已进驻省网上办事大厅主站，实现了在线办理。2014 年，省政府继续推行行政执法人员网上资格考试系统，完成了省政府法制办省网上办事大厅 2014 年度建设任务，实现了申领《行政执法证》的全网办理，成为广东省第一批实现“三率一数”建设目标（即项目网上办理率、网上受理率、网上办结率百分百及申请人到场数零）的网上审批项目。2014 年上半年，广东省政府法制办举办考试 66 场，考试人数 2968 人，合格率 80. 8%①；全年共审核办理行政执法证申领件 62177 宗，制发《行政执法证》60739 张，退回申请 1378 宗；核发《行政执法督察证》188 张，达到以考促训、提高行政执法人员素质的目的。

5. 加强法律服务队伍建设

切实保障律师执业权利，充分利用信息化手段提高诉讼效率，为律师执业创造条件和环境。召开全省律师工作会议，部署保障律师执业权利、规范律师

---

① 李林，田禾．中国地方法治发展报告［M］．北京：社会科学文献出版社，2015：97-98.

执业行为、加强律师队伍建设、深化律师制度改革政策措施。省总工会聘请全省约1400名工会律师团律师深入一线，担任2500多家企业工会法律顾问，发挥专业律师在构建和谐劳动关系中的特有作用。依托“广东特支计划”的宣传思想文化领军人才项目，加大对我省高水平法学专家的培养力度。在2015年首批“广东特支计划”领军人才中，法学领域有2位教授入选。

三、多重逻辑下的立法实践

“法律是治国之重器，良法是善治之前提。建设中国特色社会主义法治体系，必须坚持立法先行，发挥立法的引领和推动作用。”① 地方立法是地方立法主体行使地方国家权力的重要形式，是中央立法的延伸和补充。地方立法实践是推进地方治理体系和治理能力现代化的重要一环。十八大以来，中国特色社会主义进入新时代。新时代广东地方立法在价值目标、程序机制和内在特质上都有了诸多新变化，而且这种变化在持续深化演变之中，是“多重逻辑下的制度变迁”②。本研究基于“目标—机制—特质”的三维分析框架，对十八大以来广东地方立法实践做一个阶段性的宏观回顾与系统分析，揭示广东地方立法实践中“广东现象”的内在规律，以期对我国地方立法的制度变革做出展望。

（一）立法目标的完善：从“服务经济建设”到“服务‘五位一体’和‘四个全面’战略布局”

1979年，省人大通过地方组织法获得了制定地方性法规的权力。1981年11月，全国人大常委会授权广东省人大及其常委会根据有关法律、法令、政策规定，根据本省经济特区实际，制定经济特区的单行经济法规。这一阶段，广东地方立法主要围绕改革开放开展立法工作。1992年邓小平南行后，党的十四大提出了建立社会主义市场经济体制的目标。这一阶段，广东地方立法始终坚持以经济立法为重点，围绕建立社会主义市场经济体制开展地方立法工作。2007年党的十七大提出科学发展观后，我国进入了全面建设小康社会的新阶段。这一阶段，广东地方立法继续解放思想，坚持改革开放，围绕科学发展观开展地方立法工作。③ 在十八大以前，广东地方立法实践与广东改革开放实践同步，取得了巨大成就。然而，由于“在十八大以前，经济增长是政治系统最为关注的

① 中共中央关于全面推进依法治国若干重大问题的决定［EB/OL］. 中国共产党新闻网，2014-10-29.

② 周雪光，艾云．多重逻辑下的制度变迁：一个分析框架［J］. 中国社会科学，2010（4）：132-150.

③ 黄龙云．广东地方立法实践与探索［M］. 广州：广东人民出版社，2015：1-5.

中心议题，经济增长速度是上级政府考核下级政府最为重要的指标”①，因此地方立法的主要目标是服务经济建设，为经济发展提供制度供给和法制保障。

党的十八大开启了中国特色社会主义的新时代。党中央根据新时代中国特色社会主义的具体国情，提出了统筹推进经济建设、政治建设、文化建设、社会建设、生态文明建设，协调推进全面建成小康社会、全面深化改革、全面依法治国、全面从严治党的“五位一体”总体事业布局和“四个全面”战略布局。2012 年 12 月，习近平总书记在广东考察期间，对广东提出“三个定位、两个率先”的殷切期望，要求广东努力成为发展中国特色社会主义的排头兵、深化改革开放的先行地、探索科学发展的试验区，为率先全面建成小康社会、率先基本实现社会主义现代化而奋斗。这一阶段，广东地方立法的目标不再仅仅是服务经济建设，而是服务于“五位一体”总体事业布局和“四个全面”战略布局，服务于“三个定位、两个率先”的奋斗目标，积极创新，发挥地方立法的引领和推动作用。

1. 立法项目选择既强调贯彻中央要求，又注重凸显地方特色

在立法项目选择上突出为改革、发展、稳定大局服务，围绕全面深化改革和全面依法治国的决策部署，结合广东的实际情况，进行立项，既引领了改革发展，保证重大改革于法有据，又凸显了地方特色，有针对性地解决了地方的实际问题，如 2016 年省政府制订规章计划，新制定项目 12 项，预备项目 10 项，修订项目 9 项，其中属于全面深化改革制度保障的 10 项，占 30.3%；深入推进依法行政、加快建设法治政府的 7 项，占 21.2%；保护资源环境，推进生态文明建设的 7 项，占 21.2%；完善社会保障体系，强化公民权利保护的 9 项，占 27.3%。

2. 立法成果涉及“五位一体”总体事业布局和“四个全面”战略布局各个方面

2013 年至 2017 年，省人大及其常委会新制定地方性法规、决定 78 件，批准设区的市法规、决定 62 件，批准民族自治县单行条例 3 件②；省政府制定修改政府规章 86 件，基本构建起较为完善的地方法规规章制度体系。这些立法项目，涵盖了经济建设、法治政府建设、文化建设、社会建设、生态文明建设各

① 范逢春．多重逻辑下的制度变迁：十八大以来我国地方治理创新的审视与展望［J］．上海行政学院学报，2017（2）：4-13.

② 李玉姝．2018 年广东省人民代表大会常务委员会工作报告［N］．南方日报，2018-02-05.

个方面，涉及全面建成小康社会、全面深化改革、全面依法治国的相关领域①。

（1）在加快经济转型升级，促进经济持续健康发展方面，制定或者修订了《广东省企业和企业经营者权益保护条例》《广东省促进科技成果转化条例》《广东省市场监管条例》《中国（广东）自由贸易试验区条例》等地方性法规，以及《广东省出租汽车经营管理办法》《广东省食品相关产品生产加工监督管理办法》等政府规章。其中，2016 年制定的《中国（广东）自由贸易试验区条例》是中国（广东）自由贸易试验区的“基本法”，呈现出七大亮点：一是建立“反向评估机制”“容错机制”，为改革创新提供法治保障；二是简化层级，调整权限，优化和创新自贸试验区管理体制；三是下放权限，放宽外商投资准入，鼓励投资、贸易、金融等营商环境领域的创新，为优化营商环境预留空间；四是落实三个片区的产业发展定位，注重各个片区产业的差异化、特色化、高端化，促进高端产业的聚集发展；五是放宽粤港澳投资者资质要求，推进粤港澳服务行业管理标准和规则的衔接，便利粤港澳深度合作和参与“一带一路”建设；六是转变政府职能，更新监管观念，强化政府综合管理和服务；七是对接国际规则，营造良好的法治化营商环境。

（2）在规范政府行政行为，加强法治政府建设方面，制定或者修订了《广东省行政执法监督条例》《广东省行政许可监督管理条例》等地方性法规，以及《广东省行政执法案卷评查办法》《广东省依法行政考评办法》《广东省法治政府建设指标体系》等政府规章。其中，其中，2014 年制定的《广东省行政许可监督管理条例》呈现出三大亮点：一是明确要求行政机关依法建立权责清单制度，实行行政许可目录管理，未纳入目录管理的行政许可不得实施；二是在《行政许可法》规定可以不设定行政许可情形的基础上，增加规定通过技术标准、管理规范能够有效管理的，不得设定许可；三是建立健全行政许可违法行为举报投诉制度，有效防范行政许可权力滥用。

（3）在优化和创新社会管理、推进“平安广东”建设方面，制定或者修订了《广东省流动人口服务管理条例》《广东省安全生产条例》《广东省特种设备安全条例》《广东省电梯使用安全条例》等地方性法规，以及《广东省安全技术防范管理实施办法》《广东省大型群众性活动安全管理办法》《广东省实施〈校车安全管理条例〉办法》《广东省道路货物运输源头超限超载治理办法》等政府规章。其中，2015 年制定的《广东省特种设备安全条例》和《广东省电梯

① 党内法规的立废改并不属于地方立法的范畴，因此地方立法一般不涉及全面从严治党的相关问题。

使用安全条例》是一般法与特别法的关系。《广东省电梯使用安全条例》作为特别法既遵循《广东省特种设备安全条例》的要求，又具有自身特色和亮点：一是将电梯使用管理人使用安全责任作为条例调整的重点，规定使用管理人是电梯使用安全的首负责任人，并赋予其有别于其他特种设备使用管理人的义务，从而将安全主体责任落到实处。二是在《广东省特种设备安全条例》基础上建立健全电梯安全评估制度、电梯公众责任保险制度、电梯乘用安全制度、制造企业为主体的维保制度，完善了电梯维修资金制度，将电梯更新、改造、修理维护纳入住房维修基金使用范畴，从而有效推进电梯使用安全的社会多元共治。三是在《广东省特种设备安全条例》建立应急救助机制的基础上，明确“县级以上政府及其特种设备安全监督管理部门应当依法组织制定电梯事故应急预案，并在接到事故报告后，依法启动应急预案”，“事故发生单位以及使用管理人应当按照应急预案采取措施，通知电梯维护保养单位，组织抢救，防止事故扩大，减少人员伤亡和财产损失，保护事故现场和有关证据”，“因电梯事故造成人身伤害的，电梯使用管理人应当做好受伤人员的救助、安置工作。已经投保公众责任保险的电梯，电梯使用管理人应当通知电梯保险人及时启动电梯事故应急垫付、支付机制”，从而构建以人为本的电梯安全应急救援制度。

（4）在坚定文化自信、推动文化事业和文化产业发展等方面，制定或者修订了《广东省旅游条例》《广东省社会科学普及条例》等地方性法规，以及《广东省粤剧传承保护规定》《广东省教育督导规定》等政府规章，并推进了《广东省全民阅读促进条例》《广东省地方志工作条例》《广东省侨批档案管理办法》等法规规章的起草和审议工作。其中，2014 年制定的《广东省社会科学普及条例》有三大特色：一是单独设章，明确将中国特色社会主义理论体系、宪法和法律法规、中华民族优秀传统文化、岭南文化、文明健康的生活理念和生活方式等七大方面作为社会科学普及的主要内容。二是明确规定，学校、社会科学研究机构等单位可以将社会科学普及成果作为社会科学工作者专业技术职称评定、职务评聘和工作业绩考核依据之一，地级以上市政府应当将社会科学普及作品纳入本级社会科学成果评奖范围，从而有效地调动社会科学普及组织、社会科学普及工作者的积极性。三是明确规定，县级以上政府应当将社会科学普及事业所需经费列入本级财政预算，并随财政收入的增长而增加，同时鼓励社会资金投入和一定条件下的市场化运作，从而拓宽资金来源，为社会科学普及提供充分的经费保障。

（5）在保障和改善民生、促进社会和谐稳定方面，制定或者修订了《广东省防震减灾条例》《广东省老年人权益保障条例》《广东省社会救助条例》《广东省人口与计划生育条例》《广东省信访条例》等地方性法规，以及《广东省自然灾害救助办法》《广东省医疗纠纷预防与处理办法》《广东省城镇住房保障办法》等政府规章。其中，2014 年制定的《广东省信访条例》最大的亮点是健全了“诉访分离”制度，将涉法涉诉信访纳入法治轨道解决，建立涉法涉诉信访依法终结制度，畅通了人民群众信访渠道，并建立了重大信访问题倒查责任制，从源头预防矛盾的发生。

（6）在推进生态文明建设、保护生态环境方面，制定或者修订了《广东省水土保持条例》《广东省环境保护条例》《广东省城乡生活垃圾处理条例》《广东省湿地保护条例》等地方性法规，以及《广东省节约用水办法》《广东省水权交易管理试行办法》《广东省排污许可证管理办法》《广东省碳排放管理试行办法》等政府规章。其中，2016 年制定的《广东省城乡生活垃圾处理条例》是我国首个规范城乡生活垃圾处理的省级地方性法规。该条例以问题为导向，针对广东城乡生活垃圾处理中存在的突出问题，建立完善了广东城乡生活垃圾分类制度、生活垃圾收运处理制度、生活垃圾处理收费制度以及城乡生活垃圾处理的经费保障制度，有力地推动了广东生态文明建设，具有浓厚广东特色。

（二）立法机制转换：从“部门立法”到“党委领导人大主导社会参与立法”

广东地方立法是与改革开放同步进行的。立法之初，地方立法主体既无成熟的立法经验和制度规范，也没有能够深刻把握相关地方管理事务的客观规律，难以制定具有现实必要性、可操作性，能够解决地方管理中突出社会矛盾或问题的地方性法规规章。而政府职能部门基于其工作在实践一线和职业的敏感性，掌握着大量地方管理事务最原始的资料信息，对地方社会改革需求反应敏锐，对地方社会现实把握深刻，其参与立法将使地方立法更接地气、更具可操作性。因而，“从全国各地情况看，政府职能部门和相关单位是地方法规的主要起草主体，起草的法规占 80%左右。通常做法是，属于哪个领域的事项就交由主管该领域行政事务的政府部门或者单位承担起草工作”。① 广东地方立法也基本上由相应政府职能部门起草。以房地产市场管理的立法为例，基本上涉及土地方面的，如《广东省农村土地登记规则》《广东省国土资源监督检查条例》等，由土地管理部门草拟；涉及房产方面的，如《广东省城镇房地产转让条例》等，由房管部门草拟；涉及城市规划建设方面的，如《广东省建设厅建筑工程安全生产动态管理办法》《广东省建设工程监理条例》等，由城建规划部门草拟。然

① 黄龙云．广东地方立法实践与探索［M］．广州：广东人民出版社，2015：59.

而，政府职能部门立法机制的缺点是不言而喻的①：（1）政府职能部门自身作为利益相关方起草法规草案，容易造成草案中利益调整的失衡。在缺乏相关制约机制的情况下，有些部门更多考虑的是便于本部门开展工作，而较少顾及行政相对方权益的保护，甚至出现一事多法现象。如，广东农村土地登记，既有广东省国土资源厅发布的《广东省农村土地登记规则》，又有广东省建设厅发布的《广东省农村土地权属登记管理规定》，给农村土地登记平添障碍。②（2）政府职能部门起草法规草案容易产生部门本位主义倾向。作为法规起草主体的某些行政部门在相关立法过程中容易局限于部门角度，强化部门权力，忽视部门责任。

十八大以来，广东地方立法紧紧围绕服务于"五位一体"总体事业布局和"四个全面"战略布局，"三个定位、两个率先"奋斗目标的需要，"利用各种形式的实践和试验进行学习，获取必要的经验教训，进而调整政策目标和政策工具，以回应不断变化的社会环境"③，开展了多种形式的探索和实践，不断完善地方立法体制机制，克服部门立法机制弊端，日渐形成了党委领导、人大主导、社会参与的立法新机制。

1. 党领导地方立法的制度建设取得成效

习近平总书记指出："党的领导是中国特色社会主义法治之魂，是我们的法治同西方资本主义国家的法治最大的区别。离开了中国共产党的领导，中国特色社会主义法治体系、社会主义法治国家就建不起来。"④ 因此，加强党对地方立法的领导，完善党对地方立法重大问题决策的程序，对保证地方立法正确的政治方向、推动重大决策部署贯彻落实至关重要。为此，一方面广东地方立法主体不断推进"两学一做"学习教育常态化、制度化，增强广东从事地方立法工作同志的政治意识、大局意识、核心意识、看齐意识，自觉在思想上、行动上同以习近平为核心的党中央保持高度一致，自觉严守政治纪律和政治规矩。另一方面建立健全地方立法规划和计划、立法工作中的重要事项等由人大常委会党组向同级党委请示报告制度，加强党对地方立法的全面领导，确保地方立法的正确方向。以《广东省信访条例》制定为例，条例是省人大常委会在开展

---

① 黄龙云．广东地方立法实践与探索［M］．广州：广东人民出版社，2015：59.

② 汪一洋．广东发展蓝皮书［M］．广州：广东经济出版社，2013：114.

③ 王绍光．学习机制与适应能力：中国农村合作医疗体制变迁的启示［J］．中国社会科学，2008（6）：111-133.

④ 中共中央文献研究室．习近平关于协调推进"四个全面"战略布局论述摘编［M］．北京：中央文献出版社，2015：115.

大规模立法调研的基础上提出，报中共广东省委决定补充列入 2013 年立法计划的。在制定过程中，省人大常委会始终坚持贯彻落实党中央关于信访工作改革的决策部署，紧紧围绕中共广东省委提出的“维护信访人的合法权益，维护信访秩序，维护社会公平正义”的立法目的，充分体现了党对立法工作的全面领导。

2. 人大主导立法的机制得以建立健全

十八大以来，广东地方立法不断探索人大主导立法的机制，在立法活动中让人大及其常委会定目标、定方向，居于主导性地位，发挥人大及其常委会的主导作用，具体体现在以下几个方面：（1）完善人大立法调研机制，全方位深入开展调研和考察。在《广东省信访条例》制定过程中，省人大常委会先后赴香港、澳门、泰国、新加坡、澳大利亚学习考察其申诉制度的有关经验；赴北京、上海、浙江、辽宁、湖南、安徽、黑龙江、山西等地学习考察兄弟省市的立法经验；并在省内各市反复深入调研，广泛听取基层的意见。① （2）健全人大立法论证机制，全方位进行讨论和论证。在《广东省信访条例》制定过程中，省人大常委会前后共召开了 120 多场的座谈会、论证会和评估会，广泛听取各方面的意见，请有关部门、立法咨询专家、信访群众和基层信访干部进行反复讨论和论证，全程对新闻媒体公开，力求通过讨论找到立法的最大公约数。②（3）深入探索法规多元起草机制，全方位组织地方立法基地参与起草修改工作。在《广东省信访条例》制定过程中，省人大常委会委托广东外语外贸大学、中山大学、暨南大学三个地方立法基地分别起草条例专家建议稿，然后由省人大常委会统筹完成条例草案。③（4）完善了人大常委会审议工作机制。2014 年 11 月，省人大常委会通过了《广东省人民代表大会常务委员会关于对法规案中个别重要条款单独表决的决定》，在全国首次以地方人大常委会决定的形式落实十八届四中全会“完善法律草案表决程序，对重要条款可以单独表决”的要求，完善人大常委会审议工作机制。2015 年 1 月 13 日，省人大常委会首次对《广东省环境保护条例》第十九条规定进行单独表决。

3. 地方立法社会有序参与机制不断完善

十八大以来，省人大常委会积极谋划建立社会参与立法的工作新机制、新平台，拓展社会各方参与立法的渠道，为地方立法工作提供有力支撑：一是省

① 石佑启，朱最新. 广东信访立法理论与实践研究［M］. 广州：广东教育出版社，2015：4.
② 石佑启，朱最新. 广东信访立法理论与实践研究［M］. 广州：广东教育出版社，2015：4.
③ 石佑启，朱最新. 广东信访立法理论与实践研究［M］. 广州：广东教育出版社，2015：4.

人大常委会积极探索多元化的起草工作机制，积极推进地方立法基地和专家学者委托起草法规工作，把专家专业优势、立法工作者业务优势、政府部门实践优势和人大代表联系群众优势紧密结合起来，有序地参与到地方立法工作中来。十二届广东省人大常委会任期内共委托第三方起草地方性法规案 39 件，取得了不错的效果。二是建立健全多渠道的征求意见机制。2013 年，省人大常委会选聘 66 名来自各个领域的专家学者成立地方立法咨询专家库，使之能从相对中立和客观的立场，常态化为地方立法工作提供科学合理的意见，反映群众诉求；2015 年，省人大常委会在全省建立 21 个立法基层联系点和 42 个立法基层联系单位，专门收集基层社情民意，成了基层群众参与立法的重要平台。另外，省人大常委会还通过电视直播讨论会、网络听证、网络投票、网络留言等方式引导社会公众参与相关地方立法讨论，听取公众意见。三是建立健全多渠道的评估机制。省人大常委会建立了中山大学、广东外语外贸大学等九所高校地方立法基地对所有条例草案进行表决前评估的常态化机制；建立了省法学会、省工商联、省律师协会、省青年联合会四个广东省立法社会参与和评估中心立法后评估机制，先后开展了《广东省建设工程质量管理条例》《广东省安全生产条例》等地方性法规的立法后评估，将评估结果作为立法决策的重要依据。这一系列机制的建立健全，扩大了社会对地方立法的有序参与。

4. 民主协商立法新机制初步构建

按照十八届三中全会“推进协商民主广泛多层制度化发展”的要求，省政府法制办公室积极与广东省政协社会与法制委员会开展民主协商立法工作，每年选取一个政府规章项目作为对口协商立法专题，拓宽了广东省政府立法与政协组织、党派团体、基层组织、社会组织的协商渠道，增强了立法的民主性。

（三）立法特质变化：从“良性违法下粗放立法”到“依法精准立法”

改革开放以来，广东地方立法发扬敢为人先精神，总结新经验、研究新问题，先后制定了《深圳经济特区土地管理条例》（1987）、《深圳经济特区劳务工条例》（1993）、《广州市政府信息公开规定》（2003）等一系列“全国第一”的地方性法规、规章，为广东改革开放事业和经济建设提供了强有力的法治保障，但因受“宜粗不宜细”立法观念、立法技术、社会政治经济文化条件所限，相关立法都是较为粗放的，有的甚至存在“良性违法”。以《深圳经济特区土地管理条例》为例，伴随着深圳改革开放，土地作为生产要素进入市场已成为深圳经济发展的客观要求。为此，1987 年 12 月 29 日，省人大常委会通过了《深圳经济特区土地管理条例》，首次在地方性法规中确立了有偿转让国有土地使用权制度，为加强对深圳经济特区土地管理，开发土地资源，合理利用土地，促进深圳经济发展提供了法律保障。但其相关规则的内容缺漏、表述不准确、文字不严密等问题的存在显示出粗放立法的一面，从而需要各种解释性文件才能使之贯彻执行。如条例第三十四条规定："用单位和个人擅自改变土地用途的，由市国土局责令其改正，并可处以罚款。"但罚款的具体数额并未规定。而且当时的《宪法》第十条第四款、《土地管理法》（1987）第二条明确规定："任何组织（单位）或者个人不得侵占、买卖、出租或者以其他形式非法转让土地。"《深圳经济特区土地管理条例》构建的有偿转让国有土地使用权制度与此规定存在不一致。"尽管适时的'良性违法'不会影响法制的整体权威性，但是，如果在实践中频繁地出现所谓'良性违法'的情形，法制的权威和尊严必将侵蚀殆尽。"①

十八大以来，根据新时代、新要求，广东地方立法呈现出以下新的特质。

1. 依法立法：广东地方立法的基本前提

这主要体现在两个方面：一是广东严格依照法定权限、法定程序开展地方立法，强化对法规规章草案的合法性审查，进一步明确和细化法规规章草案合法性审查标准，探索审查的合理性适当性标准，确保地方性法规、规章的内容符合宪法、法律和行政法规的规定，坚决防止"越权立法"和"违反立法程序立法"等问题。二是规范立法，建章立制规范地方立法权的行使。十八大以来，广东地方立法在立项、起草、审查、审议等各个环节建立了一系列制度，规范立法权的行使。2015 年至 2017 年，广东省和各设区的市人大都先后制定或修改了地方立法条例，全面规范地方立法工作。2013 年 6 月省人大常委会出台了《广东省人民代表大会常务委员会立法论证工作规定》《广东省人民代表大会常务委员会立法公开工作规定》《广东省人民代表大会常务委员会立法听证规则》《广东省人民代表大会常务委员会立法咨询专家工作规定》《广东省人民代表大会常务委员会立法评估工作规定（试行）》等五项工作制度保障立法过程公开。2014 年 6 月，省政府出台了《省政府规章立项办法》《省政府法规规章起草工作规定》《省政府法规规章审查工作规定》《省政府立法听取意见工作规定》等 4 项制度对政府立法进行全过程规范管理。

2. 精准立法：广东地方立法确保立法质量的基本路径

立法质量是地方立法的关键。十八大以来，广东地方立法确保立法质量的基本路径是精准立法。所谓精准立法，是指立法过程中针对不同环境、不同状况，从实际出发精确识别立法事项，并以符合调整事项的客观规律作为价值判

① 杨庆育．统筹城乡改革法制保障研究［M］．重庆：重庆出版社，2015：31.

断，以立法技术规范作为形式要求，精确设定公民、法人和其他组织的权利与义务以及国家机关的权力与责任的立法活动。精准立法的基本要求主要体现在两个“字”：（1）“准”。精准立法之“准”的要求在于客观解决“为谁立法”“为何立法”。“为谁立法”关系着地方立法的性质与方向。十八大以来，广东地方立法一直坚持立法为民、为人民群众立法、立人民群众所需之法。“为何立法”关系着地方立法的目的与宗旨。习近平指出：“人民群众对立法的期盼，已经不是有没有，而是好不好、管用不管用、能不能解决实际问题。”① 十八大以来，广东地方立法十分重视防止“政绩立法”，强调立法的问题导向，紧紧围绕解决新时代广东现代化建设的新问题、人民群众的新需求而进行相应的立法。如，为解决影响社会和谐稳定的信访难题，化解社会矛盾，2014 年 3 月 27 日省人大常委会审议通过《广东省信访条例》；为解决关乎群众生命健康的食品安全问题，2016 年广州市政府制定了《广州市临近保质期和超过保质期食品管理办法》和佛山市政府制定了《佛山市食品生产加工小作坊集中管理办法》；为解决如何全面推进中国（广东）自由贸易试验区改革问题，2016 年省人大常委会及时制定了《中国（广东）自由贸易试验区条例》；为解决群众关注的生产、生活的安全问题，2016 年省政府制定了《广东省渔业船舶安全生产管理办法》《广东省渡口渡船安全管理办法》，广州市政府制定了《广州市气瓶安全监督管理规定》等等。（2）“精”。精准立法之“精”的要求在于科学解决“如何立法”“立什么法”。“如何立法”解决的是通过立法体制机制保障良法制定。十八大以来，广东地方立法日渐形成的党委领导、人大主导、社会参与的立法新机制，在程序上解决了“如何立法”问题，从而在一定程度上保障了地方立法质量。“立什么法”关注的是立法的地方特色和立法的实效。十八大以来，广东地方立法从本地风土人情和经济社会发展规律出发，注重立法的地方特色，确保地方立法的生命力。如 2016 年，省人大常委会制定了《广东省岭南中药材保护条例》，有效地满足了广东岭南中药材保护、利用、发展的现实需要，凸显了广东特色。2016 年，湛江市人大常委会制定了《湛江市湖光岩景区保护管理条例》，惠州市人大常委会制定了《惠州市历史文化名城保护条例》，河源市人大常委会制定了《河源市恐龙地质遗迹保护条例》，肇庆市人大常委会制定了《肇庆古城墙保护条例》。这些地方性法规满足了各设区的市在环境保护、历史文化保护方面的需要而“接地气”，凸显了设区的市的地方特色而具有强大的生命

① 全国人大常委会办公厅，中共中央文献研究室．人民代表大会制度重要文献选编（四）[M]．北京：中国民主法制出版社，2015：1579.

力。同时，广东地方立法十分重视立法的科学性，强调地方立法制度设计要权利公平、义务均衡、措施得当、权责明晰，立法的形式要符合立法技术规范的要求。

四、广东依法行政制度健全与实践创新

1984年4月，彭真提出，国家管理“要从依政策办事逐步过渡到不仅依靠政策，还要建立、健全法制，依法办事”①，从而拉响了全国依法行政的号角。1988年，广东省广州市明确提出“以法治市”，曲江县明确提出“以法治县”②，揭开了广东依法行政的序幕。以此为起点，广东依法行政经历了从萌芽、初创、发展的历史过程。党的十八大召开，标志着中国特色社会主义进入新时代。建设职能科学、权责法定、廉洁高效、守法诚信的法治政府是十八大以来，以习近平同志为核心的党中央面对世情国情的深刻变化，提出的新时代法治政府建设的目标。为实现中央提出的新时代法治政府建设目标，在广东省委、省政府直接领导下，各级政府和全省人民以先行者的勇气，因地制宜，开拓创新，风雨兼程，攻坚克难，用心血和汗水谱写了法治政府建设的新篇章。在总结广东30多年依法行政经验的基础上，新时代广东依法行政在观念更新、制度健全、实践创新方面取得了丰硕成果，打造了依法行政的“广东样本”。认真研究十八大以来广东依法行政实践，总结依法行政的丰富经验，对于全面贯彻习近平总书记“四个走在全国前列”指示，率先建成法治政府，不断增强依法行政的自觉性、主动性和实效性，提高依法行政水平，具有重要的理论价值和实践意义。

（一）观念更新：广东依法行政的思想先导

观念更新是全面推进依法行政的思想先导，是法治政府建设的前提和保障。“一个社会因接受某种观念而相应形成某种制度系统……思想观念决定了制度系统的形成机制和演进方向。”③ 中国是一个具有长期封建专制传统的国家，在人们的血液和骨髓中一直都渗透着“官本位”“权力本位”思想和对权力的迷信。而“即使是最荒谬的迷信，其根基也是反映了人类本质的永恒本性”。④ 广东得风气之先，依法行政取得了巨大进步。但中国人的这种“永恒本性”却无时不

---

① 彭真．在首都新闻界人士座谈会上的讲话［N］．人民日报，1984-04-08.

② 朱森林．朱森林访谈录［M］．北京：红旗出版社，2011：271.

③ 曹正汉．观念如何塑造制度［M］．上海：上海人民出版社，2005：41-47.

④ 马克思．马克思恩格斯全集（第1卷）［M］．北京：人民出版社，1972：651.

在影响着广东依法行政的发展。其对广东依法行政观念的影响集中表现在两个方面：（1）注重依法行政的“控权”理念。虽然改革开放以来，广东市场经济不断完善，但人们心目中政府管理者的角色定位并未根本改变。在此背景下的依法行政，贯彻着站在行政相对人立场防范行政权滥用的“控权”理念，强调以依法行政约束政府行政的全过程。这种理念“从表面上看，控权法更有利于保护公民权利，但是，实质上，控权论所采用的仍然只是‘知性思维’，仍然视行政主体与行政相对方为孤立的两个利益主体，只看到二者对立的一面，并将这种对立性无限放大，却并未辩证地考察二者具有合作倾向的一面。”① 在这种理念的影响下，广东依法行政的内容主要集中于与人民日常生活密切相关的行政执法工作的规范化、法制化。（2）强调依法行政的“单兵突进”思想。传统中国，政府享有无上的权力和权威；现实中，行政机关也拥有诸多的权力。受此影响，广东在依法行政中具有一种“单兵突进”思想，没有注意到依法行政与法治中国建设的辩证关系，反而认为“依法行政完全可以在行政问题与法治理想之间做到‘左顾右盼’：一方面，行政问题的实质是依法行政问题，自然完全可以通过全面推进依法行政的方式来解决；另一方面，依法行政是实现法治理想的关键，只要我们坚持不懈地推进依法行政，就会逐步实现法治理想。因此，只要我们诉诸依法行政，那么制度变革左右为难的处境就会得到改变，就能够在脚踏实地地解决行政问题的同时，日益接近我们的法治目标”②，在思想上没有注意到依法行政与依法治国、依法执政的辩证关系，从而导致依法行政结果不尽如人意。

十八大以来，党中央反复强调，人民对美好生活的追求就是我们的奋斗目标，“建设法治中国，必须坚持依法治国、依法执政、依法行政共同推进，坚持法治国家、法治政府、法治社会一体建设”③，“促进国家治理体系和治理能力现代化”④。受此影响，这一阶段广东依法行政观念发生了质的飞跃：（1）依法行政的“服务”理念得到强化。建设一个高效、便民、法治的服务型政府，是中国特色社会主义的本质要求，是中国共产党执政为民的具体体现。“服务型政

---

① 宋功德．行政法哲学［M］．北京：法律出版社，2000：21.

② 罗豪才．为了权利与权力的平衡：法治中国建设与软法之治［M］．北京：五洲传播出版社，2016：17.

③ 中共中央．中共中央关于全面深化改革若干重大问题的决议［N］．人民日报，2013-11-16.

④ 中共中央．中共中央关于全面推进依法治国若干重大问题的决定［N］．人民日报，2014-10-09.

府存在的目的是为社会提供有效的公共服务”,[①] 而依法行政的目的在于让政府能够高效、规范地为社会提供有效的公共服务。因而，依法行政一方面需要用法律规范行政权力的行使，防止行政权力滥用而导致不能提供有效公共服务，甚至侵害公民权利；另一方面就是要用法律来保障行政权力的有效行使，从而确保行政机关及时有效地为社会提供公共服务。十八大以来，广东依法行政逐渐改变了依法行政纯粹的“控权”理念，逐步确立、强化了依法行政的服务理念。《法治广东建设五年规划（2011—2015 年）》不再单纯地强调控制政府权力，而是强调“依法规范公共权力”。不仅如此，《法治广东建设五年规划（2011—2015 年）》还要求“立足于人的全面自由发展，充分尊重和保障人权，使人民群众享有充分的民主权利，让人民群众生活得更有尊严”；“解放思想，敢为人先，开拓创新，从法治层面突破制约科学发展的体制机制障碍”。《广东省法治政府建设实施纲要（2016—2020 年）》进一步强调法治政府建设必须与服务型政府建设相结合，确保“行政权力规范透明运行，人民权益切实有效保障，依法行政能力普遍提高”。实践中，“公众参与、民主协商、合作共赢”等服务理念已经内化为广东各级政府及其职能部门执法的内涵和必然要求。（2）注重依法行政的顶层设计、协同推进理念。道路决定命运。广东依法行政如何进行，直接关系着广东法治政府建设的成败。为此，广东依法行政改变了过去“单兵突进”思想，确立了依法行政顶层设计、协同推进的理念。这一点从《广东省法治政府建设实施纲要（2016—2020 年）》的出台可以得到证明。以前，关于依法行政的宏观政策基本上是以省政府办公厅的名义发布的，如《关于贯彻落实国务院全面推进依法行政实施纲要的意见》（粤府〔2004〕83 号）等等。而《广东省法治政府建设实施纲要（2016—2020 年）》则是以中共广东省委、省政府的名义联合发布的，而且《广东省法治政府建设实施纲要（2016—2020 年）》明确要求：“各级政府要在党委统一领导下，谋划和落实好法治政府建设的各项任务；各级党政主要负责人要切实履行推进法治建设第一责任人职责。”2016 年，广东省委办公厅印发了《法治广东建设第二个五年规划（2016—2020 年）》全面部署了法治政府建设 27 项任务，努力把“十三五”时期的经济社会发展纳入法治化轨道。2017 年，中共广东省委办公厅、省政府办公厅印发了《广东省党政主要负责人履行推进法治建设第一责任人职责实施细则》进一步落实了依法行政顶层设计、协同推进的理念。

---

① 谢新水．作为一种行为模式的合作行政［M］．北京：中国社会科学出版社，2013：229.

（二）制度健全：广东依法行政的根本保障

“制度是人们创造的一系列管束人们最大化行为和社会活动的游戏规则的总和，它们规定人们的选择空间和相互间的关系，制约着人们的行为。”① “没有规矩，不成方圆”，没有完备的依法行政制度体系，依法行政就缺乏根本保障。早在30多年前，邓小平同志在《党和国家领导制度改革》一文中就明确指出：“我们过去发生的各种错误，固然与某些领导人的思想、作风有关，但是组织制度、工作制度方面的问题更加重要，制度好可以使坏人无法任意横行，制度不好，可以使好人无法充分做好事，甚至走向反面。”② 因此，制度体系的建立健全是推进全面依法行政，建设法治政府的基础和根本保障。制度是行动的。依法行政是制度的派生物。没有制度“护航”，依法行政是行不通的，只有有了制度的“护航”，依法行政才能得以顺利实施。十八大以来，广东建立健全了一系列依法行政的制度、机制，为推动广东省法治政府建设走在全国前列，率先实现基本建成法治政府的目标提供了有力的保障：（1）大力推行权责清单制度并实行动态管理。“权责清单制度是中国划定政府权力边界，约束行政权力，解决政府权责不对等、权责不公开、权责不明晰等问题的制度化尝试，是中国试图给出的建构现代政府的重要方案。”③ 2014年，为全面贯彻落实党的十八大和十八届三中、四中全会关于推行政府权力清单制度的重大部署，根据《中共中央关于全面深化改革若干重大问题的决定》《中共广东省委贯彻落实〈中共中央关于全面深化改革若干重大问题的决定〉的意见》的要求，省政府组织开展了省级转变政府职能、清理行政职权和编制权责清单工作。2013年11月，广州市政府正式开通了规范行政权力公开运行电子政务专栏，上线发布全市行政权力清单。广州成为全国首个“晒”行政权力清单的城市。至2016年底，广东省县级以上政府职能部门基本完成权责清单编制和公布工作，正式启动省级部门权责清单动态调整和完善工作，顺利完成试点部门和地区纵向权责清单编制工作。（2）重大行政决策制度日趋完善。2013年4月1日，省政府颁布《广东省重大行政决策听证规定》。2018年1月28日，省政府审议通过了《省政府重大行政决策出台前向省人民代表大会常务委员会报告规定（试行）》。这一系列规章规范性文件的出台，逐渐建立健全了公众参与、专家论证、风险评估、合法性审查、向人大报告、重大决策责任追究等重大行政决策制度，有力促进和提升了

---

① 汪冬梅．中国城市化问题研究［M］．北京：中国经济出版社，2005：156.

② 邓小平文选（第二卷）［M］．北京：人民出版社，1994：333.

③ 唐亚林，刘伟．权责清单制度：建构现代政府的中国方案［J］．学术界，2016（12）：29.

我省法治政府建设的步伐和成效。(3)规范性文件制度化管理得到强化。加强规范性文件的制度化管理是从源头上规范行政权力的运行，防止行政机关法外设定权力，防止没有法律法规依据减损相对人合法权益或者增加其义务的必然要求。2012年12月29日，省政府办公厅发布《关于开展流通领域规章和规范性文件清理工作的通知》，全面清理省政府和广州、深圳、珠海、汕头等较大市政府制定的涉及流通领域的政府规章，全面清理全省各级政府、各部门制定的涉及流通领域的规范性文件，凡与《国务院关于深化流通体制改革加快流通产业发展的意见》《国务院办公厅关于促进物流业健康发展政策措施的意见》《国务院办公厅关于加强鲜活农产品流通体系建设的意见》等政策文件相抵触、不一致的，要及时予以修改完善或废止。2012年，省政府法制办建立了规范性文件备案审查工作电子化工作机制，实现了规章、规范性文件备案的统一登记、统一公开；制定了规范性文件（规章）电子备案登记发布规定和规范性文件备案审查问题文件处理实施办法，完善了规范性文件（规章）备案审查的工作程序；发布了《广东省人民政府法制办公室关于实时公布规章、规范性文件备案登记目录的公告》，拓宽监督渠道。2014年6月11日，省政府办公厅颁布了《关于进一步加强行政机关规范性文件监督管理工作的意见》，从公开征求社会意见、防止规范性文件违法创设行政权力、加强政策解读、畅通社会监督渠道等9个方面加强规范性文件监督管理，建立了规范性文件的自动清理和失效机制，积极推行规范性文件有效期制度。通过这一系列制度建构，使规范性文件合法性审查工作机制日趋完善。仅2012年一年，省政府法制办共办理规范性文件合法性审查及规章、规范性文件备案660件，其中审核省政府规范性文件21件，审查省政府部门规范性文件118件，配合省委办公厅办理党内规范性文件备案审查95件，登记备案各地级以上市政府报送的规章、规范性文件401件，办理公民、法人和其他组织提出的规范性文件审查建议4件，办理行政复议附带规范性文件审查2件，其他征求意见的规范性文件19件。这一系列措施有力地防止了行政机关在法律之外自我设定行政权力，避免出现没有法律法规依据减损公民、法人和其他组织合法权益或者增加其义务的现象。(4)行政审批制度改革不断深化。2012年11月30日，省政府颁布《广东省行政审批事项目录管理办法》，建立行政审批事项目录管理制度，从源头上杜绝行政审批的无序增长。2014年5月29日，省人大常委会通过《广东省行政许可监督管理条例》，将行政许可的设定、实施、评价与监督检查等全部纳入法律规范之中，行政审批由此完全纳入法治轨道。2014年11月06日，省政府办公厅发布了《广东省行政审批事项通用目录》，以后每年更新。2015年新取消和调整省级行政审批事项 120 项。2015 年 08 月 31 日，《广东省人民政府关于取消非行政许可审批事项的决定》，全面取消非许可审批，完成省政府部门 328 项非行政许可审批事项清理工作。2016 年，进一步深化行政审批制度改革，新取消中央指定省实施的行政审批事项 170 项，分两批公布实施 126 项清理规范的行政审批中介服务事项，向社会公开 51 个部门保留的权责事项 6971 项，取消、下放和实行重心下移的职能事项 2580 项。同时，广东省全面推进行政审批标准化工作。至 2016 年底，全省省级 1173 项和市级 10017 项行政许可事项标准的编制工作已经完成，并基本实现行政审批事项标准录入模块与省网上办事大厅事项目录管理系统的融合对接等信息化基础工作。行政审批制度不断完善，遏制了行政权力的扩张，明确了政府与市场、社会的界限，消除权力设租寻租空间。（5）行政执法制度规范化不断深入。2013 年 12 月 31 日，省政府修订通过《广东省〈行政执法证〉管理办法》。2014 年 5 月 29 日，省人大常委会通过了《广东省行政许可监督管理条例》。2016 年 3 月 31 日，省人大常委会修订通过了《广东省行政执法监督条例》。2016 年 12 月 26 日，省政府颁布了《广东省行政执法案卷评查办法》。在此基础上，2017 年省政府法制办先后出台了《广东省行政执法全过程记录办法》《广东省行政执法公示办法》《广东省重大行政执法决定法制审核办法》；加快行政执法监督信息化建设步伐，扎实推进“行政执法信息平台与行政执法监督网络平台”建设；出台《广东省行政执法评查标准》，制定全省统一的行政执法流程和执法文书范本；全面推行行政执法人员综合法律知识网上考试工作制度；强化个案监督，对群众投诉举报案件开展调查处理并发出督察建议书。（6）依法行政年度考评制度常态化、法制化。2013 年 3 月 27 日，省政府颁布《广东省依法行政考评办法》及《广东省法治政府建设指标体系（试行）》，开启了全省依法行政年度考评常态化、制度化。2016 年 12 月 19 日，根据依法行政年度考核的情况省政府修订通过了《广东省依法行政考评办法》及《广东省法治政府建设指标体系（试行）》，进一步健全了依法行政考评制度。（7）监督问责机制不断健全，不作为、乱作为得到遏制。对政府权力的有效监督是政府依法全面履职的关键。一是行政复议监督机制日益加强。现代社会，行政法制监督是多元化的，行政复议是其重要一环。2015 年 3 月 6 日，省政府办公厅印发了《广东省行政复议案件庭审办法（试行）》；2013 年 4 月 25 日，汕头市人大常委会通过《汕头经济特区行政复议条例》；2013 年 12 月 13 日，珠海市政府颁布《珠海市政府行政复议规定》；2016 年 11 月 18 日，广州市政府办公厅印发《广州市行政复议案件庭审规则》等等。这一系列法规、规章、规范性文件的制定，完善了广东行政复议监督机制，推进了行政复议开庭审理、公开听证等“阳光复议工程”，有利于发挥其在层级监督中的重要作用。以广州为例，2013年来，全市行政复议案件21898件，市政府收到行政复议案件6727件。自2016年以来，市政府应诉应议案件达到1387件。仅2017年，市政府共收复议案件2007件，比2016年同比增加71.8%，审结案件1914，审结率95.4%，综合纠错率17.68%。二是严格行政问责制度。广东省各级政府注重加强行政问责的制度建设，2016年1月13日，省政府办公厅先后印发《广东省行政过错责任追究暂行办法》《关于加强督查问责工作的若干意见》等规范性文件，为规范开展督查问责工作，充分发挥督查问责作用，有力克服和防止乱作为、不作为、慢作为，保持政令畅通发挥了制度保障的作用。同时，广东省各级政府严格依据《公务员法》《行政机关公务员处分条例》等国家法律法规和《中国共产党纪律处分条例》等党内法规的规定，坚持实事求是、惩前毖后、治病救人原则，实行有错必纠、有责必问。对于不作为、乱作为、慢作为、假作为等行为导致发生重大责任事故、事件或者严重违法违纪行政案件的，不仅要追究直接责任人员的法律责任，而且要追究相关直接领导乃至行政首长的法律责任，从而确保行政机关依法履职、高效履职。

（三）实践创新：广东依法行政的最优路径

“依法行政的推进，不能仅仅由于一个个新法律出台的制度推动，很大程度上还有赖于行政执法实践的创新。”① 十八大以来，广东各地各级政府及其职能部门发扬敢“革自己命”、敢啃“硬骨头”的魄力和勇气，结合“放管服”改革（即简政放权、放管结合、优化服务）进行了一系列深化改革、促进依法行政的实践创新，实现了执法便民、高效，有力地推进了全省全面依法行政的历史进程。其中最具代表性的有以下几方面。

1. 商事登记制度改革

广东商事登记制度改革是广东“放管服”改革的突破口，极大地推动了政府职能转变，有力地促进了市场监管体制的改革、创新。2012年，广东省深圳、珠海、东莞和佛山顺德区等地在国家工商总局大力支持下在全国率先推行商事制度改革试点。2014年在试点基础上，省政府办公厅发布《广东省商事登记制度改革方案》，全面启动商事登记制度改革，精简前置审批事项、改革商事登记审批流程，放宽商事登记条件、规范商事登记服务。《广东省商事登记制度改革方案》提出了“先照后证”、公司注册资本实行认缴登记制、市场主体年度报告制度、市场主体退出市场增加经营异常名录制度等重大的改革举措。与《广东

---

① 周佑勇．依法行政的观念、制度与实践创新［J］．法学杂志，2013（7）：10-17.

省商事登记制度改革方案》配套的多项制度措施也在 2014 年陆续出台。2015 年 12 月省人大常委会审议通过《广东省商事登记条例》，及时总结固化商事登记改革经验，并为后续的“三证合一”“五证合一”等改革措施的有力推进提供法律支撑。“广东商事登记制度改革的方向是注册制度便利化，原则是‘宽进严管’。”① 这主要体现在三个方面：一是简化申办程序，实行便利化改革。除法律、行政法规规定必须事先申请行政许可外，全部实行“先照后证”，并简化相关商事登记流程，使企业办照时限基本上在 5 个工作日以内，从而大大缩短开办企业时限。同时，实行商事登记申报材料、营业执照的电子化，让企业少跑腿、信息多跑路，建立组织机构代码证、营业执照、税务登记证三证合一的登记制度等，进行商事登记方式便利化改革。二是放宽登记限制，降低准入门槛。除法定特殊行业公司注册资本需实缴登记外，取消了注册资本的各种限制，实行公司认缴登记制。放宽了住所登记条件、简化了住所登记手续，允许各地根据本地实际进行“一照多址”“一址多照”“住改商”等改革。三是改革监管方式，强化事后监管。在改革商事登记制度的同时，广东省以《广东查处无照经营行为条例》（2012 修正）、《广东省市场监管条例》（2016）为配套，建成了国家企业信用信息公示系统（广东），建立了经营异常名录管理制度，强化信用监管，“截至 2017 年 7 月底，全省有 63.28 万户企业被列入经营异常名录，有 33.43 万户企业改正违法行为后申请移出异常名录，经营异常名录信用修复率 34.58%。共限制失信被执行人工商登记 4796 人次，限制失信市场主体办理变更登记（备案）4.8 万人次”。② 重申和细化了“谁负责审批，谁负责监管”的原则，全面厘清监管部门职责，构建了综合监管、行业监管、属地监管相协调、统一的市场监管机制，引入了行政监管、社会监督、行业自律、司法监管等力量，从而完善了事中事后监管体系。

2. 佛山禅城区一门式政务服务改革

2014 年 3 月，佛山禅城区坚持以问题和需求为导向，启动一门式政务服务改革，推动行政执法程序再造。一门式改革秉持“把简单带给群众和政府、把复杂留给信息技术”的核心理念，将“化繁为简”的理念和方法融入整个改革过程，实现了事项、行政层级（区、镇街、村居）、地域的全覆盖，构建了“一窗办多件事、办事不求人”的政务服务新模式。一门式改革运用信息化技术，

---

① 周晓平．广东商事登记制度改革实践及借鉴［J］．岭南学刊，2015（3）：96-99.

② 刘倩．广东商事制度改革成效显著 多证合一群众办事少跑腿［EB/OL］．南方网，2017-08-28.

以系统跳转和对接、电子章应用、材料复用等方式，打破现行体制下条线系统不互联、部门信息不共享的壁垒，以前台一窗通办的物理变化倒逼整个审批后台的化学反应，支撑复杂的行政审批后台的高效运转。至2017年底，改革实现28项事项应用电子章审批，48类材料实现材料复用，37项人才服务事项一门式办理，39项事项实现办事“零跑腿”，让办事群众明显感受到“三少”，即少跑腿、少费事、少带材料，群众获得感不断增强。改革从N个部门窗口办事到1个综合窗口通办，目前又通过区块链技术解决了身份认证与信用问题，实现从1到0的全流程网上办，推动政务服务“从N到1”“从1到0”的跃变。改革得到了各界的高度肯定和认可，先后入选“粤治政府治理创新优秀案例”、全国“创新社会治理”最佳案例。中编办、民政部、国家信息中心先后在禅城组织三次全国现场会。国务院两次予以表扬。2016年4月18日，省政府召开全省推进“互联网+政务服务”改革工作电视电话会议，部署推广佛山禅城区“一门式、一网式”政务服务模式改革经验，要求全省各级政府及其职能部门按照规范事项名称、实施依据、服务对象、服务类别等基本要素对政务服务事项进行梳理、规范，并向社会公开。在此基础上，建设上下左右无缝对接、数字贯通的电子交换共享体系，并全部进驻实体办事大厅和网上办事大厅。

3. 广州市政府优化建设工程项目审批流程改革

2013年，广州市出台了《广州市建设工程项目优化审批流程试行方案》，采取流程再造、并联审批、限时办结等改革方式，将建设工程投资项目流程整合为立项、用地审批、规划报建、施工许可、竣工验收5个阶段，审批时限压缩为37个工作日，实现了广州市建设工程项目审批的大提速。此后，针对实施过程中遇到的问题，又出台了《方案》的补充规定，保障流程优化的实现。2017年，以提高项目落地服务效率为突破口，实施《关于建设工程项目审批制度改革的实施意见》，对企业投资项目、政府投资项目进行分类指导、分类管理、分类实施，着力创新项目生成和管理机制，有效降低制度性交易成本。

五、广东司法改革的制度创新

“司法不公的深层次原因在于司法体制不完善、司法职权配置和权力运行机制不科学、人权司法保障制度不健全。”① 因而，公正司法的实现，有赖于司法改革的深入推进。有鉴于此，自党的十五大提出“推进司法改革”以来，历次

① 习近平．公正司法（上）——政论专题片《法治中国》解说词（第四集）［EB/OL］．中国政府网，2017-08-22.

党的全国代表大会均明确提出司法改革任务。从十六大提出“推进司法体制改革”到十七大提出“深化司法体制改革”，再从十八大提出“进一步深化司法体制改革”到十九大提出“深化司法体制综合配套改革”。随着历次司法改革任务层层推进，广东司法改革也持续向纵深发展。尤其是十八大以来，在习近平新时代中国特色社会主义思想的统领下，广东司法机关认真贯彻落实党的十八大、十九大精神和习近平总书记对广东工作的重要指示批示精神，围绕“努力让人民群众在每一个司法案件中感受到公平正义”之目标，着眼于公正司法、司法为民，着力于司法公信力的提升，以改革创新破解司法实践中遇到的新情况、新问题，尤其在司法责任制改革、立案登记制改革、以审判为中心的刑事诉讼制度改革、行政案件集中管辖制度改革、司法人员分类管理制度改革等方面，展现出广东司法改革的亮点，为国家司法体制改革及中国特色社会主义司法制度的建立健全提供了有益的“广东经验”。①

（一）司法责任制改革

习近平总书记指出，司法责任制改革是我们全面深化司法体制改革必须牢牢牵住的“牛鼻子”。完善司法责任制，是建立权责统一、权责明晰、权力制约的司法权运行机制的关键，也是深化司法体制改革的核心，对于促进严格公正司法具有十分重要的意义。② 根据《最高人民法院关于完善人民法院司法责任制的若干意见》等指导性文件，广东法院结合广东省司法体制改革工作实际出台系列制度措施，推动了司法责任制改革的落实。从省法院和试点法院的实践来看，广东法院司法责任制改革主要基于两方面展开。

1. 省法院统一出台《实施意见》，构建广东法院司法责任制改革的制度框架。

2016 年 9 月 12 日，广东省高级人民法院出台《广东省高级人民法院贯彻落实〈关于完善人民法院司法责任制的若干意见〉的实施意见（试行）》，为司法责任制改革在广东全面深化和落实创设了基本的制度框架。首先，《实施意见》以“权力明晰、责权一致；监督到位、制约有效；符合规律、责任法定；保障有力、配套完善”作为落实广东司法责任制改革的基本原则。其次，《实施意见》通过突出办案亲历性、明确院庭长审判职责、建立专业法官会议制度、改革审判委员会制度和明确司法人员职责权限，明确了独任法官、合议庭、审

① 鉴于法院系统司法改革的内容更加丰富，以下将主要以广东法院为样本介绍广东司法改革的亮点.

② 丁懿．落实司法责任制需深化三项改革［N］. 人民法院报，2017-10-10.

判委员会的审判权限和责任，从制度上保证“让审理者裁判、由裁判者负责”的实现。最后，《实施意见》坚持放权与监督同步、并重，一方面列明各类司法人员岗位职责权限，列出院庭长行使管理监督的“权力清单”“责任清单”，要求将清单明确和细化后层报备案，并要求院庭长必须承担起相应的管理监督责任；另一方面健全接受人大、政协监督和检察监督工作机制，落实人民法院向人大常委会报告、向政协通报专项工作的机制，完善与人大代表、政协委员的沟通联络机制，探索建立法院以外的第三方评价机制，强化对审判权力运行的监督。

2. 试点法院结合自身实际制定具体措施，探索本法院司法责任制改革的可行路径。

广东省各试点法院结合自身实际制定具体措施，探索本法院司法责任制改革的典型代表主要有：[①]（1）广州中院紧紧依靠党委领导和支持，以编外审判辅助人员管理改革为突破口，制定《广州市中级人民法院审判辅助人员管理改革方案》及6个配套办法，明晰了编外法官助理、书记员、司法警务助理三类审判辅助人员的基本定位、工作职责、工作考核和职业发展路径，建立“三级九等”管理机制，实行薪酬与等级挂钩。（2）深圳中院编制了《落实司法责任制工作指引》，系统梳理各类人员的权限与职责，明确各个环节的操作流程，配合信息化手段的运用，为法官行使审判权和院庭长行使监督管理权提供明确指引，同时从规范法官裁量权入手，制定标准化办案指导意见，建立标准化办案指导体系，指导意见涉及诸多常见案件类型和诉讼环节。（3）广州知识产权法院根据最高法院下发的《关于完善人民法院司法责任制的若干意见》，制定《权力清单细则》，明确法官、合议庭办案责任制，组建“1名法官+1名法官助理+1名书记员”的审判团队，建立院领导办案常态机制，同时实现司法行政事务扁平化管理，审判业务庭不确定行政级别，庭长由主审法官兼任，不设副庭长。（4）阳江中院坚持“放权”与“监督”并重，充分发挥审判委员会、院庭领导和纪检监察部门审判管理监督作用，通过特定案件专家会诊、对口业务巡回问诊、类案指导专科精诊“三大诊疗措施”，确保案件质量稳定和裁判尺度统一，努力做到既“放权”又“放心”。（5）茂名中院通过科学组建“法官+法官助理+书记员”新型审判团队，明确理顺主审法官、合议庭、审判委员会三大审判组织的关系，划清权力界限，有效解决了审判分离、层层审批、请示汇报等行政化问题，同时完善了合议庭责任制实施意见等配套制度，明确法官、合议庭、

---

① 祁雷. 确保法院依法独立公正行使审判权［N］. 南方日报，2016-09-12.

审委会的审判责任；（6）东莞第二人民法院根据院庭长的专业背景合理确定办案数量和案件类型，促使院庭长保持对审判工作的亲历性，发挥院庭长作为资深法官在司法改革进程中的凝聚带动功能，推动法官队伍向专业化方向发展。

（二）立案登记制改革

2015 年 2 月 4 日，最高人民法院发布《关于全面深化人民法院改革的意见——人民法院第四个五年改革纲要（2014—2018）》，提出“变立案审查制为立案登记制，对人民法院依法应该受理的案件，做到有案必立、有诉必理，保障当事人诉权。加大立案信息的网上公开力度。推动完善诉讼收费制度”。根据《意见》要求，广东法院全面展开有关立案登记制改革的部署，要求全省各级法院要像迎战“春运”一样推行立案登记制改革，① 同时重点依托信息化手段，从如下三个方面有效推动立案登记制改革的落地。②

1. 建立健全多元化诉讼渠道

立案登记制实施以来，省法院着眼于诉讼服务转型升级破解“人案矛盾”问题，先后在全省推行《广东法院诉讼服务中心建设三年规划》《关于推进全省法院诉讼服务大厅和 12368 诉讼服务热线建设的实施方案》等制度，为全省法院统一诉讼服务大厅升级改造标准、诉讼服务网、移动通信服务平台以及 12368 诉讼服务热线定下日程、列明标准。与此同时，广东法院紧扣人民群众打官司过程中关注的焦点、诉讼立案中的难点、诉讼服务中的盲点，采取建立诉讼服务中心、网上法院、掌上法院和线上法院等一系列措施，从而依托信息化手段大力推进“多渠道、一站式、综合性”诉讼服务示范窗口建设，实现了诉讼服务全方面覆盖，有效提升立案效率。

2. 构建“互联网+立案”工作新模式

借助互联网技术，广东法院积极构建“互联网+立案”工作新模式，搭建了以网络为基础的“零距离”诉讼服务平台，当事人或代理人足不出户便能立案，实现了法院与当事人、代理人的共通互赢。在佛山中院诉讼服务中心，当事人可通过连接诉讼服务网输入信息实现自助立案；在东莞市第二人民法院，网上立案的案件经审查，法院立案人员能够立即反馈审查意见，一次性告知当事人或代理人应当补充哪些立案起诉信息，确保一次性立案成功率；在中山、惠州大亚湾区法院等十多家法院，通过推行网上支付诉讼费，诉讼费在 5 万元以下

---

① 索有为，林晔晗，邹兴，等．广东高院常务副院长凌祁漫推行立案登记制改革［EB/OL］．广东新闻网，2015-04-30.

② 邓新建，章宁旦．服务更便民立案更高效——广东法院多元化诉讼服务促立案登记制惠及民生［N］．法治日报，2017-10-12.

的案件当事人可通过微信扫码缴费等等。

3. 打造立体综合诉讼服务体系

广东法院以落实立案登记制度为契机，加强诉讼服务标准化、规范化建设，改革传统的立案大厅，积极探索将原来分散在各业务庭的审判辅助、调解、繁简分流等职能集中到诉讼服务中心，打造立体综合诉讼服务，实现快立、快调、快转，全面提升立案质效。至2017年4月1日，广东法院共受理实行立案登记制的五类案件217.8万件，同比增长43.18%，当场登记立案率达到95.52%。

（三）以审判为中心的刑事诉讼制度改革

党的十八届四中全会《决定》提出，“推进以审判为中心的诉讼制度改革，确保侦查、审查起诉的案件事实证据经得起法律的检验。全面贯彻证据裁判规则，严格依法收集、固定、保存、审查、运用证据，完善证人、鉴定人出庭制度，保证庭审在查明事实、认定证据、保护诉权、公正裁判中发挥决定性作用”。十八大以来，以广州法院为典型的广东法院进一步加快以审判为中心的刑事诉讼制度改革。

在2017年6月被最高人民法院确定“三项规程”改革试点法院后，广州法院主要从三个方面统筹推进试点工作：[①] 首先，在推进庭前会议规程方面，广州中院一是明确证据展示规则，协助控辩双方进行证据梳理；二是明确庭前会议报告格式、基本内容，试点案件全部制作庭前会议报告并在法庭调查前进行宣读，对程序性事项处理结果及案件争议焦点进行宣告，就达成一致意见的证据简化质证。其次，在落实非法证据排除规程方面，广州中院一是探索非法证据认定标准，探索非法方法和不文明执法、非法证据和瑕疵证据的区分标准，规范非法证据认定；二是规范非法证据排除申请程序，落实主动告知机制，告知被告人享有申请权；三是与庭前会议紧密结合，规范被告人、辩护人提出非法证据排除的申请、审查程序；四是与公安机关、检察机关等建立常态化沟通机制，提高非法证据排除制度的可操作性。最后，在规范法庭调查程序方面，广州中院一是出台《刑事案件出庭作证程序指南》《刑事诉讼出庭作证具体操作规范（试行）》，规范作证程序；二是规范庭审程序，提升庭审质量和效率。

同时，根据最高法院《关于全面推进以审判为中心的刑事诉讼制度改革的实施意见》，“推进速裁程序改革”与“推进认罪认罚从宽制度改革”亦是刑事诉讼制度改革的题中之义。为此，广东法院积极开展刑事案件速裁程序试点，

---

① 王珊珊．不断提升刑事案件庭审实质化水平——广州中院深入开展“三项规程”改革试点工作［N］．人民法院报，2017-08-10.

对事实清楚、证据充分，被告人自愿认罪，当事人对适用法律没有争议的交通肇事、盗窃、诈骗等情节较轻，量刑在一年以下的刑事案件，简化相关诉讼程序，提高刑事案件审判的效率，着力破解刑事审判“案多人少”的问题。其中，广州作为全国开展刑事案件速裁程序试点改革地区之一，广州法院通过规范证据开示制度和证据证明标准，探索轻微刑事案件快速办理机制等，积极开展刑事速裁程序试点。据统计，2014 年 6 月试点至 2015 年 11 月，广州基层法院审结试点案件 3503 宗，判处罪犯 3600 人，近九成是当庭宣判。同时，广州运用刑事速裁程序审结的案件数量占同期刑事案件总量的 16.7%，在全国排名第一。①

（四）行政案件管辖制度改革

根据党的十八届四中全会《决定》“完善行政诉讼体制机制，合理调整行政诉讼案件管辖制度，切实解决行政诉讼立案难、审理难、执行难等突出问题”的要求，广东法院积极展开行政案件管辖制度改革，为推动行政审判对行政主体的监督，切实保护公民的合法权益提供了有力保障。改革主要从以下两个方面展开。

1. 推动行政案件相对集中管辖到集中管辖的改革

在党的十八届四中全会《决定》公布以前，根据最高人民法院于 2013 年 1 月 4 日发布的《关于开展行政案件相对集中管辖试点工作的通知》，广东法院已就行政案件管辖制度改革展开积极探索，推动了行政案件相对集中管辖到集中管辖的改革。早在 2013 年 4 月，根据最高人民法院部署，广东省高级人民法院批准江门法院率先试点行政案件相对集中管辖改革，江门辖区内蓬江、新会、开平 3 个基层法院为相对集中管辖法院，管辖全市原基层法院受理的一审行政案件。2014 年党的十八届四中全会《决定》公布以后，广东法院行政案件集中管辖改革试点迅速展开。2014 年 11 月，湛江经济技术开发区人民法院集中管辖试点方案获批。2014 年 12 月，江门法院也实现行政案件管辖的“三家归一”。2015 年以来，广东法院行政案件集中管辖制度改革获得初步成效。2015 年上半年，江门一审行政案件上诉率同比下降 16%，行政机关败诉率则提高近 3 倍。湛江开发区法院试点以来，服判息诉率为 87%，发改率、申请再审率均为零，且无一件超审限办理的案件，案件质效明显提高。2015 年前三季度，全省办结行政案件 12273 宗，同比增加 13.22%，全省一审行政案件判决行政机关败诉率

① 张钊 .6 分钟审结一宗刑案——广州试点刑事案速裁程序以来已审 3500 多件［N］. 南方都市报，2015-12-28.

17.49%，同比增长4.81%。①

2. 实施铁路运输法院集中管辖行政案件改革

为贯彻党的十八大和十八届三中、四中全会精神，最高人民法院出台《关于全面深化人民法院改革的意见——人民法院第四个五年改革纲要（2014—2018）》，提出“建立与行政区划适当分离的司法管辖制度”，要求“将铁路运输法院改造为跨行政区划法院，主要审理跨行政区划案件、重大行政案件、环境资源保护、企业破产、食品药品安全等易受地方因素影响的案件，跨行政区划人民检察院提起公诉的案件和原铁路运输法院受理的刑事、民事案件。”结合《意见》要求和广东行政案件管辖制度改革的实际，广东省高级人民法院于2015年12月25日正式启动“铁路运输法院集中管辖广州市行政案件”改革。改革后，广州两级法院自2016年1月1日起将不再受理行政案件，广州市一审行政案件和非诉行政案件改由广州铁路运输第一法院集中受理审查；广州市二审行政案件以及法定应当由中级法院审理的一审行政案件、非诉行政案件改由广州铁路运输中级法院集中受理审查。，改革实施一年以来，至2017年1月，广州铁路运输两级法院共受理行政案件12604件，其中，行政诉讼案件5932件，非诉行政案件6672件，审结11735件，结案率达93.1%。② 广东铁路运输法院集中管辖行政案件改革取得良好成效。

（五）司法人员分类管理制度改革

为推动法官队伍职业化改革，破解广东法院普遍存在的“案多人少”之难题，广东多个法院结合自身实际，就司法人员分类管理改革展开了有益探索，从而优化了审判资源，落实了法官责任制，提高了审判质效。在探索过程中，各地法院形成了各具特色的改革类型。

1. 深圳福田法院着力构建新型审判团队工作模式

深圳福田法院在全院组建35个以专业化为主、兼顾业务复合型的审判团队，每个团队按“1+2+3+4”的“审判长+合议法官+法官助理+书记员”的人员配置标准组成，对法官与各类辅助人员的职权关系、配置方式、工作模式、管理模式等进行探索，以新型审判团队作为一个整体发挥作用，审判绩效奖励也由团队成员自行分配。③ 通过改革，深圳福田法院有效挖掘了现有司法资源的

① 章宁旦．广东行政案件集中管辖完成布局［EB/OL］．法制网，2015-11-10.

② 周颖．广铁法院集中管辖广州市行政案件　一年来受理“民告官”案万余件［EB/OL］．新华网，2017-01-16.

③ 参见《〈广东省高级人民法院工作报告（2014年1月17日在广东省第十二届人民代表大会第二次会议上）〉有关用语说明》。

潜能。据介绍，按原有工作模式，深圳福田法院至少需要配备900人的案件量，在新的工作模式下，实际配备仅430人即可完成，节约的人力资源相当于再造一个法院。①

2. 深圳盐田法院积极推进法官职业化改革

深圳盐田法院积极从以下几方面推进法官职业化改革：①盐田法院按照权责一致的原则，建立健全了法官办案责任机制和错案认定机制，明确和细化法官需要承担责任的程序、事项以及免责事由，同时建立主审法官办案责任追究机制，主审法官在审判工作中出现重大差错或在年度考核中被确定为不称职的，按规定免除主审法官职务。②盐田法院对法官实行单独职务序列管理，建立法官员额制度和法官职级制度，规定法官不得在非审判业务部门任职，明确市、区两级法院法官等级和职数。③盐田法院对法官实行与法官等级挂钩的薪级工资制度，制定法官单独的薪级表，每一个法官等级对应若干薪级，每一薪级确定一个工资标准。而且，法官还实行与薪级挂钩的住房保障、医疗保健等福利制度及退休待遇政策。②

3. 佛山中院为代表的审判长负责制改革

以佛山中院为代表的审判长负责制改革，采取“审判长+合议法官+书记员”模式，面向全市法院选出35位审判长，所有案件由审判长担任主审法官，并对案件质量负总责；以阳江阳西法院为代表的综合审判机制改革，在保留各审判庭名称建制、相关人员职务及相应待遇的前提下，统一确定8名主审法官、8名法官助理、8名书记员，组成8个“1+1+1”审判组织模式，对内打破人员分庭管理以及按刑事、民事、行政案件归口审理的格局，将所有案件统一分配给8名主审法官负责审理。③

六、广东法治社会建设的推进

法治政府、法治社会、法治国家一体建设，是十八大提出的全面依法治国战略的工作布局。其中，法治社会建设是实现国家长治久安的基础性工程，是新时代保持党同人民群众的血肉联系、维护最广大人民根本利益的必然要求，是全面推进广东依法治省的迫切需要。自十八大以来，广东全方位创新法治教

---

① 深圳福田审判权运行机制改革　节约人力等于“再造”一个法院［EB/OL］. 人民网，2014-10-19.

② 游春亮. 深圳盐田法院“破冰”法官职业化改革［EB/OL］. 法制网，2014-12-01.

③ 参见《〈广东省高级人民法院工作报告（2014年1月17日在广东省第十二届人民代表大会第二次会议上）〉有关用语说明》。

育，法治社会建设方面取得巨大成就，社会治理法治化初步形成。

（一）创新法治宣传教育，抓好法治文化建设，推动全民守法

十八大以来，广东全方位创新法治宣传教育，多途径开展法治文化建设，推动全民守法取得了巨大成就。

1. “谁执法谁普法”长效机制基本建立健全

“谁执法谁普法”就是要将执法职能与普法工作相结合，在严格执法的过程中，扎实开展普法实践活动，既要通过严格执法来推动普法，又要通过普法来推进严格执法，实现两者的有机结合。2015 年，中共广东省委政法委印发《关于进一步建立健全法治宣传教育机制的意见》《关于进一步完善国家机关“谁执法谁普法”工作机制的意见》，进一步健全完善法治宣传教育机制，落实国家机关普法责任，推动国家机关“谁执法谁普法”长效机制的建立健全。2016 年，广东省司法厅制订“谁执法谁普法”工作方案和责任清单，完善“谁主管谁普法、谁执法谁普法”责任机制。2017 年，中共广东省委政法委全面落实“谁执法谁普法”责任制，印发了实行国家机关“谁执法谁普法”普法责任制的实施意见，成立全国首个省级法治宣传专家顾问团，组织首届全省国家机关“谁执法谁普法”履职报告评议会。省委组织部把全面依法治省纳入领导干部教育培训内容，在各级党校、行政学院和干部学院开设专题课程。

2. 普法工作深入开展，成效显著

2013 年，广东深入开展了“六五”普法工作。全面开展“全民守法·平安广东”法制大宣传，增强全民守法意识。结合深入开展“六五”普法工作要求，以学习宣传宪法为重点，举办法治广东宣传教育周活动。举办全省“宪法法律知识进家庭”学习竞赛活动。2014 年，广东省委宣传部、省委政法委、省社工委、省教育厅、省司法厅、省依法治省办等牵头单位分别按法治宣传工作的不同要求，采取形式多样的方式实施。新闻媒体加大了法治宣传力度，全年省主要报刊刊发有关法治广东建设的报道 1250 多篇，制作刊播专题 70 期。广播电视滚动播出禁毒公益广告近千次。法治广东宣传教育的手段更多样，内容更丰富。积极开展法治广东宣传教育周活动，举办以“依法治国与国家治理体系、治理能力现代化”为主题的第十一期法治广东论坛，探讨国家治理体系和治理能力现代化。开展国家宪法日暨“法治校园·春雨育苗”广东省青少年法治宣传活动。举办广东省大中学生法律知识网络竞赛，共有 22 万多名大中学生参与。针对重点人员开展法治宣传教育。加强领导干部法治教育，将法治学习纳入省委理论学习中心组和全省各级党委（党组）中心组的学习内容。组织全省领导干部公务员网上学法统一考试，参加者近 60 万人。汕尾市针对毒品多发地区，开

展“珍爱生命，远离毒品”法治教育主题活动，举办禁毒图片展，召开宣判大会。清远市建立青少年法制教育基地 22 个，组织 40 名志愿律师对接县（市、区）青少年法律服务活动。2015 年，“六五”普法规划圆满收官，法治宣传教育覆盖面不断扩大，公民法治意识进一步提升。大力开展微电影、动漫等法治文化作品征集评比和学习宪法、遵法守法专题活动，开通“广东普法”微信号和法治育民网站，开办电台“以案说法”栏目，新媒体在普法中的作用进一步发挥，普法载体和工作平台有效拓展。2016 年，组织形式多样的法治宣传教育活动。成立“七五”普法讲师团，深入推进法律进机关、进乡村、进社区、进学校、进企业、进单位。开展“大力弘扬法治精神，协调推进‘四个全面’战略布局”为主题的第八个法治广东宣传教育周活动。选送 4 名学生参加全国学生“学宪法，讲宪法”演讲比赛，获一等奖 3 项、二等奖 1 项。

3. 注重法治文化示范点建设

2013 年，广东省以全省首批法治文化建设示范点为引领，深入开展机关、校园、城乡、企业法治文化建设，继续做好法治文化建设示范点的培育工作。推进法治文化“一市一品牌”建设，打造一批群众喜闻乐见、有较强影响力的法治宣传品牌。2014 年，广东总结推广了“一市一品牌”项目典型经验。各地坚持法治文化建设“一市一品牌”战略，持之以恒地抓好本地特色的法治宣传教育工作，着力打造具有地域特色的法治文化品牌。梅州市组织的“法治宣传百镇千村行”和“普法宣讲进百校”活动，深受群众欢迎。开展培育了第二批法治文化建设示范点工作。省依法治省办会同省委宣传部、省精神文明办、省教育厅、省文化厅、省普法办、省总工会等单位，做好示范点的考察、调研、指导、培育工作。经过核查确认，授予 71 个单位“广东省法治文化建设示范点”称号。

4. 强化法治文化阵地建设

2013 年，广东结合文化强省建设，抓紧建设一批法治文化宣传设施。利用公园、绿道等公共场所建设法治宣传阵地。利用报纸、电视、网络等新闻媒体开展法治文化宣传活动。2014 年，中山市建立法治国情调研中山基地，系统总结地方法治建设经验；潮州市开展“韩愈法治思想征文活动”，加强韩愈法治思想研究，搭建法治文化建设新载体；揭阳市结合青年修身讲堂活动，推进青少年群体服务管理和预防犯罪工作；韶关市在各主要新闻媒体开辟普法专栏；肇庆市设立“法律诊所”，组织 24 名普法志愿者按月轮值“坐诊”，提供免费法律服务；云浮市将法治宣传教育融入特定时间节点，借助“12·4”国家宪法日等专项活动日宣传法律知识；珠海市开展法治珠海宣传月活动，在 7 月至 8 月集中宣传法律知识；阳江市通过发放法治春联、年画、日历等形式开展法治宣传，推动群众依法表达诉求、依法维护权益。2015 年，广东开展以“弘扬宪法精神、建设法治广东”为主题的法治广东宣传教育周系列活动，省直有关单位和 21 个地级以上的市共组织开展了 188 项活动，形式包括法治讲座、文艺活动、法治大型宣传、公务员法律知识考试以及公共法律咨询 6 个方面，受众范围覆盖全省 25931 个基层村（社区）的广大基层群众、100 多所高校和 1.7 万多所中小学的全体师生以及大中型企业单位职工。2016 年，全年新建法治公园 70 个，新建法治广场 53 个。新建“广东普法”网站，全省司法行政系统现有法治宣传网站 276 个、微信公众号 394 个、微博 150 个，定期推送法治热点，开展群众喜闻乐见的普法教育。2017 年，广东全省建成 36 个市级、522 个县（区）级法治文化主题公园，在建 53 个市级、287 个县（区）级青少年法治教育实践基地。全省现有市、县级法治报刊栏目 229 个，市、县级电视法治频道 191 个。全省各级妇联组织开展 2608 场次法治宣传活动，专题讲座 2820 场。同时，2017 年广东突出抓好青少年法治宣传教育，在全省大中小学开展“学宪法，讲宪法”系列活动，制订推进青少年学生法治教育工作方案，集中培训 400 名法治教育骨干教师，保障法治知识课程正常开设。团省委依托广东省 12355 青少年综合服务平台，接受咨询 81326 宗。开展全省青少年法治暨禁毒微电影大赛活动。

5. 推进法治理论研究

理论是前进的向导。广东在法治宣传教育中十分注重推进法治理论研究。2013 年，中共广东省委政法委开展了依法执政、依法行政专题理论研讨活动，配合中国社会科学院法学研究所继续开展了法治国情课题研究，以加强“法治思维·法治意识”为主题，举办了一期法治广东论坛。2014 年，中共广东省委政法委充分发挥“1 个中心+X 个基地”的法治理论研究平台作用。与中国社科院法学所合作开展“法治建设在广东”专题调研，对广东省推进法治建设方面的探索予以总结，梳理经验。

（二）深入推进多层次多领域依法治理，有效化解社会矛盾

依法治理是在普法基础上产生的法治实践活动，是社会主义市场经济建立健全中产生与发展的，是伴随着我国法治社会建设的不断推进而等比例发展、演化的。十八大以来，广东深入推进多层次多领域依法治理，有效化解了各种社会矛盾。

1. 深入开展法治城市、法治县（市、区）、法治镇（乡）创建活动

2014 年，广东深入推进珠三角地区法治创建示范区工作。省依法治省办印发《关于深入推进珠三角地区法治创建示范区工作方案》，联合省司法厅、省法

制办开展专题调研督导，查找创建过程中存在的问题及原因，研究对策。继续开展法治城市、法治县（市、区）创建活动。根据司法部工作部署，开展“全国法治县（市、区）创建活动先进单位”评选，以评选带动创建活动的深入开展。各地不断完善创建模式，加大工作力度，促使法治创建工作上新台阶。佛山市出台《法治佛山建设实施意见》，为顺利推进法治佛山建设提供指引。加强法治镇（乡）创建工作。召开深入开展法治镇（乡）创建工作会议，对全面推进依法治镇（乡）进行再动员、再部署。全面推行乡镇（街道）领导干部驻点普遍直接联系群众制度。惠州市把法治镇（乡）创建作为重点工作来抓，建立健全法治镇（乡）创建工作机制。继续开展法治示范校创建活动。省教育厅全面推动学校法治建设，制定了《广东省开展创建1000所依法治校示范校行动计划实施方案》，扎实推进学校章程建设，现代学校制度建设不断加快。2016年，广东深入推进了法治创建活动，加强了法治创建活动的规划部署，广东省委依法治省办大力组织法治创建活动，明确提出到2018年，全省县（市、区）、乡镇（街道）基本达到省级法治创建标准；到2020年，各地级以上市、各村（社区）、各大中小学基本达到省级法治创建标准的目标。同时，重点推进法治乡镇（街道）创建活动。在805个乡镇（街道）推开法治创建活动，经自评和交叉评估，珠三角地区60%以上、粤东西北地区35%以上的乡镇（街道）达到省级法治创建标准，超额完成年度工作指标。中山市加大创建投入和考核力度，全市24个镇（区）100%达到省级创建标准，提前两年完成法治乡镇创建任务。推进多层次多形式法治创建活动，为全面推进依法治省探索了经验，促进了法治建设在各领域的有效落实。2017年，广东全面推开法治建设“四级同创”活动，制定了全面推开法治建设“四级同创”活动的实施意见，建立法治建设“四级同创”活动示范点247个，组织各地开展民主法治村（社区）创建承诺活动，推进法治创建一对一挂钩联系示范点活动。截至2017年底，全省70%以上县（市、区）、90%以上乡镇（街道）、50%以上村（社区）达到省级法治创建标准。深入推进依法治校创建活动。39%以上学校达到省级依法治校的基本标准。开展第四批示范校创建活动。2017年全省共有858所依法治校示范校。

2. 强化村（居）民自治组织的民主建设

2014年，广东依法开展第6届村委会和第5届社区居委会换届选举。顺利完成全省19589个村、6518个社区换届工作。加快推进村务监督委员会建设。研究制定《广东省村务监督委员会工作规则（试行）》，明确成员构成、职责权限和保障措施，保证依法独立行使监督权。目前，全省98.2%以上的村建立了村务监督委员会，初步发挥了对村务活动的监管作用。梅州市所有的行政村、居委会均建立了村（居）务监督委员会。增城石滩镇下围村推行“一事一议”的决策机制，保障村民监督权利，从负面形象较多的“问题村”“上访村”，转变成为广州市的文明村。2017 年，广东加强了村（社区）换届选举工作组织部署。广东省委、省政府召开电视电话会议部署换届选举工作。全省 19599 个村、6543 个社区全部顺利完成村级换届选举，村（居）民参选率高，党组织候选人和村（居）委建议人当选率高。加强换届选举工作的巡查督导。省专门成立村级换届工作专项巡视组，到 21 个地市覆盖开展专项巡视，专项巡查督导覆盖所有村（社区）。全省共排查出重点、难点村（社区）1617 个，打掉一批破坏“两委”换届选举涉黑恶团伙违法犯罪案件。

3. 加强村居法治建设，推进一村（社区）一法律顾问制度

2014 年，广东在惠州等地试点的基础上全面实施一村（社区）一法律顾问制度。广东省委办公厅、省政府办公厅印发了《关于开展“一村（社区）一法律顾问”工作的意见》，明确以政府向律师提供补贴的方式，为全省村（社区）配备法律顾问。广东省司法厅发布了村（社区）法律顾问工作检查评估等 9 个工作指导意见和指引。2014 年，全省有 16206 个村（社区）与律师事务所签订了服务合同；律师共为村居民提供解答超 12 万人次，审查合同 5500 多份，直接参与调处矛盾纠纷 15000 多件；举办法制讲座 8100 多场次，受众超 70 万人，有效满足了基层法律服务需求。2015 年以后，广东一村（社区）一法律顾问逐步建立健全。2015 年，全省村（社区）法律顾问为群众提供法律咨询近 28 万人次，修改完善村规民近 4000 份，直接参与调处矛盾纠纷 20000 多宗，参与处理群体性、敏感性案件近 1200 件，举办法治讲座上法治课 54000 多场次。2016 年，全省村（社区）法律顾问共为基层提供服务 45 万人次，直接参与调处矛盾纠纷超 1 万宗，举办法治讲座 8. 6 万多场次。湛江市组织 322 名律师担任全市 1799 条村（社区）的法律顾问，为群众提供法律咨询 89240 多人次，为村（社区）修订村规民约 1318 条、审查合同 5512 件。2017 年，全省共有 1271 家律师事务所、6420 名律师参与村（社区）法律顾问工作，全年共举办法治讲座超 11 万场次，为基层提供法律服务超 55 万人次。

4. 不断完善公共服务平台

公共服务平台建设是依法治理的新型方式。十八大以来，广东不断完善公共服务平台，促进社会和谐互动。2015 年，全省有 69 个县（市、区）、751 个镇（街）、8843 个村（社区）的公共法律服务实体平台初步建成并运行。建成全省统一的“12348”公共法律服务热线、网上公共法律服务大厅并试运行，初步实现法律服务的“全省一站式”网上提供。2016 年，广东全面完成县镇村三

级公共法律服务实体平台建设。138 个县（市、区，含功能区）、1621 个镇（街）、25793 个村（社区）建立公共法律服务实体平台，为基层群众提供丰富的公共法律服务。正式开通全省统一运行的“12348”公共法律服务热线及网上服务大厅。“12348”热线已累计解决逾 50 万人次的法律咨询问题，服务时长近 300 万分钟，热线接通率和服务满意度均超 98%，人民群众普遍感受到法律服务在身边。2017 年，广东实现全省县镇村公共法律服务实体平台全覆盖。开展服务质量评估工作，推进“12348 广东法网”建设，建立全国首例“12348”公共法律服务热线与 110 报警服务台联动协作机制，在全省推广应用。

5. 多元化化解基层社会矛盾

在社会治理中，广东强化各级党委政府的主体责任和相关部门的主管责任，排查化解社会矛盾，解决群众反映强烈的问题，努力把化解社会矛盾纳入法治轨道：一是着力在法治平台上解决“信访不信法”问题。2014 年，广东省委办公厅印发《在法治平台上解决信访不信法问题的分工方案》，将任务分为 24 项，明确 19 个单位作为各项工作的牵头、协助单位，提出完成时限。推动《广东省信访条例》（以下简称《信访条例》）的试点及实施。组织 21 个宣讲团到 21 个地级以上市和 40 多个省直单位进行宣讲，接受宣讲的领导和机关干部超过 12 万人。在 21 个县（市、区）开展贯彻实施《信访条例》、运用法治方式解决信访突出问题的试点，制定实施《信访条例》的配套措施，进一步促进广东省信访工作法治化。稳妥推进涉法涉诉信访工作改革，制定《关于进一步做好我省涉法涉诉信访工作的若干意见》，建立诉访分离制度和涉法涉诉信访事项导入司法程序机制，完善涉法涉诉信访事项终结制度。2015 年，广东省、市、县三级信访总量 302069 件/人次，比 2014 年下降 12.3%。群众到省上访批次同比下降 12.3%，进京非正常上访批次同比下降 21.4%，到省上访中的缠访闹访人次同比下降 50.1%，信访秩序持续好转，全省信访呈现“三下降一好转”局面。二是继续推进和扩大按法治框架解决基层矛盾试点工作。加大按法治框架解决基层矛盾试点工作力度。2014 年，广东组织新闻媒体对按法治框架解决基层矛盾试点单位进行集中宣传报道。在全省原有的 5 个试点单位基础上，新增了 27 个试点单位，有序推进试点工作向深度开展。2015 年，责任书中的 39 项工作任务，各市完成率平均达 96%，其余工作也都正在推进中。21 个地级以上市经市委书记、依法治市工作领导小组组长签名确认，已做好全面推开按法治框架解决基层矛盾的各项准备工作。三是重视发挥各级机构在化解基层矛盾中的作用。扩大社会组织参与社会管理的渠道。建立健全社会组织参与社会事务、维护公共利益、救助困难群众、帮教特殊人群、预防违法犯罪的机制，在重大决策过程中听取社会组织意见。2014 年，广东省人力资源和社会保障厅完善劳动争议调解组织和制度建设，推进乡镇街道调解组织和调解工作示范单位建设。重视发挥行政复议在解决行政争议中的作用。加强行政复议委员会试点工作，建立健全行政复议开庭审理制度，2014 年省法制办共办理行政复议案件 452 宗，行政应诉案件 112 宗。发挥人民调解化解社会矛盾的“第一道防线”作用。全省人民调解组织依法及时就地化解矛盾纠纷，共开展排查纠纷 75448 次，预防纠纷 33988 件，调处矛盾纠纷 329605 件，调解成功率达 97.67%。开展企业依法治理工作。省企业联合会成立了由 42 家律师事务所 84 名律师组成的广东省企业维权顾问团，协助解答了企业咨询的法律问题 100 多个，得到企业的好评。东莞市总工会与市律协试行律师进企业工会制度，积极构建和谐劳动关系。

（三）加大建设力度，法治化营商环境逐步形成

2012 年 10 月，自中共广东省委办公厅、广东省政府办公厅颁发《广东省建设法治化国际化营商环境五年行动计划》以来，尤其是十八大以来，广东省政府批准推进深圳、珠海、汕头、佛山、惠州、中山等法治化营商环境建设试点以来，广东各级党委、政府高度重视，采取了行政审批制度改革、商事登记制度改革、行政投资体制改革等一系列措施推动法治化营商环境建设，取得了显著成就。概括起来，主要体现在以下几个方面。[①]

1. 法治化营商环境建设的前提：市场法规体系初步形成

市场法律体系是一个系统，包括产权保护制度、商事制度、贸易投资管理制度和法律救济制度等一系列制度，包括国家层面的市场法律体系和地方层面的市场法规体系。中国特色社会主义市场法律体系虽已初步形成，但幅员辽阔、区域发展极度不平衡的现实以及贯彻实施国家市场法律体系的需要，由地方立法形成市场法规体系成为必要。近年来，广东省先后制定修改了《广东省自主创新促进条例》《广东省促进科技成果转化条例》（2016）、《广东省商事登记条例》（2016）、《广东省市场监管条例》（2016）、《广东省行政许可监督管理条例》（2015）等系列地方性法规、规章，各设区的市也先后制定修改了《广州市商事登记暂行办法》（2014）、《深圳经济特区商事登记若干规定》（2013）、《珠海经济特区商事登记条例》（2013）等系列地方性法规、规章。法规、规章的制定、修改，初步形成了广东特色的市场法规体系，为创新驱动、法治化营商环境建设提供了良好的法律规范基础。

---

① 朱最新. 广东法治化营商环境建设的现状、问题与完善对策［R］. 广州：广东构建法治化营商环境研究，2017.

2. 法治化营商环境建设的重要目标：产权保护日益加强、企业税费成本大大减低

严格知识产权保护是产业转型升级的客观要求，是创新驱动的根本保证。各级行政机关在完善知识产权执法体制的同时，采取各种措施强化知识产权保护。深圳在调整知识产权损害赔偿标准、合理划分举证责任和建立惩罚性赔偿制度等方面先行先试，并积极探索创新互联网知识产权保护新模式；广州设立专利维权及维权服务项目专项资金，协助企业专利维权；佛山市成立智能卫浴知识产权联盟，提高行业抵御风险的能力；中山成立家电知识产权快速维权中心，便利企业维权。这一系列措施有力地强化了广东区域内的知识产权保护，增加了企业科技创新的原动力。据课题组针对珠三角企业的调查发现，各类企业对政府知识产权保护满意的，占 42.67%；不满意（差和极差）的，仅占 10.67%。企业是以谋利为目的的，成本是企业最敏感的神经，在一定程度上会决定其去留。2016 年，广东通过降低住房公积金缴存比例，实行省定涉企行政事业性收费“零收费”等措施，有效地减轻了企业负担。2016 年，仅广州市就为企业减负约 45 亿元。成本的降低增强了企业的竞争力，优化了企业生存环境。

3. 法治化营商环境建设的核心：法治政府建设成效显著

法治政府建设是法治化营商环境建设的核心要素。广东法治政府建设取得明显成效，得到了民众广泛认可。据课题组针对珠三角企业的调查发现，各类企业认为政府机关办事效率差、极差的，均只占 2.67%；认为政府机关公开性差的，只占 10.67%；而认为政府机关执法规范的，高达 90.66%。在相关信息存在矛盾冲突时，选择相信政府的，也达 65.33%。广东法治政府建设成果，概括起来主要体现在四个方面：①实行“权责清单制度”，规范权力来源。2015 年底，广州、深圳等地都已完成并向社会公布市级机构的全部权责清单。这一措施划定了权力边界、规范了权力运行，让“看得见的手”依法行事、受到约束。②行政审批日益便利化、规范化。优化和规范行政审批是营造良好营商环境的客观需要。广东各地采取各种措施推动行政审批改革。在完成行政审批事项目录管理的基础上，广东省级职能部门行政审批标准化制度的实施、深圳市商事主体行政审批权责清单制度的推行、广州市行政审批的流程再造、佛山禅城的“一门式”服务等系列改革措施有力推动了行政审批的便利化、规范化。如，广州、惠州、东莞、佛山等市向社会承诺的投资审批时间已压缩到 30 多天，落地速度大大提升。佛山禅城建立了规范便捷高效的“互联网+政务服务”的“一门式”法人政务服务体系。③规范行政监管，落实执法责任。强化行政

监管是构建法治化营商环境的重要一环。围绕谁来监管，如何监管，如何监督监管，各地采取多种措施规范行政监管，落实执法责任。如，东莞确立“谁审批、谁监管，谁主管、谁监管”的行业监管格局，推进企业信用体系建设，探索建立跨部门信用约束管理制度，打造事后监管的“东莞模式”。深圳“在出入境检验检疫、房地产开发和中介服务、证券交易等领域开展信用等级评定和分类监管，优化经济秩序，规范企业运作”。① ④注重政府服务便利化。政府服务便利化是良好营商环境的基础。为此，东莞按照“信息互换、监管互认、执法互助”的要求在全国率先实现“三互”大通关水陆一体化；广州推进企业投资备案事项全面实行网上备案；深圳全力打造前海社会主义法治示范区。

4. 法治化营商环境的关键指标：社会信用体系日渐形成

社会信用体系也称国家信用管理体系，是保障社会经济持续、稳定、高效发展的一种长效管理机制，它是以信用法律法规为依据，以信用专业机构为主体，以合法有效的信用信息为基础，以解决市场信息不对称为目的，使守信者受到激励，失信者付出代价，保证市场经济公平和效率的一整套社会信用管理和服务机制。② 2014 年，国务院印发《社会信用体系建设规划纲要（2014—2020 年）》，这是我国首部社会信用体系建设的国家专项规划，既表明国家将加快推进社会信用体系建设，也说明我国信用体系建设还处于起步阶段。作为改革开放先行地和示范区，广东十分注重信用体系建设。党的十八届三中全会提出建立健全社会征信体系，褒扬诚信，惩戒失信。中共广东省第十一次党代会和省委十一届三次全会进一步明确要求加快建设社会信用体系。2014 年，基于现阶段世情、国情、省情的深刻变化对广东省加快建立健全社会信用体系的迫切要求，省政府印发《广东省社会信用体系建设规划（2014—2020 年）》，提出以加强政务诚信、商务诚信、社会诚信和司法公信建设为主要内容，突出社会成员信用信息的记录、整合和应用，坚持自律与他律相结合，着力建设诚信文化，着力建设覆盖全社会的信用信息系统，着力规范发展信用服务市场，着力构建守信激励和失信惩戒机制，努力提高全社会的诚信意识和水平，全面建设信用广东，为实现“三个定位、两个率先”的目标营造良好发展环境的总体要求。2016 年，广东深入推进信用建设，印发了《广东省建立完善守信联合激励和失信联合惩戒制度的实施方案》，加快社会信用体系建设。2016 年，广东

① 黄吉乔，等．推进深圳法治化、国际化营商环境建设的国际比较分析及启示［J］．市场经济与价格，2014（2）：42-47．

② 杨烨，等．变革与突破：中国资本市场发展研究（上册）［M］．北京：中国财政经济出版社，2014：180．

省级公共信用信息管理系统已归集 44 个省级部门、21 个地级以上市 3 亿多条信用信息，全省 21 个地级以上市基本搭建了地市信用信息平台和当地信用网站。2017 年，广东进一步加强了社会信用体系建设。广东省公共信用信息平台归集 44 个省级部门、21 个地市的 28 亿条信用数据。

七、广东全面依法治省的基本经验与未来展望

2018 年是全面贯彻党的十九大精神的开局之年，是改革开放 40 周年，是决胜全面建成小康社会、实施“十三五”规划承前启后的关键一年。站在新时代的发展坐标上，广东应当全面客观系统地挖掘、总结、分析广东践行贯彻中国道路、中国经验，全面推进依法治省实践的基本经验，以习近平新时代中国特色社会主义思想为指导，按照“三个定位、两个率先”“四个坚持、三个支撑、两个走在前列”的要求，科学立法、严格执法、公正司法，担当起构建经济高质量发展体制机制，推动国家治理体系和治理能力现代化，形成全开放新格局，在营造共建共治共享社会治理格局上走在全国前列的时代新使命。

（一）十八大以来广东依法治省的基本经验

十八大以来，广东依法治省取得了巨大成就。对其进行认真研究和探索，可以总结出众多宝贵经验，从而为我们今后加快法治广东建设打下了坚实基础，为全国各地推进法治建设提供“广东经验”“广东样本”。

1. 坚持党的领导：广东依法治省的根本保证

“党政军民学，东西南北中，党是领导一切的。”① 广东依法治省工作的最大特点就是始终坚持党对依法治省工作的统筹领导。党对广东依法治省工作的统筹领导主要体现在五个方面：①自觉维护党中央权威和集中统一领导，自觉在思想上、政治上、行动上同党中央保持高度一致，依法治省中的重大事项及时向中央请示汇报。②建立省委全面依法治省工作领导小组，督促各级党政主要负责人严格履行推进法治建设第一责任人职责，建立健全《党政主要负责人履行推进法治建设第一责任人职责规定》相关配套制度，加强对推进法治建设履职情况的督查和问责，全面加强对依法治省工作的组织领导。③通过自觉严格遵守法律法规来实现党的领导。党领导立法。我国的法律法规是党领导人民制定的，体现了党的意志和人民意志的统一。依法治省中严格遵守法律法规，就是党的意志的实现。④通过贯彻执行党的路线、方针、政策来实现党的领导。

① 习近平．决胜全面建成小康社会　夺取新时代中国特色社会主义伟大胜利 [EB/OL]．人民网，2017-10-28.

党的领导主要是通过党的路线、方针、政策来进行的。广东依法治省实践中，党的路线、方针、政策贯彻执行不仅通过立法上升为法律法规来实现，而且注重将党的路线、方针、政策作为各级国家机关履行职责的主要依据予以执行。⑤充分发挥党对依法治省活动的监督作用，保证各级国家机关依法履职。

2. 以人民为中心：广东依法治省的基本宗旨

"人民对美好生活的向往，就是我们的奋斗目标"。坚持以人民为中心是广东依法治省的根本宗旨。广东依法治省始终坚持人民主体地位，以人民为中心，以人民满意为目标，把增进人民福祉、促进人的全面发展作为依法治省工作的出发点和落脚点，坚决杜绝立法、执法中的地方保护主义、部门保护主义和个人以权谋私，坚决杜绝司法腐败。坚持以人民为中心是推动广东依法治省的力量来源。"群众对自身利益最关切，对矛盾纠纷产生的原因、存在的症结最清楚，解决起来最有智慧。"① 广东依法治省始终坚持群众路线，把群众路线和法治思维结合起来，紧紧依靠人民群众，自觉接受人民群众对依法治省工作的监督，不断提高人民群众对依法治省工作的认同感和信任度。

3. 贯彻中央精神与先行先试有机互动：广东依法治省的基本路径

十八大以来，以习近平同志为核心的党中央从关系党和国家前途命运的战略全局出发，把全面依法治国纳入"四个全面"战略布局，作出一系列重大决策部署，制定了《中共中央关于全面推进依法治国若干重大问题的决定》《法治政府建设实施纲要（2015—2020年）》等一系列方针、政策，提出一系列全面依法治国新理念新思想新战略。广东依法治省是中央全面依法治国新理念新思想新战略的贯彻实施，是中央全面依法治国方针、政策的贯彻实施。同时，广东是改革开放的先行地。广东人敢于人先，勇于先行先试。在贯彻实施中央精神的过程中，广东十分重视依法治省方面的先行先试。如2017年，中共广东省委贯彻落实《中共中央关于全面推进依法治国若干重大问题的决定》的意见明确要求，在维护国家法制统一的前提下，坚持问题导向，大力推进法治领域改革，努力在依法治省的重点领域和关键环节取得新突破。适应率先全面建成小康社会的要求，解放思想，勇于探索，先行先试，努力推动广东省法治建设走在全国前列。2016年，广州市为了全面贯彻中央依法行政精神，出台了全国第一部对推进依法行政工作进行全面、系统规定的地方性法规——《广州市依法行政条例》，"提出了法治政府建设的基本要求，明确了一般行政决策程序和重

① 罗先泽，等．社会主义法治文化建设研究［M］．北京：中国政法大学出版社，2016：150.

大行政决策的范围及其程序，规定了保障严格规范公正文明执法的制度措施，建立行政行为的监督机制，完善了推进依法行政工作的保障机制”①。

4. 以评促建：广东依法治省的主要抓手

依法治国，建设社会主义法治国家，是国人对自近代百年以来“落后挨打”的发展困境痛定思痛后梦寐以求的制度变革与战略选择。然而，我国是一个有着长期人治传统的国家，法治是在西风东渐中传来的。在人们的血液和骨髓中一直都渗透着官本位思想和对权力的迷信。虽然经过改革开放的洗涤，公民权利意识有所觉醒，但权力崇拜并未消失，推动依法治省的社会力量仍然非常薄弱。依法治省主要是依靠党和国家权力，尤其是政府权力的自我推动。在这种现实国情下，考评就成为全面推进依法治省不可或缺的重要抓手。通过法治广东考评、依法行政考评把依法治省的原则和要求转化为具体标准，将考评结果与党政领导班子和领导干部的工作业绩挂钩，从而使依法治省有了硬指标、硬约束，必将促进各级国家机关及其部门领导干部强化法治意识，提升法治能力，增强用法律规范、法律精神、法律原则思考问题和处理问题的自觉性，形成依法履职、依法决策、依法办事的良好习惯。广东2014年启动的全省依法行政工作考评，2016年启动的法治广东建设考评，成为广东依法治省的主要抓手，从多个方面有力地推动着广东依法治省的发展。

（二）广东全面推进依法治省的未来展望

十八大以来，广东依法治省的历史成就并不是毫无历史征兆的突变，而是改革开放以来广东依法治省实践过程的历史延续，是中国特色社会主义进入新时代历史背景下依法治省的质量飞跃。未来广东依法治省应当在坚持以人民为中心，坚持党对依法治省全面领导的基础上，进一步解放思想、开拓创新，结合本地实际，加快法治国家、法治政府、法治社会建设的步伐，关注人民最迫切、最关心的问题，着力于经济最活跃、最热点的领域，解决依法治省实践中最棘手、最尖锐的问题，推动依法治省全面纳入法治轨道，不忘初心、砥砺奋进，打造全面依法治省的先行示范区、广东样本。

1. 加强党对依法治省的全面领导

坚持党的领导，是中国特色社会主义法治的根本要求，也是广东全面推进依法治省应当遵循的总原则、总指导、总方针。广东依法治省工作无论是宏观的制度建设，具体的法律政策的贯彻实施，还是司法工作等工作，都离不开党的路线方针政策的正确指引。广东已经进入率先全面建成小康社会的决胜阶段，

---

① 刘庆国.《广州市依法行政条例》实施［EB/OL］. 腾讯网，2018-06-04.

协调推进“四个全面”战略布局的任务异常繁重。体制改革越向纵深推进，利益格局越趋复杂，依法治省需要调整的各种关系的难度就越大，只有始终不渝坚持党的领导，在依法治省工作中牢牢把握正确方向，把思想统一到中央、省委的部署要求上来，才能保证党的基本路线和基本方针在依法治省中得到贯彻实施，才能确保依法治省的全面实现。

2. 坚持立法引领，促进立法科学化、民主化与法治化

广东地方立法要注重与中心工作相衔接，与本省改革、发展、稳定大局相适应，想问题，办事情，自始至终都应当自觉、主动地站在全局的高度，紧紧围绕省委中心工作，统筹考虑本省的实际情况，认真贯彻落实好中央的路线方针政策和省委的部署要求。重点做到三个“统一”：一是立法进程与改革发展进程相统一。始终把服从并服务省委省政府中心工作作为政府立法工作的出发点和着力点，精心谋划，科学制订年度立法计划。二是立法决策与改革决策相统一。力求立法主动适应改革发展需要，确保广东省各项改革工作在法治轨道上不断前进。三是“立、改、废”相统一。随着改革发展向纵深推进，法规规章阻滞改革发展的情况难以避免。因此，广东地方立法应当更加注重“立改废”并举，把专项清理和日常清理工作结合起来，通过立改废并举，使不符合上位法修改和国家政策调整要求、不适应经济社会发展需要、不符合改革发展需要的法规规章得到及时修改与调整，既有效维护法制统一，又增强立法的及时性和有效性。

习近平总书记指出：“不是什么法都能治国，不是什么法都能治好国；越是强调法治，越是要提高立法质量。”① 地方立法实践证明，良善之法、立管用之法的制定，必须以建立科学的立法体制机制为保障，从而使每一项立法都能符合经济社会发展的客观规律，科学合理地设定公民、法人和其他组织的权利与义务，设定国家机关的权力和责任。作为建设中国特色社会主义的排头兵、深化改革开放的先行地、探索科学发展的试验区，广东应当进一步解放思想、开拓创新，建立健全地方立法体制机制，推进科学立法、民主立法和依法立法，提升地方立法质量，促进良法善治。其中，至少应当做到以下两个方面：一是要进一步完善立法工作机制，重点健全和落实立法项目征集和论证制度，法规规章草案征求意见及反馈制度、重大利益调整论证咨询制度等，从而通过制度规范，切实推进科学立法、民主立法，凝聚各方共识、反映人民意愿、维护人

① 全国人大常委会办公厅，中共中央文献研究室．人民代表大会制度重要文献选编（四）［M］．北京：中国民主法制出版社，2015：1579.

民利益。二是要严格依法立法，强化地方立法的合法性审查。地方立法工作将切实遵守宪法、立法法和其他上位法的规定和精神，进一步强化对法规规章草案的合法性审查，进一步明确和细化法规规章草案合法性审查标准，探索审查的合理性适当性标准，着重对法规规章草案存在的超越法定权限、突破法律行政法规有关规定等突出问题进行审查，保证立法权限合法、程序合法、实体合法，坚决防止"越权立法"和"违反立法程序立法"等问题。

3. 提升依法行政能力和素质，多管齐下推进依法行政目标的实现

法治是一个国家治理体系和治理能力的重要体现，法治水平在很大程度上决定着国家治理水平。当前，我国正处于全面深化改革开局起步的历史新方位，面临经济社会双重转型的挑战，问题复杂矛盾交织，治理难度前所未有。无论是破解难题、化解矛盾、凝聚共识，还是激发动力、促进和谐、推动发展。唯有更加自觉并善于运用法治这个集中体现现代化治理本质要求的思维和方式，在法制轨道上寻求制度化解决之道，我们才能啃下改革攻坚期的一个个硬骨头，涉过利益格局调整的深水区，使各项制度更加成熟、更加定型，促进社会公平正义，维护社会和谐稳定，保障人民安居乐业，推进全面深化改革，实现国家长治久安。① 为此，习近平同志指出："行政机关是实施法律法规的重要主体，要带头严格执法，维护公共利益、人民权益和社会秩序。执法者必须忠于法律，既不能以权压法、以身试法，也不能法外开恩、徇情枉法。各级领导机关和领导干部要提高运用法治思维和法治方式的能力，努力以法治凝聚改革共识、规范发展行为、促进矛盾化解、保障社会和谐。"② 提升依法行政的能力是一项系统工程，必须多管齐下：①确立依法行政的理念。依法行政，观念先行。依法行政的理念在依法行政能力建设中居于主导地位。我们必须通过各种方式培养行政机关及其工作人员对法律的信仰，使所有行政工作人员对法律、法治拥有发自内心的尊崇和忠诚。②切实提升政府公信力。政府公信力，是法治政府的基本要素，是依法行政工作最根本的基石，也是依法行政成功的具体体现。提升政府公信力，在一定程度上就是提升政府依法行政的能力。我们必须大力加强政府诚信建设，确保政策的连续性和稳定性，防止因政府决策朝令夕改而导致社会公众无所适从，从而影响到对法律的信仰。③正确处理政策执行与依法行政的关系。政策是政党、国家或政府在一定时期内，为实现一定的目标而制

---

① 本书编写组．全面深化改革新形势下领导干部必备的 18 种能力［M］．北京：中共中央党校出版社，2014：157.

② 中共中央文献研究室．习近平关于全面依法治国论述摘编［M］．北京：中央文献出版社，2015：110.

定的行动方略。政府为了有效地管理国家和社会事务，必须根据社会政治、经济、文化发展的需要和态势，针对现实生活中的重大政策问题，及时、正确地制定政策。提升依法行政的能力，必须科学处理好政策执行和依法行政的关系：一是要坚持在政策执行中依法行政。政策执行作为将政策所规定的内容转化为现实的过程。在执行政策时要准确领会政策的精神实质，把握政策的界限，认真分析政策执行和依法行政的结合点。要自觉弄清楚哪些可以做，哪些不可以做，应该按照什么法定程序来执行政策等。二是把依法行政作为政策执行的重要手段。依法行政是政策执行活动得以进行的根本保障，依法行政、依法管理不仅具有权威性而且具有科学性和客观性。只有运用法律手段，才能消除阻碍政策目标实现的各种干扰，保障政策执行活动有法可依，有章可循，从而有利于政策的顺利实施。三是在政策与法规不一致时以法规为准绳。在实现依法治国的宏伟目标的过程中，政策发挥着重要的作用。但是，有法律规定的，一定要按法律规定，尤其是当政策与法律局部不一致时，更应如此。① ④加强对执法活动的监督，坚决排除对执法活动的非法干预，坚决防止和克服地方保护主义和部门保护主义，坚决防止和克服执法工作中的利益驱动，坚决惩治腐败现象，做到有权必有责、用权受监督、违法必追究。② ⑤着力建设高素质专业化行政干部队伍。孟子云："徒善不足以为政，徒法不足以自行。"毛泽东同志也反复强调："政治路线确定以后，干部就是决定因素。"③ 法治政府建设的目标确定后，行政干部队伍，特别是领导干部是否具有依法行政的意识和能力对全面推进依法行政，建设法治政府至关重要。依法行政意识，包括宪法法律至上的意识、法律面前人人平等的法治精神、程序意识、证据意识以及人民为中心的意识等；依法行政的能力，包括政府公信力、科学决策与有效执行能力、适用法律的能力、利益衡平的能力、提供公共服务的能力、预防和化解纠纷的能力等。为全面推进依法行政工作，必须以法治政府建设为鲜明导向，着力建设高素质专业化行政干部队伍，大力推进行政干部队伍高质量发展：①在精准科学上下足功夫。习近平总书记指出，做工作"贵在精准，重在精准，成败之举在于精准"。行政干部队伍建设只有融入精准科学理念，才能把高素质专业化要求抓实、抓出成效。干部队伍的高素质首先是指政治素质高。在行政干部队伍，尤其是领

---

① 舒天戈，孙乃龙．领导形象塑造：赢得好口碑的方法与艺术［M］．成都：四川大学出版社，2016：179.

② 本书编写组．全面深化改革新形势下领导干部必备的 18 种能力［M］．北京：中共中央党校出版社，2014：158.

③ 本书编写组．新党章学习问答 200 题［M］．北京：中共党史出版社，2016：91.

导干部的选育用管全过程中必须注重对政治忠诚、政治定力、政治担当、政治能力、政治自律的审查和衡量，对政治上不合格的“一票否决”。① 行政干部队伍的高素质也意味着法治素养高。行政干部队伍的专业化，是指建立一支专业门类齐全、成龙配套、结构合理的行政干部队伍。在选育用管全过程中必须强化行政干部队伍岗位要求的专业知识、专业能力和专业素养，使每一个行政机关工作人员都成为有岗位专业知识、懂技术，会管理和精通岗位业务的行家里手。②在营造良好选人用人生态上下足功夫。习近平总书记强调，选人用人是党内政治生活的风向标；端正用人导向是严肃党内政治生活的治本之策。② 在把好政治关、品行关、廉洁关、作风关的基础上，把善于运用法治思维和法治方式处理问题、化解矛盾、推动改革发展的人选拔到领导岗位上来，营造出学法、懂法、信法、守法、用法、护法的良好社会氛围。③在久久为功上下足功夫。习近平总书记强调，稳中求进工作总基调是治国理政的重要原则，要长期坚持。干部队伍的高素质专业化不可能一蹴而就，必须坚持稳中求进，善作善成、久久为功。③ 为此，我们必须：首先，加强行政干部选拔任用制度建设，建立把善于运用法治思维和法治方式推动工作的人选拔到领导岗位的干部选拔任用制度；其次，加强行政干部法治培训、学习制度建设，建立适合干部成长规律和行政干部队伍建设规律的干部法治培训、学习制度；最后，加强行政监督制度建设，建立健全正向激励机制与反向惩戒机制相结合的行政监督制度，从而实现高素质专业化行政干部队伍培养的制度化、法治化、长期化。

依法行政的目的在于让政府高效规范地为社会提供有效的公共服务。为实现这一目标，应当多管齐下：①推进依法行政成效考核和行政目标的落地。行政管理的落地生效有赖于基层公务员的执法能力，而基层公务员承担着上级部门考核、监督和约束的同时，还面临法定的对广大公众的社会管理职责，一些社会管理事务较多的部门甚至形成了应付上级、对抗行政相对人的思维，对依法行政目标的落地产生不利影响。建立科学的依法行政激励和约束机制显得非常必要，一方面要体现上级考核目标与实际行政困难的兼容性，另一方面应制定必要的激励措施，产生良好的行为导向。要积极理顺部门间的职能交叉或职能真空问题，充分利用地方政府的自主权，开展职能梳理和清理，确保各地方和各部门从因利而动转向因职而行。此外，杜绝一阵风的考核模式，避免过多

① 邹铭．着力建设高素质专业化干部队伍［J］．求是，2018（2）：47-48.
② 邹铭．着力建设高素质专业化干部队伍［J］．求是，2018（2）：47-48.
③ 邹铭．着力建设高素质专业化干部队伍［J］．求是，2018（2）：47-48.

的短暂性、阶段性考核产生过多的运动式行政行为，因建立日常监控为主、阶段性考核为辅的监督模式，推动日常的依法行政工作成效落地。②谨防对行政权力的不当束缚。毋庸置疑，依法限制行政权、保障公民权的行使是简政放权的必然要求，但是，也要慎防个别地方和部门过分限制行政权力的行使，导致法定职权不能行和履职用权无成效的情况发生。尤其是目前个别新闻媒体偏颇的倾向性和自媒体的无约束报道，导致出现执法人员对暴力抗法“无可奈何”，对消极抵抗或耍赖的行政相对人“无计可施”的情况。因此，要尽快理顺内部监督对外部监督的制衡关系，通过科学的内部监督达到保证行政权依法行使、行政权不受非法侵害的目的。③充分利用外部监督提高依法行政水平。目前，部分地方的外部监督停留在表层，监督工作往往被动性较大，程序化、形式化的现象屡现，对行政管理的不规范行为的根本性改观意义不大，因此，应完善外部监督机制，充分利用外部监督来提升依法行政水平：一是要坚持全国人大、地方各级人大及常委会依据监督法、组织法对依法行政工作进行监督和监察的工作机制，推动各级人大主动听取相关工作报告，备案审查相关规章、规范性文件，开展问询和工作评议，继续实现监督成效。二是要充分提升民主公开和行政公开工作水平，不断细化行政事务公开的内容和要求，逐渐推动民众监督从“知其然”向“知其所以然”过渡，并开展必要的考核评估，防止部分地方和部门变相理解和开展公开工作。④消除依法行政的区域不平衡。由于经济、社会、文化等各方面发展的不平衡，广东依法行政也存在不平衡。这种不平衡主要体现在两个方面：一是广东区域依法行政的不平衡。广东省三年来依法行政考评结果是，三年皆为优秀等次的地级以上市是深圳、广州、珠海市；两年皆为优秀等次的地级以上市是中山市；一年为优秀等次的地级以上市是汕头市。而两年皆为一般等次的地级以上市是潮州市。一年为一般等次的地级以上市是揭阳、河源、韶关、汕尾、惠州、江门、肇庆、茂名、云浮、清远市。从三年依法行政考评结果来看，广东区域依法行政发展呈现出不平衡，既有深圳、广州、珠海这样依法行政较发达的地区，也有潮州这样依法行政欠发达地区。二是依法行政纵向的不平衡性，越是基层，依法行政的意识、依法行政的能力、执行力度就越弱。因此，广东应当以完善依法行政考评为抓手，加强各地依法行政的力度，不断丰富依法行政的内涵，推动依法行政工作动态的、均衡的、可持续的发展。

4. 坚持司法为民，深化司法体制综合配套改革

我国人民民主专政的国家性质决定了国家权力的人民性。作为国家权力的有机组成部分，司法权也必将以“人民性”为其本质属性。具体来说，就是司

法权应当源于人民、服务人民、受人民监督。据此，最高人民法院《关于在人民法院工作中培育和践行社会主义核心价值观的若干意见》提出，“坚持司法为民。……努力实现司法工作服务人民、依靠人民、造福人民和保护人民的宗旨”。司法改革作为司法工作的重要组成部分，也必须坚持以人民为中心，从而充分借助其在优化司法权结构、规范司法权力运行等方面的作用，保障公正司法的实现。广东司法机关应当坚持以司法为民推进司法改革，立足于我国社会主要矛盾的历史性变化，紧扣人民群众对美好生活的向往，围绕“努力让人民群众在每一个司法案件中感受到公平正义”的司法工作目标全面展开。一方面，应当坚持优化诉讼服务，提高案件审理的质量和效率，不断深化司法公开，提升司法公信力和人民满意度；另一方面，则应当完善司法救助制度，加强人权司法保障、产权司法保护，改进民生司法工作，着力解决执行难问题，提升人民群众之于公平正义的获得感，以司法充分保障人民群众的幸福感。

党的十九大报告提出，“深化司法体制综合配套改革，全面落实司法责任制，努力让人民群众在每一个司法案件中感受到公平正义”。广东应当及时总结，推广深圳、佛山等改革试点地区的经验，持续深化司法体制综合配套改革，以不断增强广东司法改革的系统性、整体性与协同性。一是要落实司法责任制，建立健全司法监督管理制度，完善违法责任认定和追究机制，确保司法机关依法独立公正行使司法权，防止冤案错案。二是要优化司法职权配置，通过深化内设机构改革，探索司法机关购买社会服务，有效提升司法效能。三是要平衡司法资源供需矛盾，通过推动矛盾纠纷前端治理，实施涉诉纠纷二次分流，建立健全多元化纠纷解决机制与案件繁简分流衔接机制，缓解司法资源供给不足的状况。四是要深化诉讼制度改革，围绕以审判为中心的诉讼制度改革，健全刑事速裁和认罪认罚从宽机制，深化知识产权审判机制，探索构建“一带一路”争端解决机制，以司法改革服务广东经济社会发展和助推法治广东建设。五是要强化司法人员履职保障，从职业保障、待遇保障、履职保护等方面维护司法人员合法权益，提升司法职业尊严，促进司法人员依法履职。六是要加快智慧司法建设，打造司法大数据平台，完善智能辅助办案系统，拓展网络司法公开的广度和深度，以加强信息化、人工智能与司法工作的深度融合，提升司法工作的现代化水平。

参考文献

文献著作类

[1] 马克思．马克思恩格斯全集（第1卷）[M]．北京：人民出版

社，1972.

[2] 邓小平文选（第二卷）[M]. 北京：人民出版社，1994.

[3] 全国人大常委会办公厅，中共中央文献研究室. 人民代表大会制度重要文献选编（四）[M]. 北京：中国民主法制出版社，2015.

[4] 中共中央文献研究室. 习近平关于协调推进“四个全面”战略布局论述摘编 [M]. 北京：中央文献出版社，2015.

[5] 中共中央文献研究室. 习近平关于全面依法治国论述摘编 [M]. 北京：中央文献出版社，2015.

[6] 中国法学会主编. 中国法治建设年度报告（2014）[M]. 北京：法律出版社，2015.

[7] 中国法学会主编. 中国法治建设年度报告（2015）[M]. 北京：法律出版社，2016.

[8] 中国法学会主编. 中国法治建设年度报告（2016）[M]. 北京：法律出版社，2017.

[9] 中国法学会主编. 中国法治建设年度报告（2017）[M]. 北京：法律出版社，2018.

[10] 广东省人大制度研究会. 依法治省的探讨 [M]. 北京：中国民主法制出版社，1997.

[11] 广东省法学会. 广东法治建设年度报告（2013）[M]. 广州：广东人民出版社，2014.

[12] 广东省法学会. 广东法治建设年度报告（2014）[M]. 广州：广东人民出版社，2015.

[13] 广东省法学会. 广东法治建设年度报告（2017）[M]. 广州：广东人民出版社，2018.

[14] 马长生，等. 依法治省研究 [M]. 长沙：湖南人民出版社，2000.

[15] 宋功德. 行政法哲学 [M]. 北京：法律出版社，2000.

[16] 朱森林. 依法治省的理论与实践 [M]. 北京：红旗出版社，2002.

[17] 吴大华. 依法治省方略研究 [M]. 贵阳：贵州人民出版社，2002.

[18] 曹正汉. 观念如何塑造制度 [M]. 上海：上海人民出版社，2005.

[19] 汪冬梅. 中国城市化问题研究 [M]. 北京：中国经济出版社，2005.

[20] 朱容. 法治建设与区域经济发展研究 [M]. 成都：西南财经大学出版社，2007.

[21] 朱未易. 地方法治建设的法理与实证研究 [M]. 南京：东南大学出

版社，2010.

[22] 朱森林．朱森林访谈录 [M]. 北京：红旗出版社，2011.

[23] 谢新水．作为一种行为模式的合作行政 [M]. 北京：中国社会科学出版社，2013.

[24] 汪一洋．广东发展蓝皮书 [M]. 广州：广东经济出版社，2013.

[25] 江必新．法治国家的制度逻辑与理性构建 [M]. 北京：中国法制出版社，2014.

[26] 江必新．法治政府的制度逻辑与理性构建 [M]. 北京：中国法制出版社，2014.

[27] 江必新．法治社会的制度逻辑与理性构建 [M]. 北京：中国法制出版社，2014.

[28] 江必新．良善司法的制度逻辑与理性构建 [M]. 北京：中国法制出版社，2014.

[29] 江必新．领导干部的法治思维与法治方式 [M]. 北京：中国法制出版社，2014.

[30] 江必新．辩证司法观及其应用 [M]. 北京：中国法制出版社，2014.

[31] 江必新．程序法治的制度逻辑与理性构建 [M]. 北京：中国法制出版社，2014.

[32] 马怀德．全面推进依法行政的法律问题研究 [M]. 北京：中国法制出版社，2014.

[33] 马怀德．学位法研究——《学位条例》修订建议及理由 [M]. 北京：中国法制出版社，2014.

[34] 杨烨，等．变革与突破：中国资本市场发展研究（上册） [M]. 北京：中国财政经济出版社，2014.

[35] 田禾．法治中国的地方经验：广东样本 [M]. 北京：中国社会科学出版社，2015.

[36] 李林，田禾．中国地方法治发展报告 [M]. 北京：社会科学文献出版社，2015.

[37] 黄龙云．广东地方立法实践与探索 [M]. 广州：广东人民出版社，2015.

[38] 李林．四川依法治省年度报告（No. 4 · 2015）[M]. 北京：社会科学文献出版社，2015.

[39] 石佑启，朱最新．广东信访立法理论与实践研究 [M]. 广州：广东

教育出版社，2015.

[40] 杨庆育．统筹城乡改革法制保障研究 [M]．重庆：重庆出版社，2015.

[41] 罗豪才．为了权利与权力的平衡：法治中国建设与软法之治 [M]．北京：五洲传播出版社，2016.

[42] 韩大元，董彦斌．依宪治国 [M]．北京：社会科学文献出版社，2016.

[43] 姜明安．法治国家 [M]．北京：社会科学文献出版社，2016.

[44] 应松年．法治政府 [M]．北京：社会科学文献出版社，2016.

[45] 胡云腾，董彦斌．司法改革 [M]．北京：社会科学文献出版社，2016.

[46] 罗先泽，等．社会主义法治文化建设研究 [M]．北京：中国政法大学出版社，2016.

[47] 王卫国．经济法治 [M]．北京：社会科学文献出版社，2016.

[48] 刘俊海．商事法治 [M]．北京：社会科学文献出版社，2016.

[49] 张林海，等．河南全面推进依法治省研究 [M]．北京：社会科学文献出版社，2016.

[50] 李林．四川依法治省年度报告（No.4·2016）[M]．北京：社会科学文献出版社，2016.

[51] 李林．四川依法治省年度报告（No.4·2017）[M]．北京：社会科学文献出版社，2017.

[52] 李林．四川依法治省年度报告（No.4·2018）[M]．北京：社会科学文献出版社，2018.

[53] 舒天戈，孙乃龙．领导形象塑造：赢得好口碑的方法与艺术 [M]．成都：四川大学出版社，2016.

[54] 本书编写组．全面深化改革新形势下领导干部必备的 18 种能力[M]．北京：中共中央党校出版社，2014.

[55] 本书编写组．新党章学习问答 200 题 [M]．北京：中共党史出版社，2016.

报纸类

[1] 李玉妹．2018 年广东省人民代表大会常务委员会工作报告 [N]．南方日报，2018-02-05.

[2] 彭真．在首部新闻界人士座谈会上的讲话 [N]．人民日报，1984-

04-08.

[3] 中共中央．中共中央关于全面深化改革若干重大问题的决议［N］．人民日报，2013-11-16.

[4] 中共中央．中共中央关于全面推进依法治国若干重大问题的决定［N］．人民日报，2014-10-09.

[5] 涂峰．广东司法体制改革试点正式启动［N］．南方都市报，2014-11-24.

[6] 张钊．6分钟审结一宗刑案——广州试点刑事案速裁程序以来已审3500多件［N］．南方都市报，2015-12-28.

[7] 祁雷．确保法院依法独立公正行使审判权［N］．南方日报，2016-09-12.

[8] 邓新建，章宁旦．服务更便民　立案更高效——广东法院多元化诉讼服务促立案登记制惠及民生［N］．法制日报，2017-10-12.

[9] 王珊珊．不断提升刑事案件庭审实质化水平——广州中院深入开展"三项规程"改革试点工作［N］．人民法院报，2017-08-10.

[10] 丁懿．落实司法责任制需深化三项改革［N］．人民法院报，2017-10-10.

[11] 邹铭．着力建设高素质专业化干部队伍［J］．求是，2018（2）：47-48.

期刊论文类

[1] 王绍光．学习机制与适应能力：中国农村合作医疗体制变迁的启示［J］．中国社会科学，2008（6）.

[2] 周雪光，艾云．多重逻辑下的制度变迁：一个分析框架［J］．中国社会科学，2010（4）.

[3] 周佑勇．依法行政的观念、制度与实践创新［J］．法学杂志，2013（7）.

[4] 黄吉乔，等．推进深圳法治化、国际化营商环境建设的国际比较分析及启示［J］．市场经济与价格，2014（2）.

[5] 周晓平．广东商事登记制度改革实践及借鉴［J］．岭南学刊，2015（3）.

[6] 唐亚林，刘伟．权责清单制度：建构现代政府的中国方案［J］．学术界，2016（12）.

[7] 范逢春．多重逻辑下的制度变迁：十八大以来我国地方治理创新的审

视与展望［J］. 上海行政学院学报，2017（2）.

网站类

［1］习近平．决胜全面建成小康社会夺取新时代中国特色社会主义伟大胜利［EB/OL］. 人民网，2017-10-28.

［2］人民网．中共中央关于全面推进依法治国若干重大问题的决定［EB/OL］. 人民网，2014-10-29.

［3］刘倩．广东商事制度改革成效显著　多证合一群众办事少跑腿［EB/OL］.南方网，2017-08-28.

［4］索有为，林晔晗，邹兴，等．广东高院常务副院长凌祁漫推行立案登记制改革［EB/OL］. 广东新闻网，2015-04-30.

［5］章宁旦．广东行政案件集中管辖完成布局［EB/OL］. 法制网，2015-11-10.

［6］周颖．广铁法院集中管辖广州市行政案件　一年来受理“民告官”案万余件［EB/OL］. 新华网，2017-01-16.

［7］游春亮．深圳盐田法院“破冰”法官职业化改革［EB/OL］. 法制网，2014-12-01.

［8］刘庆国．《广州市依法行政条例》实施［EB/OL］. 腾讯网，2018-06-04.

外文类

［1］〔美〕理查德·罗蒂．后形而上学希望——新实用主义社会、政治和法律哲学［M］. 张国清，译．上海：上海译文出版社，2003.

［2］〔美〕诺内特，〔美〕塞尔兹尼克．转变中的法律与社会：迈向回应型法［M］. 张志铭，译．北京：中国政法大学出版社，2004.

［3］〔法〕米歇尔·福柯．规训与惩罚［M］. 刘北成，杨远婴，译．北京：生活·读书·新知三联书店，2007.

［4］〔德〕哈贝马斯．在事实与规范之间——关于法律和民主法治国的商谈理论［M］. 童世骏，译．北京：生活·读书·新知三联书店，2014.

项目组负责人：刘云甫，广东外语外贸大学马克思主义学院副教授

成　　员：朱最新　黄　喆　李福林　黄涛涛　陈用龙　刘浩　郑锐　邹建伟

执　　笔：刘云甫　朱最新　刘　浩　郑　锐　黄　喆　邹建伟

20世纪90年代广东国企改革的实践研究

国有企业作为国有经济的核心载体，是中国特色社会主义市场经济的重要支柱，是中国特色社会主义物质基础和政治基础的关键组成部分。深化国有企业改革，提升国有企业的竞争力、创新力、控制力、影响力和抗风险能力，进而做强做优做大国有资本，提升国有经济的质量和效益，是社会主义市场经济体制改革的重要内容。作为改革开放的发源地，广东省勇于先行先试，在国企改革中大胆实践探索，积累了宝贵的改革经验，对全国范围内国企改革具有引领示范作用。

本研究聚焦20世纪90年代广东省国企改革实践，以1993年为节点，对经营机制转变和建立现代企业制度进行历程回顾，对特色举措进行梳理和提炼。对于广东省在该阶段的国企改革实践中，推行的一些具体措施，比如建立现代企业制度的探索、“抓大放小”调整国有经济布局、多层次国企监管体制探索、多渠道脱困攻坚的方法等具体措施进行了效果评价和经验总结。再结合实践案例，提炼出国企改革在这一时期的经验、规律以及局限性，为下一阶段的国企改革指明了改进方向。

一、绪论

（一）问题的提出

1978年，党的十一届三中全会提出要把全党工作重心转移到经济建设上来，改革春风吹进门，国企改革要放权让利，打破政企不分。之后，国企改革摸着石头过河，逐渐转变成为“保持国家所有权，将经营权下放企业，探索多种形式的经营责任制”两权分离的模式。进入90年代，特别是1992年邓小平同志南方谈话后，政治、舆论转向。党的十四大明确提出，建立社会主义市场经济体制是我国经济体制改革的目标，这一阶段的国企改革实践经验逐渐丰富，蓝图初现，改革要从所有权层面入手成为企业发展普遍共识。同时，政府眼光也更具宏观战略性，微观企业要搞活，国有经济整体的功能定位与战略重组也很重要，而产权制度、国有资产监管、内部领导体制等系列制度都亟须完善，为国企深化改革创造条件。广东省外贸经济发达，一直以发展先行者的姿态引领和辐射其他地区，深具代表性和典型性。此时，该地区正面临着国际国内双重的挑战和压力，经济基础与上层建筑之间的矛盾逐渐显现，生产力发展与制度系统不相匹配的弊端愈见明显，为了经济社会的持续健康发展，广东省国企改革势在必行。本报告通过对20世纪90年代广东省国企改革实践的系统研究，分析该阶段的国企改革历程及具有特色的改革举措，聚焦重点发展行业、传统行业、创新行业的代表性企业和国家试点工作开展所在企业进行相关改革过程、成效及经验启示进行梳理、分析和提炼。由点到面总结广东省在市场经济初级发展阶段，围绕建立现代企业制度的国企改革经验和启示，为新时期广东进一步深化改革提供参考和借鉴。

（二）文献综述

1. 国企改革的全国性研究

1992年，中共十四大提出了建立现代企业制度的目标，后来经过“建立现代企业制度”和“优化资本结构”两次试点实践，改革积累了丰富的经验，改变了之前“摸着石头过河”的模式，在改革路径方面有了更为科学的探索。

对于90年代的国企改革，范恒山（1995）提出贯彻结构改革、制度创新，强调了分类管理的思想，按国有企业在社会发展中的地位层次，宏观把握企业层次，集中解决主要矛盾，避免以偏概全的改革“一刀切”。① 黄华（2005）总结出了产权改革与营造公平的市场竞争环境两条路径。指出了前者虽然使企业摆脱了过多的行政干预，明显提高了经营效率，增强了国有资产的保值增值，但是加剧了国家与国企之间的信息不对称问题，国家将由于交易费用的存在承担更多损失。还有权益再分配中的成本问题，由于其他改革的滞后，仅靠产权改革增加的企业产出，难以弥补全社会的产出增加。而市场竞争取向的改革，虽然尽可能避免了经营者的机会主义行为，并通过价格体系部分解放了国企的政府职能承担，但造成了更为剧烈的当事人权益变动，增加了改革阻力。② 1997年，十五大以后，全国各地中小企业掀起改革改制浪潮，翟胜明（2003）总结实践经验，以产权变动和职工去职的社会保障为切入点，提出了新的国企改革

---

① 施晓红．世纪末的冲刺——范恒山博士谈“九五”国有企业改革［J］．经济管理，1995（11）：8-11.

② 黄华．创新——WTO规则下民企发展的关键［J］．职教与经济研究，2005（3）：19-20.

路径，即保证劳动力和资本的自由流动，完善社会保障制度与金融体制，从而推动企业改革的深化，使其更加适应市场经济体制的环境变化。① 孙继军（2006）也基于产权理论，强调了公司治理的重要性，做到产权明晰与公司治理结构科学并重兼顾，完善现代企业制度，规范国企改革进程与经营秩序，增强改革效益。②

综上所述，90年代，针对政企产权等一系列问题的相关改革，学者们总结经验，开始探索在市场经济体制下，国有企业从改革实践走向制度创新层面，开始向建立现代企业制度迈进的科学路径。

2. 广东省的国企改革研究

20世纪90年代，国际格局风云多变，全球化发展迅速，国有企业外临国际紧张局势，内抗发展变化的压力，结合省内发展的具体环境，广东省的国企改革面临着更为灵活的考验。

曾牧野（1996）指出，在90年代广东省的国企改革进程中，虽然完善了配套的基础设施建设，缩小了省内地区、城乡之间的贫富差距，提高了“社会再就业”方面的保障水平；但是投资结构失衡，房地产占压资金，外贸出口急剧下降，失业压力增加等问题非常严重，给国企深化改革增加了阻力。③ 在中央提出“三年解困”目标的背景下，针对90年代广东省国企改革的现状，陈善如（1998）指出了国有企业产权结构单一、生产能力重复、企业设备陈旧、运营资金短缺等问题，提出调整所有制结构、完善配套设施、转变政府职能等方式，努力探索增创体制新优势。此外，还应该优化产业结构、提高技术水平、完善制度保障开放。④ 马洪（1999）以深圳市的国企改革为例，强调了宏观管理与微观机制并重的观点。宏观上政企分开，分离资产的管理与运营；推行多样化的公有制形式，“因地制宜”地建立现代企业制度。微观上在企业中形成特色经营机制，是建立现代企业制度的关键，比如，通过员工持股结合产权改革与激励机制；使用内部竞聘、年度淘汰等多种竞争方式提供员工积极性等。⑤

由此可见，结合广东省实际经济发展情况，学者们主要在产业结构、技术水平等方面，尤其是在微观机制、制度完善方面，对广东省的国有企业提出了

---

① 翟胜明．以产权问题和职工去职为切入点的国企改革路径［J］．经济问题，2003（11）：2-7.

② 孙继军．国有企业改革：路径的依赖及其选择［J］．甘肃科技，2006（11）：238-240.

③ 曾牧野．居安思危　知难而进［J］．广东经济，1996（7）：19-21.

④ 陈善如．广东国企改革之路［J］．广东交通，1998（4）：6-7.

⑤ 马洪．深圳跨世纪发展应注意的几个问题［J］．开放导报，1999（4）：30-32.

更高的要求。

（三）研究思路和研究方法

1. 研究思路

本文聚焦于20世纪90年代，定位广东省范围内，以1993年为节点，围绕经营机制转变和建立现代企业制度进行国企改革历程回顾。对于广东省改革实践中推行具体措施，如“抓大放小”调整国有经济布局、多层次国企监管体制探索、多渠道脱困攻坚等进行效果评价。本文选取了7个典型企业作为案例，由点到面，总结国企改革在市场经济初级发展阶段的经验。同时，本文围绕该阶段广东省国企改革的整体目标——“建设现代企业制度”，课题组进行了专题研究，讨论了当时企业在股份改革、组织制度改革完善等方面的具体改革办法，探求其对完善制度建设的促进作用。抑或是受限于当时的历史条件，这些改革办法未能实现预期效果背后的原因和改进办法。

通过案例企业的实践经验总结与专题理论分析，本文为新时期的国有企业全面深化改革提出了建设性的建议。比如，加强党的领导，充分发挥国有企业党组织的政治核心作用，为国有企业长久发展夯实政治基础；明确改革思路，以分类改革为前提优化国企功能定位，以体制机制为保障优化国企治理结构，以“管资本”为主完善国有资产监管制度，以市场化为导向创新人力资源管理制度；坚持正确的改革办法，结合顶层设计与基层探索、重点突破与协调推进、试点先行与建立容错机制，为新时期国有企业全面深化改革提供了可供借鉴的理论依据。

2. 研究方法

第一，文献研究法。文献研究法是基于报纸、档案、文件、著作等各种资料提供的内容，为研究分析提供所需的信息和相关数据，是一种最基本的搜集资料的方法。本文即采用了文献研究法，首先分析了广东省国企发展面临的国内外挑战，接着以1993年为节点，围绕经营机制转变和建立现代企业制度，梳理了广东国企改革的历程。从历史中总结改革经验，对于广东省改革实践中推行的具体措施，如“抓大放小”调整国有经济布局、多层次国企监管体制探索、多渠道脱困攻坚等进行效果评价。

第二，个案研究法。个案研究法是在认定研究对象的范围中，选取某一具有典型性与代表性的特定对象，通过搜集资料、调查分析其明显特征，并试图找出其与其他同类对象之间的共性与差异性，从而对整个研究对象群体产生更为深入的认识。比如通过广东省物资集团公司和广州海运集团的改革历程，总结广东省交通运输业在重组资产、明晰产权、优化组织结构，从而提高经济效益等方面的实践经验。立足于案例分析，本文客观肯定了该时期的改革举措在激发经营活力、完善资本布局以及提升国有经济实力方面的显著成效，也清楚认识到该阶段改革在产权归属和结构方面的制度不足，或是由于现实原因导致的政企不分而留下的长期隐患，以及在失业人员就业困难、价格调控失衡等社会保障制度方面的局限，从而为当代的国企改革指明了改进方向。

第三，比较分析法。比较分析法通过寻找群体之间的区别与联系，为进一步分类提供客观依据，是科学分类的基本前提。本文运用了横向比较法，分析广东省作为改革开放先行者独有的资源优势，比如毗邻港澳的外贸经济天然条件、发展前期政策倾斜下的投资拉动等；比较分析广东省国企与其他地区的国企之间的资源差距、历史发展模式以及经济活跃程度等方面差距，探究广东省的国企改革经验是否具有在其他地方推广的可能性，从而评估其改革措施的科学性与可持续性。

（四）研究可能的创新点和研究的难点

1. 研究可能的创新点

本论文立足于案例分析，详细梳理了大量资料，基于企业改革历史的细化研究可能是本论文的创新点之一。研究过程中备选的案例企业数量达到 50 个，最终平衡了资料翔实程度、企业典型性、举措创新性等要素，选取了 7 家企业在报告中呈现。这些企业改革史料作为本文重要的参考资料，为后续的研究与分析带来了很大的帮助。此外，本文的创新点还可能是采取横向对比方法，分析广东省特殊的资源优势，探索该地区的国有企业改革经验在其他地方推广的可行性，从而为评估改革措施是否具有可持续性提供了参考依据，检验这些取得暂时性成效的措施背后真正利于“现代化企业制度”建设的可持续性因素。

2. 研究的难点

一是本文案例分析的主要对象是 20 世纪 90 年代的大中型国有企业，由于当时的环境与条件限制，许多改革过程中的资料没有得到完整地记录与保存，企业经营发生重大转折背后的原因、阻力等因素也没有得到及时披露。囿于部分资料缺失难考，我们难以完全还原当时国企改革的全貌，资料的搜集与整理给团队带来了很大的困难，所以在研究过程中选取案例企业时进行了很多取舍，在企业的典型性与改革过程的全面性方面可能存在不足。

二是本文涉及政府、国企、私人企业、职工等多个市场主体，多方主体的参与，各有其复杂性与特殊性；各方利益的博弈，各有其目标与立场，要想准确把握各主体的角色，并完成对他们在各自利益驱动下的行为分析，是本文研究的突出难点所在。

三是本文研究的范围不仅局限于在政策引领与企业创新的双轮驱动下国企改革的外在表现，还深入到了国企、民众等主体的意识形态问题，这些社会思潮的前后转变，也为研究增加了难度。

二、20 世纪 90 年代广东国企改革的背景及意义

（一）广东省国有企业改革的背景

1. 广东国有企业发展面临的挑战

1992 年的十四大报告提出建立社会主义市场经济体制的目标，要把社会主义基本制度和市场经济结合起来，建立社会主义市场经济体制。国有企业作为国有经济的重要支柱，随着 80 年代后期产能的持续扩张，其改革模式也从原来以“利润承包”为目的的“放权让利”，进入以制度创新为目标的新阶段。作为我国改革开放先行地的广东省，国有企业数量居全国首位，高达 19873 户，占全国各地区国有企业总数的 7%，但管理制度落后、生产效率低下、经营亏损问题突出。① 20 世纪 90 年代，国际格局天翻地覆，全球化迅速发展，国企发展面临着外部的挑战和内在压力，改革迫在眉睫。

（1）外部挑战

广东省毗邻港澳，港口众多，发展外贸经济有着得天独厚的地理优势。1979 年 6 月，广东省向中央上报了《关于发挥广东优势条件，扩大对外贸易，加快经济发展的报告》，1979 年 7 月中央批转该报告，即中发［1979］50 号文，赋予广东“特殊政策、灵活措施”。十一届三中全会以后，广东省的深圳市、珠海市、汕头市被选中成为改革开放试验区，被允许引入外资，扩展对外经济贸易。长久以来，广东形成了发达的外向型经济，成为其经济的重要组成部分。

为了适应市场化、社会化的要求，政府应当从宏观管理角度，改革财务、关税、汇率、外贸等多方面体制；企业应当引进先进的科学管理和经营方法，以市场需求为导向决定营销策略，践行“自主经营、自负盈亏、自谋发展、自行约束”的机制，而这些都有赖于国有企业改革的深化。改革之际，90 年代国际形势风起云涌，世界经济发展开拓了新格局，这些都为广东开放型经济带来了新的压力与挑战。

90 年代初期，东欧剧变、苏联解体，社会主义与资本主义之间的政治对抗走向复杂化，西方世界“和平演变”社会主义国家频频得手之后，把斗争矛头

---

① 潘岳．中国国有经济总论——历史沿革　改革历程　发展趋势［M］．北京：经济科学出版社，1997.

转向中国，开始以“人权问题”为幌子，凭借经济封锁，向中国政府施加政治压力。如美国禁止海外私人投资公司向中国提供保险、担保或者其他财政支持；暂停美国资金支持与中国有关的经贸活动；反对巴黎统筹委员会对华技术出口等。这些制裁措施，严重影响了广东省的外向型经济发展。

此外，“科技决定21世纪的话语权”已经成为各国的共识，为了占领未来的竞争制高点，各国都开始致力于高科技的研发，大力支持高科技产业的发展。聚集在西太平洋沿岸的第一批新型工业国家和地区，开始外移传统产业，向高技术产业过渡。该过程中大量的资本外溢，许多东南亚发展中国家因此受益，如泰国、菲律宾等，作为第二批新兴工业国，对第一批工业国外移产业和外溢资产展开了激烈的争夺。而这些第二批新兴工业国，成了广东省进一步发展外向型经济的竞争对手和威胁者。广东省迫切需要加快改革进程，推动国有企业现代企业制度建设，提升国有企业的经营活力，以便抓住发展机遇。

（2）内部压力

首先，面临资金供给压力。1988年，中国经济发展面临地区之间不平衡的问题，邓小平据此提出了“两个大局”的战略构想。一个大局，即沿海地区加快对外开放，先富起来，广东经济的迅速发展，离不开中央政府在政策、地域、人力、资金等方面的支持。另一个大局，就是当沿海地区发展到一定时期，要拿出更多的力量帮助中西部地区加快发展，东部沿海地区也要服从这个大局。1991年，国家取消出口补贴。从20世纪90年代中后期开始，国家调整产业结构、改变经济政策，以资金为例，当时中国的经济发展重心已经逐渐开始向中西部地区转移。西部地区自然资源丰富、建设成本低廉，资金投入的边际效益高；而广东等东部地区则恰恰相反，人工、材料成本越发高昂，生态环境破坏严重，对资金的吸引力逐渐减弱。1994—2008年，在西部大开发战略实施的背景下，GDP重心明显向西移动。90年代中后期，广东利用外资增长的比率及其在全国总份额中的比率双双下降，引资优势被大大削弱。资金供给紧张的情况下，靠资金高投入来拉动经济增长的模式已经行不通。

其次，面临增长目标过高压力。1992年，邓小平南行时曾提出，广东应争取在20年里赶超“亚洲四小龙”。在制定经济增长目标时，广东省提出GNP（国民生产总值）每年目标增长13%，固定资产目标年均增长率为28.7%的目标。然而，90年代后期，广东省的政策、资金、人力、环境等优势被削弱，原有的资金高投入型经济拉动模式动力明显不足，经济发展需要调整、转型和重构。另外，当时广东的经济发展基数已经扩大到一定规模，继续保持高速增长，势必要投入更多资源，这为经济发展带来更大的难度。还有，经济高速增长往往伴随着高通胀，特别是在90年代后期，在世界范围内生产过剩、物价下跌的背景下，广东省通货紧缩的问题日渐严重。

最后，面临“三角债”问题。90年代中后期，市场经济的春风吹遍中国，现代企业经营自主权不断扩大，国内掀起了新的一轮投资热。然而，当时的企业由于长期受计划经济思想束缚，对经济运行原理并不熟悉，普遍高估市场增长空间，导致了盲目投资、重复建设和资源错配等问题。在以纺织、家电为代表的制造业企业内部，产能过剩严重，多数国有企业的产能利用率不足40%，造成了大面积亏损。为缓解资金紧张，企业之间相互借债，市场又爆发出严重的“三角债”问题——90年代末期，银行不良贷款率高达30%，又受到1997—1998年亚洲金融危机的冲击，有效需求减少的压力延伸到供给端，国有企业发展举步维艰。

2. 国企改革目标及改革方向

20世纪90年代，国有企业改革的主要目标是建立现代企业制度。1995年以后，国企改革实施“抓大放小”的改革战略。立足于80年代后期产能逐步扩大的市场经济环境，初步探索国有企业退出机制及其合理路径，逐步完成了从“放权让利”到“创新制度、调整结构”的思路转变。①

在思想与制度方面，以前的国企改革，基本是在维持原有计划体制框架下的政策性调整。1992年邓小平同志的南方谈话，厘清了社会主义姓“资”姓“社”的疑惑，点破了市场和计划之间的关系。同年10月，中共第十四次全国代表大会召开，确立社会主义市场经济体制的改革目标。1993年底，《公司法》首次通过，而之前1992年7月，国家出台的《全民所有制工业企业转换经营机制条例》和1994年出台的《国有企业财产监督管理条例》一起，共同形成了贯彻《公司法》最重要的姊妹篇文件，为国企改革提供了强有力的法律依据——无论是解放思想的讲话，还是国家制度层面的创新，都为国家经济体制的转型奠定了思想基础，鼓励了先行者们在改革路上跨出更大的步伐。

在具体措施上，十四届三中全会出台了《中共中央关于建立社会主义市场经济体制若干问题的决定》，坚持实事求是，把增强企业活力作为国企改革的中心环节，通过一系列理论政策的突破和战略部署，落实十四大建立社会主义市场经济体制的改革目标。再经过1993年的建立现代企业制度和1996年的优化资本结构两次试点实践，广东省国企改革改变了之前“摸着石头过河”的探索模式，逐步触及产权问题，将重心放在变更生产关系、明晰企业产权以及企业制

① 张春侠．国企改革的方向与路径［J］．中国报道，2015（7）：44-45.

度的创新和完善上面，并积极探索赘余企业退出市场的合理机制。更有“抓大放小”方针显著减轻了政府负担，加速了国有大中型企业的效率创新。①

（二）广东省国有企业改革的重要意义

20 世纪 90 年代，广东省以建立现代企业制度为目标的国企改革，对推进经济体制改革、推动产业升级、强化国企服务经济社会的功能以及扩大对外开放具有重要意义。

1. 推进经济体制改革

广东是我国改革先行地和试验田。国有企业是广东经济体制改革的重要抓手，是全国国有企业乃至全国经济体制改革的引领者。党的十四大后，我国以国有企业为突破口，试点现代企业制度建设，开展经济生产领域的市场体制构建。广东以推动国有企业建立现代企业制度为契机，探索发展混合所有制经济、转变职能、加快完善社会保险制度等，有效推进了广东省经济体制改革进程，取得显著效果。如 TCL 集团股份制改造，通过进行管理层增资持股和引入海外大投资者，将 TCL 集团打造成一个多元结构的股份制公司。又如以破产清算严重资不抵债的广东国投为契机，逐步解决企业信用问题，使企业逐渐成为市场主体，对广东乃至全国市场经济体制构建具有重要意义。

2. 推动产业转型升级

广东国有企业承担产业链中的核心企业作用，是广东产业结构调整与升级的主要推动力量。20 世纪 90 年代中后期，广东省产业体系经历一次较大调整，通过推动国有企业“抓大放小”、优化国有资本布局、三年改革脱困，淘汰大量高污染、高能耗的落后产能，为产业升级腾出空间，提升重点国有企业的发展质量，带动区域产业转型升级。促进了电子信息产业、家电制造业、电器机械业、汽车产业等战略支柱性产业的腾飞。

3. 强化经济社会发展服务功能

20 世纪 90 年代是国有企业发展的艰难时期，广东国有企业一方面通过自身改革，实现自身产业布局优化，带动区域产业调整升级，同时也加快基础设施建设，解决广东铁路“东西不通”问题，建成广州港新沙区等大型海港，完成 20 世纪 90 年代最大的水利工程——飞来峡水利枢纽工程，建成深圳机场、珠海机场，为广东经济发展和产业升级创造良好环境。同时，广东省的发展吸纳了大量中西部劳动力，对于落实国家中西部大开发战略和推进建设小康社会具有积极影响。

---

① 盛华仁．国企改革：成效、问题与对策［J］．紫光阁，1999（2）：8-9.

4. 扩大对外开放

广东国有企业在我国对外开放中一直发挥桥头堡作用，是广东乃至全国探索对外开放模式、实现与国际市场对接、参与全球竞争的重要抓手。进入20世纪90年代，随着国家取消出口补贴，为深化外贸企业改革，广东推出“留成外汇有偿使用”等多项政策，激发外贸经济巨大活力。截至1999年，广东加工贸易进出口已达1000亿美元。党的十四大之后，我国加快国内外市场衔接，推动资本市场的对外接轨。国有企业尝试利用资本市场获取外部低成本资金，1997年，广东移动通信将资产注入中国电信，并随后在中国香港上市，迈出中国企业涉足国际资本市场的第一步。

三、现代企业制度与国企改革

（一）现代企业制度概念及特征

现代企业制度是以企业产权制度为核心，企业法人制度为基础，以产权清晰、权责明确、政企分开、管理科学为条件而展开的由各项具体制度所组成的、用于规范企业基本经济关系的制度体系。现代企业制度以法人制度为基础，主要以股份制形式存在，出资人以其持有股份为限承担有限责任。① 现代企业制度是伴随着社会化大生产产生而出现的企业组织制度，是与一定生产力水平和经济规模相适应的。②社会化大生产和市场经济发展，企业资本和规模越来越大，出资人所有权、法人财产权和企业经营权分离成为趋势，企业法人产权制度成为更有效率的制度。十四届三中全会对现代企业制度的基本特征进行了具体化描述，概括如下：

产权明晰。产权清晰是现代企业制度的前提。现代企业产权制度下，出资者的所有权和法人财产权实现分离。出资人所有权表现为出资人拥有股权，以股东身份享有资产收益、选择管理者、参与重大决策以及转让股权等权利。法人财产权表现为企业依法享有法人财产的占有和使用权，并对经营活动负责，企业以独立的法人财产对其经营活动负责，以其全部资产对企业债务承担责任。

权责明确。权责明确是现代企业制度的核心。要求企业资产所有者和企业法人在企业中享有的权利和承担的责任清楚、明确。需要建立健全企业法人治理结构，明确股东大会、董事会、监事会、经理层的职责，形成各负其责、协调运转、有效制衡。1999年，党的十五届四中全会通过了《关于国有企业改革

① 刘瑞明．现代企业制度三大特征的重要性［J］．现代国企研究，2019（11）：39-41.
② 赵经彻．国有企业建立现代企业制度的思考与探索［J］．管理世界，2000（2）：86-92.

和发展若干重大问题的决定》，在跨世纪之际，提出了推进国有企业深化改革和发展的完整思路，强调了“公司法人治理结构是公司制的核心”，要“形成各负其责、协调运转、有效制衡的公司法人治理结构”。

政企分开。政企分开是现代企业制度的关键。政企分开是指政府和企业在权利和义务关系明确，适应市场经济规律。企业根据市场需求自主组织生产经营活动，把提高经济效益作为目的。政府主要运用法律手段、经济手段和必要的行政手段对国民经济进行宏观调控，引导国民经济健康发展，而不直接干预企业的生产经营活动。

管理科学。管理科学是指企业内部的领导体制和组织管理制度科学合理、符合市场经济体制要求。凡实行公司制的企业，都要按公司法的规定制定有关规章制度、设置企业内部的组织管理机构，以促进企业的发展。即使是不实行公司制的企业，也应该在企业内部建立起符合市场经济体制要求的组织管理制度。

（二）现代企业制度的优势

现代企业制度的优势源于企业组织制度的优势，从而可以有效适应市场经济。① 具体表现在：

适应市场变化、抵御外部风险。现代企业的资本管理和多元化发展战略，以及法律允许范围内的适度规模扩张发展模式，有助于企业适应复杂多变的市场。其社会化融资方式和有限责任制度，也可以有效抵御市场风险。

激发企业创新。法人财产制度下，获得“独立”地位的企业在市场竞争中，追逐利润的动机激发了创新热情。公司治理结构使得具有专业管理知识的职业经理人引领企业发展。企业的激励约束机制有效激励职业经理人努力推动企业创新。除此之外，有限责任制度降低了企业创新给投资者带来的风险，增强投资者的创新意愿。

优化资源配置。现代企业制度具有强大的资源配置能力，能够通过控股、兼并、收购、合并等方式进行资产重组和资本经营，由此促进资产规模和资本增值，促进产业升级和社会资产结构的优化配置，从而提高企业的经济效率和市场竞争力。

强化对外开放功能。现代企业制度适应国际市场规则和模式。随着现代企业从产生到成长，一方面，国家制定的法律法规越来越完善；另一方面，许多现代企业在国际惯例的运作上面来越熟练。完善的法律规范和国际惯例与现代

---

① 刘明慧．现代企业制度概论［M］．北京：中国财政经济出版社，2005.

企业提高竞争水平高度相关。

（三）国有企业建立现代企业制度

90年代改革之前，我国国有企业制度建立在计划经济体制基础之上，具备如下特征：一是政企不分，企业实际上是政府附属，政府可以直接干预企业的生产经营，企业并非自主经营、自负盈亏的市场主体。二是政府集国有资产所有者和国有资产的运营者职能于一身，未建立与市场经济相适应的国有资产管理、监督、运营体制机制，国有企业并非国有资产的运营主体。三是国有企业缺乏与市场机制相适应的激励约束机制，国有企业运营效率低下。

建立现代企业制度是公有制与市场经济相结合的有效途径。建立现代企业制度可以使得国有企业成为真正的企业，即成为自主经营、自负盈亏、自我发展以及自我约束的商品和服务的生产者和经营者，成为真正的市场竞争主体。

现代企业制度能够实现投资者所有权与企业法人财产权分离，使国有企业成为市场主体。出资人所有权表现为出资人拥有股权，以股东身份享有资产收益、选择管理者、参与重大决策以及转让股权等权利。出资人不能对法人财产中属于自己部分进行直接支配，不能直接干预企业经营活动，切断了出资人对企业经营活动的操纵。法人财产权表现为企业依法享有法人财产的占有和使用权，并对经营活动负责。企业基于法人财产权行权尽责获益，进而塑造了与市场经济体制相适应的微观经济制度。

现代企业制度能够通过股份制放大国有资本功能，是公有制在市场经济下的有效实现形式。现代企业制度一般表现为公司制，而股份有限公司是公司制的主要形式。股份制是与社会化大生产相适应的企业组织和资本运营方式。国有资本通过股份制可以吸收和组织更多资本，放大国有资本效能，进而增强国有经济的控制力、影响力和带动力。

现代企业制度能够建立企业法人治理结构，形成与市场经济相适应的企业经营机制。党的十五届四中全会的《决定》要求：对国有大中型企业，要实行规范的公司制改革，建立健全法人治理结构，面向市场着力转换经营机制，即企业决策机制、激励机制、约束机制和发展机制，使其与市场经济相适应。建立企业制度需要明确股东大会、董事会、监事会、经理层的职责，要形成“各负其责、协调运转、有效制衡”的公司法人治理结构。通过法人治理结构下的各种机制，使国有企业成为“自主经营、自负盈亏、自我约束、自我发展”的市场主体和法人实体。

现代企业制度是实现出资者所有权与法人财产权分离，使企业成为市场主体和法人实体的组织形式；是放大国有资本功能、在市场经济条件下保持国有经济控制力的组织手段，是建立法人治理结构、形成与市场经济相适应的企业经营机制的组织基础。建立现代企业制度，是公有制经济与市场经济相融合的有效途径，是塑造社会主义市场经济微观基础的有效途径。①

国有企业要建立现代企业制度，需要完成以下任务：一是完善企业法人制度，二是确立企业国有资产投资主体，三是建立公司组织形式，四是建立科学规范的公司内部组织结构，五是改革企业劳动人事工资制度，六是健全企业财务会计制度，七是发挥党组织的政治核心作用，八是完善工会工作和职工民主管理。②

四、20 世纪 90 年代广东国企改革实践

（一）20 世纪 90 年代广东国企改革历程

广东省作为我国改革开放的先行地、试验田，在我国改革开放和建设社会主义过程中发挥了重要的作用。作为广东省国民经济的支柱力量，国有企业在广东省经济发展的过程中，为广东经济体制改革和对外开放做出了巨大贡献。其自身的改革发展，也对全国范围内其他省份的国企改革起到了辐射引领的作用。从计划经济时代到社会主义市场经济体制逐步确立，广东国有企业也从原来行政体系中的经济部门，逐渐转变成为市场中的独立主体，并发展成为现代企业。本节聚焦广东省自 20 世纪 90 年代的国企改革，探究在计划经济向市场经济转型时期，国企改革的发展历程。

1. 1990—1993 年：转变经营机制

1990 年，第七届全国人大第三次会议召开，正式提出了对于“企业日常的生产经营、一般性技术改造和小型建设等经济活动，主要由市场调节”。同年十三届七中全会召开，通过《中共中央关于制定国民经济和社会发展十年规划和“八五”计划的建议》，指出了要继续增强企业，特别是国有大中型企业的活力，建立计划经济与市场调节相结合的经济运行机制，从而进一步深化经济体制改革；提出要政企分开，两权分离，发展企业集团，加强企业管理，试行股份制、租赁制等建议。③ 1991 年，国家在外贸体制方面实施了多项重大改革举措，比如：取消出口补贴，在各类外贸企业中推行“自主经营、自负盈亏”的体制，

---

① 林兆木，常修泽．建立现代企业制度：公有制与市场经济相结合的有效途径［J］．求是，2000（4）：26-29.

② 国企改革的必由之路——建立完善的现代企业制度［J］．领导决策消息，1999（39）：2-5.

③ 陈明．国企改革历程回顾与展望［J］．商业时代，2009（27）：27-28.

赋予有条件的国有大中型企业以外贸自主权。1991年9月，中央工作会议中明确我国下一步的改革要转换企业经营机制，国务院也不再鼓励各省市国有企业继续推行承包责任制。

20世纪80年代开始，广东省便围绕“放权让利”，开始规模性地推进国企改革。改革经济管理机制，在“八厂一县”进行企业独立核算、国家征税、自负盈亏，帮助国营工业企业扭亏为盈；推行效益包干责任制，盈亏包干，进一步扩大企业自主权；实行利改税，解决政府和企业的分配关系；初探股份制改革，主要采取法人持股、内部职工持股以及社会公众持股三种形式，有序推进国有企业迈向现代化；推行承包经营责任制，全省部属，或是竞争招标，或是抵押承包，很大程度上调动了生产积极性，绝大多数企业能完成甚至超额完成承包任务，增强企业经济实力的同时，也改善了职工收入。广东省毗邻港澳，是我国对外经济发展的重要口岸。自1988年实施外贸承包经营责任制以来，市场创造力被极大激发，1990年，广东省外贸出口额突破100亿美元。

1992年7月，国务院公布了《全民所有制工业企业转换经营机制条例》，明确了企业经营权、企业自负盈亏责任、企业和政府的关系以及法律责任等相关问题。广东紧跟政策导向，于1992年8月在选定的100户工业、100户国合商业和18户国有农业企业中实施转换经营机制综合改革试点，全部落实改革方案。试点工作主要寻求以下突破：一是在技术进步、资金筹措、工效挂钩、留利使用以及用工制度等方面，各级政府主动将权力下放给企业；二是允许试点企业参照乡镇企业、“三资”企业的经营运行机制，并结合国际惯例进行探索性改革试验。同年12月，广东省又制定了《全民所有制工业企业转换经营机制条例的实施办法》，该实施办法共32条，面向全民所有制工业企业，赋予了包括经营自主权、财产占有、使用和处分权、自主定价权、自主立项权、劳动用工权、人事任免权、分配权等14项自主权。这些实施办法具有前瞻性，改革力度大，但在实践中，仅仅依靠企业内部的转换机制，改革并未收到预期成效。

总的来讲，转换经营机制阶段，广东省结合区域特色，跟随国家政策走向，边设计边施行，不断探索国企改革的方向思路和具体举措，但成效并不显著。

2. 1993—2000年：建立现代企业制度

20世纪90年代初，在市场导向性经济当中，相较于乡镇企业、三资企业等非国有企业的迅速发展，国有企业的改革明显落后。在1993年左右，盈利的国有企业仍然不足三分之一，整体亏损的情况没有得到根本扭转，许多大中型国企在税负、债务、人员、亏损挂账严重以及社会责任方面负担沉重，尚难以走出发展困境。

基于十四大提出建立现代企业制度的目标，1993 年 11 月，党的十四届三中全会审议并通过了《中共中央关于建立社会主义市场经济体制若干问题的决定》（以下简称《决定》），指出现代企业制度的五大基本特征：一是产权关系明晰，企业中的国有资产所有权属于国家，企业拥有包括国家在内的出资者投资形成的全部法人财产权，成为享有民事权利、承担民事责任的法人实体。二是企业以其全部法人财产，依法自主经营、自负盈亏、照章纳税，对出资者承担资产保值增值的责任。三是出资者按投入企业的资本额享有所有者的权益，即资产受益、重大决策和选择管理者等权利。企业破产时，出资者只以投入企业的资本额对企业债务负有限责任。四是企业按照市场需求组织生产经营，以提高劳动生产率和经济效益为目的，政府不直接干预企业的生产经营活动。企业在市场竞争中优胜劣汰，长期亏损、资不抵债的应依法破产。五是建立科学的企业领导体制和组织管理制度，调节所有者、经营者和职工之间的关系，形成激励和约束相结合的经营机制。所有企业都要向这个方向努力。

该项《决定》把党的十四大确定的经济体制改革目标与基本原则加以系统化、具体化，强调了理顺产权、完善法人制度、建立现代企业组织制度和管理制度的重要性，体现了中央对于建立社会主义市场经济体制、深化国企改革的决心和魄力。随着国企走向市场，市场竞争压力逐渐加大，广东省国有企业加快了改革步伐，进入了现代企业制度建设阶段，先后经历“抓大放小”结构调整、三年攻坚脱困、改革深化等历程。

（1）建立现代企业制度

1993 年，时任国务院总理李鹏在全国经济工作会议上提出，要推进建立现代企业制度，组织 100 家国有大中型企业开展试点工作。11 月，党的十四届三中全会通过《中共中央关于建立社会主义市场经济体制若干问题的决定》，该《决定》标志着国有企业改革从改革开放初期的政策调整转入制度建设阶段。1993 年底，全国人大颁布了《公司法》，为建立现代企业制度试点提供了法律依据。此时，国企改革形成了两线并行的格局：一方面，抓紧制定推进现代企业制度建设所必需的政策和文件，选择少数企业开展试点；另一方面，必须建立一系列与现代企业制度相适应的“基础设施”。

为贯彻中央政策，1994 年 5 月，广东省出台《关于加快建立现代企业制度的意见》，提出了“理顺产权关系、确定国有资产投资主体、推行现代公司制、加快企业内部改革”等一系列改革基本要求以及具体落实措施。在中央部署下，该年 8 月，广东确定了广州味精食品厂等本省 250 家企业试点，开展清产核资、产权界定、资产评估、债权清理等基础工作，进行现代企业制度建立的尝试。

随后，广东省政府批转《广东省现代企业制度试点工作方案》，召开全省企业改革工作会议，进行试点部署工作。

1995年11月，广州味精食品厂、深圳华强电子工业总公司、深圳市物资总公司、广东省物资集团公司、广州海运（集团）公司等5家企业率先被列入“全国100家现代企业制度试点企业名单”。这次试点实践起步早，积累了丰富的经验，虽然试点企业在“建立现代企业制度”方面没有取得实质性的进展，显得推广乏力，但使得该目标成了社会企业的普遍发展共识。1998年9月，广东省政府批转省体改委《关于发展完善我省股份有限公司的意见》，加强对股份有限公司的规范化工作，进一步推进建立现代企业制度、完善股份制企业管理。

现代企业制度建设过程中，深圳、顺德等地根据自身特点，进行了卓有成效的探索。深圳充分发挥经济特区优势，大胆推进企业制度以及企业领导管理体制改革，“经营者年薪制、职工全员劳动合同制”等先进的企业内部管理制度都是这一时期改革的成果；顺德的中小企业数量较多，便立足于产权制度，主要是在国有企业中建立企业法人制度，开展“政资分离、政企分开、明晰产权以及调整资产分布结构”工作。1996年数据显示，顺德的1001家企业中，国有持股比重从原来的90%降到了62.4%；投资领域方面，顺德国有资产的投资重点开始逐渐转向基础产业和高新技术产业，显著提升了国有资产质量和企业的经营绩效。

1990年和1991年，上海证券交易所和深圳证券交易所相继开业，我国资本市场至此进入了统一发展阶段，与此同时，广东积极推进股份制改革，开始扩大股份制改革的试点。从1992年开始，广东审慎地扩大股份制改革试点范围，新设立了一批定向募集股份有限公司。1993年，广东权省批准的股份有限公司达到218家，批准多家原有股份公司增资扩股，并批准一批内部公司转为公众公司，向社会公开发行股票并上市交易，同时推荐一批股份有限公司法人股挂牌流通。同年9月，广东省政府发布《关于发展我省股份有限公司的意见》，加强了股份有限公司的制度规范，为广东省建立现代企业制度，特别是完善股份制企业的管理工作奠定了坚实的制度基础。

（2）“抓大放小”改革①

从1994年起，为建立适应现代企业制度的“配套设施”，完善企业破产制度的重要性愈发凸显，为此国务院批准了《国务院关于在若干城市试点国有企

---

① 肖智润．关于“抓大放小”从整体上搞活国有经济的若干思考［J］．技术经济，1998（4）：54-55.

业破产有关问题的通知》，点明了“破产企业的土地使用权出让所得优先用于破产企业职工的安置”——这为每年国家拨出一定的冲销呆坏账的额度，在试点城市开展“有计划的破产”创造了条件。

1996年，国有企业亏损情况前所未有，全国破产的国企数量超过了过去9年的综合。在此背景下，次年，党的十五大从战略上调整国有经济布局，有的行业和领域要退出，在适度减少国有经济比重下，强调提高国有资产的整体质量，增强国有经济对经济发展的控制力和市场竞争力，发展多种所有制经济。按照党的要求，广东省开始调整国有经济布局，积极探索“抓大放小搞活国有企业”。

抓大方面。1996年6月，广东省印发了《关于加快发展大型企业集团的通知》，决定重点发展一批跨行业、跨地区、跨国，集工业、科技、贸易、金融于一体的综合性大型企业集团。首批选定70家企业，通过嫁接外资、实施品牌战略和工贸一体化等多种形式，分阶段推进：1997年规范母子公司体制，强化集团公司功能；1998年提升资本运营能力，构建自有品牌、技术和营销网络；1999年增强国际竞争力，进一步发挥其在全省国民经济中发挥引领和支柱作用。

截至2000年，广东试点企业竞争力明显提升，在66户工业类大企业集团中，有53户建立技术研究开发中心，有9个商标被认定为中国驰名商标，80个产品被认定为省级名牌产品。TCL、康佳、科龙、中集、深能源、华强、韶钢、广州控股、广州药业、广州电梯、广钢、开平涤纶、佛山塑料、中山精细等大企业改革发展取得突破。

放小方面。1997年12月，广东省印发了《关于加快放开公有小企业的通知》，加快公有小企业改革。在转制改革方面，分别采取注资经营责任制、股份合作制、产权转让、兼并、租赁、破产六种方式，加快对公有小企业的转制改革。在当时，“放小”的常见做法是将资不抵债的企业进行产权转让，减轻负担；而在广东顺德，则是对经营状况优良的企业进行“放小”——转让其公有产权部分，从而助力把小企业直接推向市场，转化经营机制、提高效益并优化布局国有资本。

20世纪末期，全省小企业改制面达到70%左右，尤其是在肇庆、广州、东莞、中山、韶关等地，已经超过90%，显著提升了小企业活力。广东全省国有及国有控股小企业在2000年首次实现了整体盈利。工业领域的3551家国有及国有控股小型工业企业在当年实现了产品销售收入达到635.69亿元，增长11.5%，占全省全部国有及国有控股工业企业的17.93%，利润总额为11.15亿元，由亏转盈，较上年提升了12.19亿元。

优化资本结构。1994年2月，国家经贸委在全国范围内首次选择18个城市进行“优化资本结构”试点，试点内容为：增资、改造、分流、破产。1996年，国务院决定扩大优化资本结构试点范围，经过省委的积极争取，广州、深圳两市被列入这次的第二批试点名单。该年4月，广东省印发《关于广州、深圳两市企业列为优化资本结构试点工作的通知》，强调了国有大中型企业将是这次资本结构试点的重点对象；通过推进“增资、改造、分流、破产”等一系列工作，帮助国有企业增加融资渠道和生产经营资金，减轻企业债务负担，分流富余人员和企业办社会负担，对资不抵债、不能清偿到期债务的企业依法实行破产。随后，佛山也列为国家优化资本结构比照试点城市。1997年，汕头、韶关、湛江3个城市也被列入优化资本结构试点。统观此次试点实践，广东省6个试点城市共186户国有企业灵活合理地采取了兼并、并购、破产、股份制合作、出售、租赁以及承包经营等措施，核销银行呆账、坏账达到39亿元之多，32户企业依法破产，133户企业被兼并，21户企业减员增效，在企业退出机制和路径探索方面积累了丰富经验。

1998年，经国家批准，在上述6个试点城市中，有59家企业被列入了《全国企业兼并破产和职工再就业工作计划》（以下简称《计划》），其中实施破产8家，兼并41家，减员增效10家，全年核销银行呆、坏账达18.98亿元，安置职工53891人。全省范围内，共有194家国有企业列入《计划》，总计核销银行呆、坏账49亿元，共有66亿元的国有银行债务，从劣势企业转到了偿债能力强的优势企业，处理累计亏损28亿元，113家优势企业兼并136家亏损企业。

（3）脱困攻坚

1995年左右，随着市场化转型深入，国有经济效益大不如前，此时亚洲金融危机爆发，外贸需求急剧下降——国有企业发展内忧外患、困难重重。广东国有企业陷入大面积亏损，相当部分企业在破产倒闭边缘。1997年末，全省1061户国有大中型企业，亏损企业有482户，占比高达45.17%，其中资不抵债达350户。国家核定的重点脱困企业为2350户，广东占143户，比重占全国第一。[①] 在工业领域，国有企业的负债总额已经占到所有制权益的约1.92倍，总览整个国有企业集团，已经深深陷入资不抵债的困境当中。

1997年，党的十五届一中全会明确提出，要用三年左右的时间使大多数国有大中型亏损企业摆脱困境，即“三年脱困”的国有企业改革目标。作为我国

---

① 中共广东省委党史研究室．中国共产党广东省历届代表大会及全会文件汇编［G］．广州：广州出版社，2012：687.

第一经济大省，又是我国外贸的窗口，广东省国有企业脱困对于稳定全国经济发展意义重大。1998 年，广东省下发了《关于全省国有大中型工业企业三年改革与脱困的实施意见》，采取多样化的改革措施，推动国企改革脱困。

煤炭、纺织、制糖三个行业的亏损额占全省国有大中型工业企业亏损总额的 35%以上，是广东省大中型工业企业改革脱困的重点对象。煤炭行业脱困，主要对资源枯竭、安全条件恶劣和亏损严重的矿井实施停产调整，对资源和外部条件较好，有市场需求、改制后扭亏有望的矿井实施多种形式改制，分流下岗职工 3 万人。纺织业脱困主要走减量增值、调整结构、转换机制、减员增效的模式，重点进行压锭改造。1998—1999 年，全省压缩落后纺锭 18. 76 万锭，安置下岗职工 1. 2 万人。制糖行业脱困主要以湛江为重点，解决资源不足、生产能力过剩问题，将年产量稳定在 150 万吨左右，日榨糖量从 16. 34 万吨调减到 10. 7 万吨。

脱困攻坚的举措主要包括“资产重组、改制解困、兼并破产、资金扶持、多渠道”的方式，为企业补充资本；积极利用“债转股”和技改贴息试验，促进国有企业换代更新、优胜劣汰，帮助大部分企业在整体上扭转了亏损局面；此外，办好职工再就业服务中心，做好下岗职工基本生活保障和再就业工作。[①]以债转股为例。1995 年 5 月，广东启动债转股，挑选 40 家企业向国家申请债转股，17 家企业签订了债转股协议，拟定转股金额为 232. 74 亿元。广东最大债转股企业——茂名石油化工集团，获得 114. 2 亿元债转股份额，资产负债率从 78%降为 22%。[②]

广东省国有企业脱困成效显著。1997 年，列入国家脱困考核目标的 490 户企业，至 2000 年年底已有 355 家脱困，脱困率达到 72. 45%，其中扭亏为盈有 152 家，采用兼并破产等其他形式脱困的 203 家。14 家年亏损 5000 万以上的重点脱困户，2000 家盈亏相抵后净盈利 3. 25 亿，其中 9 家扭亏为盈或大幅减亏。

（4）改革深化

1999 年，广东省委八届四次全体会议通过《中共广东省委关于贯彻〈中共中央关于国有企业改革和发展若干重大问题的决定〉的意见》，明确国企改革是经济体制改革的中心环节，要加快广东国有企业改革进程。落实中央推动行政部门与经营性企业分离的改革部署，既要促进政企分离，又要部署统一监管。

---

① 龙金红 . 资产平衡重组是推动国企改革的有效途径［J］. 北方经贸，2002（6）：24.

② 广东省委党校“债转股”研究课题组 . 广东“债转股”研究［J］. 广东经济管理学院学报，2003（3）：35-39.

1999年，广东根据中央政府机构改革要求，将分散在政府50多个管理部门以及军队、武警、政法机关移交过来的经营性企业进行整合，组建广晟、物资、广业、广新等24个集团企业。二是调整经济布局，加大企业改组力度。推动国有资本向国民经济的关键领域和重要行业集中，继续实行“抓大放小”方针，抓好50家工业龙头企业，加快国有大中型工业企业脱困工作。三是建立国有资产管理制度和国有资产管理经营机构；四是加快公司制改革；五是改革企业领导人员管理体制和收入分配制度，建立相应激励机制；六是建立企业技术创新机制，强化科学管理；七是继续改革劳动用工制度和人事管理制度；八是加大各项配套改革力度，加快政府职能转换，建立平等竞争和统一开放的市场秩序。

（二）90年代广东国企改革的重要举措

1. 建立现代企业制度的举措

（1）探索投资主体多元化

广东积极探索发展多元化投资主体，推动股权多元化，建立公司制度。广州、深圳等城市在国企改制建立公司制时，探索多种模式推动产权多元化。① 具有代表性的模式有：中外嫁接式，将国有企业的部分或者全部评估作价，与外资组成股份公司或有限公司，如广州钢铁厂、广州造纸厂、珠江水泥厂；连环改制式，以行业为主，将各企业合并，资本组合，组成新的股份公司或有限公司，广州纺织总公司；裂变重组式，将较大企业的厂、分公司业务相近的进行重组，形成集团化经营，如广重企业集团；职工持股式，中小型企业经资产评估，全资转让，职工全额购买，如增城新塘造船厂；联合出资式，两个以上的法人，自定人出资新组股份或有限公司，如金城股份公司；社会募资式，国有企业经营资产评估后，向社会募集资金入股；职工参股式，国企工会为社会法人，吸纳职工资金入股，然后持股资金向本企业投资，改企业为有限责任公司；持股改造式，国企迁出市中心异地改造，国企以技术设备、无形资产等作股，迁入地方以土地使用权及配套等作股共同组建新公司，或专利技术人员以专利技术入股，或别的企业以品牌入股等；兼并控股式，企业对面临破产的企业出资承担债务，或补充流动资金，进而获得控股权；海外募集式，国有企业在规范之后，直接到海外募资，如花都路桥等。

（2）建立国有企业法人治理结构

通过投资主体多元化，形成国有股、各级法人持股、港澳台资本持股、外资持股、自然人持股、经营者持股、员工持股和其他利益相关者持股的多元产

---

① 清彬．广州探出国企改革十条路子［J］．技术经济与管理，1996（2）：38.

权结构，构造利益共同体，克服投资主体单一不足，促进现代企业法人治理结构的形成。①

推行经营者年薪制，政府不再控制企业工资总额；实行职工全员劳动合同制，在用人上引入竞争机制，员工能进能出，管理者能上能下，向国企委派产权代表，实行产权报告制度、经营绩效考核制度和任期深化制度等；改革企业领导管理体制，政府仅管理所属资产经营公司的领导班子，其余的国有企业领导人员的管理权下放到资产经营公司。

（3）构建多层次国资监管体制

完善国有资产管理体制方面。深圳率先探索建立“三个层次”的国有资产监管体制。1992 年深圳建立国有资产管理委员会，1995 年出台《深圳经济特区国有资产管理条例》，标志着国有资产管理的法规体系日益完善，国有资产管理有章可依。1996 年重新调整组建三家国有资产经营公司，开始资产管理与人员管理相结合的实践，形成了以产权管理为主线的“国有资产管理委员会—国有资产经营公司—企业”三个层次的国有资产监管体制。国有资产管理委员会作为专司国有资产管理的职能部门，其领导成员由市政府官员和各经济类部门负责人组成；国有资产经营公司属于企业性质，具有法人地位，运用所属企业上缴的税后利润，通过投资、持股、参股、产权交易等多种形式来组建和管理国有企业；国有企业具体进行各种生产经营活动，实现国有资产的保值增值任务，是国有企业法人代表的代理人。该监管体制下，政府各部门不再直接分管企业，政府和企业间以资产为纽带的投资人与被投资人关系。“三个层次”的国有资产监管运营机制，部分解决了国有资产“主体缺位”问题，加强了国有资产的控制力。② 深圳的国资监管体制建设经验在全省乃至全国范围内产生影响和示范作用。③

2. “抓大放小”的举措

顺德的实践最具代表性。顺德以产权制度改革为突破口，在市镇两级国有企业中全面开展以实现政资分离、政企分开、明晰产权以及调整资产结构，建立企业法人制度为主要内容的企业改革。顺德提出发展混合型经济，推行“靓

---

① 郭万达．论利益共同体构造在公司治理结构中的作用［J］．南开管理评论，1999（4）：13-16.

② 陈祖煌，陈文学．国有企业改革：转轨与创新——从广东的实践看未来中国改革的路向［M］．广州：中山大学出版社，1998：33.

③ 王莹．从“放权让利”到“制度创新”：以改革开放以来广东国有企业改革为例［J］．党史与文献研究，2017（5）：40-46.

女先嫁"，在保持公有资产为主体的前提下，优化公有资产配置方向，将经营状况良好的企业进行公有产权部分转让。截至1995年，全市1001家公有企业完成转制，建立起混合型产权制度，公有资产占比为61.2%，处于主体地位。①顺德的实践举措在党的十五大报告中得到了充分肯定。

3. 国企解困脱困的举措

在国企脱困攻坚时期，广东省出台系统的政策举措，帮助国企解决困难。具体包括：

资金扶持方面。一是解决流动资金。对符合国家产业政策、产品有市场、扭亏增盈有望，但缺少流动资金的困难企业，及时解决流动资金贷款，保障其正常运营。二是缓交银行利息。停产整顿企业向银行所借流动性资金贷款可缓交利息，复工后贷款本息一并归还。三是化减历史债务。对符合国家产业政策、有复苏前景的困难企业，将企业在1992年底以前的基本建设"拨改贷"贷款余额，一次性转为国家资本金投入。企业之间的债务，可通过法律程序转为股权。四是冲销坏账潜亏。困难企业通过清产核算所认定的坏账和清理出的潜亏，属于1993年7月1日之前发生的，在1995年底之前摊入成本；按规定仍无法消化的企业潜亏，可在企业公积金、国家资本金中冲销，但应保证资本金数额不低于法定注册资本金定额。

财税支持方面。一是兑现亏损补贴。对困难企业1993年底前发生的政策性亏损，属于财政应补未补部分，按照企业隶属关系，由同级财政按规定逐年补足。二是财政给予扶持。在地方政府事权范围内，对符合产业政策而又复苏有望的困难企业，除了国家统一的减免税之外，通过财政返还等方法进行扶持，保持财税扶持政策的连续性。

资产结构优化方面。一是盘活存量资产。允许困难企业在搞好资产评估基础上，通过出售、出让闲置设备和厂房筹措纾困资金。允许困难企业按法定程序改变厂区土地的使用性质，向外商或社会出让土地使用权，或者进行房地产开发；条件具备的大型企业，可给予单项房产开发权；条件不具备的企业，可由当地经济主管部门牵头，委托有实力的房地产开发公司帮助其进行异地改造，统筹开发。出让土地使用权以及进行房地产开发，所得收益，除规定上缴国家税费和补交地价之外，主要用于企业安置富余职工、弥补历年亏损、偿还历史债务和解困项目。偿还债务和项目投入部分，应相应增加企业的国家资本金。

---

① 招汝基，等. 先行者的30年——追寻中国改革的顺德足迹［M］. 北京：新华出版社，2008：269-270.

二是推进产权重组。困难企业在清产核算、界定产权基础上，可按照国家和省规定的审批程序转让部分或全部产权。其收益主要用于原企业安置富余职工、弥补历年非经营性亏损、偿还历史债务以及企业解困项目投入。偿还债务和项目投入部分，应相应增加国家资本金。三是鼓励企业兼并。优势企业对困难企业实施兼并后，在规定的时间内继续享受困难企业原有的优惠政策，并优先享受各级解困政策的扶持。四是建立解困发展专项资金。解困发展专项资金的来源：各级财政从预算中安排，或者从国有企业每年新增所得税中提取一定比例，以及从安排给国有企业挖潜改造的资金中单列一部分，国资部门办理手续，从各级国有企业产权转让中提取一定比例。五是依法实施企业破产。对不符合国家产业政策、长期亏损、资不抵债、复苏无望的困难企业，坚持依法实施破产。企业的破产财产优先拨付破产费用后，按如下顺序进行分配：拖欠职工的工资和社会保险费—安置职工的遣散费和一次性补偿社会保险费—拖欠国家的税款—各种债务。

社会保障方面。1994 年起，建立社会保障制度作为重要的“配套措施”，已经成为现代企业制度完善的重要部分。一是减员增效。使员工放下“铁饭碗”，由企业保障转向社会保障，是企业活力恢复的重要途径。对于富余员工，由行业主管部门和劳动部门在同行业的企业内统筹调剂安置；在经济主管部门和劳动部门协调下，通过困难企业给接收单位一次性支付适量的安置费，由相关企业对困难企业职工进行有偿安置；距离退休不足 5 年的职工，实行提前离岗休养；富余人员可一次性发给遣散费，让其办理辞职手续，自谋生计；积极组织富余人员发展第三产业，并按有关政策享受减免所得税待遇；对富余人员开展转业培训，推荐就业。二是加快保险制度改革。几乎从零开始建立三条社会保障线：最低生活保障、国企职工养老保险和失业保障。比如，有特殊困难的企业，可在一定期限内缓缴该单位的养老保险费，同时让其退休职工现行享受养老保险待遇。困难企业在转让产权时，可在其变现收益中，一次性划出部分作为职工保险基金，用于安置职工、补交欠缴的社会保险费和弥补退休职工养老费用不足。三是卸减办社会的负担。困难企业自办学校、幼儿园等服务性后勤单位，要通过分立经营、承包经营、承接经营、租赁经营、出让产权等方式，逐步分离出来。分离出来属于第三产业的独立法人可继承享受的相应的优惠政策。一些暂时不能分离的部分，建立严格的内部经济责任制。

特困企业解困方面。对煤炭、棉纺、盐业、制糖、航运和化肥六个特困行业，按省政府《关于解决国有工交企业经济包袱的问题通知》有关规定，继续在政策上给予扶持并帮助特困行业制定解困新措施。

总的来讲，脱困攻坚方面的举措集中于债转股、银行降息、核销企业呆坏账等等政府的注资，较少涉及体制机制改革和制度的完善。

五、广东国企改革典型案例分析

（一）广东省交通运输业发展高歌猛进

案例1：广东省物资集团公司——国家试点企业

公司介绍

广东省广物控股集团有限公司（原名“广东物资集团公司”），是中国政府重点培育的20强流通企业之一，全国百家现代企业制度试点单位之一，广东省政府授权国有资产经营大型集团。1996年以来，集团坚持改革创新发展，不断做强做大，创造了生产资料贸易、专业市场和现代物流、电子商务三位一体“广物流通模式”，成为经营能力位居广东流通业第一、全国前列的现代大型流通集团。从1997年起，集团经营规模保持了年均20%以上的增长速度，汽车、钢材、木材等主营品种业务，在全国和泛珠三角区域居于领先地位。2007年，集团在此基础上创新发展，以“四个市场联动”统领全局工作，即对现货贸易市场、专业批发市场、网上交易市场和资本市场的开拓给予同样重视，使四者互相依托、互相促进、共同发展。2008年，集团重新修改核心业务战略，确定了“五个市场联动”的总体发展战略，这五个市场包括：贸易市场、专业市场、商业地产市场、电子商务市场和资本市场。同时集团树立以人为本的企业文化战略，以服务大众的品牌形象定位，奠定了企业跨越式发展的良好基础。

改革背景

1993年11月，在党的十四届三中全会议上，党中央最终决议通过《中共中央关于建立社会主义市场经济体制若干问题的决定》，至此，国有企业改革蓝图更加清晰，改革进入制度建设阶段。1994年，《公司法》颁布，为现代企业制度的建立和完善提供法律依据。广东省作为国家改革开放的先沿之地和重要试点区域，同年5月，省政府决议出台《关于加快建立现代企业制度的意见》，提出了“理顺产权关系、确定国有资产投资主体、推行现代公司制、加快企业内部改革”等一系列改革基本要求以及具体落实措施。1995年，广东省首先确立了省内第一批需要改革并进行试点的公司，包括广东制糖厂、深圳华强电子工业总公司、广东省物资集团公司、深圳市物资总公司、广州海运（集团）公司，并且这五家公司同时入围了国家第一批重点国企改革试点名录。其中，广东省物资集团公司作为省内排名比较靠前的大型国家企业，具有非常明显的代表性，公司在90年代初期到1995年期间，一度陷入困境之中，公司利润下降亟待进行改革。

改革历程

（1）调整产权结构，优化企业组织结构，改进人才管理方案

过去的广东省物资集团所属小企业非常多，使得无法集中人力物力进行高效率的管理，并且资金压力过大，从而产生严重的损失。为了改变这个现状，集团首先实行“优胜劣汰”制度，扶优限劣，抓大放小，对于负债严重、利润预期为负的二级公司停业清算撤销；把仍能勉强生存但是生存艰难的二级公司，并入具有发展潜力并且业务职能具有相似性的大公司，实现“先富带后富”；同时因原来集团的人事下属办事处存在着消极懈怠，掩盖损失的现象，集团将下设各省市的办事处转为独立法人实体，与集团脱钩，要求自负盈亏；一部分经营不善的直属公司改组为股份合作制企业，职工入股，自主经营。针对原本存在的人员冗杂的问题，集团将原来的13个处合并为“五处一室一中心”，对干部实行竞争上岗，放手引进、培养和使用高素质的经营管理人才，将职工减员和开拓新的就业领域结合起来。

（2）紧随市场经济新理念的发展趋势，推行现代企业代理制

1992年南方谈话后，建设中国特色社会主义市场经济的观念逐渐深入人心，在此基础上，国家实施政企分开、国家放权成为接下来的必须举措。在精英队伍建设成功地基础上，广物积极推行代理制，扩大集团经营规模，将经营权和所有权分离，积极争取国家级代理和地区总代理，同时还推行佣金代理在省内热销地区建立二级代理制度。

（3）重建适应市场变化的经营体制和营销方式，强化科学管理

在公司基本人才和制度改革初见成效后，广物推行加工配送业务，在市场物资进销差价越来越小的困境下，秉承着“吃辛苦饭、吃服务饭，开展加工配送服务，提高流通附加值”的经营思想策略。同时，广物在基础设施建设上全力配合，例如，建立于金属材料市场的“钢材加工配送中心”，可以按照用户的要求进行钢材加工并送货上门。另外，广物在油库、建材市场设立配送中心。

为了更好地将服务和产品销售出去，广物着手改进公司营销网络的建设，扩大市场占有率，不再是过去坐等成交的工作方式，而是走出办公室，进入顾客企业中。广物在物资集散地设立销售网点，尽可能扩大市场覆盖面，并把过去的一些仓库改建为市场，提高使用效率。

（4）强化资金管理，重组企业债务，强化财务监督管理

广物通过积极重组企业债务，强化财务监督管理的手段，积极摆脱经营困

境、避免新的债务沉淀。在20世纪90年代的国企改革中，除了向现代化企业进一步靠近之外，阻止广东省国企更进一步的另一困难是脱困和转亏为盈。集团公司开始下大手笔采取追回拖欠资金等措施，为了减少坏账存在，特意抽取员工组成团队，运用法律、行政等多种手段，负责此类事务，凡属于不合理接触而拖欠的资金，经由谁的手就由谁全权负责。

改革成效

（1）组织结构进一步现代化，精英队伍建设初步成功

经过调整之后，集团下属的二级法人单位减少了三分之一，经营链条也大幅度缩短，促进了资金的高效利用，阻止亏损的增加。而集团总部管理人员的精简，体现在数据上从170人减少到100人。针对下岗员工再就业难生活难的问题，集团所做出的努力实现了下岗人员74%的转岗率，创造了新的效益。

（2）集团代理问题解决，企业社会规模扩大

广物积极推行代理制，扩大经营规模，最终集团取得了首钢、唐钢的国家代理和广钢、韶钢的地方代理，最终在同行竞争者中利用规模优势取胜。旗下子公司省机电公司更是成为国家级代理试点企业，营销业务市场不断扩大，1998年汽车代销额达28亿，比上年增长了21%，取得了较好的经济效益。

（3）经营策略转变，经济效益提高

广物新兴的加工配送业务的构建，彻底转变了以往物资企业仅仅专注于销售而不参与加工的经营方式。同时在汽车经营方面，广物致力于为厂家、用户提供一条龙配套服务，这些服务所带来的经济效益快速促进广物亏损的减少。

营销网络的建设，使得公司市场规模扩大，由仓库改成的金属物资市场平均销售收入达到75亿元，由几点仓库改造后的汽车市场成为华南区规模最大的汽车市场，1998年销售汽车2.4万辆，既扩大了市场销售，又盘活了物业。

从1996年开始，集团创新出生产资料贸易、专业市场和现代物流、电子商务三位一体的“广物商业模式”，企业发展呈现高歌猛进的状态。

改革存留问题

集团组织架构依旧冗杂赘余，下设事业单位较多，现代企业精英队伍培育道路依旧长远。广物是此次广州国企改革的试点单位，对于此次改革调整，广物也投入了大量的人力、物力、财力，改革初见成效。但因为此次为阶段性的“动骨手术”改革，由于整个集团规模较大，对于基本现代企业制度的建设和调整、政企分开、组织结构优化等相关的调整并没有完全完成，集团仍然存在部分问题亟须改善。

案例 2：广州海运集团（原广州海运局）

公司介绍

广州海运（集团）有限公司（以下简称广州海运），于 1949 年 10 月 22 日设立，是中央直接管理的国有大型骨干企业——中国海运（集团）总公司的全资子公司。公司投资和管理的各类船舶行业遍布范围极广，主要集中在国内沿海、长江中下游和世界各地区重要港口，负责承运重要资源，如煤炭、石油、金属矿石、粮食等大宗货物重点物资，是广东经济发展，甚至是华南地区经济发展的重要支撑之一。1997 年，经中央调配，广东海运、上海海运、大连海运等组建成立中国海运集团，并随着改革的不断推进，广州海运职能从经营管理型装变为服务管理型。与此同时，公司对中海集团大幅度投资，包括中海集运、中海发展、中海国际、中海船务、中海工业、中海电信、中海投资、中石化中海燃供等，对外投资包括招商银行、招商证券，企业的经营范围不再仅仅集中于海运航运，企业身影多次在陆岸产业经营管理、宾馆旅业、工程监理、船舶抢修、医疗服务等众多领域出现。

改革背景

广州海运发展历史悠久，浓缩了新中国海运航运业的发展历史。1949 年 10 月 22 日，由广州市军管会叶剑英主任签署命令，任命张玉华同志接管伪招商局轮船股份有限公司广州分公司，大力吸收起义船员和北归船员，冲破美蒋封锁恢复海上运输生产，开辟南北航线，建设海上铁路。

改革开放后逐渐由计划体制向市场体制转变，企业在市场经济中迅速壮大。但是 20 世纪 80 年代，主要依靠中央部委海运企业从事海洋运输的思想和构架并没有明显改变，广海虽然全部承接广东省的煤炭运输，但是因隶属中央部委直属海运企业，主要执行的还是国家指令性的计划运输任务，使得集团运作发展积极性有限，政企界限模糊，现代企业制度建设不完整，部分子公司面临着资金投入不足、船舶老旧且吨位小、质量不高的问题，致使广州海运为首的地方海运业发展与整个广东省的经济发展速度不符合，与广东省建立海洋强省目标不相适应。

改革历程

为了解决计划经济发展期间的种种问题，以及快速向现代市场经济体制下的现代企业管理体制转变和内部改革进一步深入优化的问题，广海进行了一系列改革举措。

（1）建立现代企业制度，开展现代企业制度试点工程

1993 年开始，为了适应市场经济发展要求，交通部批准广州海运管理局改

制为广州海运（集团）公司，首先向现代企业的方向转变，确立企业法人地位，明确公司产权所有。并于1995年11月，入选全国百家现代企业制度试点企业，开展现代企业制度建设试点作业。为了进一步明确公司属性和产权划分，1996年7月，广州海运（集团）公司依据《公司法》改制，将企业改制成为国有独资有限责任公司，从而正式确定了有限公司的性质和产权分配。公司正式更名为广州海运（集团）有限公司。

（2）实施资产重组和现代企业内部经营结构调整

在初步确立现代企业制度的基础上，为了更好地发挥规模优势，紧跟国家发展战略，1997年7月，广州海运正式成为中国海运集团的一分子，进行了资产重组和机构调整。为了更好地刺激广海发展活力，为广东海运发展做出贡献，1998年5月，中国海运集团所属专业散货船队——中海发展股份有限公司货轮公司（下称中海货运）在广州成立，从此广州海运成了中海货运的重要股东之一，产生重大影响。1998年10月，广州海运和中海货运按照“一个班子，两套牌子，两本账，一套机构”和“经营管理能力和服务管理功能分离”的原则，对组织机构进行了调整合并。2002年7月15日，为了解决两家公司领导决策重叠冲突的弊端，经过总公司的工作部署，广州海运和中海货运的领导层正式分开运作。

（3）进一步明确公司独立法人地位，扩大发展投资领域，完善企业内部福利和保障体系制度

2005年4月1日，广州海运正式实施人、物、财、机构、业务“五分开”，广州海运进一步明确公司属性，作为独立的法人企业，在对中海集团内外的投资项目实行监管、享受投资回报，经营多家企业的同时，承担中国海运集团在广州地区各专业公司的离退休人员管理的保障职能和服务。

（4）建设企业文化，提高企业声誉和社会影响力，树立良好诚信企业形象

广州海运坚持以企业的生产经营为中心，坚持以人为本，坚持与现代企业管理、企业思想政治工作和精神文明建设相结合；坚持长期建设，发展创新，坚持建立健全良好的工作机制。由基本思路所扩展出的职工形象、内部形象、外部形象、经营方针、经营理念、管理理念、工作理念，正式组合成为了广州海运的企业文化，极大的活跃职工创新活力，为企业的发展提供内生动力。

改革成效

（1）企业计划运输指标下降，市场经济活力提升

经过90年代阶段性的管理体制改革后，广州海运（集团）公司计划经济属性大幅度下降，所承担的对广东省所需煤炭的运输量逐年下降，现已从原来的

100%下降到60%，据后续数据表明，21世纪依旧呈现继续下降的趋势。企业解放较大的计划运输压力，将更多的精力转移到新的领域，企业发展越发充满活力。①

（2）企业资产重组，产权重新划分，形成规模优势

1997年初，交通部将广州海运（集团）公司、上海海运（集团）总公司、大连海运（集团）公司等海运企业（原本为中央隶属下分布于各个省市的各大海运局），进行合并，并成立了交通部海运（集团）总公司，将总公司的地址设于上海。此举之下，虽然广海的海运发展战略需要服从于总公司战略的调整，在机动性方面受到一部分影响，但是集团规模的扩大以及母子公司战略扶持为广海带来了更大的发展机遇。广海通过加入中央地方两级海运企业的互补中，为自身带来更多发展空间。同时，不同子公司之间的形成的良好的市场竞争机制，通过比较服务和安全、优质的平等竞争，更好地刺激广海的发展。

（二）金融等新兴产业的进入和发展

案例1：深圳市创新投资集团有限公司

公司介绍

深圳市创新投资集团有限公司（简称“深创投”）是深圳市政府1999年出资并引导社会资本出资设立的、专业从事创业投资的有限责任公司，目前注册资本54.2亿元，管理各类基金总规模约3334.14亿元，是国内实力最强、影响力最大的本土创投公司。深创投公司成立以来，始终致力于培育民族产业、塑造民族品牌、促进经济转型升级和新兴产业发展。公司主要投资中小企业、自主创新高新技术企业和新兴产业企业、初创期、成长期及转型升级企业，涵盖信息科技、互联网/新媒体、生物医药、新能源/节能环保、化工/新材料、高端装备制造、消费品/现代服务等国家政策重点扶持的行业领域。

改革背景

20世纪90年代改革后期，广东省国企改革取得了非常显著的成果，汽车、医药等重要行业国企的现代企业制度基本建立。与此同时，受全球金融和新经济快速发展的趋势影响，改革的一部分重点发生转变，在许多新兴领域国企逐渐展露身影并显示出相关影响力，包括投资业、绿色环保业等新兴行业。②

---

① 叶小明．加速发展地方海运是广东经济发展之必然要求［J］．广州航海高等专科学校学报，1997（1）：27-30.

② 国务院国资委改革办．国企改革探索与实践——地方国有企业100例［M］．北京：中国经济出版社，2016：125-217.

改革历程

20世纪90年代后期，国企改革一派欣欣向荣的局面下，政府重拾发展信心，决定向新兴的重点行业进军，于是决定成立深创投，在进军国有金融行业之外，为国家发展其他领域企业保驾护航，提供稳定现代化的物质保障。深圳政府在深创投建立之初就对这家企业进行现代化制度的初步规划，为接下来的发展打下坚实基础。

（1）创新型领域的进入

深创投股份有限公司的建立，标志着国有企业在新领域的出现和发展，深创投将资金投资于信息科技、互联网新媒体、生物等众多新兴领域，充分体现了国有资金对于国家经济转型发展的重要作用。

（2）股份制投资金融公司建设

在吸收20世纪90年代广东省国企改革经验的基础上，深创投在建设之初就采取股份制度，并通过增资扩股的手段逐渐增加公司员工数量，公司主要股东包括深圳市国有资产监督管理局、深圳市星河房地产开发有限公司、上海大众公用事业集团股份有限公司、福建七匹狼集团有限公司、深圳市立业集团有限公司、广东电力发展股份有限公司、深圳市亿鑫投资有限公司、深圳市福田投资发展公司等。实现在国有持资的基础上股权的多元化和分散化，更好地吸收社会盈余基金投入更多行业，辅助中小企业创新发展。

（3）内部治理结构科学化

深创投深刻了解到现代企业公司科学管理的重要性，在建设之初要求公司内部建设完整的股东会、董事会、监事会以及高级管理经营人员的科学化层级，公司内部管理执行效率高，传达即时，极大程度提升整个公司的经营效率，降低公司内部沟通成本和交易成本，极大程度体现了90年代末新兴领域国有企业的健康状态。

改革存留问题：公司资本结构有待优化

在90年代末，深创投的成功创立也标志着中国国企向新领域进入的胜利。在建设之初，就基本按照现代企业的制度规模形式来进行，在当时处于行业较前端水平。但是随着社会发展，当时存在的问题也逐步显示出来——公司资本结构不够完善，借款渠道过于单一。为了使得社会资源得到有效配置和充分利用，深创投作为一家创投公司，应推进股权结构优化改革，实现股东结构的多元化，真正促进股东所有价值的增长，通过增资扩股和改革借款渠道的措施来完成企业目标。

（三）电器行业的蓬勃生机

案例1：广州无线电集团有限公司

企业介绍

广州无线电集团有限公司（下简称为“广电集团”）战略定位于“高端高科技制造业、高端现代服务业”，产业板块多元化，打造了行业人工智能、无线通信导航、金融智能设备等高端高科技制造业板块，以及公共安全、金融服务外包、计量检测、现代城市服务、软件与信息服务等高端现代服务业板块，并涉及科技孵化与加速、投资和金融、国际商贸、新兴产业园投资等领域。集团于1995年设立企业集团，迄今为止，其产品和服务已经进入了全球80多个国家和地区。

广电集团始建于1956年，其前身是国营广州无线电厂，属于我国在军工点子行业早期部署的重点企业之一。20世纪90年代初期，广电集团陷入严重的经营困境，资不抵债，成为广州市确定的首批解困转制试点企业之一，推进国企改革。为了积极适应市场经济，在产权制度方面，广电集团转变成了混合所有制，再配合企业内部机制以市场为导向的创新，90年代中后期，集团经营状况得到改善，步入正常发展轨道。

改革背景

20世纪90年代，我国经济体制的改革的目标，是建立有计划的商品经济新体制，这种新体制的主要特征，是将计划控制与市场调节相结合。相应地，国有企业体制改革，是为了建立更为灵活的企业体制，让企业拥有更大的自主权，实现自主经营、自负盈亏、自我发展、自我约束的经营机制。

20世纪80年代末到90年代初期，广东工业生产发展增长速度明显减慢，并出现下滑趋势。1989年6月以后，广东省国营工业总产值的每月增幅逐渐缩减，甚至在10月、11月出现负增长，由于生产增长的回落，许多企业出现停产、半停产的现象。

在产品销售方面，工业企业产成品库存激增，市场销售疲软，省外调出量也有大程度的缩减，在广东省内，许多大中型工业企业的生产都难以正常运转，这种情形下，许多企业不得不降价销售，甚至进行“还本推销”，试图减少库存，尽可能回收资金。

在债务方面，由于国家推销紧缩性的货币政策，广东省的流动资金供求缺口越来越大；另外，企业存款减少，产成品资金和储备资金占用过多，企业之间相互拖欠货款等，使得流动资金短缺的矛盾愈加明显。企业之间形成“连环债”“三角债”，就单独企业而言，被拖欠的资金无法收回，拖欠其他企业的应付资金也越来越多，如此恶性循环。资金的短缺严重影响企业的生产，以及企业在新项目引进和技术改造方面的资金投入，企业被迫陷入生产线延后投产、半停产甚至停产状态。

在国家政策方面，国家对于国营大中型企业政策倾斜不到位，存在着较多的行政干预，管理较为严格，政策不太灵活，使其在商品经济的竞争中负担较重。对于这些企业而言，贷款率低，原材料的计划供应相较往年不断缩减，到货率也很低。企业为了完成任务，只得通过购买的方式满足生产过程中原料和动力的供应，生产成本提高。而在产品的销售端，国家对一些商品推行限价，使得企业的利润空间大打折扣。

即使是在改革开放的背景下，由于产业政策不太明朗，市场上市场与计划两种体制的过渡、交替仍在进行。缺乏明确界定的产权关系，国家作为所有者和宏观管理者的角色尚未完全分离，特别是在整治时期，国家又收回了一部分自主权，企业的自主生产和经营显得更不灵活。

在这样的背景下全面推行国企改革，使得不少国内地方政府实行"一刀切"的政策，盲目追求政策统一模式，改革时不顾及企业特点，比如，对于那些国家指令性计划为主的大中型企业，也直接将它们转化为企业集团。

相较其他省份，广东省企业数量多、企业内部情况也更为多样化，改革形势较为复杂，在这种情形下，广东省的改革指挥棒，从实际和实效出发，兼具改革勇气和创新精神，探索并成功开拓出一条具备"广东特色"的企业集团模式。针对不同企业的特点，推行不同的企业改革方案，通过不同的方式形成企业集团。正如本案例中的广电集团，便是通过推行混合所有制改革的方式进行企业改革的。

国家在指导国有企业改革时，提出了各种政策导向，混合所有制便是其中之一。严格来说，混合所有制既不是一种所有制形式，更不是企业的生产经营模式。面对改革过程中出现的关于是"国进民退"还是"国退民进"的争议，混合所有制主要强调的是国家平等对待各种所有制资本，提倡公平竞争，不考虑资本性质，都可以对是否实现混合所有制改革进行选择，也都存在影响其他资本的能力与可能。在市场经济环境下，各种所有制企业相互持股、紧密联结，在发展中相互促进，在促进中共同发展。同时，凭借不同所有制企业各自拥有的优势与核心竞争力，打造多层次的资本运作平台，通过有限的国有资本来吸收、带领、激活更多的社会资本，放大其他资本的影响力，通过市场来自由决定资源的配置。国家对混合所有制的鼓励，也是对过去改制中混淆、忽视所有制做法的教训总结和纠正。20世纪90年代，我国所倡导的混合所有制改革，是以股份制为主要形式的，包含有限责任公司与那些以私人控股、集体控股、国有控股等为主要形式的股份制企业之间的混合改革。

在当时，这种用混合所有制的方式完成改革时，需要注意以下方面。第一，改革的前提是改变现有的产权制度和利益分配局面，避免出现企业股权高度集中。股份占比的减少不意味着国有资产在企业的全面退出，依靠将国有资产全部转让来推进改革是不现实的，以改变生产资料结构为代价完成改革在理论和实践中都缺乏客观依据。事实上，在改革后，政府仍然应当是国有企业的最大股东，在发展混合所有制经济中，应当坚持国家利益、企业利益和职工利益的多方和谐统一，坚持"国家利益高于一切"的改革宗旨，这样才能从根本上保障国有资产实现保值增值，从而稳步深化混合所有制改革。第二，在改革推行时要对中国国情和企业原有经营方式有一定的了解，不能完全盲目照搬西方模式。同时，推行混合所有制改革后，如何完成企业内部机制的调整，以建立对员工长效激励和制约的相关体制，是保证企业适应新的所有制形式，实现良性发展的前提。

改革历程

（1）调整公司产品及产业结构，完善公司治理

1992年邓小平南方谈话，为我国恢复在《关税与贸易总协定》中的缔约国地位扫清了最后障碍。同年，国务院发布并实施《全民所有制企业转换经营机制条例》，重申了国企改革的总目标，让企业"自主经营、自负盈亏"。该年10月召开的十四大会议上，也明确提出我国要建立社会主义市场经济体制。

为了进一步放宽企业自主权，1993年，国务院颁布《企业财务通则》和《企业会计准则》。"两则"的颁布，使得企业摆脱了从前"国家预算单位"在财产关系方面的限制，给了企业自主理财权。另外，统一的财务会计活动标准使得市场更为公平规范。同年召开的十四届三中全会提出，我国要建立"产权清晰、权责分明、政企分开、管理科学"的现代企业制度，工厂的经营水平和运营问题，由市场来检验和解决。

为了适应市场化的趋势，也就是在这一年，广州无线电工厂重点调整了自己的工厂发展战略，将产品和产业结构重新归置，集团业务的主要市场也发生了相应的变化，由原来的家电产业经营，转为重点发展无线电通信。同年，工厂与瑞典爱立信无线系统有限公司合资成立广州爱立信通信有限公司，主要生产移动通信基地站产品。

（2）实施股份合作制，确立现代企业制度

随着国家把企业改革的突破口瞄准了中小企业，股份合作制的概念被更多

公司接受。1994年，在第八届人大第五次常委会上通过了《公司法》，为现代企业制度确立了组织形式基础。

在国务院确定100家国有大中型企业作为试点建立现代企业制度的指引下，1995年，广州无线电工厂完成公司制改造，转制为有限责任公司，同时更名为"广州无线电集团有限公司"，组建广州无线电集团。

（3）确定独立运营战略，加大混合所有制改革力度

为后续改革打下良好基础，1998年12月，广电集团整合其下属的3家军工单位，设立军工通信总公司，独立运营。2000年8月，军工通信总公司通过混合所有制改造，转制成为广州海格通信有限公司。至此，正式形成了广电集团控股、企业优秀人才入股的混合所有制股权结构。混合所有制改造，是在保持广电集团控股地位的前提下，要求管理层带头入股，鼓励优秀骨干积极跟进，并引导更多的其他企业员工自主选择购买公司股份。通过所有制改革，广电集团改变了其下属企业——广州海格通信有限公司的产权结构，从原来的全资国有转变为国有控股。同时，引入职工持股的形式，使得企业经营与员工行为更具有一致性，让两者联结形成了利益和责任的命运共同体，提高了员工的生产积极性，让企业掌握了对员工长期有效激励与责任约束的更大主动权，激发了企业长远发展的创新动力。①

改革启示

在当时缺乏成熟"混改"经验借鉴，没有优秀先例可供参考的情况下，广电集团准确把控国家推进国有企业改革的政策机遇，积极发展混合所有制经济，在20世纪90年代中后期率先引入员工持股，开广东国企混合所有制改革先河。以发展为导向，不仅顺应了外部环境对于所有制的改革大趋势，还在企业内部寻求机制改革突破，尝试实现外部政策要求、企业所有制形式与内部管理机制的多项适配，通过股份制混改，迅速扭转了企业的不善经营局面，在当时成效显著。但是，从后来的发展来看，90年代的国企改革，缺乏一套正式和规范的股份改制制度和操作流程程序，在当时实施改革的大多数企业，最终并没有形成真正意义上规范持股、规范控股的产业组织，这些国有企业与国家之间，仍然通过资产的纽带发生经营上的不当联系，这也为广电集团在20多年后出现"股改现"乱象，员工利益遭到严重损害埋下了伏笔。

缺乏参考先例的经验以及完善的股改制度，操作程序的设计严重滞后于改

① 高乔子. 国企转型与发展之路探索——以广州无线电集团为例［J］. 管理观察，2019（19）：14-16.

革实践；同时，作为当时全国企业改革的先行者，广东省在推行企业股份制改革的过程中，急于树立典型标杆，政府作为国有资产的代表者，积极发动并参与执行了国有企业所有制形式等改革过程，却忽视了创造良好的外部环境和制度规范，鼓励企业为了适应市场经济体制而自发完成改革。对于部分企业的改革，政府更多的是采取政策性设计，而对于市场经济体制下现代企业制度的建立，相关的指导所有制改革的政策法规的完善，以及股份制改组后企业内部机制的后续调整等实际问题考虑得欠妥当。

回溯90年代的国企改革，首先是要求在产业政策不明朗的市场环境中将国有产权明晰化，而没有深究如何实现市场资源的合理配置，这反映了国企改革在当时所体现的目标含糊、对所有制和所有权、股份制和混合所有制理论理解不深刻的问题。从根本上来说，所有制改革是在社会制度层面上，而所有权改革是调整产权制度，对于产权进行重新界定，所有制改革是所有权改革进一步推进的前提。正如国有企业的改革，在全民所有制下，无论是国有企业还是集体企业都是公有制的，而在公有制下，产权的界定无从谈起，这也恰恰印证了，只有先推进所有制改革，以产权为中心的现代企业制度才能建立。从企业的角度来看，在市场资源配置不合理的环境中，股份制所带来的强大杠杆效应，即帮助单个资本完成大规模生产的作用并不能完全显现；应用股份制应该给企业带来的巨大收益，也往往难以在短时间内得到体现。另外，对于传统国有企业而言，在产权不明晰的基础上推行股份制改革，原有高度集中、“统收统支”的社会主义计划经济体制给企业带来的政策资源倾斜等种种好处也可能消失。这些因素的共同作用，为后来的企业主动自发地推进股份制改革带来了沉重的阻力。

案例2：美的集团

公司介绍

美的集团，1968年成立于中国广东，其前身是一个由23名街道居民集资兴办的街道小厂，主要生产药品瓶盖。作为广东省首批实行股份制改造的股份有限公司，美的集团在公司内部建立了一系列先进的现代企业制度，完善了企业资产营运、商业决策、员工激励以及约束机制，大大开拓了公司的发展前景，增强了市场竞争能力。得益于改革开放的市场机遇、在市场竞争中以技术为先的发展战略，以及企业股份制改造的成功完成，如今的美的已经成为以空调、电扇、电饭煲等家用电器的生产制造为主，集工业生产、房地产开发、商业贸易、科研开发等于一体的现代大型集团企业，致力于为客户提供多元化的产品种类与服务，包括以厨房家电、冰箱、洗衣机及各类小家电为核心的消费电器业务，以家用空调、中央空调、供暖及通风系统为核心的暖通空调业务，以库卡集团、美的机器人公司等为核心的机器人及自动化系统业务，以安得智联为集成解决方案服务平台的智能供应链业务。①

改革历程

（1）开创国内股份制改革先河

1968年，美的创始人何享健带领23名街道居民，共同集资5000元，成立了一个专门生产药瓶瓶盖的生产组。1980年，这个生产组开始涉足家电领域，成立了“顺德县美的风扇厂”。

1992年，作为中国第一批进行股份制改造的企业，美的集团积极推进企业股份制改造，被界定为“公有资产”；同年3月，成立了广东美的电器企业集团；6月，募股总计1.2亿元；8月，成立美的集团股份有限公司，并通过《公司创立报告》和《公司章程》。

企业改革后，利用股份制为企业吸纳资本所带来的强大杠杆效应，美的集团加快了自己适应市场经济的步伐，在扩大企业规模、提高经济效益、创新技术成果方面都有明显的成效。利用股份制改造的契机，美的在生产设备设施建造方面投入了大量资金，在不到一年的时间内，初步建成了在当时国内生产能力堪称一流的厂房。美的集团的空调机生产基地，拥有当时世界上最先进的生产设备，自我配置能力强，年生产量可以达到50万台；集团的风扇生产厂，年生产量可以达到500万台，在当时处于世界顶尖生产水平；多样化的产品矩阵，也避免了单一产品可能带来的市场风险，在家用电器方面具备的大规模生产能力，使得美的集团在市场竞争中拔得头筹。除此之外，在科技研发方面，美的成立了自己的省级科研机构——空调节能开发中心，建立了自己的人才库，聚集了大量掌握尖端技术开发能力的科研人才与具备丰富管理经验的经营人才，为企业未来的科技创新和持续发展积蓄了人才力量。

（2）完善公司股权结构，IPO战略上市

股份制改造基本完成后，1993年11月12日，美的电器股票在深圳证券交易所挂牌上市，这是中国证监会批准的第一家由乡镇企业改制而成的上市公司。通过上市融资，美的发展迅速，主营业务收入由1992年的4.87亿元飞速增长至1996年的25亿元，成为国内最大的家电企业之一。

① 美的集团——杰出典范 美的创造［J］. 制冷技术，2000（3）：61.

（3）改善政企关系，扩大企业经营自主权

1997年，家电行业从最初的卖方市场开始逐渐向买方市场过渡，市场竞争加剧，许多从事家电经营的企业都遇到不同程度的困难。美的经营发展遭遇瓶颈，空调产销量从前三名降到第七名。为了激发组织活力，美的开始实施以产品为中心的事业部制变革，从“生产导向型”转为“市场导向型”企业，形成“集权有道、分权有序、授权有章、用权有度”的“分权—授权”经营治理模式，产供销一体化。也正是在这个时候，作为拥有企业最终控制权的当地政府，为了避免现有企业倒闭以及增加政府收入，准备从改善企业当中的政企关系入手，建立更为合理的治理机制。此时，以美的为代表的乡镇企业，在前几年的国企改革浪潮中，已经完成了股份制改革，建立了现代化的企业制度。

（4）积极推进MBO策略，明晰公司产权关系

在这样的背景下，为了深化改革，进一步改善内部机制，提高经济效率，美的等企业开始筹备推进管理层收购（Management Buy-Out，MBO）。2000年，美托投资公司成立，这是由美的集团管理层和工会主要出资组建的，注册资本为1036.87万元。美的集团法定代表人何享健是美托投资公司的第一大股东，持股25%；美的的执行董事陈大江作为第二大股东，持股10.3%；美的约有20多名管理层亦均持有股份，总计持股约占78%；剩余22%股份除职工持股会所以外，还用于其他符合条件的相关人员进行新持或增持。该年4月美的集团正式实施MBO，在当时，以2.95元/股的价格，美托投资公司协议受让了美的控股持有总量的7.25%，共计3518万股。12月20日，美的公司原第一大股东——顺德市美的控股有限公司签署股权转让协议，以3元/股的价格向美托投资公司出售占总股本14.94%的股份，共计7243.0331万股。至此，美托投资公司所代表的以创始人何享健为核心的管理层，所持股份共计22.19%，正式代替顺德政府的美的控股，成为美的集团第一大股东，通过这几次股权转让，美的控股的股份逐步转移到美托投资，顺德政府出让了所有股份，退出了美的集团。

成功完成的股份制改造，从根本上理顺了企业的产权关系，股东就是企业真正的主人，美的集团成了在当时为数不多的真正意义上实现自主经营与自负盈亏的股份责任公司。作为我国第一家实施MBO的国有上市公司，美的集团完成MBO之后，开始优化区域结构，调整了企业的整体机制，提高管理科学化水平，调整资产结构，用不良的或是与公司核心业务无关的资产偿还了部分债务，降低了公司整体的财务费用与负债水平，为获利能力强的业务开辟了发展更大的空间。美的集团股份制改革的成功实践证明，MBO可以作为优化企业股权结构、建立现代企业制度、进一步推进国企改革的有效举措，在理论与实践上均

具有重要意义。同时，为了发挥股份制公司在市场竞争中的优势，保障企业股东的利益，美的集团建立了浮动工资制，员工凭借业绩绩效评定奖金；设立了科研成果奖励机制，鼓励那些专注于技术攻关的科研人员；在管理机制方面，推行聘任制，按照能力与工作绩效评定管理人员的职称层级，做到组织系统化、标准化，向国际管理机制看齐①；在下属企业统筹管理方面，实行内部经营承包责任制，不仅向承包责任人提出财产抵押的要求，降低业务外包的风险，还对不称职的业务承包人要求坚决裁减撤换。通过优化经营管理机制，进一步明确利益和风险，从而激发企业管理者和员工的积极性与工作热情。

改革成效

（1）公司产权更加清晰，企业效率极大提高

产权的清晰程度明确了剩余索取权的归属问题，即产权主体是国家、集体、还是个人的问题。在 20 世纪 90 年代，我国国有企业普遍存在所有权和经营权分离的问题。在我国国企改革之前，企业的所有者是国家，代表国家的政府官员也就拥有了企业的最终控制权。然而，这些政府官员往往远离企业的日常运营，不清楚市场的实际情况，对于所做出的决策，他们也无须承担所有者的风险；与之相对应的，是企业的管理层，他们洞悉企业的发展步伐和相关市场信息。这种信息的严重不对称问题，使得企业的管理者获得了“内部控制权”，而政府手中的最终控制权，也就成了“廉价投票权”（张维迎，1994）。

这种情形下，MBO 的完成，可以解决由于国有企业“所有者缺位”导致的内部控制人问题，通过合并企业的所有权和经营权，使得公司的法人治理结构得以完善，这也大大激发了管理层的积极性，利于他们为公司的长足发展发挥自己的才能。

（2）国有资本优化利用，激活企业资金活力

通过 MBO，把国有资本从成熟的行业中变现退出，使民间资本有更多的机会代替原来的国有资本进入竞争性行业，而退出非竞争性行业的国有资本，可以转而支持相对弱势的行业或者新兴的、缺乏市场信任但前景广阔的朝阳行业。另一方面，把国家的资源有针对性地向新兴朝阳产业或者亟待帮助的弱势产业倾斜，可以帮助这些产业进一步发展，提高国家的竞争力。

（3）另一方面，顺德政府在 MBO 过程中对企业的支持也非常重要。在特定的年代，一定的政府干预和宏观计划调控可以帮助企业提高效率。但是，在市

① 潘红敏，郭凡．从用人之力到用人之智——美的集团启动责权配置体系［J］．中国乡镇企业，1999（4）：24-25.

场经济运行日趋成熟和现代企业制度逐步建立的背景下，政府的调控由于缺乏对市场信息的全面实时掌控而显得缺乏效率。有的时候，政府出于自己的特殊身份，会受“提高就业率”等社会因素而作出不完全利于“企业利润最大化的选择”；还有，对于政府官员的个人代理行为是否符合公司利益，难以实现有效的监管。控制代理成本，降低企业代理风险

事实上，长期激励难以有效实施是当时大多数国有企业的通病，管理层为了个人利益，常常违背公司投资者的长期战略目标，而倾向作出短期化获利的决策，不仅如此，很多国有企业的资源还存在被管理层在职消费大量浪费的问题，使得国家投资者的利益受到严重损害。

公司高层的薪酬一般由两部分组成，一是控制权激励，即货币工资；二是剩余索取权激励，即他们所持有的公司股份的分红。美的集团的高管个人持股比例达到0.02%~0.11%（MBO之前），远高于市场平均水平，而这些高管所直接得到的货币工资却相对较低。这种激励机制，使得管理者的个人收益主要来自企业业绩所带来的剩余收益，而非受职位高低影响的货币工资，从而把管理者对个人利益的追求和公司总体经营业绩统一起来，而削弱了管理层级对于薪资的影响。MBO之后，所有者和经营者的关系不再纠缠不清，在公司内部，管理层真正掌握了决策控制权、剩余控制权和剩余所有权。他们要对公司业绩负责，公司业绩也决定了他们的个人收益，用业绩标准去取代职位标准，明显提高了管理积极性和效率，降低了代理成本，也在一定程度上减弱了原有国有企业管理者铺张浪费，公款吃喝的短视现象。美的集团的实践经验表明，偏向于分红的激励制度安排，可以促进管理者做出对企业长期发展和收益有利的决策，避免了不合理激励制度带来的对于控制权和职位层级的过度追求。

（4）培养优秀的现代企业管理人才，激活企业发展活力

在企业民营化的过程当中，一个既有优秀的经营能力，又具备权威气质的企业家是非常重要的。以何享健为例，从生产组到工厂，再到乡镇企业，何享健作为美的创始人，承担了美的企业从发起到成长过程中的所有风险；在美的顺利完成股份制改造后，被认定为国有资产，以何享健为代表的美的管理层和职工在当时一共认购了22.5%的内部职工股，虽然如此，何享健本人所有的股份也很少，这就使得他仅仅能作为一个“联体企业家”的身份参与企业管理。

但是，何享健为美的公司的生产经营做出的贡献是有目共睹的，从创始以来，何一直就是美的实质上的最高领导，几十年的付出为他积累了深厚的群众基础，美的的优良业绩也为何的经营能力做出了最好的注解。

这样一来，在美的民营化的过程当中，以何享健为核心的高层管理者们在

和大股东们的博弈时，始终能够有所坚持，也有一定的筹码进行谈判。1998年，在顺德市的产权改革浪潮中，顺德政府被美的高层说服，出资设立一个以何享健为法人代表的美的控股有限公司。在2000年后，何享健又带领着美的高层融资设立了美托投资有限公司，并开始受让美的控股公司的股份，从而顺利完成MBO——这与何享健本人的战略布局能力，以及他在美的公司内部所具有的独一无二的权威性和支持度，是分不开的。

改革问题

（1）国有资产流失问题

美的MBO过程中，以何享健为核心的管理者们，既是收购方“美托投资公司”的股东，又是被收购企业“美的集团”的管理层，这使得收购过程中的资产评估环节存在低估企业资产的风险，管理层可以通过不良操作，左右资产评估过程，从而造成国有资产的流失和亏损。

（2）收购资金来源单一加大风险

美的集团MBO时是采用股权质押的方式来完成首次协议收购股权的，管理层仅支付了10%的现金作为首期持股费用，剩下的90%均是以股权抵押的方式获得融资，再进行分期付款，而这90%的持股款源于美的集团后续发展过程中经营产生的持续利润和现金流，这种单一化的收购资金来源，明显加大了收购的风险。

（3）个人占股过多

在原来的国有企业当中，往往是国有资产“一股独大”，使得公司治理冲突频发，政府所代表的最终控制权与管理层所拥有的内部控制权矛盾重重，还因为企业所有者不明确，导致产生了“内部控制人”问题。通过MBO，统一了所有权和经营权，但是新出现的“一人独大”的局面也为公司治理带来了新的问题。如在美的公司实行MBO后，作为美托公司的法定代表人，何享健相当于持有了美的集团5.5%的股份，共计2690万股，价值超过3.5亿元。

改革启示

（1）建立有法可依的正规收购程序

国外企业进行MBO的全部过程基本能够做到透明公开，而我国企业MBO在实际实施过程中，还存在操作不透明的问题。另外，在我国，国有企业MBO，难以避免地会掺杂政治影响因素，政府的相关举措在MBO中甚至能起到决定性的作用。

所以，我国应当完善法律法规，在公司MBO的过程中，需要有一个市场化的公正定价机制，建立一个透明化的市场来完成国有股权的转让，并保证转让过程中的评估客观准确，真实反映国有资产的价值。在上市公司 MBO 具体操作中，实现对收购原因、资产定价依据，收购资金具体来源以及企业发展后续计划等关键信息的详细披露，而不是仅仅以一张公告来宣布国有企业非流通股已经转让的既定事实，从而防止国有资产的不当流失，避免收购过程中的“暗箱操作”，保护广大中小投资者的利益。

（2）科学制订融资计划，合理规划资金来源

开发多样化的金融工具，避免单一收购资金来源的问题。除此之外，目前我国在地方上已经出现了部分专营 MBO 杠杆投资的机构、公司或者提供融资咨询的财务顾问，可以将他们进一步规范化，从而帮助企业制订详细可行的融资解决方案，解决 MBO 过程中资金不足的问题。

（四）汽车产业的兴衰

案例 1：广州标致

公司介绍

1985 年 3 月 15 日，广州汽车厂与法国标志、中国国际信托投资公司（后称中国中信集团）、法国巴黎银行在花园酒店隆重签字，共同组建广州标致汽车有限公司（下称广州标致），四方股比各占 46%、22%、28%、4%，总投资额 8.4 亿法郎，注册资本 2.4 亿法郎。广州标致的上马，开创了广州生产轿车的先河，也开启了中国改革开放时期国有企业和外国企业合资发展的先河。法方技术入股，为合资企业提供技术设备和车型支持。1986 年和 1989 年广州标致相继推出 505SW8 和 505SX 轿车，在市场上得到强烈反响。但仅仅经过六年时间，广州标致发展陷入泥沼，1997 年数据显示，当年的广州标致汽车销量不足 1000 辆，亏损共达 16 亿法郎。①

改革背景

1969 年，随着国家经济向好，我国汽车行业逐渐发展。广州作为大省之一，得益于近代和新中国成立初良好的工业基础，成立广州汽车制造投产“红卫牌”货车。但因技术水平原因，无法在一汽“解放牌”、二汽“东风牌”市场竞争中占据有利地位，1979 年被迫停产了，10 年总产量只有一万辆左右。红卫牌汽车的停产，使得当时近 2000 名职工的生存成为问题，并且也暴露出当时我国国有工厂的共同问题——经营不善，利润缺乏，如何使工厂继续生存下去？起初，在 80 年代初期，广州汽车厂希望从大客车生产的渠道上获得生存机会，但是基本

① 储春花，陆洵．法国标致—雪铁龙集团三十年风雨中国路［J］．法国研究，2016（1）：7-14.

失败。在当时的巨大困境下，以张伯华厂长为首的厂领导提出一个大胆设想——引进技术，生产轿车，跟随改革开放大潮，利用珠三角对外开放前沿的优惠政策，使汽车工业与国际接轨。最终，经过几年辛苦的谈判，广州标致最终成立。

改革历程

（1）以政府力量为主导，成立专门高素质人才队伍

为了扭转广州标致的被动局面，市政府采取了一系列改革措施。1994年，黎子流市长召开市长办公会议，成立广州市人民政府汽车办公室（下称汽车办），赋予行政职权专门对接广州汽车行业的发展事宜，包括如何拯救广州标致三期工程15万辆的规模问题，以及改善债务和风险的问题。在汽车办的积极努力下，通过与法国标致取得联系，双方合作大力促进新合作目标额达成。1996年4月27日，市委书记高祀仁主持召开市委常委会议，讨论广州汽车工业的出路问题，并且重点点出广州标致所面临的严峻形势。在此次会议上，各领导一致同意更换外方合作伙伴的建议。会后成立轿车工业领导小组，由高祀仁兼任组长，配备高规格的小组成员，领导这一战略性调整工作。

（2）转变广州标致发展战略，实行创新破产制度，争取与法国标致早日“离婚”

同年6月5日，伍亮副市长与法国标致的杜蒙会谈，在发现法标不愿增加投入拯救广州标致后，领导小组当机立断，要求收购法国标致的股份，并在后续加大谈判力度，采取进退有度的策略，使法标于1997年10月31日签署了股权转让合同，并且使广州标致在应支付的资金方面实现较大的节约，顺利实现项目破产。这也是当前广东省国企改革成功进行市场退出、企业破产的又一经验，对于企业发展具有较大的意义。

改革存留问题

（1）政企不分，主要依靠行政力量改革

从具体措施来看，广州标致的发展和改革均主要依靠广州市政府行政力量，而不是通过企业经营管理者的决策来发展；并且广州标致将摆脱困境的希望极大程度地压在法国标志的身上，两者根本利益的不同也是破产的最终原因之一。

（2）股份分配不合理，资本结构不合理，公司股份制不完善

从广州标志的占股比重，可以看出法国标致在公司决策方面具有重大决策能力和影响力。法国标致采用技术换股份的手段，使得广州标致在权利分配中非常不平衡，法国标致得以控制采购、财务、质检和技术等重要部分，在公司的重大决策中拥有否决权。股份制的不完整性，使得在法国标致眼中广州标致相当于其在中国的装配厂，即法国标致合资的目的，仅仅是在短期内获得更多的利润，以全散件形式作为进口整车车型来赚取利润，填补汽修市场的亏损，

而不是广州方面希望的通过合资引进新技术、新车型来推出国产化轿车。因此，广州标致盈余的大部分都用于分发给法国标致，导致在其他基础配套方面的投资远远落后。与同期的上汽相比，上汽到1995年整车厂和配套厂投资达103亿人民币，而法标只投入33亿元，其中18亿元用于配套企业的投资。

同时，合资企业的身份使得广州标致并不适合在当时社会大背景下发展。受我国政府推出的汽车工业宏观政策影响，1994年国务院颁发的《汽车工业产业政策》规定整车国产化率要达到40%，并且1997年产能不足15万辆就要淘汰出局，而广州标致根本没有能力满足生产额度。《汽车工业产业政策》要求禁止汽车工业企业半散件（SKD）和全散件（CKD）方式进口散件组装生产，而SKD和CKD方式进口散件组装恰好是广州标致赖以生存的生产方式，这无疑对于广州标致的发展造成了巨大的打击。

（3）公司组织管理结构不完善，内部管理困难

广州标致内部并没有形成恰当的公司管理层，并且采用PSA集团的组织机构设置，采用直线职能制，像大型工厂一样仅关注专业化分工协作生产活动。同时，尽管中国工人居多，但竞争意识和企业管理知识不足，中国管理方人员在高层决策中没有有力决策权，完全依照法方思维方式和管理方式来左右广州标致发展命运。再加上不严格的规章制度制定和执行，使得公司管理方式和生产培训大幅度脱节，双方合作困难，这也是造成广州标致破产的主要原因之一。

案例2：广汽集团

公司介绍

广州汽车集团股份有限公司（简称广汽集团），前身是成立于1997年6月的广州汽车集团有限公司。2005年6月28日，由广州汽车工业集团有限公司、万向集团公司、中国机械工业集团有限公司、广州钢铁企业集团有限公司、广州市长隆酒店集团有限公司作为共同发起人，对原广州汽车集团有限公司进行股份制改造，以发起方式设立的大型国有控股股份制企业集团，是中国汽车行业首家在集团层面引入多家合资伙伴，进行改制设立股份公司的企业。集团旗下拥有广汽乘用车、广汽本田、广汽丰田、广汽三菱、广汽吉奥、本田（中国）、广汽客车、广汽日野、广汽部件、广汽丰田发动机、广汽商贸、广爱公司、同方环球、中隆投资、广汽汽研院等数十家知名企业。

改革背景

20世纪90年代，广州标致的被动局面，使得广州受到很多压力和批评，市政府深刻领悟到必须吸取广州标致的失败中我方和外方的经验教训，改变公司

战略、资本结构、业务结构，快速推进国产化，使管理跟得上发展，政府力量支持跟得上进步。在当时省委书记谢非的支持下，广州市决心重振广州汽车工业，并于1994年6月4日成立广州市人民政府汽车工业办公室（下称汽车办），并争取获得北京中央的相关支持。广州市政府常务会议于1995年1月27日正式决定组建广州汽车集团，把分散的汽车企业组织起来，扭转广州汽车工业各自为政的局面。按照市委、市政府的指示，市汽车办抓紧编写组建集团方案并反复修改。1995年3月20日，市政府正式批准，同意组建广州汽车集团有限公司。自1996年底张广宁副市长上任以来，这位“汽车市长”带领领导小组加快广汽集团的组建，于1997年6月6日成功获得工商局签发的营业执照，并于7月正式运作。1998年5月7日，广汽下属企业广州本田汽车有限公司、东风本田发动机有限公司成立。

广州本田的成功使广汽集团的经济技术实力得到很大的增强。但是，除了广本盈利之外，客车、轻型车、零部件等其他企业均收益不良，处境困难。广汽集团组建之初发挥规模经济、集合广州全部汽车工业力量共同促进汽车行业发展的愿景没有实现，甚至如果不加快改革重组和优化结构，可能拖累集团的进一步发展。为了增强发展后劲，从1999年开始，集团领导统一认识，做出决策，大刀阔斧地采取一列措施，对集团所属企业进行大胆地改革重组。

改革历程

第一，实施资产重组优化，组建广州汽车工业集团有限公司，力推企业兼并重组，实现产权清晰。

在此次动作巨大的资产重组中，广州市政府取消广州原有的五羊集团，原下辖的摩托车集团和永大集团，归于广州汽车工业集团有限公司旗下；同时，广州汽车工业集团原有的130多家企业中，关掉60%~70%亏损企业，精简资产，提高效率；资产重组最后阶段，关闭永大集团，净化主业，减轻集团压力。

1999年10月，合并广州客车厂和广州客车公司。2000年两者合并而成的公司又与广州汽车厂一起合并，最终改名为骏威客车厂。

重组骏达集团，分离其中18家骏达下属并具有改造发展前景的零部件企业。2000年，汽车零部件公司成立，隶属广汽，积极开展对外合资合作，为广州本田和广州丰田进行零部件配套，逐步扩大规模。

第二，2001年成立广悦资产公司，托管在改革重组中分流出来的前景无望、债务较重、一时难以注销的企业，辅助这些企业实行合理合规地退出市场、破产清算、清理资产、处理债券债务，并安置相关离职员工。2002年成立广汽商贸公司，开展广本、广丰专卖店的经营工作，并不断拓展新业务，包括进出口贸易、整车物流、汽车出租、房地产开发等，搞活经营。广汽重组资产后，为原产业链进一步注入了发展动力，各公司发挥特长，相互辅助，形成规模效应，使得广汽在资本市场进一步崭露头角。

严厉行政约束去产能，优化供给结构。强有力的行政手段是广汽改革的重要手段，广汽清理过剩产能，推动兼并重组、破产清算、下岗分流，效果显著。三大汽车厂共4000多名员工，分流人员2000多人，骏威客车厂保留1000余人，旗下公司亏损数目大幅度减少，劳动生产率得到了显著提升。

第三，完善现代企业制度，进行股份改制。

2005年6月28日，广州汽车集团股份有限公司正式成立，广汽工业集团为控股股东，占股92%，万向集团等四家股东共占股8%。虽然国有成分占据九成，但是公司制度得到进一步完善，体现了广汽向现代企业形式发展又一进步，同时也为广汽集团A股和H股上市的进程增加动力。

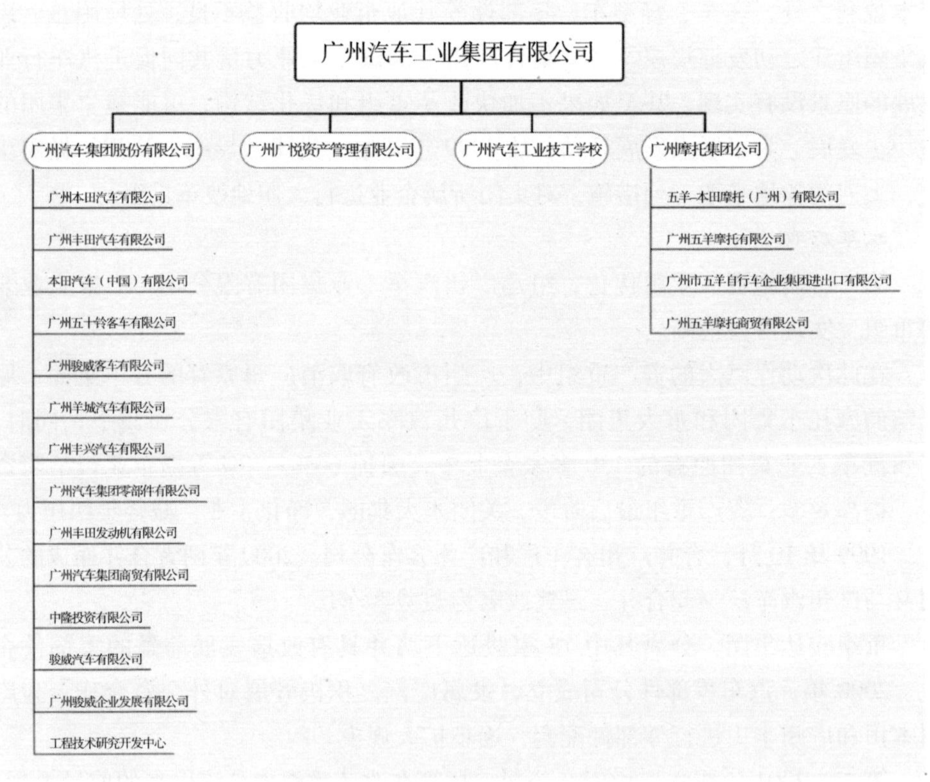

图：广州汽车工业集团有限公司股份改革及资产重组后组织系统图

改革存留问题

（1）政企不分

此次改革主要由广州市政府直接在当时的领导班子中选配班子，进行相关的公司建设及资产重组，在广州汽车工业集团成功创建后，并没有聘请专业企业管理人员对公司的内部制度进行改革创新，在公司的发展中，多由政府直接干涉广汽的相关决策，手段多采用行政手段而非内部激励。

（2）公司内部管理组织制度不完善

在企业的日后发展中，还存留着20世纪国企建立之初的厂长制的影子，相关组织管理权力没有很好的分散化，内部经理层和高级管理层对于公司的决策权力较小；同时公司缺乏相关的监事会制度，对于公司内部出现的相关问题漏洞无法及时察觉并进行改善解决；广汽在企业创立之初并没有很好地建设内部企业文化，造成了一段时间企业价值观的缺失。如今存在的广汽哲学是在进入2010年之后逐渐发展并于2018年提出的新兴企业文化，虽然提出时间晚于世界汽车领域的其他公司，但是作为一个大型国企，并且作为一个当时刚刚建立的大型集团化公司，广大消费者及群众都可以看到广汽二十多年来的进步和创新发展。

（3）集团下属企业出现业务重复，企业职能规划不清

广州汽车工业集团将广州各处分散的相关汽车制造厂和公司进行合并，并且在后期发展相关配套工业，并建立技工学校，成功为公司发展和汽车行业的发展输送尖端人才。但是从广汽的组织系统中可以看到，中外合资企业有本田、丰田，客车生产方面有五十铃和骏威，同时羊城汽车有限公司和丰兴汽车有限公司等其他公司并存，但骏威汽车有限公司被独立出来。本意上，广州市政府领导小组在进行资产重组时希望实现大型集团化，从而在实现大规模化优势的同时，能够安置部分下岗员工，然而，过多的公司彼此之间出现职能和业务重复，在市场上也出现了过度竞争的现象，组织系统架构的赘余，在广汽发展的后期带来了不小的烦恼。

（4）大量国企员工下岗，无法保障正常生活

三大汽车厂原有4000多名员工，分流人员2000多人。但是，当时公司在建立初期并没有制定完善制度与之匹配，下岗人数过大也加剧了本就严峻的现象，在员工之间造成了较大范围的恐慌，严重遏制了生产激情和创新动力，同时也给社会带来负担。

六、广东国企改革成效及问题

（一）广东国企改革成效

广东省20世纪90年代的国企改革取得显著成效：各项试点工作稳步推进；大企业集团组建和发展取得显著进展；国有小企业通过多种形式放开搞活，国有企业脱困工作取得阶段性成功；各项配套措施稳步推进。① 国有企业经营活力显著增强、国有资本布局不断完善、国有经济效益明显提升。

1. 国有企业经营活力显著增强

国企改革受到我国政府的高度重视，宏观调控力度大，政府各相关部门在企业融资、生产用地、税收政策等方面制定相应配套文件，比如，兼并破产、债转股、技改贴息等优惠政策，给予强有力的政策支持，帮助大中型国有企业减轻负担、脱离困境、加快改革制度。随着改革不断深入，许多企业初步完成公司制改造，配合越来越规范的法人治理结构，日趋完善的公司内部决策、制衡、管理机制，在国家“扩大内需、拉动经济增长”的政策指引下，显著降低了公司生产经营成本，激活了创新潜力，大大改善了公司的运营状况。

在企业发展能力方面，在政策鼓励与符合市场规范的前提下，许多国有企业根据实际经营状况，灵活运用资产重组、债转股、兼并破产等多种方式，调整资产结构，完成增资减债，减轻企业负担。1994年，各个月国企资产负债率比1993年同期都有不同程度的下降，降幅接近1个百分点，当年9月末国有企业中长期负债与所有者权益比率为68%，比上一年同期下降约为0.4个百分点，各个月应收账款的净额增长也呈现下降趋势；三年脱困期间（1998—2000年），广东省国有及国有控股工业企业资产负债率已经从1997年的64.95%降到了56.22%，净资产利润率为9.44%，上升了29.49%，三角债情况大大缓解。②

在企业盈利能力方面，大多数改革后的国有企业能够适应新的社会主义市场经济，深钻技术研发，提高产品质量，控制生产成本，促进市场销售，盈利能力增强。企业资本保值增值初见成效。2000年底，国有及国有控股工业企业实际资产比1998年增加了284.58亿元，资产保值增值率为112.39%，资产运行质量好，总资产报酬率逐渐增加，大大增强了投资者的信心。③

---

① 中共广东省委．中共广东省委关于贯彻《中共中央关于国有企业改革和发展若干重大问题的决定》的意见［EB/OL］．1999-09-29．

② 佚名．国企改革成效初现［J］．四川石油经济，1998（1）：50．

③ 陈葵．建制企业活力增强　国企改革成效显著［J］．新疆经济管理干部学院学报，2000（5）：48-51．

在企业制度方面，在国有大中型企业中，已经基本完成现代企业制度的框架搭建。全省有986家国有及国有控股的大中型工业企业，已经有582家成功完成了公司制改革，建立了较为规范的现代企业制度。大多数骨干企业完善了法人治理结构，建立起了产权明晰、集权分权协调一致的母子公司体制。

在科技投入方面，改制后的企业为了在激烈的市场竞争中占得先机，加强了对于技术改造和产品更新的重视程度。1998年9月，广东省委、省政府做出《关于依靠科技进步推动产业结构优化升级的决定》（以下简称《决定》），确立了发展高新技术产业的基本思路，明确把电子信息、电器机械、石油化工作为发展重点，对纺织服装、食品饮料以及建筑材料等传统产业进行改造，加快技术进步步伐。到2000年底，广东省共筹集近1000亿资金专攻技术改造，帮助全省国有大中型企业的技术水平普遍站上了新台阶，提升了总体的工艺技术水平。在技术创新能力方面，《决定》表示要扶持一批有潜力的产业，择定了50家重点发展的大企业集团组建工程技术研发中心，省财政对每个中心的支持平均达到200万元，较之原来增加了150万元，作为国家注入资本支持技术研发。在科研队伍建设方面，通过大力引进、加强培训、持续激励等办法，招揽大批人才留在广东。

2. 国企脱困阶段性胜利

1997年底，在中共十五大提出了国有企业“三年脱困”目标。1998年起，根据中央经济工作会议和全国经贸委工作会议精神，广东省政府发布了《关于全省国有大中型工业企业三年改革与脱困的实施意见》以及10多个配套文件；全面实施外向带动、科技兴粤、可持续发展战略，大力发挥产业、开放、科技等多方优势，深化体制改革；分年度落实目标与责任制，积极推进全省大中型国企脱贫攻坚战。党的十五届四中全会召开后，省委召开了八届四次全会，通过了《中共广东省委关于贯彻〈中共中央关于国有企业改革和发展若干重大问题的决定〉的意见》，结合本省实际情况，对省内国有经济布局进行了战略性调整。

广东省有三个特困行业，它们的亏损总额占1997年全省国有大中型工业企业亏损额的35%以上。纺织行业作为“三年脱困”的突破口，通过减产提质、机制转换、结构调整、减员增效的方式，在三年时间内，广东压缩落后纺锭18万，行业整体扭亏为盈，为其他行业的脱困探索了路子。煤炭行业中，对于资源相对枯竭、安全得不到保障、经营亏损严重的矿井进行停产调整；而对那些资源和基础安全设施配备相对较好，扭亏有望的煤炭企业进行改制，停产与改制相结合，煤炭行业净亏损明显减少。制糖业利用“优化资本结构”试点城市的优势，乘政策东风，以湛江市为根据地，推动整个行业的调整，解决了全省制糖业“资源不足、生产能力过剩”的顽疾，利润有所增加，年产稳定在了150万吨左右。这三大广东省特困行业国有企业的脱贫攻坚，取得了阶段性的胜利。

广东全省范围内，共有490家国有大中型亏损企业被列入国家脱困考核范围，到2000年底，仅余135家，脱困率为72.45%；减少的355家企业，部分实现了利润增加或者扭亏为盈，部分通过破产清算退出了市场，还有一部分被其他企业兼并或者进行了改制。全国共有6599家国有大中型亏损企业，同期脱困率为70%左右，广东省脱困任务基本完成。

3. 国有资本布局不断完善

1998年来，广东省政府通过采取多项重大措施，加大产业结合调整力度，隔断国企大树上的干枯腐朽分叉，按照“有进有退”的原则调整国企的行业分布，对于支柱产业大力扶持，对于落后生产力迅速淘汰。对于国有企业资产，灵活采用分立、合并、收购、控股、托管以及上市等多种形式，不仅完成了存量资产的重组，还加大资本、管理以及技术等增量资产的投入，结合了企业重组资产与资本市场、资本运营、银行债权、人力开发和产业结构重组。

2000年，广东省退出了9个国有资本涉及的企业压缩破产项目，减少亏损60.4亿元。2002年，广东省完成了该年省属煤矿的整体推出目标，共关闭了13个煤矿。对于符合产业政策的项目，充分利用国家政策，积极协调有关部门，享受国家在金融、财政、收费和开工手续等方面的政策支持和优惠，推动大型国企实施债转股，协议转股金额200.42亿元，通过重组改造，明显提高了国有经济的实际影响力。

此外，对于国家支柱产业的发展大力支持，对于技术含量大、消费市场广阔、国内市场空白的领域，积极推进技术研发和改进项目。在电力生产、机械制造、电子及通信设备制造、化学、石油加工、食品加工、纺织及金属冶炼等工业领域，国有企业逐渐占据主导地位，国有资产正按照规划逐步地向新兴支柱产业，例如电子通信、电子机械、石油化工、金融投资中的骨干企业聚集。通过调整与创新，大批劣势企业退出了市场，广州乙烯、广州轻工集团、广州汽车集团等大型国企重焕生机。

1997年开始的国有资本优化，通过破产清算一批赘余的国有企业，不仅提高了国有资本的经济效率，加强了对重点领域的支撑作用，还为解决经济发展中的企业信用问题打下了基础。从此以后，政府不再随便向企业提供担保，市场规则愈发受到重视。2000年，九大产业无论是销售收入，还是利润总额，均占了全省工业总额的六成以上，资本调整与优化布局，提高了国有资本的使用效率，提升了总体的经济效益。

4. 国有经济实力明显提升

经过 90 年代的国企改革，广东省国有经济实力显著提升。2000 年，全省国有及国有控股工业企业总产值达到 3126.12 亿元，实现销售收入、利润总额和税金分别占全省工业的 30.22%、45.24%以及 46.36%。广东国有工业的主要经济指标位居全国领先水平，其中工业企业销售收入占全国 8.4%，位居全国第一位；利润总额占全国 9.9%，居全国第三位；税金总额占全国 5.9%，居全国第六位。

（二）广东国企改革存在的问题

20 世纪 90 年代，广东国企改革在围绕建立现代企业制度这一目标进行了诸多有益探索，但在计划经济向市场经济转型过程中，社会主义市场经济体制的制度体系尚未完善，社会经济环境存在内外部压力，广东省国企改革面临的困难和问题比较突出。具有代表性的产权制度问题、政企关系问题、国有资产流失问题、社会保障问题等。

1. 产权制度不完善

（1）产权归属不清

20 世纪 90 年代的国企改革，试图明确分离国有企业的政府职能和企业职能。作为一个以盈利为目标的企业，不用负担强制性的政策性责任，比如满足各种有违生产力水平的生产指标、就业指标等，而是积极扩大生产，增加盈利，在适应生产力、提高经济效益的基础上创造税收、提供就业等，间接承担社会责任。此外，还强调明确国有资本的权属关系，分离政府作为所有者和经营管理者的职能，在大中型国有企业实行股份改造等所有制改革，理顺财产关系，从而明晰产权，在政府、国有企业和国企员工之间，重新分配责、权、利三方关系。

就“产权界定”方面的成效而言，距离市场经济的要求还比较远。国有企业占据着政府分配的政治资源优势，享受着政策倾斜带来的好处。在当时，政府自身的多重定位也尚不能完全分离，一方面，它是公共权力的象征，代表人民群众管理社会经济；另一方面，它是国有企业的资产所有者，对企业行为具有支配能力。所以，在当时，人们提出一种新的理论办法，即设立独立于政府经济管理部门的国有经济经营管理委员会，通过在政府内部设立独立部门的方式，区别政府的双重职能。然而实践证明，在政府依然作为财产主体的前提下，要实现国有企业的政资分开或者政企分开是不可能的。① 国有企业所有制改革中，当时比较流行的选择是单一的国家所有制、集体所有制、股份制等，国有企业可以选择继续保留单一的国家所有制，也可以选择将部分企业向个人或者集体出售，转变为个人所有制或者集体所有制，还可以选择将部分原国有股份出售，从而转变为股份制企业。对于实行股份制改制的企业而言，虽然其国有股份、法人股份以及公众持有股份占比大致明确，但在外部产权关系上，国有股权所代表的国有产权在行使权力过程中，产权不清，责、权、利关系存在混淆现象，政府仍然通过国有股份在股东会或者董事会上行使股权，从而干预企业正常经营活动。由于市场上现代企业制度的建立仍处于初级阶段，企业内部相应的管理机制也尚未完善，企业中监督和激励机制薄弱，国家股东对企业资产的管理、运营、责任承担等方面利益相关性较弱，使得国有资产在多种所有制资产流动重组过程中被恶意侵吞，或是在企业实际运营中使用效率低下等现象屡见不鲜。

（2）产权结构混乱

国有企业建立现代企业制度，可以更好地适应市场经济的竞争环境。而现代企业理论对代理人剩余索取权与控制权实现统一的要求，与国有产权的性质存在冲突。

为实现政资分离和政企分离，国家把对企业资产经营的控制权授予代理人，但是仍然保留了对企业资产的剩余索取权，但是在现代企业理论中，将剩余索取权赋予经营管理者是激励委托代理人的有效手段。也就是说，国有产权把控制权与剩余索取权分离的做法，大大减弱了委托代理关系中的激励作用。② 国家对剩余索取权的保留使得许多企业无法吸引优秀的企业家，而掌握国有产权控制权的管理者，也没有动力去招揽代理人或是监督代理人的经营行为。两权分离导致国有产权的控制权最终仅仅沦为投票权；而经营权的所有者，更倾向于满足个人的利益而非使企业利润最大化。这便是国企改革实践中，非常典型的“内部人控制”问题：企业的控制者完全没有剩余索取权，他们也就丧失了积极监督的动力，而仅仅把控制权当作“廉价投票权”来使用；在股权结构上，股权集中度也不够，股东监督控制的实力和动力均不够强大，使得国有企业监督

① 晓亮．国有股减持：国企产权改革的深化发展［J］．特区展望，2000（6）：11-12.

② 刘家诚，林涛．从委托—代理关系看国有企业改革［J］．经济体制改革，1999（S2）：54-55.

机制无法正常运转。①

2. 政企关系不科学

厘清政企关系、调整政府在国有企业中的权利边界和范围，一直是国企改革的关键内容。20世纪90年代的国企改革未能为构建良性的政企关系提供经验。政企关系不科学的问题已经成为新形势下国企改革亟须破解的难题。

从国有企业的发展初心来讲，政企不分是其必然的内生现象。我国最开始发展国有企业，并不是为了追求商业利润最大化，而是通过这一必要的商业角色，发挥企业的特有优势，更好地帮助政府实现各类调控指标。在这样的背景下，政府与企业之间的关系难免会带有行政色彩，在某种程度上，也可以说政企不分就是国有企业的“本色”。虽然推行市场经济，使得政企不分的国有企业产生了很多发展弊病，但是在20世纪末期的改革阶段上，推行“两权分离”明显是不合适的。由于缺乏对政府角色重要性的认识，粗暴地要求解除政府对国有企业的全部干预，否定了经营权和所有权的统一性以及主体性，使得政府作为国有资产的所有者，最后只剩下剩余索取权，而这必然导致所有者最终无剩余收益可索取。同时，在当时的环境下，企业内部的监督激励机制尚未完善，制衡体系也不健全，如果要完全实践“两权分离”理论，势必要剥夺所有者的控制权。

从当时一系列改革尝试的实际效果来看，在公司内部治理结构尚不完善的时候，一味强调政企分开，事实上无限放大了经营权，许多平庸的管理者失去了政策引导，或是想要牟取私利的管理者失去了权力制约，许多企业因此经营不善，国有资产大量流失，推行“政企分开”的改革只能暂时偃旗息鼓。

另外，在当时的资源配置的过程中，实践证明，国有资本在撤离非制度优势领域的过程中，由政府主导的企业在撤退过程中可以发挥主动性优势，从而可以提高效率，因为政府主导、主动撤退，可避免因为竞争失败被迫撤退过程中造成的国有资产流失。所以，在市场资本流动、优化配置、国有资本撤离非制度优势领域时，通过新旧体制衔接和政策的连续性，帮助实现平稳过渡，发挥企业“政企不分”的临时性优势，在改革推动过程中，也起到了一定的积极作用。

所以，由于特定的、阶段性的现实原因，即公司内部治理结构不健全，以及市场资源配置的需要，在20世纪90年代的国企改革中，当时的部分国有企

① 张维迎．国有企业面临生死抉择　从国企病态现象看产权改革［J］．中外管理导报，2000（10）：13-14.

业为了发挥政府的临时性优势，暂时保留了“政企不分”这一结构，厘清政企权利、明晰政企角色这一长远的改革要求没有得到有效实现。

3. 国有资产流失严重

股份制改革推行的过程中，国有资产的流失问题引起了社会的广泛关注。据统计，90 年代中期，我国的全国国有企业固定资产损失总额就已经达到了 1000 多亿元，再加上明面损失、潜在亏损的挂账等，合理估计国资亏损总额可能达到 3000 亿元。

就广东省而言，1994 年，广东省对全省 1371 户国有企业进行了清产核资，结果发现这些企业的亏损和潜亏挂账超过 60 亿元，相当于它们所有者权益的 22%，广东省现有国有资产总值严重失实。1996 年广东省有 31 家企业进行了资产负债审计，其中 28 家资产负债不实，国有资产流失约为 5.4 亿元，比如经审计发现，珠海某电子公司流失资产达到 4493 万元，占其资产总额的六成左右。

国有资产被严重侵蚀背后的原因有很多。就产权变动过程而言，一是在进行股份制改革、中外合资、合作经营或者拍卖出售前，只有少数企业会组织进行精细的资产评估，在实践中，有的企业不进行评估作价甚至不经所有者批准，便自由转移产权。比如，广东省某厂在 1996 年擅自变卖设备给县企业，该项资产原值 5097 万元，卖出时净值约为 3734 万元，占该厂国有资产总额高达 33%，而卖出作价仅为 2009 万元，损失国家财产 1725 万元。二是低价折股而股票又不溢价发行，部分国企甚至仅以账面价就可入股，导致部分国有企业股份制改组后资产升值率低下。三是疏忽管理非经营性资产，导致在改组股份制企业时，许多非经营资产没有作价入股，也没有委托进行转型管理，导致部分国家持有的股份没能完全按照全部资产的重置价值折股，还可能出现远低于原账面净资产价值的情况。

市场化经济和落后的监管机制之间的不平衡也是国资流失的原因之一。在以前，我国矿产资源长期处于无偿开采、管理缺失的状态，乱挖滥采、谁开采属于谁、谁先占谁得利，围绕着广东省三大煤矿的小煤窑有 1300 个之多，比如仅大宝山矿周围就分布着大大小小百余个小铁矿，使得其原本应当有 30 多年的开采寿命缩减了一半，造成国有资产严重浪费。

此外，还有为了解决亲友就业，利用国有资产兴办集体企业，使得国有资产流向非国有企业；以开办企业为名，骗取、侵吞银行资金；投资效益低下，投资反映不真实等，这些形形色色的改革乱象导致的国资大量流失，表明了国有资产所有权的管理尚不健全，存在缺乏监管、立法滞后、执法不严的问题，强调两权分离，弱化所有权人的监管职能，经营者自由处分国有资产，可能会出现高管盈利、国企负亏、银行负贷、国资负债的情况。

4. 保障制度不健全

20 世纪 90 年代的国企改革中，为了解决长期以来人员冗杂、效率低下的问题，许多国有企业进行战略性调整，使得一大批原来捧着“铁饭碗”的工人下岗甚至失业。下岗失业人员的生活保障问题是影响国有企业改革成效的重要因素。一方面，要落实失业保障体系建设，成立社会保障局，纳入人事、工伤、生育等社会保险和住房公积金等业务进行统一管理，并争取覆盖更多的城镇企业在职职工以及离退休人员。同时，积极推进企业和职工参加失业保险，筹集失业保险基金，通过发放失业救济金的形式帮助当时的下岗失业人员。另一方面，积极培育劳动力市场，推行惠民政策，鼓励下岗失业人员再就业，并鼓励他们到非公有制经济企业实现就业。

国企改革需要支付巨大成本。然而 20 世纪 90 年代的国企改革中，在关于应当承担多大责任的问题上政府和企业仍然有分歧，责任划分不清晰，政府不断地向国有企业提改革要求，然而后勤保障却落实不到位，这些现实情况阻碍了国企改革的顺利进行。以下岗失业人员的社会保障为典型，在计划经济体制下，企业并非自负盈亏，而是由国家财政“统收统支”，国有企业所有的利润，甚至还包括职工的养老基金等，都需要上缴国家财政，而以后企业的设备修缮更新，企业员工退休后需要的养老补贴，都由国家财政拨款买单。但是，在企业上缴几十年利润和养老基金后，国家经济体制发生了变化，一切都需要企业自负盈亏，这就出现了过渡时期员工失业保障等国有企业改革的成本无人买单的问题。在当时，对于国企下岗失业人员的社会保障问题，政府在资金方面明显准备不足，各地政府都在努力开源节流，尝试从紧张的财政资金中，“节省”出多余的经费用于为改革中的国有企业提供失业保障。然而，在企业看来，为稳步推进国企改革，政府准备工作远远不够。对于下岗职工（注：对于下岗职工，企业仍然保留其劳动关系；而对于失业职工，企业将其劳动关系完全解除），政府所鼓励的国有企业对他们进行再安置和内部消化，是不切实际的。①

在经济体制改革的过渡和对接时期，国企改革的成本首先不应该由国有企业买单，也不能把责任推给银行，最后的经济压力，仍然落到了国家财政的头上。比如，国企职工失业保险基金的缺口问题，依然需要国家财政来弥补。放眼国际上的成功案例，在东德和西德统一后，德意志联邦政府设立了托管局，筹集投入了几千亿财政资金，专门用于改革原来东德的国有企业，政府预算方

---

① 杜政清．发达国家的失业保险与再就业［J］．经济视角，1998（4）：20-24.

面，也预留了大部分资金，专门用来解决国企改革带来的人员失业问题。当时的中国，国企改革的目的之一本来是要减轻国有企业身上负担的、过重的非商业目标压力，分离开政府职能和企业职能，但是对改革过程中暴露的民生问题，政府却再次把公共财政的资金压力向企业进行转移，这不仅暴露了我国政府对自身应当承担的责任认识不够明确彻底，也体现了国企改革目的模糊，政府在推进改革时准备不足的问题。①

失业保障力度不够、闲散人员难以安置；老旧设备处置困难、更新不及时；价格调控失衡、三角债务纠缠等。在计划经济向市场经济转轨过程中，这些具体的困难阻碍着国有老企业真正落实改革，推进国有企业改革的步伐也难以继续向前迈进，现代企业制度的建立更是无从谈起。

七、广东国企改革启示

广东省 20 世纪 90 年代国企改革的阶段性成功为深化国企改革积累了宝贵的经验，对新形势下深化国企改革具有重要的启示意义。具体体现在以下三个方面。

（一）加强党的领导

国有企业属于国家所有，属于人民所有，是推进国家现代化、保障人民共同利益的重要力量。1984 年党的十二届三中全会通过《中共中央关于经济体制改革的决定》，拉开了国企体制改革的序幕。在国企党建方面，一方面党中央强调必须坚持党对企业在政治上的领导这一重要的政治原则；另一方面由原来的党组织对国企的统一领导转变为政治领导，党组织主要发挥监督作用，生产、行政等事务交由厂长负责，这有助于明晰党政职责，避免生产行政多头领导或者无人负责的局面。但在后来的改革发展过程中，一些企业错误地把党的监督与厂长负责制割裂对立，想要通过弱化党组织在国企中的政治核心地位，实现管理层更高的威信。

面对这种情况，1989 年，中央发布了《中共中央关于加强党的建设的通知》，规定了党在企业的基层组织处于政治核心的地位，强调其主要任务是搞好党的思想、组织、作风建设，领导国有企业思想政治工作与精神文明建设，保证监督其严格贯彻执行党政方针，坚持社会主义发展方向。1992 年党的十四大再次强调这一点，并写入党章，以党内法规形式明确了国企党建的重要作用。

① 龚文海，吕伟，张积慧，等．国企改革中的失业保障问题——对四川省绵阳市的调查[J]．财经科学，2000（S1）：41-43.

20世纪90年代的广东省国企改革，原则和出发点都是始终坚持服务于国家战略发展和广东省战略发展的需要，在对外开放新格局下发挥“领头羊”和“主力军”的作用，在当时党和政府领导下配合各项战略和政策的落地实施。

要发挥党组织对国有企业决策的监督职能，就要完善党组织参与企业重大问题决策的制度，明确相关决策内容与参与途径，通过党组织负责人日常参与行政会议、党政工联席会议、党员领导干部参加双重组织生活会等形式，保证党政主要领导随时通气，为党组织参与企业重要决策提供制度保障。

同时也要提高企业内部党组织参与决策的能力和水平。要求党组织参与重大问题决策的目的，并不是代替管理层直接做出行政决策，而是增强企业对重大问题的宏观把握，在更高水平上提出指导性和具有前瞻性的方向性建议，即在建立现代企业制度过程中强调党建，是对国企党委书记提出了更高的标准，要求企业在配备党建干部时重视人员政治素养，而非只看重其生产行政能力。

另外，党以群众为先，在20世纪90年代的国企兼并破产、减员增效过程中，人员分流、下岗、安置工作做不好，容易出现职工生活质量下降、失业等突出的群众矛盾，这些问题是在企业结构调整和体制机制转轨等过程中难以避免的，这时就需要发挥基层党组织的作用，沿袭做好群众思想工作的优良传统，既要站在改革前线，也要顾好后续保障，国企党建要深入群众实际当中去调查研究，团结教育职工转变观念，推动国企改革发展。

四十多年的国有企业改革历史早已证明，建立现代企业制度是国有企业改革的必然方向，坚持党的领导、加强党的建设是我国国有企业改革的必然要求，是国有企业的“根”和“魂”，是我国国有企业的指向标，必须长久遵从。党的十八大以来，党对国有企业的领导全面加强，各项党建工作深入推进，有效保障了国有企业的深化改革。未来深化国有企业改革，要立足于我国实际与国有企业的本质属性，充分发挥国有企业党组织的政治核心作用，坚持党对国有企业的领导不动摇，落实治党从严的责任，把全面从严治党向更深层次持续推进，把党的领导、党的建设转化为国有企业的独特优势，把加强党的领导和完善公司治理统一起来，保证党和国家方针政策、重大部署在国有企业的贯彻执行，为国有企业做大、做强、做优提供坚强的政治保证。

（二）明确改革思路

1. 以分类改革为前提，优化国企功能定位

20世纪90年代，广东国企改革的一个重要启示就是分类改革提质增效。国有企业改革的本质，就是要解决公有制、国有经济与市场经济是否能够有机结合以及如何结合的问题。通过分类改革，不同类型的国有企业根据自身的功能

定位，既可与市场经济有机结合，又确保了自身的属性与功能。2015 年出台的《中共中央国务院关于深化国有企业改革的指导意见》,① 根据不同类型国有企业在国有经济应该承担的不同的责任和发展功能定位，将国有企业分为公共政策性、特定功能性和一般商业性企业三类。目前，广东省属企业功能定位细分为准公共类、竞争类、金控类三大类。企业功能定位的科学划分有利于实施分类监管、分类考核、分类推进、协同发力，从而紧紧围绕广东省经济社会发展的战略重心，着力在重大民生工程、重点项目、重要平台和关键行业上优化配置国有资源，共同实施国企发展新战略，开创国资新布局。

2. 以体制机制为保障，优化国企治理结构

体制机制建设是优化国企治理结构的基础和保障。在企业内部，要逐步完善企业治理模式和经营机制，既要推进所有权和经营权的分离，也要积极发挥董事会、监事会对于管理层的监督作用，或者推行多样化的激励办法，妥善解决管理层激励与薪酬问题，从而实现企业各利益主体之间的制衡，解决所有者缺位与内部人控制问题，落实国有企业的法人财产权和经营自主权。还要深化国企内部改革，建立科学的企业领导体制和组织管理制度，必要时积极引入党的建设和治理作用，形成多维度、多层面、全方位的高效运行激励机制和有效的监督约束机制。这样才能专注于转变经济发展方式，提高国有资本的利用效率，提升国有企业的自主创新能力，释放国资国企发展活力。

在加快推进股权多元化改革方面，给予国有企业更大的自主权来调整公司结构和制度，促进各级企业逐步优化国有股权比例，打破国有企业股权结构上“一股独大”局面。积极稳妥发展混合所有制经济和公司发展模式，引入社会各类资金以实现股权多元化，确立有限责任，降低企业发展的风险，大力推动国有企业改制上市。根据不同企业的功能定位，逐步调整国有股权比例，实现国有资产保值增值，促进国有经济提质增效。

中国特色国有企业制度，“特”就特在把党的领导融入公司治理的各个环节，把企业党组织内嵌在公司治理结构之中，明确和落实党组织在公司法人治理结构中的法定地位。国有企业的治理结构已经从原来的股东会、董事会、监事会和管理层的“三会一层”调整为现行的党委会、股东会、董事会、监事会和管理层的“四会一层”。加强党委会和董事会的协同治理，构建党建引领、协同有效的国有企业治理结构，是当前优化国企治理结构，提升国有企业能力的重要方向。

---

① 中共中央国务院．关于深化国有企业改革的指导意见［N］．人民日报，2015-09-14.

3. 以“管资本”为主，完善国有资产监管制度

90年代深圳在国资监管体制建设方面的探索为广东省形成涵盖国有企业领导人员管理、重大事项管理、国有资产管理、国有资产监督、企业党建在内的国资监管体系和制度体系奠定了基础。随着我国社会主义市场经济体制的不断完善，混合所有制改革的推进，国有企业已经进入资产资本化、股权多元化发展阶段，对国有独资、全资企业的管理模式已经不能适应国有控股、参股企业。国资监管需要从“管人、管事、管资产”向“以管资本为主”转变。此外，解决国有资产管理体制中的痼疾——政企不分、政资不分问题，消除国资监管的越位、缺位、错位等现象，迫切需要加快推进管企业向管资本转变。

以管资本为主的国有资产监管体制下，需要更加尊重企业的市场主体地位和法人财产权，更多依托产权关系和资本纽带、更多依靠公司章程和法人治理结构、更多采取行使股东权和发挥董事作用手段履行出资人职责。“管资本”更加注重市场化手段，在法治框架内调整利益主体关系、实现监管目标。国有资产监管制度建设应聚焦管好资本布局、规范资本运作、提高资本回报、维护资本安全、坚持党的领导、着力构建国资监管体系，增强国资监管的系统性、针对性、有效性。

4. 以市场化为导向，创新人力资源管理制度

十一届三中全会和1992年的南方谈话，为改革开放和社会主义市场经济制度的建设发展发出了先声。主流经济学理论表明，市场化才能调动起企业利益关联方的积极性，才能推动创新、激发活力、提高资源配置效率，因而在国有企业的投资决策、经营管理、人力资源架构等方面，突出企业市场化改革要求，彰显企业市场化经营主体地位。其中，在知识和信息逐渐成为关键生产要素的今天，牢固树立人才是企业第一资源的思想，创新国企用人制度和薪酬制度，合理配置、使用好人力资源尤为关键。① 在具体实施中，对企业领导人的任用更多地注重经营管理才能、业绩、道德修养和职业操守，选拔具有事业心、开拓进取精神、具备经营管理知识和廉洁自律的高级人才出任国有资产产权代表或经营管理者。加快企业家和职业经理人才评价中心的市场化建设，逐步促进代理人市场的成熟和完善。在业绩考核与薪酬管理体系建设中，应注重强化国有企业的激励约束机制，可通过现金参股、效益增量奖股、期权激励等方式促进资本和劳动者的利益共同体的形成，从而培养大批有志于为国企服务的职业经理人和核心骨干团队，从而增强国企的生机和活力，提高企业资本运作能力。

---

① 项安波，王念．国企改革四十年的经验与启示［J］．中国发展观察，2018（18）：7-9.

（三）坚持正确方法

“工欲善其事，必先利其器”。我国国有企业改革是毫无经验可循的全新命题，尤其是在改革进入攻坚期和深水区的今天，各种矛盾交错复杂，必须坚持正确的改革方法论，才能有效推进国有企业改革向纵深发展。①

1. 坚持顶层设计与基层探索相结合

90年代初，改革开放的经验之举是“摸着石头过河”，国有企业改革也是起于基层探索，而后再总结推广。当前，国有企业改革已经具有一定成果，因此要站在战略的起点，把顶层设计与基层实践相结合，克服从众性，增加焦点性，首先搞好国有企业改革的顶层设计，不断完善“1+N”文件体系，确定好改革的重点方法，努力提升企业资本运行效率，增强国有经济的整体功能。但顶层设计离不开基层实践的支持，就如同空中楼阁总是不切实际的幻想。因此，在发挥顶层设计对基层实践的引领、指导作用的基础上，要鼓励基层从实际出发进行大胆探索，因地制宜，聚焦具体问题，尽可能多地掌握实地材料，及时总结经验，把基层改革中发现的问题、解决的方法、蕴含的规律及时形成理性认识，为顶层设计提供实践依据。② 在近五年的改革实践中，广东省国资委在切实做好调研的基础上，及时制订印发了《关于开展体制机制改革创新试点工作方案》《体制机制改革创新试点企业“一企一策”方案制订工作指引》等一系列的操作性指南，严格进行顶层设计，着力战略谋划，引领政策方向。在基层探索上，成立了专家组，与试点企业一起探讨制约企业发展的关键问题，共同审定“一企一策”实施方案，充分发挥了基层首创精神。

2. 坚持重点突破与协调推进相结合

新时期的国有企业改革的复杂性不亚于四十年前，各种矛盾错综复杂，交叉相接，改革从技术和操作层面更加触及制度和灵魂层面。一方面，要根据改革的要求与时机，基于矛盾论，首先解决主要矛盾的主要方面，找准改革的切入点和最痛点，狠狠插入，取得重点突破，就如同四十年前的国有企业改革从放权让利入手一样，当前一些领域的改革仍然需要先行先试、重点突破。另一方面，随着改革的深化，改革的综合性、系统性和全面性要求越来越高。改革需要系统集成、协同推进。例如，混合所有制的推进就与国有企业改革的其他诸多方面彼此关联、相互牵制，法律法规的完善与配套、市场体系的健全与完

---

① 杨瑞龙．国有企业分类改革的目标与路径［N］．中国证券报，2017-03-25.

② 罗健凯．国企改革突破记：广东省属企业体制机制改革创新试点工作启示录［M］．广州：广东旅游出版社，2018：2.

备、市场机制的有效与规范，都是混合所有制改革不可缺少的必要条件。习近平总书记提出："必须加强对各项改革关联性的研判，更加注重探索全面深化改革的系统性、整体性和协同性。"随着国有企业改革步入深水期，在推进过程中要更加注重改革的体系化、全面化、协调化，全面系统推进国有企业改革，统筹改革的整体情况，协同推进各项改革任务，做好政策统筹、方案统筹、资源统筹、进度统筹。

3. 坚持试点先行与建立容错机制相结合

要总结国有企业改革的历史经验，继续坚持以点试面、逐步推进的方法。试点先行不是盲目冒进，有勇无谋。在新形势下推进国有企业改革的过程中，首先，要加强改革长远战略来看的前瞻性与可行性研究，重大改革举措必须坚持试点先行，取得经验后由重点城市向普通城市再逐步推开。目前，要集中力量抓好改革试点，打一场改革促发展的"模范仗"，围绕正在开展的"十项改革试点"，重点攻克国有企业改革中的重点难点问题。要通过试点打造真正的市场主体，让企业真正走出困境来，真正出业绩、出效益，在世界经济市场取得一席之地，为国民经济的发展再添动力，让人民，尤其是经营者和普通员工共享改革发展红利，为全社会树立改革标杆，增强改革的信心和决心。其次，坚持容错机制。健全的容错机制是全面深化改革的有力保障，能有效调动先行先试者的积极性。我国国有企业改革很多方面没有成熟的经验参考，需要在实践中大胆创新和探索。要明确将因缺乏经验先行先试出现的失误与明知故犯行为区分开来，将国家尚无明确规定时的探索性试验与国家明令禁止后的有规不依行为区分开来，将推动改革的无意过失与为谋私利的故意行为区分开来。要给予企业经营管理者充分授权，鼓励企业经营者大胆决策、理性决策，营造支持改革、鼓励创新、允许试错、宽容失败的机制和环境。

20世纪90年代广东省国企改革是一个不断解放思想、不断付诸实践的渐进过程，对改革开放和经济社会的发展产生了重大而深刻的影响。十九大以来，在习近平新时代中国特色社会主义思想的指引下，持续深化国有企业改革，是新时代赋予广东这个全国经济第一大省的历史使命。

对照党的十九大对深化国有企业改革、发展壮大国有经济提出的新目标新要求，广东省国有企业发展的差距还相当明显，在企业产业布局、法人治理结构、激励约束机制、市场化程度等诸多方面还存在诸多问题。国企改革依然前路漫漫，需要久久为功、善作善成，不断缩短与世界一流企业的差距，更好地重塑企业品质；要牢牢抓住粤港澳大湾区战略发展的重大历史机遇，促进广东省经济实力与发展潜力获得质的飞跃，在继续把改革开放推向前进、实现"两个一百年”奋斗目标和中华民族伟大复兴中国梦的征程中发挥中坚力量。

参考文献

文献著作类

[1] 国务院国资委改革办．国企改革探索与实践——地方国有企业100例［M］．北京：中国经济出版社，2016.

[2] 中共广东省委党史研究室．中国共产党广东省历届代表大会及全会文件汇编［G］．广州：广州出版社，2012.

[3] 潘岳．中国国有经济总论——历史沿革改革历程发展趋同［M］．北京：经济科学出版社，1997.

[4] 刘明慧．现代企业制度概论［M］．北京：中国财政经济出版社，2005.

[5] 陈祖煌，陈文学．国有企业改革：转轨与创新——从广东的实践看未来中国改革的路向［M］．广州：中山大学出版社，1998.

[6] 招汝基，等．先行者的30年——追寻中国改革的顺德足迹［M］．北京：新华出版社，2008.

[7] 胡象生．广州汽车工业在改革开放中腾飞［G］//中共四川省委党史研究室，四川省中共党史学会．广州改革开放三十年纪念文选．广州：广州出版社，2008.

[8] 罗健凯．国企改革突破记：广东省属企业体制机制改革创新试点工作启示录［M］．广州：广东旅游出版社，2018.

报纸类

[1] 中共中央国务院．关于深化国有企业改革的指导意见［N］．人民日报，2015-09-14.

期刊论文类

[1] 盛华仁．国企改革：成效、问题与对策［J］．紫光阁，1999（2）.

[2] 赵经彻．国有企业建立现代企业制度的思考与探索［J］．管理世界，2000（2）.

[3] 施晓红．世纪末的冲刺——范恒山博士谈“九五”国有企业改革［J］．经济管理，1995（11）.

[4] 刘瑞明．现代企业制度三大特征的重要性［J］．现代国企研究，2019（11）.

[5] 陈明．国企改革历程回顾与展望［J］．商业时代，2009（27）.

[6] 王莹．从“放权让利”到“制度创新”：以改革开放以来广东国有企

业改革为例［J］. 党史与文献研究，2017（5）.

［7］郭万达．论利益共同体构造在公司治理结构中的作用［J］. 南开管理评论，1999（4）.

［8］高乔子．国企转型与发展之路探索——以广州无线电集团为例［J］. 管理观察，2019（19）.

［9］张维迎．国有企业面临生死抉择　从国企病态现象看产权改革［J］. 中外管理导报，2000（10）.

［10］黄华．创新——WTO规则下民企发展的关键［J］. 职教与经济研究，2005（3）.

［11］翟胜明．以产权问题和职工去职为切入点的国企改革路径［J］. 经济问题，2003（11）.

［12］孙继军．国有企业改革：路径的依赖及其选择［J］. 甘肃科技，2006（22）.

［13］林兆木，常修泽．建立现代企业制度：公有制与市场经济相结合的有效途径［J］. 求是，2000（4）.

［14］肖智润．关于“抓大放小”从整体上搞活国有经济的若干思考［J］.技术经济，1998（4）.

［15］龙金红．资产平衡重组是推动国企改革的有效途径［J］. 北方经贸，2002（6）.

［16］广东省委党校“债转股”研究课题组．广东“债转股”研究［J］. 广东经济管理学院学报，2003（3）.

［17］清彬．广州探出国企改革十条路子［J］. 技术经济与管理，1996（2）.

［18］叶小明．加速发展地方海运是广东经济发展之必然要求［J］. 广州航海高等专科学校学报，1997（1）.

［19］美的集团——杰出典范　美的创造［J］. 制冷技术，2000（3）.

［20］潘红敏，郭凡．从用人之力到用人之智——美的集团启动责权配置体系［J］. 中国乡镇企业，1999（4）.

［21］储春花，陆洵．法国标致—雪铁龙集团三十年风雨中国路［J］. 法国研究，2016（1）.

［22］国企改革成效初现［J］. 四川石油经济，1998（6）.

［23］陈葵．建制企业活力增强　国企改革成效显著［J］. 新疆经济管理干部学院学报，2000（5）.

［24］晓亮．国有股减持：国企产权改革的深化发展［J］．特区展望，2000（6）．

［25］刘家诚，林涛．从委托—代理关系看国有企业改革［J］．经济体制改革，1999（2）．

［26］杜政清．发达国家的失业保险与再就业［J］．经济视角，1998（4）．

［27］龚文海，吕伟，张积慧，等．国企改革中的失业保障问题——对四川省绵阳市的调查［J］．财经科学，2000（S1）．

［28］项安波，王念．国企改革四十年的经验与启示［J］．中国发展观察，2018（18）．

［29］曾牧野．居安思危　知难而进［J］．广东经济，1996（7）．

［30］陈善如．广东国企改革之路［J］．广东交通，1998（4）．

［31］张春侠．国企改革的方向与路径［J］．中国报道，2015（7）．

［32］国企改革的必由之路——建立完善的现代企业制度［J］．领导决策消息，1999（39）．

［33］杨瑞龙．国有企业分类改革的目标与路径［J］．中国证券报，2017（3）．

［34］马洪．深圳跨世纪发展应注意的几个问题［J］．开放导报，1999（8）．

项目组负责人：王大中，中山大学管理学院研究员
成　　　　员：李善民　符正平　辛宇　陈斌　杨强　张跃
执　　　　笔：王大中

后　记

《中共广东历史问题研究》是广东省哲学社会科学规划党史特别委托项目成果选编，由中共广东省委党史研究室、广东中共党史学会共同编辑出版。在本书出版过程中，得到广东省“扶持省社科类基础学科学术性社团发展项目”扶持资金的大力支持，得到光明日报出版社的大力支持。因能力和水平所限，书中错漏之处在所难免，敬请读者批评指正。

本书编辑委员会

2020 年 12 月